21세기 IT가 세계를 지배한다

가림 M&B

21세기 IT가 세계를 지배한다

김광희 지음

가림 M&B

21세기 IT가 세계를 지배한다

2001년 1월 20일 제1판 1쇄 발행
2001년 3월 20일 제1판 3쇄 발행

지은이/김광희
펴낸이/강선희
펴낸곳/가림M&B
기획위원/강경무 · 김충호 · 석종복 · 이창석 · 지창영
기획 · 편집/장연수 · 이선희 · 김진호 · 홍경숙 · 손일호 · 이정아
홍보/한국종
마케팅/강명희 · 이상혁

등록/1999. 1. 18. 제5-89호
주소/서울시 광진구 구의동 57-71 부원빌딩 4층
대표전화/458-6451 팩스/458-6450
인터넷 http://www.galim.co.kr
e-mail galim@galim.co.kr
천리안 ID galimmb

값 12,000원

ⓒ 김광희, 2001

본서의 내용 및 기타 도표는 저작권자와 상의 없이
무단 복제 · 표절을 절대 금합니다.

ISBN 89-89107-12-1 13320

21세기 IT가 세계를 지배한다

김광희 지음

가림 M&B

21세기 IT가 세계를 지배한다

2001년 1월 20일 제1판 1쇄 발행
2001년 3월 20일 제1판 3쇄 발행

지은이/김광희
펴낸이/강선희
펴낸곳/가림M&B
기획위원/강경무 · 김충호 · 석종복 · 이창석 · 지창영
기획 · 편집/장연수 · 이선희 · 김진호 · 홍경숙 · 손일호 · 이정아
홍보/한국종
마케팅/강명희 · 이상혁

등록/1999. 1. 18. 제5-89호
주소/서울시 광진구 구의동 57-71 부원빌딩 4층
대표전화/458-6451   팩스/458-6450
인터넷 http://www.galim.co.kr
e-mail galim@galim.co.kr
천리안 ID galimmb

값 12,000원

ⓒ 김광희, 2001

본서의 내용 및 기타 도표는 저작권자와 상의 없이
무단 복제 · 표절을 절대 금합니다.

ISBN 89-89107-12-1 13320

머리말

　IT혁명으로 파생된 새로운 패러다임으로 인해 우리의 생활방식과 가치관마저 급속한 혼란이 야기되고 있다. 요즘에 와서 'IT', '정보기술'과 함께 'e-비즈니스', 'www.○○○.com'이라고 쓰여진 용어들을 신문이나 잡지, 뉴스 등 우리 생활주변에서 빈번히 접하고 있다.
　그럼, 'IT'나 'e-비즈니스'란 도대체 무엇을 가리키고 있는 것일까?
　한편으로 이러한 용어들의 의미나 본질을 제대로 이해하고 있는 사람은 어느 정도나 될까? 또 자신의 언어로서 'IT란 이런 것이다!'하고 논리적으로 얘기할 수 있는 사람은 얼마나 있을까?

　IT란 복잡 다단한 것일까, 그렇지 않으면 아주 간단한 것일까?
　중·고령층의 생활을 더욱 어렵게 만드는 도구일까, 혹은 생활에 유용한 도구일까?
　인터넷이라는 도구를 활용하여 구축하는 컴퓨터 시스템을 가리키는 것일까?
　벤처중소기업의 경영 재건을 위한 효과적인 도구일까, 아니면 거대 자본을 지닌 대기업에 적합한 비즈니스 아이템일까?

　게다가 최근에 들어 IT 분야에 새로운 강자들이 잇따라 출사표를 던지고 있다.
　"세계 유일의 초대국" 미국, "제조 산업의 황제" 일본, "미완(未完)의 거인" 중국, "틈새기술의 작은 거인" 이스라엘, "S/W 왕국" 인도 등이 대표 주자들이다. IT 시장을 잡지 않고서는 영원히 3류 국가로 전락할지 모른다는 위기감과 함께 IT는 이미 세계 경제의 핵심 성장엔진으로 자리잡고 있다.

세계 IT연맹(WITSA)에 따르면, 지난 1999년 2조 1,000만 달러를 넘어선 세계 IT시장 규모는 향후 연평균 9% 이상의 성장을 지속, 오는 2003년에는 그 규모가 3조 달러에 이를 것이라고 한다.

IT혁명의 실체나 그 영향은 아직까지 충분히 검증되거나 판명되고 있지는 않다. 왜냐하면, IT혁명은 지금도 계속 일어나고 있는 현재 진행형인 동시에 앞으로도 계속 일어날 미래 진행형이기 때문이다.

근래 IT혁명이 가져다주는 영향을 과대 평가하는 사람도 있는 반면에 과소 평가하는 사람도 있다. 그러나 향후 좋든 싫든 자신의 의사와는 상관없이 가정과 직장, 사회 등 IT혁명의 영향권에서 살아가게 될 것이다. 아니 일부에서는 이미 엄청난 영향을 받고 있는 사람도 있을 것이다.

이 책에서는 IT혁명이란 무엇이며 IT혁명이 가져온 제도와 시장의 변화, 비즈니스 시스템 등에 대해 다양한 시각에서 서술하고 있다.

마지막으로, 이 책이 나오기까지 강선희 사장님, 장연수 편집국장님을 비롯하여 직원분들의 배려와 조언이 있었음을 감사히 여긴다. 그리고 나의 사랑하는 가족 연미(아내)와 대한(아들)에게도 함께 할 시간을 빼앗은 점 미안하게 생각한다.

2000년 12월
김 광 희

제1부 IT혁명과 시장시스템

제1장 IT혁명

1. IT혁명의 정의 |24
- ◆ IT혁명의 출발 |24
  - 1) IT혁명과 개념 |24
  - 2) IT혁명과 기술혁신 |25
- ◆ IT실현도구 |26
- ◆ IT혁명의 성격 |27
- ◆ 3가지 키워드 |30

2. IT의 성장과 도구 |31
- ◆ 무어의 법칙(Moor's Law) |31
- ◆ 성능 향상 |32
- ◆ 범용(凡用) 소프트웨어 |33
- ◆ 소프트웨어의 진화 |34

3. IT와 혁명의 결합 |38
- ◆ 퍼스널 컴퓨터(PC)의 보급 |38
- ◆ 인터넷 보급 |39
- ◆ 산업혁명 |41
- ◆ IT혁명의 성격 |42

4. IT혁명과 시장변화 |44
- ◆ 생산성 향상 |44
- ◆ 경기변동의 축소 |45
- ◆ 기업간 격차확대 |46
- ◆ 생활의 변모 |47
- ◆ 커뮤니티 변화 |47
- ◆ 거래 변화 |48

5. 사례연구 |49
- ◆ 미국과 신경제 |49
  - 1) IT와 신경제 |49

2) DESA 보고서 | 50
3) 성장비교 | 51
4) 향후 방향성 | 52

제2장 IT와 생활변모

1. IT혁명과 우리생활 | 56
- ◆ 유저(User)의 급증 | 56
- ◆ 개인용 단말의 진화 | 57

2. IT와 소비패턴 | 60
- ◆ 상품구매와 정보수집 | 60
- ◆ 풍부한 상품 | 62
- ◆ 각종 정보와 서비스 | 63

3. IT와 소비자 위상 | 64
- ◆ 정보획득과 가치 | 64
- ◆ 소비자 평가 | 65
- ◆ 입소문 | 66
- ◆ 보안 (Security) | 68

4. IT혁명과 정보 | 72
- ◆ 일물일가 (一物一價) | 72
- ◆ 비용 삭감 (Cost-down) | 73
- ◆ 정보 비대칭 해소 | 74

5. 사례연구 | 76
- ◆ 시스코 시스템즈(Cisco Systems) | 76
- ◆ 성공배경 | 79
- ◆ 델 컴퓨터(Dell Computer) | 81
- ◆ BTO의 도입 | 83
- ◆ SCM과 인터넷 | 85

제3장 IT혁명과 시장

1. 가정과 학교 |90
- ◆ 홈 네트워크(Home Network) |90
- ◆ 정보가전(Information Appliances) |92
- ◆ 블루투스(Blue Tooth) |96
  1) 개념 |96
  2) 블루투스와 생활환경 |97
- ◆ 디지털 방송 |100
- ◆ IT와 학교 |103

2. IT혁명과 정부 |105
- ◆ 공공 서비스 |105
- ◆ 전자정부(電子政府) |105
- ◆ 전자화폐 |110
- ◆ 프라이버시 보호 |112

3. IT혁명과 경제 |114
- ◆ 가격 시스템 |114
- ◆ 직접판매(Direct Sales) |115
- ◆ 중간상의 증가와 재편 |118
  1) 중개기능의 본질 |118
  2) 생략되는 브로커 기능 |118
  3) 신용정보 니즈의 고도화 |119
  4) 복잡한 물류와 결제 |119
  5) 중간상의 재편 |120
- ◆ 디지털 컨텐츠(Digital Contents) |120

4. 물류와 교통 |123
- ◆ IT혁명과 물류 |123
- ◆ IT혁명과 수송 |124
- ◆ ITS(Intelligent Transport System) |125

5. 사례연구 |127
- ◆ IMT - 2000 |127
  1) IMT - 2000의 개념 |127

2) 경제적 효과 | 127
3) 해외 동향 | 128
4) 표준경쟁 | 129

제2부 e-비즈니스와 패러다임 시프트

제4장 e-비즈니스 혁명

1. 인터넷 혁명 | 134
- ◆ 인터넷 혁명과 비즈니스 | 134
  - 1) 인터넷의 개념 | 134
  - 2) 비즈니스 기회 | 136
- ◆ 온라인(On-line) 비즈니스의 탄생 | 137
- ◆ 유저와 프로슈머 | 138
  - 1) 유저의 급증 | 138
  - 2) 프로슈머 등장 | 140

2. 인터넷의 역사와 보급 | 141
- ◆ 분산형 네트워크의 등장 | 141
- ◆ 인터넷의 원형 | 142
- ◆ 군사목적에서 상용으로 | 143
- ◆ 인터넷의 본격적인 출범 | 145
- ◆ 한국과 인터넷 | 147
- ◆ 인터넷 2의 탄생 | 150

3. e-비즈니스 특징과 상품 | 152
- ◆ e-비즈니스 특징 | 152
  - 1) 장 점 | 154
  - 2) 단 점 | 155
- ◆ 주요 상품 | 156

4. 사례연구 | 160
- ◆ 패러다임 시프트 | 160
  - 1) Metcalfe의 법칙 | 160

2) Intangible Assets | 161
3) 수확체증 메커니즘 | 162
4) 시장확대 | 163
5) 구매자 주도 시장 | 165

제5장 e-비즈니스 패턴과 동향

1. e-비즈니스 패턴 | 168
◆ e-비즈니스 분류 | 168
1) Business to Consumer(B2C) | 168
2) Business to Business(B2B) | 168
3) Consumer to Consumer(C2C) | 168
4) Consumer to Business(C2B) | 169
5) Business to Government(B2G) | 169
6) Consumer to Government(C2G) | 169
7) Government to Business(G2B) | 169
8) Government to Consumer(G2C) | 169
9) Business to Business to Consumer(B2B2C) | 170
10) Peer to Peer(P2P) | 170
11) People to People(P2P) | 171
◆ 주요 모델의 시장환경 | 172

2. e-비즈니스 전망 | 179
◆ 형태별 시장 규모 | 179
◆ 인프라스트럭처 | 180
◆ 딜레마 | 181
◆ 닷컴기업의 존망 | 182

3. B2C | 184
◆ B2C의 의미 | 184
◆ 재고비용 | 185
◆ EC와 재고 | 186
◆ 맞춤화 | 187

4. B2B | 189
◆ B2B 시장 규모 | 189

◆ B2B의 특징 | 190
◆ B2B 전자상거래 분류 | 190
◆ 국내 현황 | 194

5. 사례연구 | 197
◆ B2B 심층분석 | 197
　1) B2B의 출현 | 197
　2) e-Market Place | 198
　3) 5가지 혁명 | 203
　4) 동향과 효과 | 206

제6장 무선 인터넷의 미래

1. 무선 인터넷 | 210
◆ 모바일 혁명 | 210
◆ 모바일 특성 | 211

2. 모바일 시장과 특성 | 213
◆ 시장규모와 특징 | 213
　1) 시장 규모 | 213
　2) 주요 특징 | 214
◆ 유선 VS 무선 인터넷 | 217

3. m-커머스 시장 | 219
◆ 서비스 방식 | 219
◆ 표준전쟁 | 220
　1) Wap | 220
　2) i-mode | 220
　3) ME | 221
◆ WAP과 i-mode의 비교 | 222
◆ m-커머스와 과제 | 224

4. 각국의 동향 | 227
◆ 한 국 | 227
　1) 유저 규모 | 227

            2) 국내 동향 | 229
            3) 서비스 현황 | 230
            4) 장래 과제 | 231
        ◆ 유 럽 | 237
            1) 무선 인터넷 동향 | 237
            2) 모바일의 특징 | 238
        ◆ 일 본 | 239
            1) 시장 환경 | 239
            2) 일본의 역전 | 241
    5. 사례연구 | 243
        ◆ NTT DoCoMo의 i-mode 전략 | 243
            1) i-mode의 위상 | 243
            2) 공식·비공식 사이트 | 248
            3) 성공요인 | 251
            4) 제휴전략 | 256
            5) 진화와 문제점 | 259

제 3부 IT혁명에 따른 문제점과 과제

제7장 IT와 인력부족

1. IT 업계와 인력부족 | 268
   ◆ IT 인력부족 | 268
   ◆ 공급자 우위 | 269
   ◆ 전문인력의 가치 | 270

2. 한 국 | 272
   ◆ 고급인력 부족 | 272
   ◆ Spot Market | 272
   ◆ 인력 부족 수 | 273
   ◆ 정부 대응 | 275

3. 유 럽 | 279

◆ IT 인력 부족 | 279
　　　◆ 정책방향 | 280
　　　◆ 주요 기업의 대응 | 281
　　　◆ 교육부문의 정보화 | 282
　4. 아시아 | 283
　　　◆ 각국의 동향 | 283
　　　◆ 선진국과 개발도상국간의 갈등 | 284
　5. 사례연구 | 286
　　　◆ 미국과 IT인력 | 286
　　　　1) IT 고용증가 | 286
　　　　2) 인력정책 | 287

제8장 IT혁명의 그림자

　1. 디지털 디바이드 | 292
　　　◆ 정보격차의 심화 | 292
　　　◆ IT빈민 | 293
　　　◆ 디바이드의 심화 | 296
　2. 온·오프라인의 갈등 | 299
　　　◆ 유통채널의 갈등 | 299
　　　◆ 갈등 파급 | 300
　　　◆ 갈등해소의 성과와 실례 | 301
　　　　1) 성공사례 | 301
　　　◆ 구체적인 해소방안 | 303
　　　　1) 상품 차별화 | 303
　　　　2) 기존 채널과의 공존방안 모색 | 305
　3. e-비즈니스와 과제 | 307
　　　◆ 전자상거래세 | 307
　　　◆ 각국의 주장 | 308
　　　◆ 세금수익 감소 | 309
　　　◆ 대 안 | 310

1) 주요 동향 | 310
        2) OECD의 검토 | 312
    ◆ 과세와 과세유예 | 313
    ◆ 논의 방향 | 316
  4. 보안과 전자인증 | 319
    ◆ 보안문제 | 319
    ◆ 전자인증 | 320
  5. e-Market Place와 시장왜곡 | 323
    ◆ 코비신트 출범 | 323
    ◆ 경쟁상의 위험 | 324
  6. 사례연구 | 325
    ◆ 디지털 디바이드의 심층 분석 | 325
        1) 선진국 VS 개발도상국 | 325
        2) 2차 분화 | 327
        3) 최근 미국 상무부 보고서 | 329

제9장 지적재산권과 BM특허

  1. BM특허 충격 | 334
    ◆ BM특허 등장 | 334
    ◆ 개념과 문제점 | 335
    ◆ BM특허 분쟁 | 337
        1) SSB VS Signature Financial Group, Inc. 사건 | 338
        2) 프라이스라인 VS 마이크로소프트 사건 | 340
        3) 아마존 VS 반스&노블 사건 | 340
        4) 삼성전자 VS 진보네트워크 사건 | 341
  2. 한·미·일의 BM특허 전략 | 343
    ◆ 미국 | 343
    ◆ 일본 | 346
    ◆ 한국 | 348
  3. 특허법에서 본 BM특허와 쟁점 | 351

- ◆ 특허로서의 BM특허 | 351
- ◆ BM특허를 둘러싼 쟁점 | 354

4. 대응 방향 | 358
- ◆ 분석 결과 | 358
- ◆ 시사점 | 359

5. 사례연구 | 363
- ◆ BM특허 사례 | 363
  1) 사례 1 : 프라이스라인의 역경매 | 363
  2) 사례 2 : 패밀리마트 | 366

제10장 과제와 제언
- ◆ 과제 1. 한국적 IT 모델 | 368
- ◆ 과제 2. IT혁명과 방법론 | 369
- ◆ 과제 3. IT혁명의 방향 | 371
- ◆ 필자 제언 | 372

◆ 참고문헌 | 378

제1부 IT혁명

제1장 IT혁명

제1장에서는 'IT혁명'이란 무엇이며 IT혁명을 가능하게 한 정보도구(Information Tools)에는 어떤 것이 있는지를 살펴본다. 그리고 IT혁명과 과거의 산업혁명이 어떻게 다르며 IT혁명으로 인한 시장과 사회, 국가, 가정 등의 변화에 대해서도 알아본다.

1. IT혁명의 정의

 **IT혁명의 출발**

1) IT혁명과 개념

과거 20세기의 산업혁명은 제품(Hardware)의 효율적인 생산을 가능하게 만든 자동화(Automation) 기술을 통해 달성되었다. 그리고 앞으로 전개될 21세기는 정보(Software)를 효율적으로 제어, 전달·가공할 수 있는 정보기술(IT)을 통해 달성되는 제2라운드의 산업혁명이라 하겠다. 근래 이것을 가리켜 'IT혁명'이라 부르고 있다.

IT혁명이라 불리게 된 배경에는 다음과 같은 3가지 요인 때문이다.

첫째, 전 세계 인터넷을 통해 이루어지는 정보 네트워크의 확산이다. 인터넷을 통해 퍼스널 컴퓨터(PC)와 휴대전화, PDA 등 정보단말기 1대만 있으면 전 세계의 웹사이트에 접속하거나 E-메일의 수신·발신 등 정보통신이 가능하게 되었다.

둘째, 소프트웨어의 진화로 인해 세계표준 사양화된 PC OS(Windows)의 등장과 그것을 탑재한 컴퓨터의 보급이 급속히 이루어졌다.

셋째, 하드웨어의 빠른 진화로 PC의 고속·대용량·저가격화 등이 하루가 다르게 실현되고 있다. 또 통신 프로토콜(컴퓨터 사이의 통신규약)이 세계표준화되어 전 세계의 모든 기업과 E-메일, 데이터 교환(EDI)이 가능해졌다.

1990년대 중반부터 본격화되기 시작한 IT혁명은 미국과 유럽, 일본 등 선진국을 중심으로 전혀 새로운 기업과 비즈니스 형태를 탄생시키고 있다. 이러한 움직임은 바로 '슘페터(Schumpeter)'가 말하는 '창조적 파괴'의 과정이라 할 수 있다.

다시 말해, IT사회는 공업화 사회의 연장선상에 있는 것이 아니며 또한 그것을 추진하는 주체도 과거의 공업화 시대와는 다르다고 할 수 있겠다. 이러한 점이 최근의 IT혁신을 '혁명(Revolution)' 이라고 부르는 이유이다.

한편으로 'IT혁명은 현 체제의 효율성을 높이는 도구가 아니라 기존의 시스템을 창조적으로 파괴하는 사회혁명이며 새로운 비즈니스 기회가 곳곳에서 표출되고 있다'고 주장하고 있는 쪽이 있는가 하면, 다른 한편에서는 'IT혁명으로 새로운 세계가 왔다고 하지만, IT는 생산성을 향상시키는 편리한 도구이지 모든 것을 해결해 주는 요술방망이는 아니다' 라고 하는 2가지의 시각이 팽팽히 맞서고 있기도 하다.

실제 우리들이 IT혁명의 보급을 실감하게 된 것은 불과 수년 전이다.

'앨런 그린스펀' 연방준비제도이사회(FRB) 의장이 "우리들은 100년에 한 번이나 두 번의 큰 기술혁신에 조우하고 있는지도 모른다"고 IT혁명을 언급한 것은 불과 3년 전인 1997년 7월의 일이었다.

결국, IT혁명을 '1990년대 중반에 시작된 PC와 인터넷이 융합되면서 가능하게 된 정보산업의 급속한 대중화' 라고 정의할 수 있다. 다시 말해, IT혁명은 PC와 인터넷이 손을 맞잡으면서 그로 인해 정보의 생산, 가공, 검색, 유통과정이 일반 대중의 손으로 급속히 바뀐 결과 탄생한 혁명인 것이다.

2) IT혁명과 기술혁신

현재 우리들의 기업과 생활에 급속히 파고들고 있는 IT혁명은 기존의 기술혁신(Innovation)이나 개선(Improvement, Kaizen)과는 전혀 다른 특징을 가진다.

첫째, 비즈니스가 대단히 급속도로 전개되고 있다.

최근 자주 인용되는 것으로 IT혁명은 'Dog Year', 즉 온라인(On-line)의 1년은 오프라인(Off-line)의 7년분 변화에 해당된다고 한다. 이처럼 모든 부분에 걸쳐 변화가 급속도로 빠르게 진행된다는 것을 가리키고 있다.

둘째, 개인의 창의력과 창조력이 추진의 원동력이 되고 있다.

지금까지 기술혁신이라고 하면 정부관련 기관이나 공공연구소, 대학, 대기업의 전문연구소가 주체가 되어 추진하는 경우가 일반적이었다. 그러나 IT시대에서는 개인이 PC와 인터넷을 접목·사용함으로써 세계표준(Global Standards)이 될 수 있는 상품을 얼마든지 창조할 수 있게 된다.

바꾸어 말하면, IT혁명은 개인의 아이디어와 창의력의 집적체(集積體)라고 해도 과언이 아니다. 이러한 의미에서 IT혁명은 호순환이 계속적으로 이어지는 자기증식적(自己增殖的)인 패턴을 가지고 있다고 하겠다. 왜냐하면, IT혁명에 의한 PC와 인터넷의 발달이 개인의 창의·창조력을 자극하고, 그로부터 IT혁명을 지탱하게 되는 기술혁신이 끊임없이 탄생되며, 그것이 다시 IT혁명을 견인하는 원천이 되기 때문이다.

결국, 정부나 공공연구소, 대기업, 대학 등은 IT혁명을 추진하는 주체가 아니라 개인의 창의력 증진을 도와주는 최소한의 환경 정비자에 지나지 않게 되는 것이다.

IT 실현도구

주지하는 바와 같이 IT는 'Information Technology'의 알파벳 머리글자로부터 따온 것이다. 단어의 의미대로 정보(Information)를 '축적', '처리', '전달'하는 기술(Technology)을 가리킨다.

정보를 '축적하는 기술'과 '처리하는 기술'은 함께 사용되는 경우가 많은데, 가까운 예로 PC가 그 대표적인 사례라고 하겠다. PC에 문서를 보존하기 위해서는 '축적 기술'이, 문서를 입력하기 위해서는 워드 프로세스 소프트의 '처리 기술'이 사용되고 있다.

정보를 축적·처리하는 기술은 소위 컴퓨터를 통해서만 이루어지는 것은 아니다. 냉장고와 오븐, 전자 레인지 등의 가전제품에도 사용되고 있다. 예를 들면, 세탁기의 모터회전은 그 동작을 기억하고 있는 마이크로 컴퓨터에 의해 컨트롤되고 있다. 그 외에도 엘리베이터, VTR의 예약녹화기능과 전자수첩 등 다양한 부문에서 사용되고 있다.

다음으로 정보를 '전달하는 기술'은 통신기술이라고 불린다. 가장 간단한 통신기술은 전화(Telephone)라고 할 수 있을 것이다. 각 가정에 보급되어 있는 전화는 동선에 전기신호를 흘려보냄으로써 정보를 주고 받게 된다. 그리고 휴대전화는 전파를 통해 정보를 주고 받는다. 이처럼 전기와 전파를 통해 정보를 주고 받기 위한 기술이 통신기술인 것이다.

사무실 내의 PC간에 문서를 공유하거나 프린터를 함께 사용하기 위해 사용되고 있는 LAN(Local Area Network)도 통신기술의 일종이라고 할 수 있다. 여러 대의 컴퓨터 사이에 정보를 주고 받음으로써 문서의 공유 등이 가능해지기 때문이다. LAN에도 전화와 같이 유선(Wire)으로 연결하는 방식과 휴대전화와 같이 무선(Wireless)으로 연결하는 방법이 있다.

IT를 다양하게 활용하기 위해서는 정보를 축적하고 처리, 전달하는 기술 이외에 정보를 화면에 표시하거나 인쇄하는 기술도 필요해진다. 구체적으로는 액정 디스플레이와 컬러 프린트 등의 기술이다. 이러한 출력장치가 없으면 아무리 뛰어난 IT도 제대로 이용할 수 없게 된다.

IT혁명의 성격

IT혁명은 현재 전 세계 경제, 산업, 사회 등의 분야에 엄청난 영향을 미치기 시작하고 있다. 때문에 이 같은 IT를 시대의 흐름에 따라 유행하는 일과성(Instant) 붐으로 인식해서는 결코 안 된다. 결국 IT를 어떻게 활용하는가의 여부가 개인은 물론이고 기업경영, 나아가 국가의 운명을 좌우한다고 해도 과언이 아니다. 이제 IT혁명에 뒤떨어지는 개인이나 기업, 국가는 치열한 국제 경쟁 환경 속에서 급속히 도태(淘汰)하게 될 것이다.

■ 스피드 시대

요즘에 빈번히 접하는 말 가운데 하나가 'Winner Takes All' 이다. 이 말의 뜻은 시장의 선발자가 모든 이익을 취하게 된다는 것이다.

현재 IT업계는 바로 스피드(Speed) 시대의 소용돌이 속에 있다.

그 스피드를 표현하는 말로 이미 위에서 간단히 언급한 'Dog Year' 가 있다. 'Dog Year' 라는 것은 IT업계(On-line)의 1년이 오프라인(Off-line)업계의 7년에 해당한다는 것을 인간과 개(Dog)의 평균 수명에 비유한 말이다. 최근에는 'Mouse Year' 라고도 불리고 있을 정도로 IT업계의 움직임은 변화무쌍하다.

현재 우리들이 살아가고 있는 21세기는 경쟁자에 한 발 앞서 새로운 비즈니스모델을 창조하여 시장의 주목을 받는 개인이나 기업만이 생존할 수 있게 된다. 때문에 경영의 의사결정이나 정보수집·운용, 비즈니스모델 구축 등에 있어 스피드 부족은 개인과 기업에게 치명상이 된다는 것을 명심할 필요가 있다.

■ 매스(Mass)에서 퍼스널(Personal)로

IT의 도입으로 종래의 가치관이나 패러다임이 크게 변모하고 있다. 그 하나가 '매스(Mass)에서 퍼스널(Personal)로' 바뀌고 있다는 것이다. 지금까지는 개인이 대집단이나 대중 속에 혼재하고 있었기 때문에 개별적으로 인식하거나 인식되는 것이 곤란하였다. 그 때문에 자연히 '매스(Mass)' 의 시각이 중심이 될 수밖에 없었다.

하지만 현재는 IT가 고속·대용량의 정보처리를 가능하게 함으로써 고객 한 사람 한 사람을 정확히 인식·파악할 수 있게 되어 '퍼스널(Personal)' 차원에서의 접근이 가능하게 되었다.

■ 리얼(Real)에서 버추얼(Virtual)로

IT를 근간으로 하는 디지털(Digital) 사회의 구조변화는 버추얼 세계를 수없이 많이 탄생시키고 있다. 예를 들면, 지금까지의 통신판매용 카탈로그는 실체가 있는 종이 매체를 통해 디자인, 작성되어 왔다.

하지만 최근에는 버추얼 몰(인터넷 쇼핑몰)과 같이 PC의 화면을 통해 해당 기업의 제품이나 서비스에 관한 정보를 직접 소비자에게 전달할 수 있게 되었다.

■ 실시간(Realtime) 및 쌍방향(Interactive)

현재 정보통신은 실시간과 쌍방향 통신으로 바뀌고 있으며 또한 이러한 특징이 이용자에게 당연한 것으로 받아들여지고 있다. 지금까지 전화기를 제외한 일방통행식의 정보전달이 주류를 이루고 있었다는 것과 비교한다면 엄청난 변화임에 틀림이 없다.

게다가 IT와 정보통신 네트워크의 보급은 실시간 및 쌍방향 통신을 보다 저렴한 비용으로 활용 가능토록 하고 있다.

■ 로컬(Local)에서 글로벌(Global)로

인터넷과 그 OS인 윈도즈(Windows)의 보급은 로컬(Local)에 한정되었던 정보교환 환경을 전 세계에 걸쳐 개방된 글로벌 정보교환의 세계로 이끌고 있다.

주지하는 바와 같이 정보는 개인과 개인간의 단절을 잇고, 조직의 벽을 넘으며, 기업의 벽을 뚫고, 국경이라는 높은 장벽마저 허물고 있다. 급속한 글로벌화가 정보 개방을 촉진시켜 기존의 가치관을 뒤엎는 이른바 IT혁명을 몰고 왔던 것이다.

■ 시간 및 거리 단축

IT혁명은 시간과 거리를 단축시키고 있다. 인터넷 활용으로 인해 정보전달이 순식간에 이루어지게 되었고 동시에 상대의 수나 장소, 거리에 얽매이지 않고 정보의 송·수신이 가능하다.

다시 말해, 통신수단이 전자화됨으로써 시간과 거리에 지장을 받지 않고 정보교환이 가능하게 되었다. IT혁명은 기존의 물리적인 거리를 허물어 개인과 조직, 그리고 기업의 장벽을 뛰어넘는 새로운 환경을 제공하고 있다.

3가지 키워드

IT혁명을 보다 쉽게 이해하기 위해서는 우선 IT로 인해 세계가 어떻게 바뀌는가를 파악하는 것이 급선무이다.

현재 오프라인의 편의점들이 매장 내에 ATM을 도입함으로써 은행업무를 시작하고 있으며, 자동차·가전 등의 메이커들이 온라인 숍을 개설하고 다채롭게 판매·마케팅 전략을 펼치고 있다. 이것은 단적으로 사회의 '경계유동화(Borderless)' 현상이라고 할 수 있겠다.

인터넷을 통해 영화나 음악발신, 주식거래, 쇼핑도 소비자가 원하는 시간에 할 수 있게 되었다. 바로 '시간개념소멸(Timeless)' 사회의 도래라 하겠다. 그리고 이러한 상품(서비스) 거래에 따른 대금지불은 사이버 캐시와 전자화폐로 결제가 이루어지게 되었다. 따라서 현금을 소지하고 다닐 필요성이 줄어드는 '현금불필요(Cashless)'가 당연시되는 사회가 구현될 것이다.

이처럼 IT혁명을 통한 시장에서의 변화가 개인의 생활뿐만 아니라 기업과 기업간 등의 거래와 결제에도 적용되게 될 것이다.

〈도표 1-1〉 IT혁명과 키워드

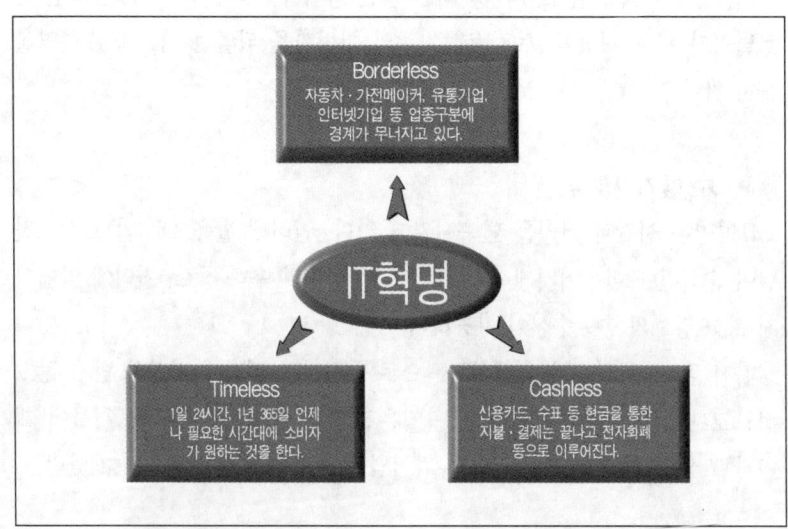

2. IT의 성장과 도구

근래 IT가 급속히 성장하면서 기업이나 사회에서 활용되는 빈도와 범위가 급격히 증가하여 시장환경이 크게 바뀌고 있다.

IT의 성장이라는 것은 구체적으로 어떤 것인지 살펴보도록 하자.

 무어의 법칙(Moor's Law)

먼저 IT의 성장을 이끌고 있는 첫 번째 요소로 컴퓨터 성능의 향상을 들 수 있다. 즉 엄청난 정보를 축적할 수 있으면서도 대단히 빠른 속도로 처리할 수 있는 컴퓨터가 세상에 탄생함으로써 IT를 견인하고 있는 것이다.

실제로 컴퓨터 성능의 향상은 늘 우리들의 예상을 초월하고 있다. IT분야에서는 이것을 '무어의 법칙'이라는 말로 표현을 대신하고 있다. 무어의 법칙이란, Gordon Moore(인텔의 창업자)가 1965년에 발견한 법칙으로 '마이크로 프로세스 칩당 트랜지스터의 수는 18개월에서 24개월 사이에 거의 2배로 그 성능이 증가한다'고 하는 것이다. 실제로 그로 인해 프로세싱 능력이 엄청나게 향상되었고, 원가(Costs)는 급격히 하락하는 결과를 가져왔다.

이 같은 무어의 법칙도 머지않아 깨질 것이고 어떤 측면에서는 이미 깨졌다고도 할 수 있다. 실제로 데이터의 저장 능력은 33개월마다 2배로 늘어나고 있고, 모바일 통신 기술의 전송 비트 수는 12개월마다 2배로 증가하고 있다.

그리고 하드디스크 드라이브의 능력은 9개월마다 2배로 늘어나고 있으며, 하드디스크 드라이브의 메가바이트당 평균 가격은 1988년의 11.54달러에서 1999년에는 0.02달러로 떨어졌다.

마이크로 프로세서, 저장 및 기타 부품의 기술발전 결과로 1987년부터

1994년 사이에도 컴퓨터 가격이 급속히 하락하였는데, 1995년부터는 이러한 하락이 더욱 가속화되고 있다.

성능 향상

우리들 생활 속에서 늘상 사용하고 있는 탁상용 계산기도 IT 집약체의 하나라 하겠다. 실제로 탁상용 계산기에도 컴퓨터와 같이 정보를 축적하고 처리하는 기술이 사용되고 있기 때문이다. 예를 들면, 계산기 전원을 넣고 숫자를 입력하면 그 숫자가 계산기 내부에 축적되면서 화면상에 나타난다. 이때 정보를 축적하기 위한 기술로서 계산기 내부에 반도체 IC가 사용된다.

그리고 "+"기호를 입력하면 계산기와 그 숫자를 최초의 숫자와 함께 기억하게 된다. 마지막으로 "="키를 누르게 되면 계산기는 최초의 숫자와 2번째의 숫자를 더하여 화면에 결과 값을 표시한다. 이러한 처리를 수행하는 것도 반도체 IC이다. 이와 같이 탁상용 계산기도, PC도 기본적인 원리는 역시 동일하다. 그에 따라 계산기도 IT 집약체라고 할 수 있겠다.

단지, 이러한 계산기에 축적할 수 있는 데이터의 양은 PC의 1/10,000~1/1,000,000 이하로 그 축적 가능한 데이터가 적을 뿐이다. 결국 IT를 사용할 수 있게 됨으로써 IT혁명이 일어나게 된 것이 아니라, 컴퓨터에 축적 가능한 정보의 양이 증가하고 그와 함께 계산속도가 계속적으로 향상되었다고 하는 점이 중요한 포인트라 하겠다.

그리고 컴퓨터의 소형화, 경량화가 실현됨으로써 손쉽게 운반할 수 있게 된 것(모바일화)도 중요한 IT 성장의 원동력이 되었다. 또 소비전력이 적게 들면서도 단 한 번의 충전으로 장시간 사용할 수 있게 되었다.

뿐만 아니라 통신기술 부문에서도 나날이 소형화, 경량화되고 있다. 종전의 휴대전화는 수 킬로그램(kg)의 무게였으며, 어깨에 걸어 사용하지 않으면 안 되었다. 가령 그러한 상태가 현재도 계속되고 있었다면 휴대전화가 오늘날처럼 보급되기는 어려웠을 것이다.

범용(汎用) 소프트웨어

하드웨어(Hardware)가 딱딱한 것, 즉 기기와 부품을 의미하고 있다면 소프트웨어(Software)는 하드웨어를 동작시키는 순서나 방법 등을 기록한 것이다. 다시 말해, 하드웨어는 목적에 맞추어 작동되도록 하기 위한 기술이라고 할 수 있겠다. 예를 들면, 워드 프로세스 소프트웨어는 PC를 워드 프로세스로서 작동되도록 한다. 그리고 게임 소프트웨어는 PC와 게임기로 게임을 가능하도록 한다.

시장에서 표준화(Standardization)가 진행되는 것도 IT 성장의 하나로서 대단히 중요하다. 소프트웨어의 특징 가운데 대표적인 것은 '개발에는 막대한 비용과 시간이 들지만, 일단 개발한 소프트웨어를 생산하는 데에는 거의 비용이 필요하지 않다'는 것을 들 수 있겠다.

한 예로 마이크로소프트(MS)의 윈도즈(Windows) 운영체제와 같은 경우는 연구개발비로 5,000만 달러 정도가 소요되었지만, 개발이 완료된 윈도즈 운영체제의 CD를 만들어내는 데에 들어가는 비용은 불과 3달러에 지나지 않는다.

그에 따라 가령 개발한 소프트웨어가 일정수준 이상 판매되었다면, 그 가격을 절반 이하로 책정해도 원금을 회수할 수가 있다. 표준화로 인해 같은 종류의 소프트웨어가 대량으로 판매되게 되면 그만큼 소프트웨어의 가격은 떨어질 가능성이 존재하는 것이다. 이러한 표준화는 성능과 기능향상을 가져올 뿐만 아니라 소프트웨어의 저가격화에 공헌함으로써 IT 보급을 한층 촉진시키는 계기가 되고 있다.

또 종래 맞춤화(Customization)된 소프트웨어로서 개발되고 있었던 것이 패키지(Package) 소프트웨어로 제공됨에 따라 표준화와 같은 효과를 얻을 수 있게 되었다. 맞춤화된 소프트웨어라는 것은 개별 기업의 요구(Needs)에 맞추어 개별적으로 개발을 수행한 업무용 소프트웨어를 가리킨다. 그와는 달리 패키지 소프트웨어라는 것은 다수의 기업에서 이용 가능토록 한다는 것을 상정하여 범용소프트웨어로서 개발된 소프트웨어를 가리킨다.

현재 ERP(Enterprise Resource Planning), SCM(Supply Chain Management)과

CRM(Customer Relationship Management) 등의 수법을 구현하기 위한 소프트웨어의 많은 부분이 패키지 소프트웨어로서 제공되고 있다.

시장에서 빈번하게 사용하는 소프트웨어가 취합되어 하나의 범용소프트웨어로 제공됨에 따라 소프트웨어의 가격인하와 기능 향상이 동시에 진행되고 있다. 즉 종전까지 맞춤화된 소프트웨어로서 개별적으로 개발되고 있었던 것이 기능과 성능을 동시에 향상시키면서 누구라도 쉽게 구입하여 사용할 수 있는 패키지 소프트웨어로 제공되게 된 것이다.

 소프트웨어의 진화

근래 소프트웨어 분야에 있어서 또 1가지 중요한 기술적 진보는 사용하기 편리한 소프트웨어 개발이 이루어졌다고 하는 점이다. 이것은 컴퓨터 사용인구(User)를 늘리는 데 결정적인 공헌을 하였다.

아직까지 '컴퓨터는 사용방법이 어렵다'고 하는 연령대는 중·고령층을 중심으로 많이 존재하고 있다. 이러한 측면에서 가장 진척되고 있는 것이 게임기라고 하겠다. 하드웨어로서는 컴퓨터와 거의 같으면서도 초등학교 학생이라도 간단하게 사용할 수가 있기 때문이다.

일상에서 간편하게 사용할 수 있는 소프트웨어가 개발되거나 그것을 범용화하는 것이 가능한 이유 가운데 하나는 하드웨어의 진보 때문이다. 사용하기 편리한 소프트웨어를 구현화하기 위해서는 문자에다가 그림을 부가하는 것과 같은 많은 처리가 필요하다. 또 범용성을 가진 소프트웨어는 전용 소프트웨어에 비해 정보를 처리하는 횟수가 많아지게 된다.

그 때문에 범용성을 가진 소프트웨어는 보다 고성능의 하드웨어를 필요로 하게 되는 것이다. 결국 소프트웨어의 진보에는 하드웨어의 진보가 필수적이라 하겠다.

(Cottee Break) 오픈 소스(Often Source)

컴퓨터에는 기본 소프트웨어(OS)가 인스톨되어 있고, 그것을 기반으로 워드프로세스 등의 응용 소프트웨어가 작동되고 있다. 종래의 기본 소프트웨어 분야에서는 마이크로소프트(MS)의 윈도즈(Windows)가 압도적인 우위를 자랑해왔다. 그러나 최근에 '리눅스(Linux)'의 등장이 이변을 일으키고 있다. 리눅스는 특히 데이터 축적용 컴퓨터인 서버 시장에의 진출이 눈에 띄고 있다. 1999년 서버 시장에서 OS의 점유율을 비교해보면, 윈도즈가 37.8%, 리눅스가 24%를 차지하고 있다.

마이크로소프트의 윈도즈와 같이 기업에서 개발해 사용권만을 판매하는 기존의 OS와는 달리, 리눅스는 GPL(General Public Licence : 복제, 재배포, 변경 등이 자유로운 일반공개사용허락서)에 따라 소스 코드(Source Code)가 공개되어 있어서 누구나 무료로 자유롭게 이용할 수 있으며, 개선을 해서 다시 배포할 수 있는 오픈 소스 소프트웨어(OSS : Often Source Software)이다.

인터넷상에서 공개되고 있는 OSS는 우수한 능력의 무수한 소프트웨어 기술자들이 창조한 것을 자유롭게 입수할 수 있으며, 변경도 자유로워 네트워크 커뮤니티상에서 무한한 재생산을 가능하게 하고 있다.

그리고 리눅스는 다른 운영체제에 비해 가격 경쟁면에서 뛰어나다. 리눅스는 다른 OS를 이용한 시스템 구축비용의 20%에 불과한 비용으로 필요 기능의 60~70% 이상을 활용할 수 있다.

리눅스는 크게 기업이나 연구기관에서 사용하는 서버, 이제 막 싹을 틔운 PC용 OS, 소형 정보기기용 임베디드(내장형 OS) 등의 3가지 분야에서 활용된다. 이 가운데 서버용은 가장 큰 성장세를 보이고 있다. 특히, 전문가들은 "새로운 서버용 OS분야에서 당초 윈도즈 NT가 차지할 파이 가운데 절반을 리눅스가 먹어버릴 것"이라고 내다볼 만큼 전망이 좋다.

미국의 시장조사기관인 IDC조사에 의하면 리눅스의 전 세계 OS시장 점유율(컴퓨터 대수 기준)은 지난 1997년 6.6%에서 1998년 17.2%로 1년 동안 3배 가까이 늘었다. 국내에서도 리눅스에 대한 관심이 폭발적으로 증가하고 있어 리눅스 이용자 수는 지난 1999년 10만 명 수준에서 계속 늘어날 전망이다.

핀란드 헬싱키대학의 한 젊은이(Linus B. Torbalds)가 자신이 개발한 OS를 인터넷상에서 무료 배포함으로써 세계 각지의 소프트웨어 기술자가 자율적으로 개발에 참여하면서 나날이 진보를 거듭하여 왔다. 지금까지의 OS 개발방식이 한 장의 설계도를 기준으로 잘 조직된 노동자들이 거대한 전함을 만드는 작업이었다면, 리눅스의 개발방식은 세계 각지의 다양한 사람들이 모여 서로 다른 각자의 아이디어를 접목하는 형태의 작업이라 할 수 있다. 그리고 리눅스 자체는 무료 소프트웨어이지만, 그것을 이용한 애플리케이션 소프트(Application Soft)와 솔루션 소프트(Solution Soft)를 이용할 경우 비즈니스가 가능해진다.

유저는 리눅스에 장해가 있을 경우 개발그룹에 보고하여 그 장해를 없애줄 때까지 기다릴 수도 있지만, 소스 코드가 공개되어 있으므로 유저 스스로 수정할 수도 있다. 즉 전 세계의 수만 아니, 수십만 명이라고 하는 리눅스의 유저 자신이 개발자로서 참가할 수 있는 것이다.

〈도표 1-2〉 서버용 OS의 세계 점유율(1999년)

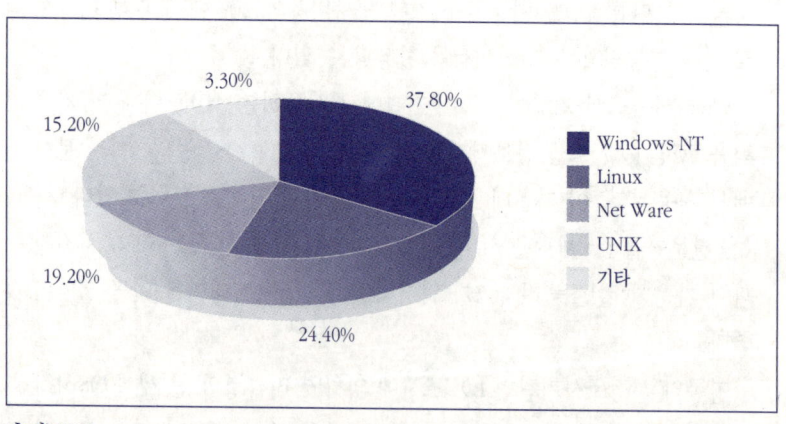

출전) IDC.

최근에 IBM은 2001년 한 해 동안 리눅스에 10억 달러를 투자하겠다고 발표했다. IBM은 그 동안 하드웨어에서 미들웨어, 서비스에 이르기까지 컴퓨터 전 분야에서 리눅스를 지원하겠다고 기회가 있을 때마다 강조해 왔다. 이처럼 IBM이 리눅스를 적극 지원하는 이유는 선마이크로시스템즈 등 유닉스 진영과 마이크로소프트의 윈도2000을 밀고 있는 유니시스, 컴팩, HP 등 경쟁기업을 따돌리기 위해서다.

인터넷을 기반으로 하는 지식경제(사회)에서는 시장경제(Market Economy)와 자발(자율)경제(Voluntary Economy)와의 경계는 유동화하는 동시에 한편으로는 융합될 것이다. 이렇게 되면 영리와 비영리라고 하는 기존의 경계는 매우 유동적으로 되며, 부분적으로는 융합하는 사례도 많이 출현하게 될 것이다. 그 선구자라고 할 수 있는 것이 새로운 컴퓨터의 OS, 리눅스라 하겠다.

〈도표 1-3〉 국내 리눅스 서버 시장 규모

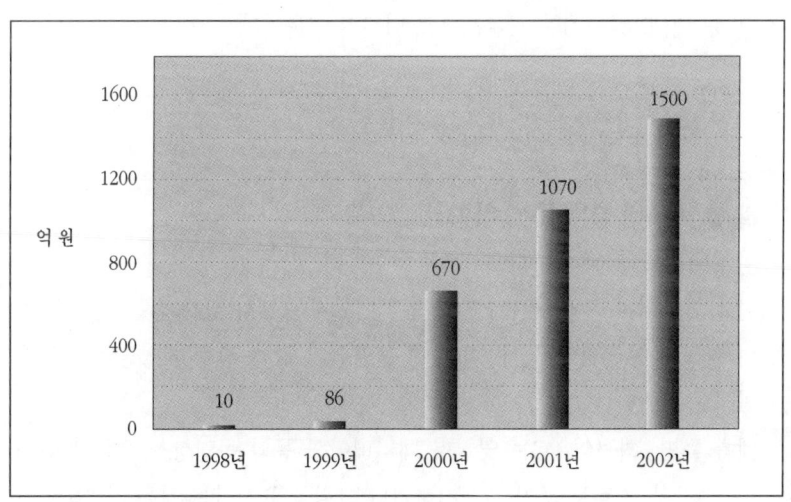

출전) 동부증권.

3. IT와 혁명의 결합

IT의 성장은 컴퓨터가 개발된 1940년대 중반부터 현재까지 계속되어 오고 있다. 그럼 왜 현재의 'IT'는 '혁명'이라는 단어를 수반하여 'IT혁명'이라는 말로 불리고 있는 것일까? 이러한 의문에 대한 해답 가운데 하나로, 근래에 들어 비로소 IT혁명이 시작된 것은 결코 아니라는 것을 지적해 두고 싶다.

IT혁명이라고 하는 단어로는 지금까지 불리어 오지는 않았지만, 수십 년 전부터 IT혁명은 이어오고 있는 것이다. 실제로 IT혁명이라고 하는 단어는 아니라 하더라도 이전부터 '정보혁명', '기술혁명', '정보기술혁명' 등의 말로 자주 사용되어 온 것이 사실이다.

그러나 종전의 IT혁명과 현재 일어나고 있는 IT혁명의 질적 차이점은 분명히 구별하고 사용해야 할 필요성이 있다. 실제로 지금까지 이루어진 IT와 현재 이루어지고 있는 IT는 근본적으로 다르기 때문이다.

퍼스널 컴퓨터(PC)의 보급

현재 이루어지고 있는 IT가 지금까지 이어져온 IT와 다른 점은 먼저 PC가 일반 가정에 보급되면서 사용하기에 불편함이 없는 충분한 성능을 갖추게 되었다는 점이다.

예를 들면, 최근의 PC는 영화나 애니메이션 등의 동영상을 표현할 수가 있다. 종전의 PC로는 문자를 표시하거나 그림을 표시하는 것은 가능하였지만 선명한 동영상을 표현하는 것은 불가능하였다.

실제 가정에서 PC를 어떤 용도로 활용하고 있는가를 살펴보면, 문자를 입력하거나 읽는 용도, 그림(정지화면)을 보거나 그리는 용도, 게임을 하는 용도, 동영상을 보는 등의 용도라 하겠다.

특히, 워드 프로세스를 사용하는 경우는 문서를 작성·편집하거나 읽거나 하는 것 등이며, 인터넷을 사용하는 경우는 정보를 검색하거나 그림과 동화상을 즐기는 것 등이다. 이러한 것들이 현재 일반 가정에 보급된 PC로 모두 가능하게 되었다. 게다가 PC는 성능 향상과는 반비례라 할 만큼 날로 그 가격이 떨어지고 있다.

인터넷 보급

지금까지 이루어진 IT와 현재 진행되고 있는 IT가 또 다른 점은 인터넷이 통신기술 가운데 별도의 지위를 확립한 점이라 하겠다.

현재 인터넷은 웹사이트를 통해 정보검색 및 제공, 그리고 정보의 가공·처리 등 가장 일반적인 통신기술로서 이용되고 있다. 그러면서도 최근까지 외부에 정보가 누출되게 되면 큰 문제로 연결될 소지가 있어 정보 전달 매체로 인터넷은 그다지 적절한 방법이 아니라고 여겨져 왔다.

그러나 현재는 기밀이나 정확성이 요구되는 용도로서도 인터넷을 이용하게 되었다. 이처럼 다양한 정보가 인터넷을 통해 전달되게 되는 것이 현재 진행되고 있는 IT의 특징이라 하겠다.

인터넷은 복수의 컴퓨터를 통신회선을 통하여 그물(Net)의 눈과 같은 형태로 접속된다. 그 때문에 일단 접속하면 인터넷과 연결된 어떤 컴퓨터와도 정보교환을 할 수 있게 되는 것이다.

가령 인터넷을 사용하지 않은 채 개개의 컴퓨터를 모두 접속하게 되면 막대한 비용이 필요하게 되어 도저히 현실적이지 못하다. 예를 들면, 5개의 기업 사이에 컴퓨터를 상시로 접속하게 되면, 〈도표 1-4〉에 나타나고 있는 것과 같이 10개의 회선이 필요해진다. 그에 비해 인터넷을 이용하게 되면 불과 5개의 회선으로 모든 것의 해결이 가능하다.

가령 100개의 기업간에 접속을 고려한다면 4,950회선이 필요하지만, 인터넷을 활용하게 되면 불과 100개의 회선만으로 접속이 가능하게 되어 관리비용(거래비용)도 그만큼 줄어들게 된다. 게다가 이러한 차이는 거래기업의 수가 늘면 늘수록 급속히 증가하게 된다. 이처럼 인터넷은 모든 컴퓨터를 가장 편리하게 연결시킬 수 있는 사회와 시장을 만들고 있는 것이다.

〈도표 1-4〉 인터넷 도입과 비용절감

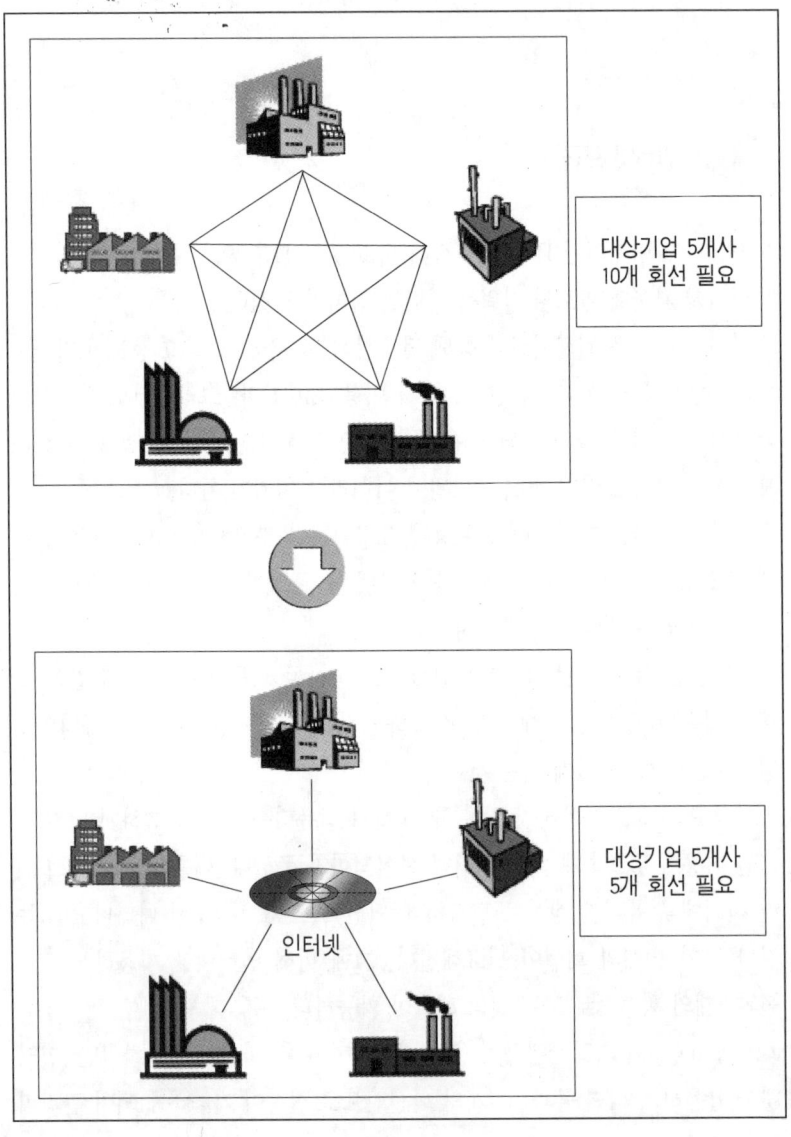

산업혁명

　IT의 보급으로 인해 달성되는 사회나 기업, 나아가 국가의 변화는 진정으로 혁명(Revolution)이라 부를 정도의 변화일까? 이전에 일어난 산업혁명과의 비교·분석을 통하여 IT혁명의 원래 모습을 해부해 보자.

　산업혁명은 방적기계와 수력, 증기기관 등 원동력의 개발에 의해 18세기 후반 영국에서부터 시작되었다. 방적기계의 출현은 당시 일반 농가의 수작업(手作業)을 공장의 기계작업으로 바꾸는 결정적인 계기가 되었다. 그 때문에 농촌에서 가내공업을 중심으로 활동하고 있었던 사람들이 도시로 모여들어 임금 노동자로 전락하게 된다.

　이처럼 산업혁명은 소규모 가내공업에서 대규모 기계공업으로 바뀌면서 산업과 경제체제에 큰 변화를 가져왔다.

　현재 우리들이 직장에서 노동을 제공하고 받는 임금·월급이 일반적인 형태로 자리를 잡게 된 것은 산업혁명 이후의 일이라 하겠다.

　그러나 당시의 산업혁명은 산업이나 경제 체제에 엄청난 변화를 가져왔지만 그다지 급속도로 진행된 것은 아니었다. 실제로는 손으로 실을 짜는 것이 시장에서 거의 사라지게 된 것은 산업혁명이 시작되고부터 100년 뒤의 일이었다. 또 영국 이외에 독일과 미국 등이 산업혁명을 경험하게 되는 것 역시 약 1세기가 지난 뒤의 일이었다.

　한편, 산업혁명 초기에는 경제학의 근본체계를 구축한 애덤 스미스(Adam Smith)조차도 산업혁명의 서곡을 제대로 인식하지 못했으며, 일부에서는 농업에서 공업으로 바뀌는 산업현장을 둘러보면서 "식량을 감산하면 인간이 어떻게 기계를 먹고 사느냐?"고 흥분했다고 하지만, 산업혁명으로 인류의 생활은 얼마나 윤택해졌는가. IT혁명과 더불어 새삼 곰곰이 되새겨볼 가치가 있다.

〈도표 1-5〉 산업혁명과 IT혁명 비교

산업혁명	항 목	IT혁명
방적기계 등의 기계기술의 진보	원 인	컴퓨터, 인터넷 등의 정보기술의 진보
비교적 완만 국가별로 시기가 다름	변화 속도	대단히 급속 전 세계가 동시에 진행
생산자	기술의 이용자	소비자, 생산자
주로 기술자	혁명의 공헌자	기술자, 일반인
물질적인 풍부함이 중심 임금노동자에 의한 착취 문제가 발생	소비자의 영향	문화적인 변화를 포함한 질적인 변화 소비자 교섭력의 상승
대폭적으로 상승	생산성 향상	산업혁명 정도의 상승은 아님
가내공업→공장기계공업 프롤레타리아의 출현 산업자본체제의 성립	경제체제의 변화	산업혁명만큼의 변화는 구체적으로 예상되지 않음

출전) Fujitsu Research, 2000.

 IT혁명의 성격

　IT혁명은 산업혁명과는 달리 경제나 산업체제를 뒤바꾸는 것과 같은 혁명은 아니다. 따라서 IT혁명 때문에 직장인이 해당 기업에서 당장 쫓겨나거나 하는 일은 거의 없을 것이다. 산업혁명 때에는 사람을 대신해 기계가 제품을 생산하게 됨으로써 생산성이 한층 향상되었다. 그에 비해 현재 기업에서는 IT가 이미 광범위하게 활용되고 있기 때문에 제품 생산에 갑자기 엄청난 효율성을 가져올 것이라고는 기대할 수 없다.
　한편으로 변화의 속도(Speed)는 산업혁명에 비해 대단히 빠르게 진행되고 있다. 미국을 비롯한 일본·영국 등의 선진국이 한 발 앞서고 있는 것은 사실이지만, 우리 나라는 물론이고 전 세계적으로 동시에 IT혁명이 추진되고 있다. 이 때문에 우리 나라가 기술적으로 우위에 설 수 있는 절호의 기회라고도 할 수 있다.

그리고 IT혁명의 경우, 모든 직장인들이 자신의 능력 발휘나 사업 기회를 확대할 수 있는 많지 않은 기회라 하겠다. 새로운 비즈니스모델(BM)의 창출이 가능하다면 그것을 실현하는 것은 비교적 쉽기 때문이다. IT혁명의 주체는 전문적인 기술을 가진 사람 이외에도 일반인들의 튀는 아이디어와 창의력이 승부의 관건이 되기 때문이다.

나아가 IT가 일반 가정에 보급되는 것도 산업혁명과는 크게 다른 점이라 할 수 있다. PC와 인터넷의 보급으로 가정에서도 편리하게 IT를 활용할 수 있으며, 또 IT 도구의 고성능, 저가격화가 바로 현재의 IT혁명을 가져온 배경 가운데 하나라 하겠다. 결국 IT혁명은 산업혁명보다도 훨씬 직접적으로 일반 가정이나 사회에 영향을 미치게 될 것이다.

이처럼 정보(Information)와 기술(Technology)이 결합되어 주도되는 또 다른 혁명의 서곡으로 인해 개인과 기업, 시장은 물론이고 국가마저 중대한 기로(Turning Point)에 서있다.

4. IT혁명과 시장변화

IT혁명, 즉 IT의 보급에 따라 발생하는 사회와 시장의 변화에는 어떠한 것이 있을까? IT혁명이 가져온 시장과 사회변화에 대해 살펴하기로 하자.

생산성 향상

IT혁명에 따른 변화 가운데 가장 큰 변화는 역시 IT를 개발, 판매하는 산업, 다시 말해 IT산업의 규모가 급속히 확대된다는 것이다. 이것은 IT의 이용이 증가하고 있음을 대변하고 있는 것이어서 현실화되고 있는 변화 가운데 하나라 할 수 있다.

동시에 IT산업에 종사하고 있는 사람의 비율이 늘어나는 등의 변화도 생기고 있다. 예를 들면, 1990년 미국에서 3,300억 달러로 GDP(Gross Domestic Products, 국내총생산)에 차지하는 비율이 5.8%에 불과하였던 IT산업이 1999년에는 7,290억 달러로 GDP에 차지하는 비율은 8.2%까지 성장하고 있다.

다음으로 기업의 생산성 향상을 기대할 수 있다. 기업이 IT 이용을 촉진시키고 있는 것은 그에 따른 플러스(+) 효과가 있기 때문이다. 그 가운데는 기대 이하의 성과를 거둔 기업과 IT의 도입에 들인 비용 회수가 불가능한 기업도 나타날 것이다. 하지만 경제 전체적으로 판단할 경우 IT 보급으로 인해 생산성 향상에 많은 공헌을 하게 되리라는 점은 부정할 수 없다.

다만, 생산성 향상이 반드시 정(正)의 효과만을 가져오는 것은 아니다. 생산성이 향상되면 보다 적은 수의 종업원으로도 종래와 같은 효과를 얻을 수 있게 된다. 그로 인해 기업이 종업원 수를 줄임으로써 실업자가 늘어날 우려도 있다는 것이다.

경기변동의 축소

　IT도입의 긍정적인 효과 가운데 하나로 특히 미국에서 주목을 받고 있는 것이 급격한 경기변동을 억제하는 효과가 있다는 것이다. 경기변동(경기후퇴)이 일어나는 첫 번째 이유는 재고가 누적되어 생산량을 줄이지 않으면 안 되기 때문이다(재고변동). 그에 따라 IT를 적절하게 활용하여 판매량과 동일한 양의 제품만을 생산하게 되면 재고변동 폭도 좁아지게 될 것이다.
　이처럼 경기변동 폭이 축소되는 현상은 미국의 '신경제(New Economy)' 출현을 가능하게 한 요인 중의 하나이다.
　IT의 응용이 폭넓게 확대되고 있는 미국이 진정으로 신경제로 변화하여 (Shift) 경기변동이 없어졌는가 하면, 실체는 아직 검증되지 않았다. 그 때문에 여기에 관한 해석을 두고 논란이 계속되고 있다. 하지만 일찍이 경험하지 못한 장기간에 걸쳐 미국의 경기가 확대, 호황이 계속하고 있음은 분명한 사실이다.
　이로 인해 IT의 효율적인 활용이 국가의 다양한 부분으로 파급, 적용된다는 것은 급격한 경기변동을 막아 효율적인 경제운용에 도움을 주고 있음을 인정하기 시작했다.

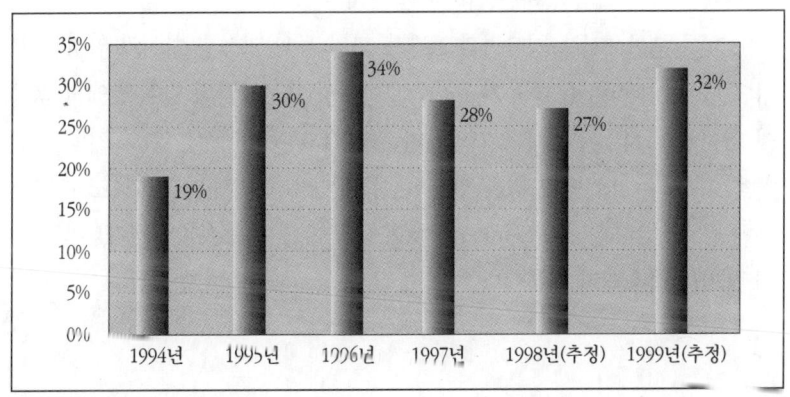

〈도표 1-6〉 IT산업의 실질 경제성장 기여도(미국)

출전) Digital Economy 2000.

기업간 격차확대

앞에서 지적한 국가 수준의 거시경제 이상으로 IT 보급이 영향을 미치게 될 것이라고 예상되는 부분이 '기업의 경쟁력'이다. 즉 IT를 유효하게 활용하는 기업과 그렇지 못한 기업과의 사이에는 경쟁력에서 많은 차이가 발생하게 될 것이다. 현재 세계적으로 압도적인 경쟁우위를 달성하여 주목을 모으고 있는 기업의 대부분은 IT의 활용에 대해서도 종전부터 적극적으로 추진하여온 기업이다.

특히, 유명한 사례로는 PC의 제조·판매를 하고 있는 델 컴퓨터(Dell Computer)를 들 수 있다. 델 컴퓨터는 IT를 활용하여 재고를 줄여 자금의 회수를 빠르게 함으로써 대단히 높은 생산성을 실현하고 있는 기업이다.

또한 IT는 벤처기업의 등장을 촉진시켜 그 성장을 지원하는 효과도 있다. 벤처기업은 기존 기업들에 비해 최신 IT를 활용하거나 적용하는 것이 비교적 용이하기 때문이다. 기존 기업은 진부화(陳腐化)된 정보기술을 사용하고 있으며, 모든 것을 최신 기술로 바꾸기에는 몸집이 너무 크다는 단점이 있다. 또 종전부터 수행하여 온 업무방식이 최신의 IT 도입을 저해하는 요인으로 작용하는 경우도 있다.

때문에 처음부터 IT가 활용된다는 것을 전제로 사원을 채용할 수 있는 벤처기업에 비해, 기존 기업들은 이전부터 재직하고 있는 종업원의 능력을 어떻게 도출, 향상시킬까 하는 딜레마를 갖게 되었다.

또 IT의 분야에서는 기술력과 브랜드 파워 등의 미세한 차이가 엄청난 업적의 차이로 나타나는 경우가 많다. IT 이외의 부문이라면 업적 면에서 그다지 차이가 나지 않는 2사의 기업일지라도, IT의 부문에서는 한쪽 기업은 성장을 계속하는 데 반해 다른 한편의 기업은 적자가 계속 누적되는 경향을 흔히 볼 수 있다. 바로 'Winner Takes All(승자가 모든 것을 취한다)'의 원칙이 철저히 적용되기 때문이다.

제 1 장 IT혁명 47

 생활의 변모

IT 보급은 우리들의 가정생활에도 많은 영향을 미치고 있다. 국내 각 가정에서도 인터넷 접속이 가능한 PC의 보급이 일반화되고 있다. 그에 따라 소비자는 인터넷 등의 IT를 활용하여 상품을 구입하거나 서비스를 제공받는 것이 점점 대중화되고 있다.
나아가 정보가전(Information Appliance)이나 홈 네트워크(Home Network) 등도 기존의 가정생활을 크게 변모시키게 될 것이다.

 커뮤니티 변화

IT는 기업으로부터 상품을 구입하거나 서비스를 제공받는 경우뿐만 아니라 친구나 동료, 구성원 사이의 커뮤니케이션 방법에도 큰 변화를 가져오고 있다. 포켓 벨에서 출발하여 휴대전화, 모바일(Mobile) 인터넷 등 현재에도 IT는 구성원간의 커뮤니티에 많은 영향을 미치고 있다.

아이러브스쿨(http://www.iloveschool.co.kr/)

실례로 인터넷을 이용한 경매(Auction)가 급속히 보급되고 있는 것이나, '아이러브스쿨(http://www.iloveschool.co.kr)'과 같은 동창회 사이트, '하늘사랑(http://www.skylove.com)'과 같은 채팅 사이트 등의 폭발적인 성장 등이 이를 잘 대변해주고 있다.

〈도표 1-7〉 아이러브스쿨의 주요 지표(2000. 9.)

항 목	측정결과	순 위
순 방문자	5,788천 명	12위
도달률	47.7%	12위
페이지뷰	11억	4위
방문자 월 평균 체류시간	108.4분	4위
방문자 월 평균 방문일수	7.1일	3위

 거래 변화

소비자가 상품과 서비스를 구입하는 경우 IT를 활용하는 것처럼 기업이 상품과 서비스를 조달하는 경우에도 IT를 활용하는 사례가 점차 많아지고 있다. 때문에 기업과 소비자간의 거래, 즉 B2C(Business to Consumer)보다는 기업간의 거래인 B2B(Business to Business)가 시장에서 현재 각광을 받고 있는 것도 같은 측면에서 해석이 가능하다.

그러나 IT혁명은 단지 IT의 활용이 늘어나는 것만을 가리키는 것은 분명 아니다. 기업간 거래의 방법(수법)이나 절차에도 많은 영향을 미치게 될 것이다.

예를 들면, 지금까지와 같은 동일 계열기업간에 장기적이며 계속적인 거래행위가 사라지고, 모든 거래가 IT로 인해 개방화되면서 기업간 거래에는 엄청난 질적·양적 변화가 일어나게 될 것이다.

5. 사례연구

 미국과 신경제

1) IT와 신경제

■ 신경제(New Economy)

1990년대 들어 미국의 산업과 경제는 1980년대의 기나긴 불황으로부터 탈피, 극적으로 부활함으로써 세계 경제의 맹주 자리를 되찾았다. 미국의 경제는 1991년 4월부터 현재까지 계속 인플레이션이 없는 성장과 호황을 거듭하고 있다.

그럼 무엇이 미국경제를 소생시켰을까? 두말할 필요도 없이 IT혁명의 급속한 진전이 주춧돌이 되었다. 즉 기존의 전통적인 경제이론으로는 설명할 수 없는 미국 경제호황의 바탕에는 인터넷과 컴퓨터 등으로 대표되는 IT가 있었던 것이다.

현재와 같은 미국의 경제를 가리켜 신경제(New Economy)라고 부르는데, 이는 IT산업의 기술혁신을 통한 생산성 향상이 가져온 '저물가(低物價) 고성장(高成長)'의 미국 장기호황경제를 지칭하고 있다.

■ 수확체증의 법칙(Increasing Returns of Scale)

기술혁신을 통해 높은 경쟁력을 이룩한 미국기업의 제품규격이 실질적인 세계표준(Global Standards)이 되는 케이스가 근래 들어 눈에 띄고 있다. 이것은 신경제론의 골격인 '수확체증(收穫遞增)'과 관련이 있다. 종래의 산업에서는 생산량을 너무 많이 늘리게 되면 임금 상승과 설비 소모가 심화되어 추가적 생산에서 발생하는 이익률이 감소하는 '수확체감(Diminishing Returns of Scale)'이었다. 그러나 소프트웨어로 대표되는 IT산업의 경우 초기투자는 막대하여도 추가적인 생산은 복제(Copy)만 하게 되므로 생산량이 많을수록 이익률은 높아지는 '수확체증'의 형태가 달성되는 것이다. 미국의 인터넷 이용자 수는 1999년 초 6,200만~1억 명으로 인구에 대비한 보급률은 23~37%에 달하고 있다. 인기있는 웹사이트에의 접속률은 오랜 기간 사랑받아 온 미국인의 3대 TV 네트워크의 시청률을 이미 넘어서고 있다.

인터넷 보급으로 인해 일반 소비자를 대상으로 하는 전자상거래(Business to Consumer)도 급속한 증가 추세에 있다.

지난 1998년 크리스마스 상전(商戰)의 경우 미국 전역에서 전년도의 3배에 해당하는 약 32억 달러, 1999년에는 53억 달러가 인터넷 경유로 거래되었다고 한다.

게다가 중요한 점은 기존 미국기업의 대부분이 사내 정보 시스템구축과 기업간 거래(Business to Business) 등 인터넷을 활용하여 업무과정을 개선하고 효율화를 달성하여 경쟁력을 향상시켜 왔다는 점이다.

현재 미국의 인터넷 활용은 최첨단 정보산업에 한정된 이야기가 아니다. 제조업의 대표격인 가전메이커와 자동차 제조메이커에서도 인터넷을 활용하여 경쟁력을 향상시켜 가고 있다.

바꾸어 말하면, 미국의 호황을 지탱하고 있는 것은 AOL과 Yahoo, 아마존 등의 인터넷 관련 기업만이 아니다. 실질적인 주역은 인터넷을 활용하여 업무효율화를 추구해온 기존의 기업이라 하겠다.

미국의 상무부는 2006년까지 미국 노동자의 거의 절반이 IT업계 또는 IT 제품을 많이 사용하는 관련 산업에 종사할 것으로 예측하고 있다. 인터넷의 효율적 활용에 따라 미국기업은 생산성을 높여 새로운 비즈니스기회를 창출하는 데 성공하고 있다. 그 결과 전 세계의 다른 지역 기업에 비해 경쟁우위를 확보할 수 있었다. 즉 IT업계가 미국의 재생의 원동력이 된 것이다.

여기에다가 다른 나라와 비교할 수 없을 정도로 빠른 인터넷 경제의 성장률도 한 몫을 했다.

2) DESA 보고서

한편, IT의 급속한 발전은 미국 경제에 매년 1,000억 달러의 경제적 산출이 증가하는 효과를 가져오는 등 세계 경제성장을 이끌고 있다고 유엔경제사회국(DESA)은 밝혔다. 최근 〈세계 경제·사회 조사 2000〉 보고서를 통해 IT의 발전 및 확산에 따른 생산성 증가가 이른바 '신경제' 현상을 불러왔으며 이로 인해 2000년 세계 경제가 3.5% 성장할 것이라고 전망했다.

현재 미국 경제는 노동시장의 경직과 금리인상, 무역적자 등의 위험요소를 안고 있기는 하지만 크게 염려할 것은 없으며, 국내총생산(GDP)은 2000년 4%, 2001년 3.75% 성장할 것으로 예측되었다.

한편, 지구촌 경제가 단일화, 통합화 추세를 보이면서 IT혁명으로 인한 혜택이 다른 선진국과 개발도상국에도 빠른 속도로 전파되고 있다고도 밝혔다. 이에 따라 유럽 지역은 2000년과 2001년에 GDP가 3% 이상, 개발도상국도 2000년 5.4% 성장할 것으로 예측되었다.

그러나 후진국의 경우는 제도 미비와 자본 부족 등으로 아직까지는 IT혁명의 혜택을 제대로 보지 못하고 있어 선진국들의 기술 및 자금 지원이 절실하다고 DESA 보고서는 지적하고 있다.

또 GDP의 4%(3,500억 달러)에 이르는 미국의 무역적자나 일본 및 일부 개발도상국의 재정적자가 금융시장의 불안을 야기하여 신경제의 위협 요소가 될 수 있다고 경고했다.

3) 성장비교

1995년부터 1998년에 걸친 미국의 연평균 성장률(CAGR)과 인터넷 경제의 성장률을 비교해보면 〈 도표 1-8 〉과 같다.

이 도표에 따르면, 미국의 인터넷 경제의 연평균성장률은 174.5%로 경이적인 수준에 달하고 있어, 미국 GDP의 연평균성장률 2.8%에 비해 압도적인 성장성의 차이를 보이고 있다.

www(World Wide Web)의 탄생으로부터 불과 5년, 경이적인 성장의 결과 그 경제규모는 에너지 2,230억 달러, 자동차 3,500억 달러, 전기통신 2,700억 달러와 같이 기존의 산업에 필적할 만큼 급성장하고 있다.

52 제 1 부 IT혁명과 시장시스템

<도표 1-8> 미국 경제와 인터넷 경제

항 목	1995년	1996년	1997년	1998년	1999년	1998년까지의 CAGR
전 세계 GNP(10억 달러)	33,646	35,174	37,870	39,103	40,714	3.8%
미국의 인터넷 경제(10억 달러)	5	-	-	301	-	174.5%
미국의 GDP(10억 달러)	6,762	6,995	7,270	7,552	7,798	2.8%
전 세계 GNP에 차지하는 미국의 GDP비율	23%	24%	25%	26%	26%	-

4) 향후 방향성

이상과 같이 IT 기반 위에 굳건히 자리잡고 있는 미국의 신경제에도 최근 경고 메시지와 우려하는 목소리가 높아지고 있다.

《다가오고 있는 인터넷 불황(The Coming Internet Depression)》의 저자 '마이클 J 맨들'은 미국경제가 가까운 장래에 신경제의 몰락과 함께 급속히 침체의 길로 접어들 수 있다고 경고하고 있다.

지금까지 치열한 경쟁 때문에 첨단기업들이 가격을 올리지 못함으로써 '저물가 고성장'이 가능했지만, 향후 경제가 둔화되고 첨단기술투자가 급격히 감소, 벤처자금이 고갈되면 기업들이 수익을 보전하기 위해 가격을 인상시킬 것이고 이는 곧바로 미연방은행의 금리인상으로 이어져 경기가 더욱 둔화되는 악순환이 발생할 것이라고 지적하고 있다.

특히, 신경제는 첨단기술(IT)이라는 '엔진(Engine)'에 금융혁명이라는 '연료(Fuel)'가 더해져서 이루어진 것이기 때문에 주식시장이 폭락하여 신경제의 연료인 '모험 자본(Venture Capital)' 공급이 바닥나면 이 같은 악순환이 걷잡을 수 없게 될 것이라고 강조하고 있다.

한 가지 덧붙이면, e-비즈니스가 신경제 형성의 주요 요인이 된 것은 분명하다. 그러나 다른 측면에서 본다면 다소 편중된 생각이기도 한다. 실은 규제완화, 글로벌화, 소비행동 변화, 주주 변화 등의 요인이 혼재되면서 신경제가 형성된 것이다. 그에 따라 기업이나 국가는 이러한 변화에 대해 다양한 시각을 가지고 전략을 추진해야 할 것이다.

제2장 IT와 생활변모

제2장에서는 IT혁명으로 인해 직·간접적으로 영향을 받게 되는 소비자의 주변생활에 초점을 맞추어 분석한다. 그와 함께 IT 도입으로 인해 변모되는 소비패턴이나 관행, 그리고 기업의 시스템 변모 등에 대해서도 살펴본다.

1. IT혁명과 우리 생활

 IT혁명이 가져온 물결은 우리들의 생활 주변에도 많은 영향을 미치고 있다. 가까운 예로 인터넷, PC, 휴대전화(Mobile Internet), 차세대 게임기, 온라인 쇼핑, 디지털 방송 등이 있다. 이처럼 새로운 IT가 가정에 속속들이 보급됨으로써 우리의 라이프 스타일(Life Style)을 크게 변모시키고 있다.

유저(User)의 급증

 우리 생활 주변에서 벌어지고 있는 IT혁명 가운데 가장 먼저 꼽을 수 있는 것은 역시 인터넷의 급속한 보급이다.
 한국인터넷정보센터(KRNIC)가 국제기준에 따라 조사한 바에 따르면, 우리 나라의 인터넷 이용인구는 1999년 말 이미 1,086만 명을 돌파, 2000년 3월 말에는 1,393만 명, 그리고 지난 8월 말 현재 7세 이상 인구의 38.5%에 해당하는 1,640만 명에 달하고 있다. 하지만 최근 들어 인터넷 이용자 증가세는 둔화되고 있는 것으로 나타났다.
 성별로는 남성이 946만 명, 여성이 694만 명이었지만 남성 인터넷 이용자 수가 지난 3월에 비해 8.4% 증가에 그친 반면, 여성 인터넷 이용자 수는 33.2%나 증가했다. 대학생은 거의 대부분인 95%가 인터넷을 이용하고 있었으며, 고등학생 82.6%, 중학생 80.9% 등 학생들은 대다수가 인터넷을 이용하고 있었다.
 이러한 추세라면 우리 나라 4,700만 명 전 국민이 인터넷을 이용하게 될 날도 멀지 않았다. 특히 위의 조사결과는 PC단말을 주류로 하는 인터넷 이용자라는 것을 생각한다면 이들의 증가 추세는 둔화되겠지만, 향후 정보가전(Information Appliances), 모바일 인터넷, 게임기, 디지털 TV 등을 통하여 인터넷을 접속하는 이용자는 급속히 증가하게 될 것이다.

<도표 2-1> 세계 인터넷 인구의 모국어별 비율

언 어	비 율
영 어	53.7%
일본어	7.1%
스페인어	6.2%
중국어	5.4%
독일어	5.0%
프랑스어	3.9%
한국어	3.8%
이탈리아어	3.5%
네덜란드어	2.2%
러시아어	2.0%
기 타	7.2%

출전) Global Reach, 2000. 2.

개인용 단말의 진화

■ 휴대전화

인터넷 이용자의 급속한 증가 배경에는 인터넷 단말의 급속한 진화를 들수 있다. 현재까지 가장 일반적인 인터넷 단말은 역시 PC이다. 이것은 기술혁신과 PC 제조메이커 사이의 경쟁이 가져온 결과로 고성능이면서도 사용하기 편리한 PC를 비교적 저렴한 가격으로 구입할 수 있게 되었다.

또 최근에는 PC 이외의 단말이 인터넷 단말로서 주목을 받기 시작하고 있다. 그 하나가 인터넷 접속이 가능한 휴대전화이다.

세계 유력 휴대전화 메이커인 노키아(핀란드) · 에릭슨(스웨덴) 등에 따르면, 세계에 휴대전화 가입자는 2000년 상반기에 약 1억 명이 증가하여 5억 7,000명에 달하였으며, 2002년 말에는 10억 명을 넘어설 것으로 예상하고 있다.

국제전기통신연합(ITU)은 1999년 말 시점의 가입자를 4억 7,000만 명, 2000년 말 시점의 가입자를 6억 5,000만 명이라고 예측하고 있다. 그리고 'Forrester Research'는 2005년에 전 세계 이동전화 가입자 가운데 70%에 해당하는 13억여 명이 모바일 인터넷을 사용할 것으로 예측하고 있다.

게다가 인터넷 접속이 가능한 휴대전화는 개인이 항시 휴대하고 있으며 다른 미디어와는 달리 모바일(Mobile)이라고 하는 점에서 크게 다르다. 물론 화면의 크기 등에 있어 일부 제약이 있기는 하지만 언제, 어디서나 정보의 수신과 발신이 가능하다는 측면에서는 다른 정보단말의 기능과 역할을 훨씬 능가하고 있다고 할 수 있다.

■ 게임단말

또 하나는 가정용 인터넷 단말로서 각광을 받고 있는 것이 게임기이다. 지난 2000년 3월 초에 발매되어 세계적으로 많은 화제를 뿌렸던 소니 컴퓨터 엔터테인먼트(SCEI)의 '플레이스테이션2'에는 현재 통신기능은 장착되어 있지 않다. 그러나 장래에는 케이블 TV의 회선 등에 연결하여 네트워크 경유로 게임 등이 가능하도록 구상하고 있다.

또 SCEI와 일본 최대의 이동통신서비스 사업자(Common Carrier)인 'NTT DoCoMo'는 8월 초순 DoCoMo의 'i-mode'와 SCEI의 '플레이스테이션(PS)'을 연계시킨 새로운 서비스를 공동으로 개발하여 제공한다는 데 합의한 바 있다.

이번 제휴를 통해 양 사는 현재의 i-mode와 PS를 연계한 서비스의 공동검토, Java 대응의 i-mode와 플레이스테이션을 연계시킨 서비스의 공동검토, 차세대 휴대전화방식의 W-CDMA와 플레이스테이션을 연계시킨 서비스의 공동검토 등 새로운 형태의 네트워크 엔터테인먼트 및 각종 서비스를 이용자에게 제공할 예정이다.

이러한 제휴는 그래픽과 음향 등의 측면에서 풍부한 컨텐츠를 제공하고 있지만 고정된 장소에서만 이용 가능하다는 단점을 가진 플레이스테이션과 화면이 작고 컨텐츠 이용에 한계가 있지만 1,700만 이상의 이용자가 24시간 휴대 가능한 i-mode를 연계시킴으로써 서로의 단점을 상쇄하고 강점을 증폭시키는 계기가 될 것이다.

이처럼 가정용 게임기와 인터넷 접속이 가능한 휴대전화와의 결합으로 인해 인터넷 이용환경의 정비와 그 이용자는 더욱 늘어나게 될 것이다.

〈도표 2-2〉 정보단말과 인터넷 환경

출전) 김광희, 2000.

2. IT와 소비패턴

상품구매와 정보수집

■ 상품구매

소비자가 오프라인(Off-line)에서 상품을 구입할 때 백화점, 슈퍼마켓, 편의점, 할인점, 전문점, 상가, 재래시장, 카탈로그 통신판매 등을 상품 특성에 맞추어 이용하게 된다.

예를 들면, 한 장소에서 다양한 상품을 구입하고자 할 때는 백화점 또는 슈퍼마켓 등 식료품에서 가전제품까지 폭넓은 카테고리의 상품을 취급하는 점포를 이용하게 된다. 그리고 직접 방문 등의 시간적 여유가 없는 소비자라면 카탈로그 통신판매를 이용하는 것도 하나의 방법이다. 그러나 특정 카탈로그 상품의 경우 선택범위가 좁고 직원으로부터 상세한 상품설명 서비스를 받을 수 없다.

그러한 점에서 컴퓨터 대리점과 같은 전문점은 선택의 폭이 넓고 담당 직원으로부터 어느 정도 상세한 설명을 들을 수도 있다. 그러나 전문점의 경우는 한 장소에서 모든 것을 구비할 만큼의 폭넓은 카테고리 상품을 취급하고 있지는 않다는 단점이 있다.

■ 상품정보

상품을 구입할 때에는 상품의 가격도 중요한 포인트가 된다. 그러나 통상적으로 소비자는 어느 점포에서 어느 정도의 가격으로 판매하고 있는지를 완전히 파악할 수는 없다. 그렇기 때문에 대부분의 소비자는 가격에 그다지 신경을 쓰지 않고 구입하든가, 아니면 자신의 주머니 사정을 고려하여 이 정도의 가격이라면 적당하다고 생각, 타협점을 찾아 구입하게 된다.

또 타이틀 수가 엄청나게 많은 서적과 CD를 구입하는 경우, 자신의 취향에 맞는 것을 발견하기 위해서는 상당한 노력을 해야 된다. 때문에 관련 정보잡지를 참조하거나 친구들의 의견을 참고하는 경우가 일반적이지만 의외로 그러한 노력에 비해 만족하지 못하는 경우가 일반적이다.

그러나 인터넷을 통해 구입하는 경우, 지금까지 소비자 앞에 늘어서 있는 높은 '벽(장애물)'을 극복할 수 있게 되었다. 즉 소비자는 IT를 활용함으로써 쇼핑에 필요한 정보수집 능력을 크게 높여 보다 현명한 소비행동을 취할 수 있게 되었다.

<도표 2-3> 디지털화와 IT생활

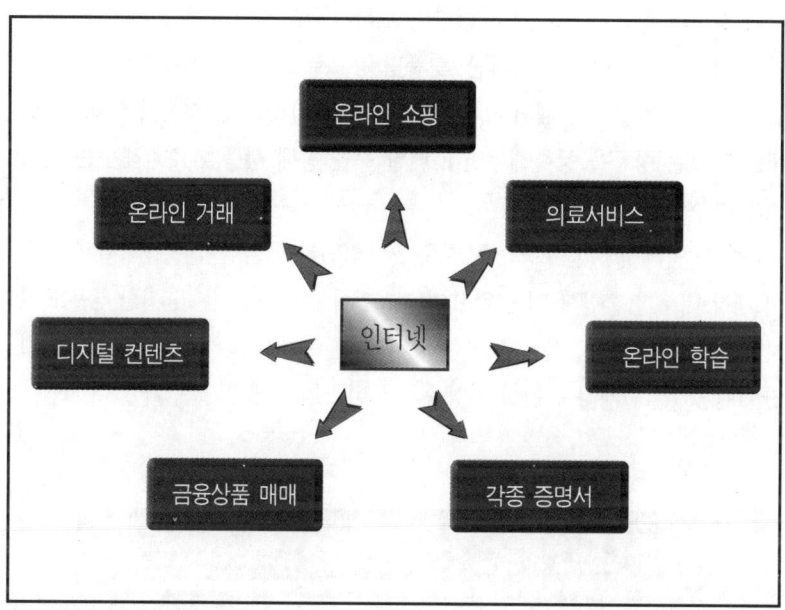

출전) 김광희, 2000.

풍부한 상품

인터넷상에서는 백화점도 불가능할 정도의 다양한 상품을 갖춘 쇼핑몰이 존재한다. 그 대표적인 것으로 우리 나라에도 널리 알려져 많은 인터넷기업의 벤치마킹(Benchmarking) 대상이 되고 있는 '라쿠텐시장(樂天市場, http://www.rakuten.co.jp/)'을 살펴보면, 2001년 1월 현재 약 5,300여 개 점포가 출점을 하고 있으며 취급상품만도 64만 점을 넘는 거대한 쇼핑몰로 주목을 받고 있다. 게다가 월간 페이지뷰(PV)는 1억 5,000에 달하고 있다.

이 정도의 상품을 구비하고 있다면 오히려 구입하고자 하는 상품을 찾는 것이 어려울 것처럼 느껴지지만, 상품명 등으로 쇼핑몰 내부를 검색하는 기능이 갖추어져 있어 판매되고 있는 해당 몰(Mall)을 찾는 것은 간단하다. 또 필요로 하는 상품을 등록해두면 E-메일 등을 통해 상품을 추천해주는 서비스도 갖추고 있다.

나아가 인터넷상의 쇼핑몰은 기존 오프라인의 백화점이나 슈퍼마켓과 같이 매장 내부가 혼잡할 일은 없으며(트래픽이 많으면 회선이 혼잡할 경우도 있지만), 밤 10시에 영업을 종료하는 것과 같은 시간적 제약도 없다. 1일 24시간, 1년 365일 언제라도 원하는 상품과 서비스를 손에 넣을 수가 있다.

라쿠텐시장(http://www.rakuten.co.jp/)

각종 정보와 서비스

　인터넷을 통하여 상품을 구입하게 되면 전문점에 결코 뒤지지 않는 다양한 정보와 풍부한 서비스를 제공받을 수도 있다.
　인터넷 이용자가 지금 PC를 구입하려고 한다고 가정해보자. 서울 부근에 살고 있는 이용자라면 필시 다양한 전자제품을 취급하고 있는 용산의 전자상가를 찾게 되는 것이 일반적이다. 그러나 가상의 공간에서는 용산의 전자상가 이상으로 상품을 충실하게 갖춘 전자상가가 수없이 존재하고 있다.
　먼저, 인터넷상에 있는 컴퓨터 대리점 사이트에 접속하면 원하는 컴퓨터의 가격과 재고상황, 기종, 주변기기 등에 대한 정보를 입수할 수 있다. 또 다른 사이트에서는 얼마에 판매하고 있는지 등의 비교가 가능하며 의문점에 대해서도 주저 없이 E-메일 등을 활용하여 질문할 수 있다. 이러한 과정을 거친 후 이용자가 적합하다고 생각하면 클릭 한 번으로 컴퓨터를 구입할 수 있게 된다.
　그리고 여기에 만족하지 못한다면 컴퓨터 제조기업과 컴퓨터 정보잡지의 사이트로부터 보다 상세한 정보를 얻는 방법도 있다. 모델 변경이 빠른 컴퓨터 정보를 실시간(Real Time)으로 입수할 수 있다는 점도 오프라인이 갖추지 못한 온라인의 강점이라 할 수 있다.
　인터넷상에서는 이용자로부터 직접 컴퓨터 제조기업에 조건을 제시하여 자신의 이용조건에 맞는 컴퓨터를 구입할 수도 있다. 미국의 '델 컴퓨터(Dell Computer, http://www.dell.com/)' 등이 인터넷을 사용하여 제공하고 있는 서비스로 MPU 성능과 하드디스크 용량 등을 사이트상에 준비되어 있는 선택사항 가운데에서 지정하는 소위 '세미 오더(Semi-Order)' 컴퓨터를 주문할 수가 있다. 게다가 델 컴퓨터에 직접 주문함으로써 가격도 훨씬 저렴하다. 이러한 서비스를 일반적으로 BTO(Build to Order)라고 한다.

3. IT와 소비자 위상

 정보획득과 가치

현재까지 기존의 매스 미디어가 발신하는 상품에 관한 정보는 기업으로부터 소비자에게 일방적으로 전달되는 것이 대부분이었다. 소비자가 할 수 있는 것이라고는 가능한 많은 상품과 기업에 관한 정보를 수집하여 그 가운데 자신에게 적합하거나 필요한 정보를 취사 선택하는 것이었다. 때문에 어디까지나 기업이 발신한 정보의 범위 안에서 수동적으로 선택할 수밖에 없었다.

그러나 소비자는 인터넷의 발달로 현재와는 비교할 수 없을 정도로 많은 정보를 얻을 수 있게 되었다. 인터넷은 쌍방향적인 기능을 가지고 있으므로 기업이 발신하는 정보는 물론이고 소비자 발신의 정보도 늘어나고 있다.

다시 말해, 공급자와 소비자 사이에 정보의 불균형이 없어짐으로써 완전시장의 형성이 가능해지고 있다. 소비자는 다양한 공급자가 제공하는 서비스와 상품에 관한 정보를 알고 있으며 또한 비교 선택할 수 있다. 경매(역경매), 벼룩시장, 공동구매 등과 같이 가격결정의 형태도 점차 다양해지고 있다.

인터넷이 등장하기 이전에도 신문이나 잡지 등을 통하여 소비자간에 정보를 교류할 수 있는 장소가 존재하였다. 그러나 인터넷을 사용하면서 실시간에 지리적인 국경은 물론이고, 시간적 제약도 없이 세계 어느 곳의 소비자와도 정보를 교환할 수 있게 되었다.

이처럼 소비자가 정보를 자유롭게 획득할 수 있게 됨으로써 이른바 '제대로 된 상품'을 선택하게 되었다. 상품으로부터 소비자가 획득할 수 있는 가치를 'V', 상품의 가격을 'P', 그 상품의 품질을 'Q'라고 하면, '$V = Q/P$'라는 식이 성립된다.

$$가치(V) = 품질(Q)/가격(P)$$

제 2 장 IT와 생활변모 65

소비자의 구매행동은 본능적으로 가치(V) 값을 최대의 목표로 하게 된다. 타사와 같은 상품을 타사와 동일한 가격으로 판매하고 있는 곳은 가치 최대화를 가져오는 가장 손쉬운 행동인 가격(P) 인하를 하게 된다. 그 이유는 품질(Q)을 좋게 하기 위해서는 새로운 연구개발과 막대한 설비투자가 필요하기 때문이다.

이제 기업은 어떤 경영방식을 취하여 자사의 부가가치와 이익을 높여갈 것인가 신중히 접근, 검토해야 한다. 이 경우 IT를 활용하는 e-비즈니스는 목적이 아니라 상품 가치를 어떻게 높여 나아갈까 하는 도구이자 수단임을 명심해야 한다.

 소비자 평가

소비자가 발신하는 정보량이 늘어남으로써 대부분의 소비자와는 무관한 정보도 많을 것이다. 하지만 예를 들어, 인터넷에 의해 자신과 동일한 취향이나 라이프 스타일을 가진 상대를 발견하게 되면 소비자는 그들 사이에서 정보를 교환하며 상품을 평가하게 될 것이다.

인터넷을 통한 상품구매 가운데 또 한 가지 매력은 구입시에 중요한 판단기준이 되는 전문가 또는 다른 이용자의 의견을 들을 수 있다는 점이다.

온라인 서적판매로 유명한 '아마존(http://www.amazon.com/)'의 경우, 평가 포인트, 독자의 의견, 그 의견에 대한 다른 독자의 의견과 같은 서비스는 아마존의 가치를 높이는 중요한 요소가 되고 있다. 그 외에도 아마존은 이용자가 이전에 구입한 책의 이력을 기준으로 공통적인 장르의 서적을 풍부한 데이터베이스 가운데에서 추천하는 서비스 등을 행하고 있어 아마존을 이용하는 독자가 읽고자 하는 서적을 대할 기회를 넓혀주고 있다.

이처럼 인터넷상에서 커뮤니케이션의 장($場$)이 활성화됨으로써 폭넓은 커뮤니케이션이 소비자 가운데 이루어져 이 가운데에 특정 정보가 소비자의 구매행동에 많은 영향을 미치게 될 가능성이 내재되어 있다.

IT 입소문

소비자 사이의 정보교환은 인터넷 판매를 하고 있는 웹사이트 이외에서도 가능하다. 예를 들면, 소비자 평가 등의 웹사이트 게시판에 "○○를 구입하고 싶습니다. 이미 구입, 사용하고 계신 분의 의견을 부탁드립니다."라는 등의 글을 올리면 된다.

또 미국에서는 소비자에 의한 상품 비평을 전문으로 하는 '프로덕트 리뷰'와 같은 장르의 웹사이트가 이미 생활 속으로 침투하고 있다.

'컨슈머 리뷰 닷컴(http://www.consumerreview.com/)'이 그 대표적인 예이다.

우리 나라의 경우, '가이드클럽(http://www.guideclub.co.kr/)'이나 '엔토크(http://www.entalk.co.kr/)' 등을 들 수 있다.

IT는 상품 구입시에 필요 불가결한 소비자간의 '구전(口傳)'을 급속히 확대시키는 원동력이 되고 있다.

상품이 부족한 시대의 상품정보는 공급자의 손을 통해 소비자에게 일방적으로 발신되는 것이 일반적이었다. 그러던 것이 시장의 성숙화에 따라 공급자와 소비자가 "어떤 상품을 원하는가"에 대한 정보교환이 가능해졌고, 최근에는 PC나 휴대전화 등의 IT 단말(Platform)을 가진 소비자가 늘어남으로써 소비자 사이의 정보교환이 더욱 활성화되고 있다.

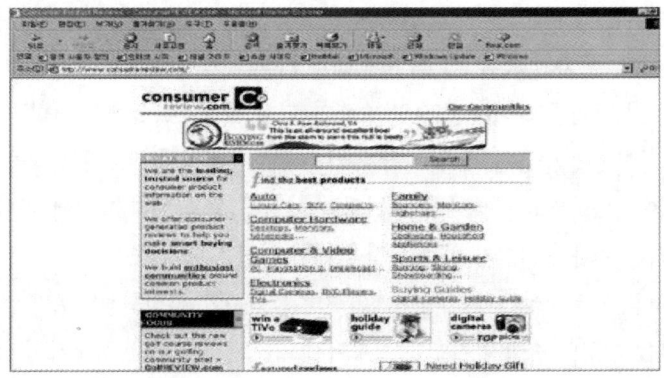

컨슈머 리뷰 닷컴(http://www.consumerreview.com/)

제 2 장 IT와 생활변모 67

나아가 국내 네티즌 10명 가운데 8명은 인터넷 여론조사에 참여하고 있는 것으로 나타나고 있다. 이는 인터넷이라는 정보도구가 여론조사의 새로운 도구로 부상했음을 보여준다.

〈도표 2-4〉 IT혁명으로 인한 기업과 고객 관계

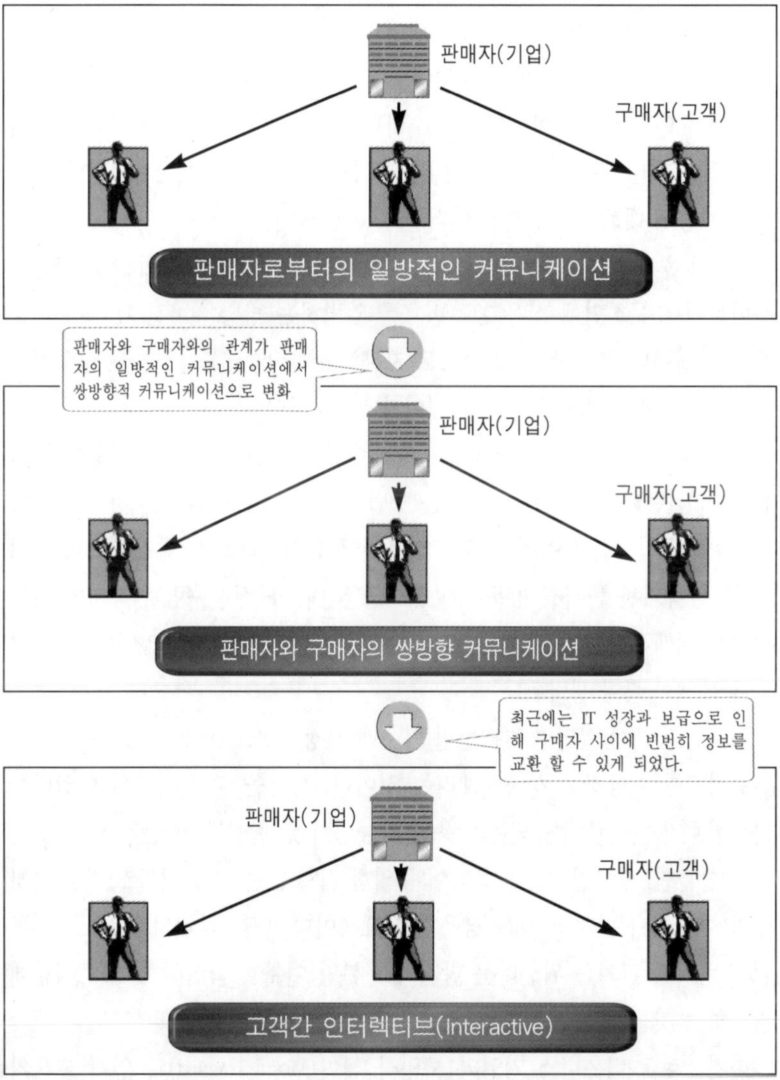

출전) 國領二郞, 2000.

보안(Security)

■ 보안과 정보유출

현재 소비패턴을 둘러싸고 다양한 IT혁명이 이루어지고 있는데, 기본적으로 그 변화의 대부분이 소비자에게 편익을 가져다주고 있다. 인터넷상에는 거대한 상품 데이터베이스가 형성되어 있어 소비자는 그것을 사용함으로써 현재보다 현명한 상품구매가 가능하다.

그러나 인터넷으로 이루어지는 소비활동이 소비자에게 항상 이익만을 가져다주는 것은 아니다. 소비자는 편리성을 향유하는 한편으로 인터넷 거래의 역기능에 대해서도 충분히 인식할 필요가 있다.

인터넷을 통해 상품을 구입할 때, 지불방법에는 크게 나누어 ⅰ) 해당 웹사이트의 주문화면에 신용카드 번호를 입력하는 방법(전자결제), ⅱ) 주문 후에 은행이나 우체국 입금 등으로 지불하는 방법, ⅲ) 상품을 수령하면서 대금을 지불하는 방법 등이 대표적이라 할 수 있다.

이 가운데 현재 국내 인터넷상의 결제수단 가운데 가장 많이 활용되고 있는 것이 신용카드 번호를 입력하는 방법으로 전체의 약 60%를 차지하고 있다. 즉 신용카드를 사용하게 되면 상품대금을 지불하기 위해 은행이나 우체국 등 금융기관을 직접 방문하지 않아도 되며, 또 상품수령과 동시에 대금결제를 선택하는 경우 택배가 도착하는 날 집에서 기다리고 있어야 하는 것과 같은 불편함이 생략된다.

하지만 앞에서 설명한 결제방법 가운데 가장 리스크(Risk)가 높은 것 또한 신용카드를 이용하는 상품결제라는 점이다. 상품을 주문하기 위해 입력한 카드번호가 외부로 누출되어 악용될 가능성이 있기 때문이다.

예를 들면, 카드번호가 도용되어 구입한 적도 없는 상품(서비스)의 대금청구가 이루어지는 것과 같은 경우가 대표적이다. 이는 국내의 많은 쇼핑 몰이 소비자의 편의를 위한다는 방침아래 본인 여부를 확인하지 않기 때문에 발생하는 것들이다. 이로 인해 근래 보안산업이 주목받고 있다.

한편으로 e-비즈니스 기업의 도덕적 해이(Moral Hazard)로 인해 고객의 개인정보 유출사례도 빈번히 발생하고 있다. 대표적인 형태로는 해당 e-비

제 2 장 IT와 생활변모 69

즈니스 기업이 사이트를 폐쇄하면서 자사 회원으로 등록한 고객들의 개인정보를 다른 기업에 고액으로 판매함으로써 파생되는 문제들이라 하겠다.

고객에 대한 개인정보는 매출 증대를 위한 윤활유가 될 수 있으며, e-비즈니스 기업들은 방문자의 기호나 구매관행에 맞게 상품과 서비스를 판매할 수도 있다. 그러나 개인정보의 오용은 오히려 자사에 좋지 않은 결과를 초래할 수 있다는 점도 명심해야 한다.

〈도표 2-5〉 온라인 개인정보 유출결과

기업명	오용사례	결 과
토이즈러스 (www.toysrus.com/)	온라인 사용자들의 행동을 은밀하게 추적하고 데이터 공유	· 2000년 8월 11건의 단체소송에 계류중 · 주가 폭락
아마존 (www.amazon.com/)	2000년 9월 1일 고객 데이터를 서드파티와 공유하지 않겠다는 보장을 거부	· 여론 악화 · EPIC나 정크버스터와 같은 개인정보 보호 지원기업들의 비난을 받음
더블클릭 (www.doubleclick.com/)	쿠키(Cookie)를 사용하여 고객의 이름과 주소별로 추적	· EPIC에 의해 FTC에 제소됨 · FTC의 조사 진행중

■ 창과 방패

근래 해킹이나 바이러스 유포 등에 관한 뉴스를 통해 알 수 있듯이 인터넷은 전산망 해커와 같은 침입자에게 매우 취약한 측면을 가지고 있다. 이런 취약성은 우선적으로 인터넷이 가지고 있는 최고의 강점인 개방성으로 인해 파생되는 문제이기도 하다.

2000년 보안서비스시장 규모는 약 100억 원 규모를 형성하였지만 2001년 이후로는 급격한 시장확대가 예상되고 있다. 이는 2001년도 하반기부터 발효되는 "정보통신기반보호법" 때문이다.

현재 정부는 입법을 추진중인 정보통신기반보호법에 설립근거를 두고 해킹, 컴퓨터바이러스 유포 등 사이버테러로부터 민간분야의 정보통신 기반을 보호하기 위해 정보공유분석센터(ISAC) 설립을 추진하고 있다.

ISAC가 설립되면 사이버테러에 대비한 민간기업의 대응능력이 높아져 이에 적극 대처할 수 있게 됨은 물론 보안ASP서비스 등 정보보호산업 수요를 촉발하는 계기가 마련될 전망이다.

세계 보안서비스시장도 빠르게 성장하고 있다. 미국의 Gartner Group은 2000년 세계 보안서비스시장 규모가 약 75억 달러에 이르며 매년 17% 정도 성장, 2003년에는 120억 달러에 달할 것으로 전망하고 있다.

또 시장조사기관인 IDC도 지난해 62억 달러, 2003년 148억 달러로 예측, Gartner Group과 비슷한 시장전망을 내놓고 있다.

인터넷은 전 세계 누구와도 다양한 정보를 자유롭게 송·수신할 수 있는데, 이에 대한 반대급부로 해커들이 악의적으로 시스템에 접근할 수 있는 기회와 가능성 또한 많이 있다.

결국, 앞으로도 인터넷상에서의 공격과 방어는 계속적으로 이루어져, 창(해킹기술)이 예리해질수록 보다 튼튼한 방패(보안기술)가 개발될 것이다. 물론 튼튼한 방패를 뚫을 수 있는 예리한 창도 해커들이 연이어 개발하게

〈도표 2-6〉 정반합(正反合)의 연속성과 기술발전

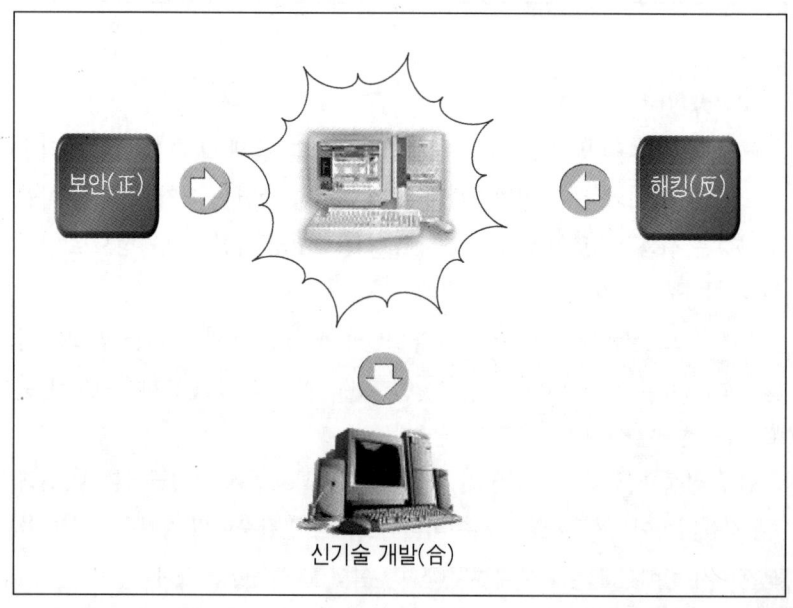

될 것이다.
  한편으로 정반합(正反合)의 원리처럼 상호간에 끊임없는 기술개발을 통해 인터넷이라는 유용한 기술을 한층 새로운 도구로 발전시키는 계기가 될 수도 있다.

4. IT혁명과 정보

일물일가(一物一價)

인터넷은 네트워크 안에 정보를 보존하는 기능이 구비되어 있으며, 동시에 정보의 기록과 검색이 용이하다고 하는 특성을 가지고 있다. 소프트웨어를 사용하면 네트워크 안에 방대한 정보를 검색하거나 해석하는 일도 가능해진다.

기존 미디어의 경우 정보는 일과성(Instant)적인 성격을 가지고 있었으며, 간단하게 보존할 수 있어도 검색하는 데는 별도의 시스템이 필요하였다. 그에 비하여 인터넷에서는 정보의 검색과 가공이 간단하며 자유롭다.

다만, 인터넷에서는 현재 TV나 라디오와 같이 가만히 주시하거나 귀를 기울이고 있으면 정보를 얻을 수 있는 것은 아니다. 인터넷에서 필요한 정보를 획득하기 위해서는 네트워크 안을 자신이 적극적으로 검색하지 않으면 안 된다. 그 때문에 인터넷의 이용자는 TV 등 종래의 매스 미디어에서만 정보를 얻고자 하는 사람과는 다른 행동패턴을 가지게 된다.

한편, 인터넷의 장점 가운데 하나인 정보 검색이 용이하다는 측면 때문에 인터넷 이용자는 해당 제품의 가격이나 그에 관한 상세한 정보 등을 손쉽게 입수할 수 있게 된다. 그로 인해 구입수량과는 관계 없이 구입 희망자는 가장 저렴한 제조기업의 제품을 선택하게 되고, 이에 대항하기 위해 다른 기업도 가격을 인하하게 된다.

이전부터 투명한 시장이라고 불리어왔던 분야에서조차 결과적으로 가격은 '일물일가(一物一價 : 동일한 제품은 어느 곳에서나 동일한 가격이 책정되어 판매된다는 것을 의미한다)'가 정착되고 있으며, 게다가 기존 가격의 수십 퍼센트까지 가격이 내리고 있다.

그러나 아직까지는 인터넷 이용자가 10~30대라고 하는 특정 연령층에 편중됨으로써 일물일가보다는 일물다가(一物多價)의 경향을 보이고 있는 것

제 2 장 IT와 생활변모 73

또한 사실이다.

 비용 삭감(Cost-down)

인터넷을 활용함으로써 기업활동의 전반에 걸쳐 시간과 거리가 극복되기 때문에 업무 합리화를 통하여 비용을 삭감할 수 있다.

〈도표 2-7〉에서는 기업이 다양한 처리를 하는 데 필요한 비용을 비교하고 있다. 예를 들면, 항공권의 경우 고객이 대리점을 직접 방문하면 대리점의 담당자가 전용시스템을 사용하여 고객이 희망하는 항공편을 예약, 티켓을 발행하는 종래 방식에는 1건당 약 8달러의 비용이 필요하였다. 하지만 인터넷에서는 고객이 직접 좌석을 예약하여 전자적인 티켓을 입수하게 되면 비용은 1건당 약 1달러의 저렴한 비용으로 가능하다.

종래의 예약·발권 방식에도 예약 시스템이라고 하는 컴퓨터를 사용하지만, 인터넷으로 그 이상의 비용 삭감을 가능하게 한 것은 인터넷이 고객과 기업을 직접적으로 연결하는 네트워크이기 때문이다.

기업 내부의 정보화만이 아니라 인터넷이라고 하는 개방된 네트워크를 활용, 기업 대 기업(B2B), 기업 대 소비자(B2C)의 정보처리를 합리화함으로써 대폭적인 비용 삭감을 달성할 수 있는 것이다.

〈도표 2-7〉 1건당 처리비용

(단위 : 달러)

	종래 방식	인터넷	삭감률(%)
항공권 예약·발권	8.0	1.0	88
은행업무	1.08	0.13	88
생명보험 서류처리	400 ~ 700	200 ~ 350	50

출전) OECD, 1998.

정보 비대칭 해소

■ 원가의 투명성

　근래 소비자가 입수할 수 있는 상품에 관한 정보량은 인터넷을 이용함으로써 엄청나게 증가하였다. 실제로 전자상거래는 단순히 상품을 사고 파는 장소가 버추얼(Virtual) 공간으로 옮겨간 것만을 의미하지 않는다. 인터넷은 많은 사람들이 상품과 가격 정보를 공유할 수 있도록 만들었으며 유통구조와 쇼핑 관행을 송두리째 바꾸고 있다.

　전자상거래는 제조기업의 생산과 기업간 거래 방식, 소비패턴 등 유통과정에 있는 모든 경제 주체들의 업무와 생활 방식을 변화시키고 있다. 이것은 제조기업이 일방적으로 상품을 개발해 다수의 소비자에게 판매하는 유통방식은 자취를 감추고 쌍방향 서비스를 통한 상거래 행위가 일반화하는 시대의 도래를 의미한다.

　개별 소비자들이 주문한 상품만을 생산해 공급하는 방식으로 유통구조가 바뀐다는 것을 가리킨다. 대량생산, 대량구매에서 다품종소량생산, 주문소비체제로 변한다는 것을 뜻한다.

　특히, 소비자들이 인터넷을 통해 손쉽게 가격 정보를 얻을 수 있는 이른바 원가의 투명성이 높아져 기업들은 지금까지와 같은 폭리를 취할 수 없게 되어 상품 가격의 인하는 불가피하게 되었다.

　다시 말해, 소비자와 기업간의 '정보의 비대칭(Information Asymmetry)' 정도가 약화되고 기업간의 경쟁이 격화됨으로써 상품원가의 투명성이 높아져 가격 인하를 촉발하게 되었다.

　원가의 투명성은 가격이 불공정하다는 인식을 제고시켜 기업의 평판에 악영향을 미치게 될 우려도 있다. 원가가 명확해질수록 소비자들은 그들이 선호하는 브랜드 기업들이 자신들을 현혹시키고 있다고 믿는다. 그에 따라 기업들은 이러한 소비자들과 관계정립을 위해 〈도표 2-8〉과 같이 패키지판매나 혁신적인 서비스 도입을 이루어야 할 것이다.

■ 거래패턴

또한 기업간의 전자상거래 역시 거래가 확산되면 변화가 불가피하다. 종전에는 유통 업체의 구매 담당자가 제조업체를 선정해 가격을 흥정하고 물품을 조달하거나 수의계약을 통해 상품을 공급받았다.

그러나 인터넷을 통한 기업간 거래(B2B)가 자리를 잡으면, 납품 업체들이 유통기업의 인터넷 사이트에 상품 종류와 가격을 동시에 입력하고 유통기업은 이 가운데서 품질 좋고 낮은 가격대를 제시하는 기업을 선정해 물건을 납품받는 방식이 일반화될 가능성이 높다.

한편, 인터넷을 효과적으로 활용하여 변화에 신속하게 대응하는 기업은 제품과 서비스의 내용을 타사와 차별화함으로써 가격경쟁에 휘말리지 않게 될 것이다. 결국 인터넷은 상품의 가격을 균일하게 저하시키는 것이 아니라 가격결정을 다양화시키는 기능도 일부 가지게 된다. 실제로 경매(Auction)의 경우에는 인간의 승부욕(경쟁심)이 가격에 반영됨으로써 일물다가 현상이 더욱 뚜렷하게 표출되는 분야이기도 하다.

〈도표 2-8〉 원가 투명성의 배경과 대응전략

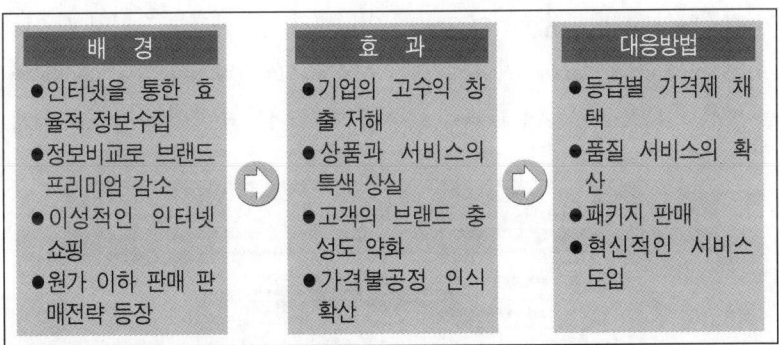

또한 정보의 유통증가는 반드시 질의 향상으로 이어지지는 않는다. 인터넷에서는 양질의 정보 이상으로 저속한 정보가 다양하게 유통되고 있다. 따라서 이용자는 정보의 질을 냉철히 판단하는 능력을 교육 등을 통해 현재 이상으로 높여야 하겠지만, 동시에 양질의 정보만을 중개하는 새로운 비즈니스도 생겨날 가능성이 있다.

5. 사례연구

전 세계 정보통신기기분야에서 현재 가장 유명한 기업은 미국의 '시스코 시스템즈'와 '델 컴퓨터'라 해도 과언이 아니다. 다음에서는 이 두 회사의 사례를 통하여 그 성공배경이 무엇인지 구체적으로 살펴본다.

시스코 시스템즈(Cisco Systems)

■ 시스코의 특징

인터넷을 효과적으로 활용하는 기업으로 유명한 미국의 기업 가운데 하나가 델 컴퓨터이다. 그러나 미국의 통신기기메이커인 '시스코 시스템즈(http://www.cisco.com/)'가 인터넷을 통하여 팔고 있는 제품의 판매금액은 델 컴퓨터의 3배에 달한다. 이 때문에 인터넷기업의 본가는 오히려 시스코 시스템즈라고 해야 할 것이다. 게다가 시스코(Cisco)와 경제학(Economies)을 합성한 시스코노믹스(Cisconomics)라는 신조어가 만들어질 정도로 세계

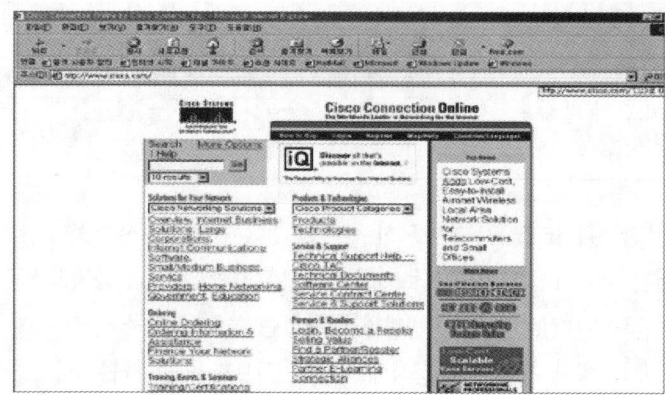

시스코 시스템즈(http://www.cisco.com/)

적인 기업으로 부상했다.

　원래 시스코 시스템즈는 1984년 스탠퍼드대학교의 5명의 컴퓨터 과학자들에 의해 설립된 벤처기업이었다. 1991년만 해도 매출액이 1억 달러에 지나지 않았던 시스코 시스템즈가 8년 만에 매출액 122억 달러, 종업원 2만 3,000여 명을 거느린 대기업으로 성장할 수 있었던 원동력은 무엇일까?

　시스코 시스템즈가 행하고 있는 철저한 인터넷 활용 정도를 소개하면 다음과 같다.

> ◆ 고객으로부터의 제품주문 가운데 87% 이상이 인터넷을 경유하고 있다.
> ◆ 고객에 대한 기술지원의 77%는 인터넷을 경유하여 회답을 하고 있다.
> ◆ 고객의 소프트웨어 갱신은 그 95%가 인터넷을 사용한다.
> ◆ 자사의 최종 조립공장에서 사용하는 부품과 자재는 거의 100%가 전자거래를 통한 것이다.
> ◆ 종업원은 거의 페이퍼리스(Paperless) 작업환경을 갖추고 있다.

　이러한 환경으로부터 창출되는 메리트(Merit)는 금액으로 환산하여 연간 5억 달러에 달한다고 한다.

　미국 플로리다 주에 있는 '제이빌 서킷'은 시스코 시스템즈의 계약공장 가운데 하나이다. 제이빌의 본사공장은 '라우터(Router)'라고 불리고 있는 인터넷의 대용량 데이터를 적절히 분배해주고, 특정 목적지(서버)에 접속할 수 있도록 교통정리를 해주는 네트워크 장비를 생산하고 있다. 고객이 시스코 시스템즈의 홈페이지에 접속하여 제품을 주문하면 그 정보는 곧 바로 제이빌에 전송되고, 제이빌은 제품을 조립하여 직접 고객에게 송부한다.

　시스코 시스템즈는 전 세계 시장에 인터넷 라우터의 80%를 공급한다. 무선통신을 위한 하드웨어, 기업 데이터 네트워크를 관리하는 인터넷 워킹 오퍼레이팅 시스템(IOS)도 생산한다.

　시스코 시스템즈는 지난 15년간 매년 2배씩 성장했으며, 1999년에는 120억 달러의 매출액과 30억 달러의 순익을 올렸다. 시가총액으로도 세계 1~2위를 오르내리고 있다. 최고경영자(CEO) 존 체임버스는 2004년까지 500억 달러 매출액을 목표로 하고 있으며, 사상 최초의 시가총액 1조 달러대의 회사를 만들겠다고 호언하고 있다.

　시스코 시스템즈가 출하하는 제품 가운데 절반은 시스코 시스템즈를 경유하지 않는다. 시스코 시스템즈의 담당자가 모르고 있는 가운데 주문이 들어와 모르고 있는 사이에 제품이 보내지고, 어느새 시스코 시스템즈의 매출액이 증가하고 있는 것이다. 이것은 농담이 아닌 현실세계에서 벌어지고 있는 일인 것이다.

　불과 3년 전, 시스코 시스템즈가 인터넷을 경유하여 접수받은 주문 비율은 전 제품 매출액의 3분의 1에 지나지 않았다. 그러던 것이 1998년에는 전체 매출액의 73%까지 신장, 1999년 7월에는 80%를 달성, 현재는 판매의 87% 이상이 인터넷을 통해 이루어진다.

〈도표 2-9〉 시스코 시스템즈의 발주·수주·지원 네트워크

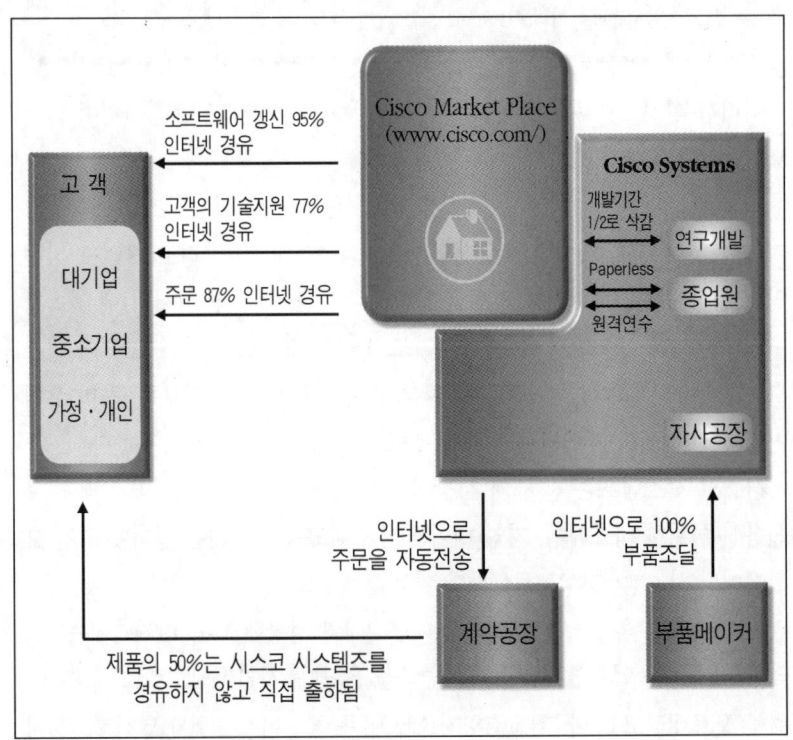

출전) NIKKEI BUSINESS(1999. 3. 1.)를 재구성.

시스코 시스템즈가 인터넷을 이처럼 이용하게 된 배경에는 처음부터 어떠한 목표를 달성하기 위하여 도입한 것이 아니라는 점이다. 경영상의 어려움에 처해 그 문제를 해결하는 수단으로서 인터넷을 사용해 보았더니 기대 이상의 효과를 가져와 그것이 인터넷 활용의 출발점이 되었다.

 성공배경

시스코 시스템즈의 성공 뒤에는 인터넷 기반기술과 인력을 최적화시키는 독특한 경영철학과 조직구조가 있다. 인터넷과 기업경영을 조화시키는 시스코 시스템즈의 방법은 크게 5가지이다.

● 고객 지향적 혁신
고객우선주의 소비자들은 이제 적극적으로 사이트를 탐색하며 답을 구한다. 이는 핵심역량을 고객관리에 집중해야 함을 의미한다. 고객을 직접 대하는 마케팅, 판매, 고객서비스 등의 부서뿐 아니라 생산, 제조, 유통 등의 모든 부분에서 고객 지향적인 혁신이 필요하다.

● 정보문화 조성
서로간에 의사 소통할 수 있는 인프라스트럭처만 구축해 놓는다고 정보화가 이루어지지는 않는다. 인프라스트럭처와 제도를 이용하는 사람들의 생각이 바뀌지 않으면 막대한 비용만 지불하는 꼴이 된다. 제도를 만들기 전에 최고경영자를 비롯해 모든 직원의 의식이 바뀌어야 한다.

● 성공 기회를 신속하게 포착
e-비즈니스에서 민첩성은 기업의 생존을 판가름한다. 인터넷 사회는 틀린 결정은 용서해도 느린 결정은 용납하지 않는다. 전통적인 제조메이커들이 규모의 경제학을 이용했다면 인터넷 기업들은 속도의 경제학을 지향한다.

전략수립에서 실행에 이르는 의사결정 시간을 최대한 줄여야 한다.

● 고효율 기반을 구축

빠르고 안정된 네트워크 망을 구축하고 필요한 하드웨어 구입 비용을 아껴서는 안 된다. 고객은 느린 홈페이지를 두 번 다시 방문하지 않는다.

● IT부문의 협력관계 구축

모든 사업 부문을 자체적으로 개발하려 들지 말고 자기보다 잘하는 사람과 제휴를 맺어 그들을 이용해야 한다. 모든 것을 스스로 해결하려다 보면 규모가 커지게 되고, 규모가 커지면 결국 민첩성이 떨어진다.

지난 2000년 3월 말 시스코 시스템즈의 주식 시가총액은 5,000억 달러를 돌파하여 당시 세계 제1위였던 마이크로소프트(MS)를 누르고 세계 최고가 되었다. 그리고 지난 1999년 4/4분기 시스코 시스템즈의 매출액은 1998년의 같은 기간에 비해 무려 53%나 늘어난 43억 5,000만 달러를 기록했다. 같은 기간의 순이익도 8억 2,500만 달러로 1년 전에 비해 3배 가까이 늘어났다.

〈도표 2-10〉 시스코 시스템즈의 영업실적

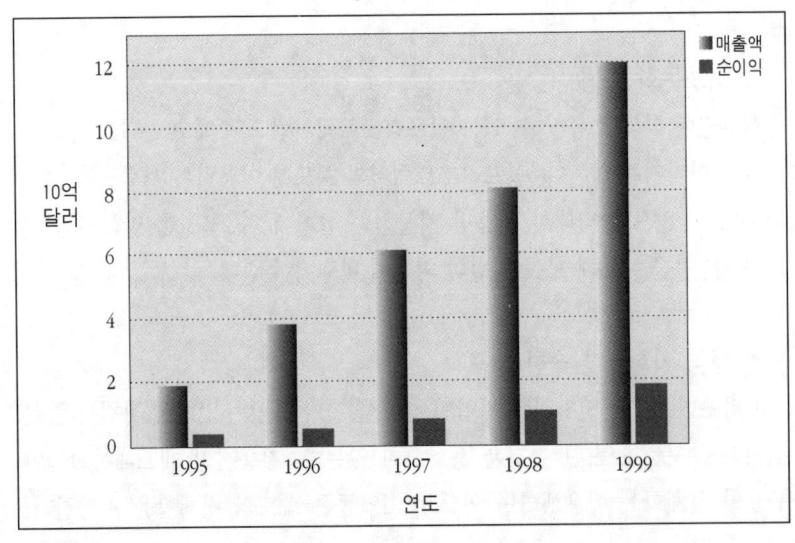

델 컴퓨터(Dell Computer)

■ 성공배경

미국의 '델 컴퓨터(http://www.dell.com/)'는 B2C(Business to Consumer) 시장에서의 성공적인 사례로 자주 인용되고 있다. 델 컴퓨터는 대표적인 e-비즈니스 기업으로 1996년 인터넷 판매를 처음 시작한 이후 매출액이 연간 50%에 가까운 속도로 증가, 2000년 회계연도 기준으로 250억 달러의 매출액을 올렸고, 컴퓨터 제조업체 시장에서의 입지도 미국 내 1위, 세계 2위로 부상하였다.

미국 PC메이커의 이익률(ROE)은 높아야 10% 정도에 머무는 경우가 일반적이지만, 1998년 델 컴퓨터의 이익률은 60% 이상으로 가히 상식을 초월한 수준이었다. 이러한 업적 배경에는 인터넷을 통한 직접판매(Direct Sales)와 그것을 지원하는 'BTO(Build To Order)'라고 불리는 생산방식이 존재하였기 때문에 가능하였던 것이다.

델 컴퓨터의 PC를 구입하고자 하는 소비자는 이 회사 웹사이트에서 상품을 선택하여 온라인으로 발주를 한다. 주문을 받은 직후 델 컴퓨터는 자사의 공장에서 PC 조립을 시작, 제품이 완성되면 다른 택배회사를 통해 PC를

델 컴퓨터(http://www.dell.co.jp/)

고객에게 전달한다.

"고객으로부터 상품을 주문받고서 실제로 출하하기까지의 리드타임(Lead Time)은, 2년 전에는 6일이었으나 현재는 3.5일이면 가능하다. 수 년 후에는 1.5~2일로 축소될 것이다."라는 것이 델 컴퓨터의 주장이다.

이것이 인터넷의 기능을 활용한 수주생산인 BTO의 체계이다. 과잉 재고를 보유할 필요가 없으며 별도로 판매점을 통하지 않아 원가를 크게 삭감할 수 있다. 게다가 개별 소비자의 요구에 적합한 상품을 제공할 수 있어 고객만족도는 자연히 향상되게 된다.

이와 같은 시스템을 실현하기 위해서는 먼저 고객으로부터의 주문을 곧바로 공장에 전달하는 사내의 정보공유가 선결요건이다. 이를 위해서 ERP(Enterprise Resource Planning) 소프트(통합업무패키지)가 활용되고 있다.

또 부품 부족으로 인하여 납기가 지연되는 사태를 방지하기 위해 부품메이커와도 정보를 공유함으로써 부품공급이 정확히 이루어지는 공급체제(SCM = Supply Chain Management)도 구축하고 있다.

델 컴퓨터의 비즈니스모델 특징은 〈도표 2-11〉에서 나타나고 있는 것과 같다. 이와 같은 기업활동의 전반에 걸친 연구가 없었다면 e-비즈니스의 성공은 없었을 것이다.

한편으로 델 컴퓨터는 원래 전화를 이용하여 컴퓨터를 판매하던 기업이었기 때문에 다른 기업에 비해 인터넷으로 사업방향을 바꾸는 것이 비교적 쉬웠다. 또한 점포나 판매대리점을 별도로 가지고 있지 않았기 때문에 채널간(온라인 대 오프라인)의 갈등을 겪을 이유 또한 없었다.

과거에 전화통신판매를 할 때는 고객들에게 카탈로그를 일일이 발송해야 했으나 인터넷을 이용해서 고객들이 24시간, 365일 내내 자사의 웹사이트에 접속할 수 있도록 함으로써 많은 인건비를 삭감할 수 있었다. 그러나 현재도 전화통신판매를 계속하고 있으며, 콜 센터를 아직도 가지고 있다. 물론 이 콜 센터는 인터넷 유저들의 상담전화를 받는 데도 활용되고 있다.

〈도표 2-11〉 델 컴퓨터의 비즈니스모델

업 무	특 징	목적과 효과
조 달	부품메이커와 긴밀한 관계	신속한 공급, 신기술 대응
생 산	BTO 등	재고 감소, 고객 주문에 따라 생산(Customize)
판 매	직접판매	고객정보수집, 비용 삭감
서비스	각 고객에 대응	고객만족도 향상

출전) Fujitsu Research, 1999. 2.

BTO의 도입

 일반적으로 많은 기업들이 거대한 시장을 대상으로 사업을 하면서, 제품을 대량으로 생산하고, 큰 재고창고에 제품을 저장, 순차적으로 시장에 방출하는 BTS(Build To Stock)의 비즈니스 사이클을 택하고 있다. 이러한 BTS의 문제점을 지적하면서 과거 일본의 제조업은 JIT(적시생산시스템, Just In Time)라고 하는 획기적인 생산방식을 세상에 탄생시켰는데 그 기원은 생산현장을 중심으로 하는 사고에서 출발하고 있다.
 그러나 델 컴퓨터는 그 누구도 예상하지 못한 거대 시장에 대해 개별제품을 맞춤화(Customization)하여 해당 상품을 소비자에게 직접 판매하는 BTO(Build To Order)를 실현시킨 것이다. 이러한 BTO는 상품을 최종적으로 사용하게 되는 고객이익을 최대화하기 위하여 고안된 모델이라 하겠다.
 생산시스템이 중심이었던 종래 기업의 경우 고객서비스는 생산과 분리되어 딜러와 판매 대리점이 담당하는 사례가 많았다. 하지만 e-비즈니스에서는 델 컴퓨터와 같이 기업과 고객과의 거리를 좁혀 생산현장과 소비자가 직접적으로 연결되는 관계설정이 중요한 요소로 부각되고 있다.

〈도표 2-12〉 델 컴퓨터 직접모델과 전통적인 간접모델의 비교

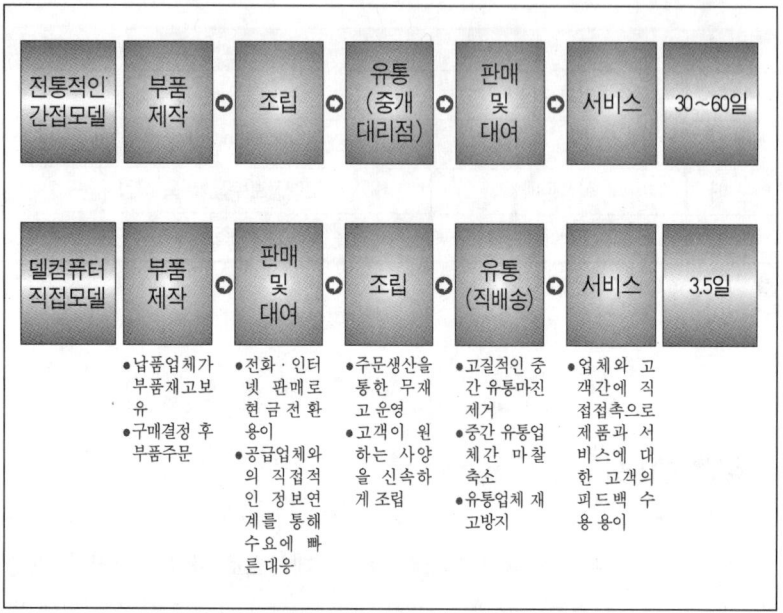

출전) 한국경제(2000. 7. 4.)를 재구성.

〈도표 2-13〉 직접판매(Direct Sales)의 효과

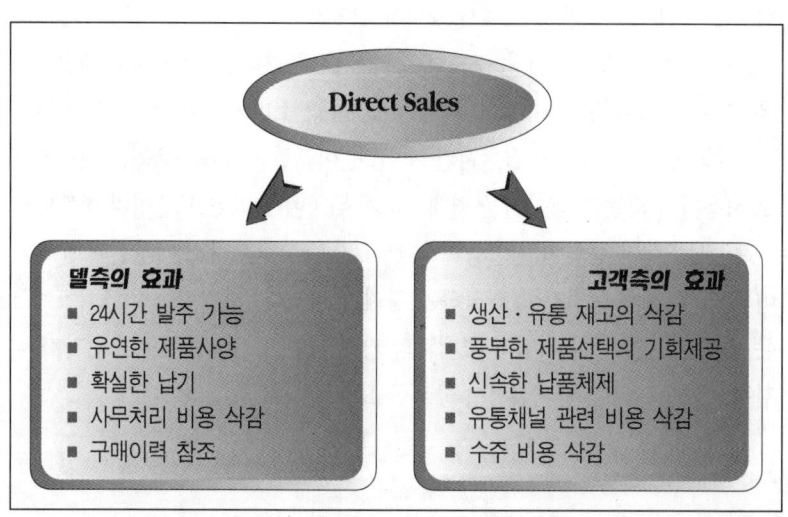

SCM과 인터넷

델 컴퓨터는 현재도 끊임없이 '초스피드 경영'을 표방하고 있다. 끊임없는 리드 타임의 단축이야말로 델 컴퓨터의 생명선이라 할 수 있기 때문이다. 부품조달에서부터 생산, 물류, 판매에 이르는 모든 과정을 보다 효율화시키는 SCM 재구축에 돌입, 그 중심에는 인터넷이 위치해 있다.

현재 선진적인 SCM 도입으로 널리 알려져 있는 델 컴퓨터이지만, SCM에 인터넷을 도입한 것은 의외로 늦은 편이다. 델 컴퓨터는 PC 직접판매 방식인 '델 모델'을 무기로 PC업계를 석권하였다. 미국 내에서 시장점유율 제1위를 차지하고 있지만, 그런 가운데서도 SCM을 분석하면 할수록 얼마든지 개선의 여지는 있다는 것이 CEO의 생각이었다.

델 컴퓨터의 미국 내 거래 부품메이커의 수는 약 200개사로, 연간 부품 구입액은 200억 달러를 넘고 있다. 부품조달 과정을 보면, 먼저 부품메이커는 물류회사가 델 컴퓨터의 각 공장 부근에 설치한 창고에 부품을 납입한다. 델 컴퓨터의 제조담당자는 창고에 있는 부품을 하나씩 체크해나가면서 보충을 지시한다.

이처럼 1999년 말까지는 공장과 부품메이커 사이에 FAX와 E-메일로 연락을 취하고 있었다. 이 때문에 리얼 타임으로 부품정보를 주고 받는 밀접한 연계까지는 들어가지 못하였다.

그러나 현재는 인터넷을 적극적으로 활용하면서 공장과 부품메이커 사이를 한데 묶어 생산계획 등의 경영정보를 리얼 타임으로 공유하게 되었다. 이것은 미국의 신흥소프트회사인 i2테크놀로지가 개발한 SCM소프트를 통해 가능하게 되었다. i2는 B2B 전자상거래 지원소프트로 시장에서 정평이 나 있다. 수요예측과 생산계획입안 등을 인터넷의 브라우저(열람 소프트) 화면상에서 공유함으로써 기업 내뿐만 아니라 거래처와도 업무를 대폭적으로 효율화할 수 있다.

SCM소프트의 도입을 결정한 후 델 컴퓨터의 움직임은 매우 빨랐다. 통상적인 기업이라면 시스템 도입에 수 개월에서 수 년이 걸린다. 델 컴퓨터는 2000년 초 이사회에서 i2소프트의 채용을 승인하고부터 불과 10일 후에는 시험운용을 시작하였다.

　i2도입에 따라 착수한 것은 부품메이커와의 연계 강화였다. 웹상에서 모든 수·발주와 생산계획 등을 교환할 수 있게 한 것 외에 발주대로 부품을 공급하지 않는 기업에는 웹에서 경고를 하는 시스템도 도입하였다. 그 때문에 부품메이커가 "연락이 제대로 오지 않았다."고 하는 등의 핑계는 통하지 않게 되었다.

　물류회사에도 대대적인 수술을 가했다. 델 컴퓨터는 부품 배송과 일시보관을 FedEx 등에 위탁하고 있다. 델 컴퓨터는 이러한 기업을 'Revolver'라고 부른다.

　델 컴퓨터는 현재 텍사스 주 Austin, 테네시 주 Nashville에 각각 2개의 공장을 가동시키고 있다. Revolver 각 사는 공장으로부터 자동차로 10분이면 도착하는 거리에 거대한 창고를 운영하여 부품메이커로부터 도착한 부품을 델 컴퓨터의 공장에 납품하기 전에 일단 창고에 보관한다.

　Revolver 각 사에는 '90분 룰'을 적용시키고 있다. 인터넷으로 부품발주를 받고서 정확히 90분 후에는 부품을 실은 트럭을 공장에 도착시키라는 것이다.

　지금까지는 Revolver에 연락을 해도 담당자가 해당 업무를 파악하고 행동을 취하기까지는 여유 시간(Loss Time)이 있었다. 이 때문에 Revolver에 발주하고서 실제로 부품이 공장에 도착하기까지는 4~6시간이 걸렸다. 애써 고객으로부터 제품주문을 받았음에도 불구하고 부품이 제시간에 도착하지 않는 경우가 빈번하였던 것이다.

　i2도입의 성과는 필요한 부품이 공장에 있는지, Revolver에 있는지가 웹상에서 리얼 타임으로 확인할 수 있게 되었다. 이 때문에 공장 내의 부품창고가 사실상 없어지게 되었다. 이에 따라 그 빈 공간을 조립라인의 확장과 같은 다른 용도로 활용하고 있다.

제 2 장 IT와 생활변모 87

<도표 2-14> 델 컴퓨터의 SCM 개념

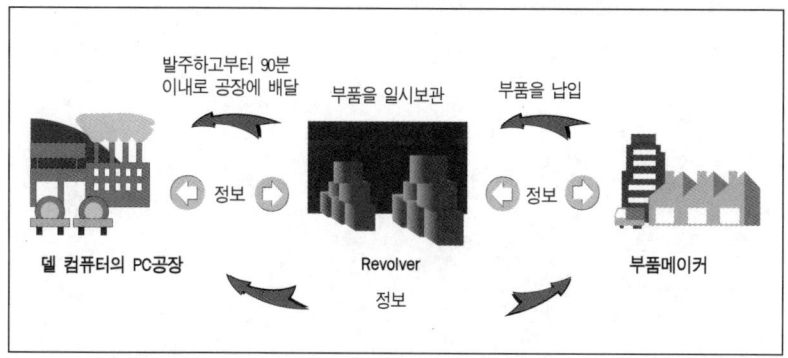

참조) i2의 SCM소프트를 사용하여 웹상에서 부품정보를 공유화.
출전) 日經産業新聞, 2000. 11. 6.

<그림 2-15> e-비즈니스 흐름도

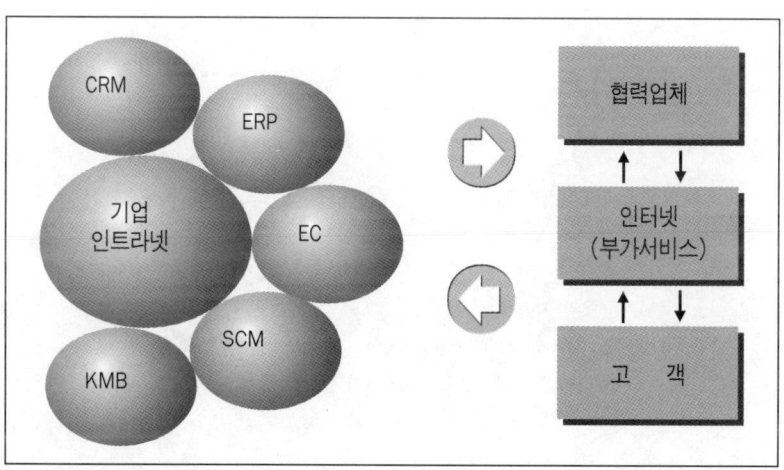

출전) 한국경제, 2000. 4. 18.

제3장 IT혁명과 시장

제3장에서는 IT의 진화에 따른 가정과 학교, 그리고 정부에 이르기까지 그 파급효과와 시스템변화 등을 구체적으로 살펴본다. 또 e-비즈니스의 도입으로 급부상한 유통과 물류의 중추적인 역할에 대해서도 알아본다.

1. 가정과 학교

우리들이 현재 살고 있는 가정과 지역사회는 어떻게 구성되어 있는가. 기본적으로 생활의 근거지인 집, 그리고 그 안에는 TV · 세탁기 · 냉장고 · PC 등 가전제품, 정보단말이 놓여 있다. 한편, 집 주변에는 유치원, 학교, 병원, 우체국, 상가, 동사무소 등이 있다.

그럼, 집안의 정보단말과 집 주변의 공공기관 등 모든 것들이 하나의 네트워크로 연결된다면 우리들의 생활은 어떻게 변모될까? 아마 가전제품의 사용방법과 학교의 수업방법, 지역정보에 대한 활용과 접속방법 등 다양한 부분에서 삶의 방식과 질, 그리고 지역사회와의 관계 등이 엄청나게 변모하게 될 것이다.

그리고 이러한 변화는 더이상 상상의 세계에 존재하는 얘기가 아니다. IT의 성장과 보급으로 인해 눈앞에 현실화되기 시작했다. 이처럼 IT는 이미 우리들이 살아가고 있는 가정과 지역사회에 거대한 변화의 물결을 가져다주고 있는 것이다.

홈 네트워크(Home Network)

일반 가정에서 가장 먼저 일어나고 있는 IT혁명부터 살펴보기로 하자.

가전제품과 정보단말을 네트워크로 연결하는 '홈 네트워크'의 움직임이 그 사례다.

가정 안에 존재하는 모든 전자제품들을 외부의 네트워크와 연결한다는 점에서는 먼저 인터넷 접속이 가능한 PC를 들 수가 있다. PC는 문서 작성이나 표 계산만을 하는 도구가 아니라 E-메일의 수신과 발신, 웹 정보에의 접근이 가능한 가정용 네트워크의 대표적인 정보단말로 존재하고 있다.

한편, IT의 성장에 따라 PC와 AV(음향, 영상)기기 등을 연결하는 움직임도 눈에 띈다. DVC(Digital Video Camera)로 촬영한 디지털 화상을 PC에 연결, 편집하고 그것을 E-메일로 보내는 것과 같은 사용방법이 점차 보급되고 있다.

나아가 AV기기를 서로 연결하거나 프린트와 가정용 게임기, AV기기를 연결하는 등 PC를 도중에 개재시키지 않는 홈 네트워크의 구축도 착실히 진행되고 있다.

예를 들면, DVC의 화상(사진)을 PC용 프린트로 직접 인쇄하거나, TV의 화면을 통해 리모컨으로 오디오를 조작하는 것이 가능하게 될 것이다.

〈도표 3-1〉 홈 네트워크의 이미지

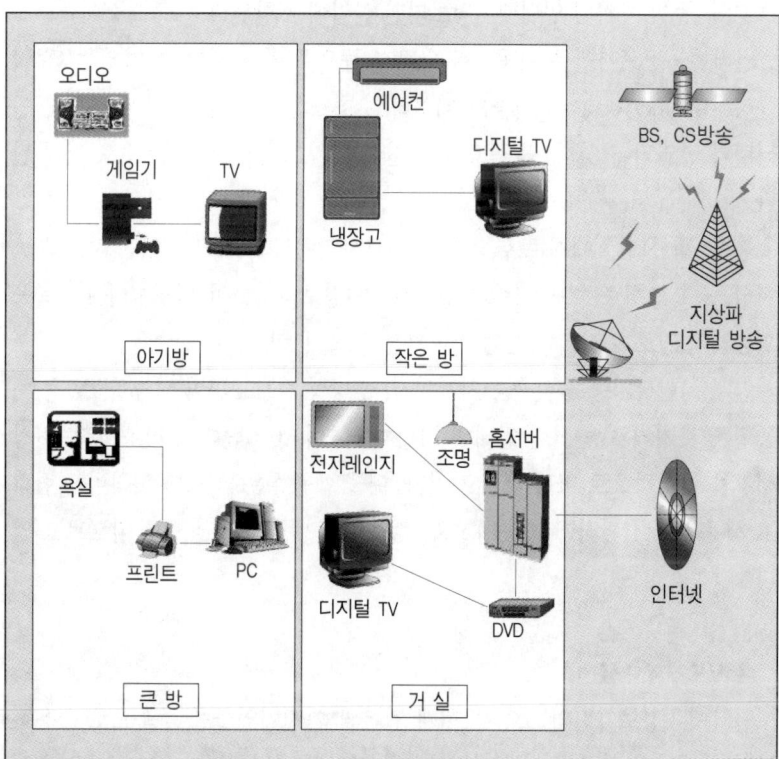

정보가전(Information Appliances)

■ 정보가전 등장

새로운 밀레니엄의 개막과 더불어 '인터넷 가전(Internet Appliances)' 또는 '정보가전(Information Appliances)' 혁명이 눈앞에 다가오고 있다. 인터넷·정보가전은 유무선 정보통신망에 연결되어 데이터 송수신이 가능한 디지털 TV, 인터넷, 냉장고, DVD, 디지털 비디오 등과 같은 차세대 네트워크 가전제품으로 지금까지 단순기능에 머물던 백색가전에 통신과 컴퓨터 기술이 융합되는 것을 가리킨다.

여기에다가 기존의 가전제품에 정보기술 및 통신기술을 이용한 여러 가지 형태의 서비스가 가능한 정보단말기기, 소프트웨어 응용 및 서비스, 네트워크 기술 등이 광의의 인터넷·정보가전 산업에 포함된다.

인터넷·정보가전은 이동전화 단말기 등으로 원격 제어할 수 있는 홈 시큐리티(Home Security) 기능도 제공하고 초고속 인터넷, 나아가 차세대 인터넷과 연결되어 영화, 음악 및 다양한 부가정보 등을 활용할 수도 있게 된다.

특히, 컴퓨터를 매개로 한 기존의 정보사회에서 소외되고 있는 저소득층, 여성, 중·고령층, 지방거주자 등 이른바 정보약자들이 냉장고나 TV 등을 활용하여 정보화 사회에 손쉽게 다가설 수 있게 된다.

인터넷 단말기능을 갖춘 전자레인지, 쌍방향 정보교환이 가능한 TV 등 지능형 정보기기로 변신한 인터넷 가전제품들이 2000년대 우리 가정의 일상 생활을 혁명적으로 바꿔 놓을 것이다. 이들 제품들은 PC보다 가격이 저렴하고 사용법이 간단하기 때문에 소위 컴맹이나 넷맹의 희망으로 떠오르고 있다.

■ 정보가전의 실례

인터넷·정보가전의 구상은 현재 일본의 가전기업들을 주축으로 실용화 직전 단계까지 와 있으며, 일부 인터넷 가전은 이미 실용화되고 있다. 최근에는 우리 나라의 가전기업들도 적극적으로 실용화에 힘쓰고 있다.

소니(Sony)는 리모콘 한 대로 가정 내의 모든 오디오와 비디오 기기를 조작할 수 있는 네트워크 AV(음향, 영상) 시스템을 2001년 중 상품화하겠다고 최근 발표한 바 있다.

디지털 TV를 주축으로 DVD(디지털 다용도 디스크), 디지털비디오, 오디오기기, 게임기, 영상축적용 하드디스크장치 등을 하나의 시스템으로 연결한다는 구상이다.

소비자는 TV화면상에서 리모콘 하나로 AV기기를 자유자재로 조작할 수 있게 된다. TV로 인터넷에 연결, 방송 프로그램을 확인하거나 인터넷 음악발신 서비스에서 좋아하는 음악을 다운로드받을 수도 있다. 게다가 인터넷 쇼핑이나 인터넷을 통한 고장진단 및 체크기능도 가지게 된다.

마쓰시타(松下)전기는 AV제품뿐만 아니라 모든 가전제품이 망라되는 홈 네트워크 시스템을 2003년에 완성한다는 프로젝트를 추진중이다. HII(정보 기반)이라 명명된 마쓰시타 시스템은 특히, 건강관리 기능에 중점을 두었다는 점이 특징이다. 예컨대, 변기에 앉아 용변을 보면 체중과 당뇨, 체지방 등이 측정되어 병원으로 전송되는 기능이나 고정밀 화면을 통해 의사의 진단을 받는 원격 진단기기 등이 시스템 안에 포함되어 있다.

인터넷·정보 가전제품을 원격조종하는 '만능 리모콘'으로 휴대전화를 활용하려는 구상도 급속히 진전되고 있다. 예를 들면, 집 밖에서 휴대전화(인터넷 접속이 가능한 전화)를 통해, 가정 내 모든 가전제품을 조작하거나 TV 프로그램을 예약하거나 퇴근시간에 맞추어 에어컨(히터)을 작동시키는 등의 기능은 머지않아 실용화된다.

'백색가전' 분야의 네트워크 제품은 이미 속속들이 탄생하고 있다.

지난 1999년 9월 말 일본의 샤프는 기묘한 구조를 조합한 전자레인지를 발매했다. 그 이름은 '인터넷 전자레인지'. '아무리 현대가 인터넷 세상이라고는 하나 조리를 담당하는 전자레인지에 인터넷이라니?' 라고 의아해 하는 사람도 많을 것이다.

인터넷과 전자레인지의 조합은 다음과 같은 소박한 의문에서 출발하고 있다. 음식물에 대한 취향은 사람에 따라 제 각기 다르다. 그러나 전자레인지의 조리메뉴는 좋고 나쁨에 관계 없이 표준적인 메뉴만이 입력되어 있다.

고기를 먹지 못하는 사람에게도 스테이크 조리 메뉴가 있으며, 케이크를 만들지 않는 사람에게도 케이크를 굽는 메뉴가 입력되어 있다. 자신에게는 필요치 않은 조리 메뉴는 오히려 방해라고 느끼는 사람도 적지 않을 것이다. 게다가 결혼, 아기 출생, 입학과 같은 어린아이의 성장단계에 따라 각 가정에서 취하게 되는 식사의 종류는 변한다. 뿐만 아니라 계절에 따라 식사메뉴는 바뀌게 된다.

이러한 각 가정의 상황을 반영하여 필요한 기능은 고객이 나중에 추가하도록 하는 것이 인터넷 전자레인지의 특징이다. 즉 샤프의 홈페이지에서 다양한 조리 프로그램을 다운로드받을 수 있도록 한 것으로 고객 자신이 좋아하는 전자레인지를 만들어 가도록 설정되어 있다.

물론 기본적인 조리 프로그램은 사전에 입력되어 있다. '감자', '무', '고기', '밥' 등 가정에서 자주 사용하는 8종류의 식자재를 이용한 총 65가지의 메뉴가 그것이다. 기본 메뉴 이외는 인터넷으로 자신이나 가족 취향에 맞는 조리 프로그램을 다운로드받을 수 있다.

현재 샤프의 홈페이지에는 약 400가지의 조리 프로그램이 실려 있다.

또 2000년 8월부터는 미국, 독일, 홍콩, 브라질, 오스트레일리아 등 7개국의 요리의 조리방법을 발신하는 서비스도 제공하고 있다.

나아가 샤프는 이른바 '똑똑한' 냉장고도 판매하고 있다. 이 제품을 사용하는 소비자는 구입한 식품을 냉장고에 보관할 때, 냉장고 문에 달린 액정화면에다 해당 식품의 보존기간을 입력할 수 있다. 또한 보존기간이 만료되는 전날이 되면 액정화면에 이 사항과 함께 재고 여부도 함께 표시해주므로 재고관리를 할 수도 있다.

그리고 지난 2000년 11월부터 판매하기 시작한 신모델 냉장고에는 기존의 재고관리 기능에다 '생활메모' 기능을 추가시켰다. 즉 쓰레기 버리는 날, 학교행사일 등도 미리 입력해 두면 그 전날에 알려준다. 나아가 1회 약 8초 정도의 음성 메시지를 3개까지 남길 수도 있다.

제 3 장 IT혁명과 시장 95

< 도표 3-2 > 인터넷과 냉장고(Sharp)

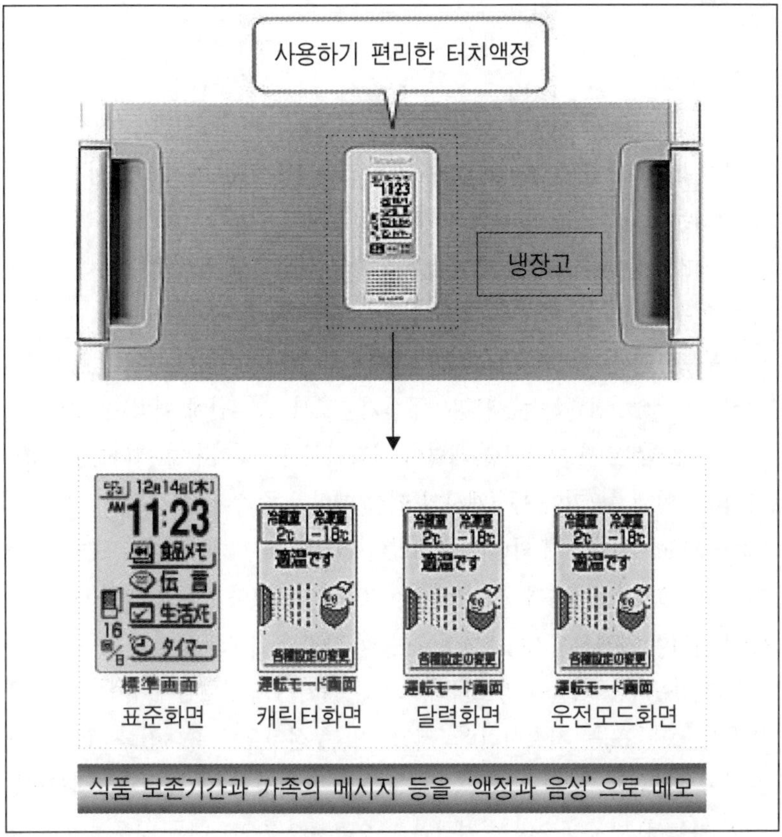

이러한 정보가전이 실생활에서 다양하게 활용되기 위해서는 크게 3가지의 과제를 해결해야 한다.

첫째, 정보가전이 서로 간단하게 연결되도록 하는 것이다. 여기에는 전원을 켠 채로 케이블을 꼽고 빼는 'Plug & Play'를 실현해야 하고, 다른 회사의 제품이라도 아무 문제 없이 데이터 교환이 가능해야 한다.

둘째, 구성원(가족) 누구라도 어려움 없이 조작할 수 있도록 정보가전의 사용방법이 쉽게 설정되어야 한다.

셋째, 소비자가 특정 정보가전을 꼭 사용해보고 싶다는 욕망이 생기도록 제품설계와 실성이 이루어져야 한다.

블루투스(Blue Tooth)

1) 개 념

근래 블루투스(Blue Tooth)라고 하는 말을 신문이나 잡지 등에서 자주 접하게 되는데, 먼저 그 의미부터 살펴보기로 하자.

한마디로 블루투스는 음성, 영상, 데이터 등 다양한 정보를 무선으로 송·수신할 수 있는 기술과 관련한 세계 표준규격이라 할 수 있다.

블루투스는 휴대전화, PDA, PC 등 각종 휴대단말과 주변기기를 케이블을 대신하여 상호 접속하는 새로운 무선기술로서 1994년에 에릭슨(스웨덴)의 내부 프로젝트로서 기본기술 개발이 시작되었다. 그 이후에 에릭슨·IBM·도시바·인텔·노키아 등 5개사의 핵심 멤버가 주축이 된 블루투스 Special Interest Group(SIG)에 의해 기술개발이 이루어져, 현재 그 멤버로는 모토로라·마이크로소프트·루선트·퀄컴·3Com·VLSI와 같은 유명한 IT·통신 업계 기업이 참가하고 있으며 그 수는 약 2000사 이상에 달한다.

향후 블루투스 기술은 정보처리기기, 통신기기를 상호간에 접속하기 위한 범용성, 오픈표준, 저소비전력, 저가격의 무선기술로 휴대전화·PDA·노트북·전자수첩·프린트·FAX·정보가전 등 다양한 기기를 상호 접속하는 것이 가능하다. 주파수대는 면허가 필요없는 2.45GHz대를 사용하며, 전송속도는 1Mbps(전송속도 10Mbps인 표준 2.0 규격은 현재 개발중이다)로 기기 사이의 거리가 10m 이내라면 벽이나 가구 등과 같은 장애물이 있어도 이용할 수 있다.

나아가 다른 기업이나 기종과의 호환성을 실현하기 위해 '블루투스 SIG'에서는 각 기기의 블루투스 기술사양에 대해 호환성 시험을 실시하여 합격한 것에 대해서는 블루투스의 로고를 부여하고 있다.

참고로 말하면, 블루투스의 어원은 10세기경 덴마크와 노르웨이를 통일했던 "해럴드 불탄(910~985년)"이라는 바이킹 왕의 별명에서 기인한다고 한다. 그가 블루베리를 즐겨 먹어 '푸른 이(Blue Tooth)'라는 별명을 얻었다고 한다.

즉 해럴드가 덴마크와 노르웨이를 무혈 통일했던 것처럼 휴대전화와 PC가 평화적으로 통합되기를 바라는 소망이 담겨져 있다.

또 해럴드가 여행가로도 유명한 것처럼 호환성을 지닌 블루투스 기술이 세계 어디를 여행하든 단일 장비로 통신을 할 수 있도록 모든 통신 환경을 일원화시킨다는 의미에서 명명된 것이다.

'Cahners In-stat Group'에 따르면, 블루투스 무선칩 출하가 2000년 하반기부터 시작되어 2005년에는 출하대수가 14억 개에 달할 것이라고 한다. 그에 따라 시장규모도 2005년에는 70억 달러에 이를 전망이다.

앞으로 블루투스는 휴렛팩커드를 중심으로 150여 개 업체들이 지지하는 적외선 무선통신(IrDA) 방식과 뜨거운 표준경합을 벌일 것으로 보인다.

현재 적외선 무선통신 방식은 무선단말 데이터통신 시장의 80% 이상을 점유하고 있다.

2) 블루투스와 생활환경

그럼, 위에서 언급한 블루투스 연합기업이 고려하고 있는 쾌적한 생활환경이란 어떤 형태를 말하는 것인지 살펴보기로 하자.

■ 출근

전철을 타기 위해 자동개찰구를 그대로 지나가기만 하면 휴대전화를 통해 자동적으로 요금이 지불된다. 휴대전화에는 개인의 다양한 정보가 보존되어 있어 개찰구를 지나는 순간 개찰구의 정보단말과 휴대전화가 통신을 행하며 결제를 하게 된다.

■ 오피스

회사에 도착하자마자 서류가방 속에 들어 있는 PDA가 자동적으로 책상 위에 있는 PC와 교신을 시작, 스케줄과 E-메일을 다운로드해 준다. 때문에 일부러 PC를 켜고 마우스를 조작하거나 필요한 항목을 일일이 수동으로 PDA에 입력할 필요가 없다.

■ 회의

부서 회의에 필요한 자료를 출석인원 분량만큼 미리 복사해 둘 필요가 없다. PC로 작성한 자료는 PDA에 전송, 회의실의 전자화이트보드에 자료가 자동적으로 비치게 된다. 필요하면 그 자리에서 자료를 출석자의 PDA와 PC에 전송하는 것도 버튼 하나로 끝낼 수 있다.

■ 공장

공장의 엔지니어는 제품을 만들어내는 기계가 제대로 작동되고 있는지의 이상 여부를 일일이 살펴볼 필요가 없다. 공장 내를 PDA로 확인해가면서 돌아보면 되기 때문이다. 또 소프트웨어와 정보를 갱신할 때도 PDA에 부착된 버튼 하나로 동시에 여러 대의 기계에 데이터를 전송할 수 있다.

■ 택배

회사에서 일을 하고 있는데 집의 벨이 휴대전화를 통해 울렸다. 집의 인터폰은 가정의 홈 네트워크와 접속되어 있어 외부인이 문 밖에서 인터폰을 누르게 되면 자동적으로 휴대전화를 불러 인터폰과 연결시켜준다. 따라서 택배가 도착했다는 택배사원의 목소리와 대문 위에 달린 보안카메라를 통해 발신되는 택배직원의 모습을 휴대전화로 확인하고서 휴대전화의 버튼 하나로 택배박스의 잠금장치를 해제한다.

■ 자택

귀가길의 택시 안에서 휴대전화를 통해 집의 홈 네트워크에 접속하여 욕조에 따뜻한 물을 가득 채운다. 집 앞에 있는 슈퍼마켓에 들러 오늘의 저녁 식사 재료를 양손 가득 구입, 더 이상 손을 쓸 여유가 없을 경우에도 잠겨져 있는 아파트 문을 여는 것은 간단하다. 블루투스가 탑재된 휴대전화가 자동적으로 문을 열어주고, 현관 전등도 작동시킨다. 물론 당신이 좋아하는 실온도 기억하고 있어 냉·난방도 자동적으로 조절된다. PDA 역시 자동적으로 가정 모드로 전환한다. 가족이 공유하고 있는 전자달력에는 모임과 결혼기념일, 생일 등의 데이터가 전송되므로 부부간에 생길 수 있는 트러블을 예방해 준다.

■ 공항

출장차 지방으로 내려가기 위해 공항에 도착하면 항공회사의 온라인 시스템이 고객의 휴대전화와 PDA에 내장되어 있는 티켓정보를 확인, 사전에 예약한 좌석을 재확인한 후 탑승수속은 완료된다. 출발시간까지 로비에서 블루투스가 탑재된 노트북과 PDA로 인터넷에 접속하여 긴급한 메일이 있는지 여부를 확인한다.

■ 호텔

목적지에 도착하면 렌트 카가 있는 곳까지 안내할 버스에 올라탄다. 버스 안에서 자동적으로 예약정보가 확인되면 버스는 렌트 카 앞에 정차한다. 물론 수속은 이것으로 끝나게 된다. 숙박할 호텔의 정보는 자동차의 카 내비게이션 등에 전달되어 자동적으로 호텔까지 길을 안내해 준다.

호텔에 도착하면 PDA가 자동적으로 체크인을 해주고, 동시에 PDA에는 방번호가 표시되고 동시에 전자열쇠 정보가 전송되므로 방까지 가기만 하면 된다. 또 방 앞에 서면 방문이 자동으로 열린다.

■ 자동차

국립공원에 도착하자 공원 내부를 안내해 주는 가이드가 카 내비게이션에 등장, 그 날의 주요 행사와 추천할 만한 장소 등을 알려 준다. 식사를 하기 위해 자동차로 돌아오면 자동차의 잠금장치는 자동으로 해제되고 좋아하는 채널의 방송이 흘러나온다. 정차중에는 자동차의 점검이 자동적으로 이루어지게 되고 그 결과는 카 내비게이션의 화면에 표시된다.

■ 영화관

개봉 영화관에 도착하자마자 휴대전화가 자동으로 요금정산을 완료해주므로 순서를 기다릴 필요 없이 곧바로 영화관에 들어간다. 영화관의 팜플릿도 그대로 PDA에 표시된다.

■ 현간

오후 7시경 회사업무를 마치고 스트레스 해소도 할 겸해서 같은 부서 동료들과 술을 마시기로 약속, 적당한 술집을 찾기 위해 휴대전화를 통해 네트워크에 접속한다. 몇 가지 조건을 입력하고서 검색 버튼을 누르자 지정한 지역의 술집들이 10여 곳 표시된다. 그 가운데서 가장 많이 할인 혜택을 주는 쿠폰이 실린 가게를 선택, 휴대전화의 GPS 서비스를 통해 위치 확인을 하면서 술집으로 직행한다.

이처럼 생활에 등장하는 다양한 환경과 도구에 블루투스가 탑재된다는 것은 반대로 블루투스가 탑재되어 있지 않은 제품은 사람들로부터 도외시된다는 것을 의미한다. 그에 따라 다양한 제품에 마이크로 칩이 탑재될 것이다. 그리고 제품뿐만 아니라 이러한 것들을 제어하는 서버와 인프라스트럭처 등 다양한 컨트롤러와 기기가 필요하게 될 것이다.

그러나 블루투스의 진정한 잠재력은 완전히 새롭고 거대한 산업 탄생의 가능성을 담고 있다는 데 있다. 게다가 기존 시장의 표준이 일순간에 붕괴될 가능성조차 내포하고 있다.

 디지털 방송

디지털 방송이 아날로그 방송에 비해 뛰어난 점은 첫째, 전송하는 정보를 압축할 수가 있으므로 전파의 이용효율이 높고, 한번에 많은 정보를 흘릴 수가 있다. 둘째, 디지털 신호이므로 잡음 등에 강하고 높은 건물이나 눈·비 등의 영향을 적게 받는다. 셋째, 디지털 방송은 아날로그 방송과 달리 적은 정보로도 동일한 성능을 낼 수 있어 남는 여유 전파를 활용하여 채널을 늘릴 수 있다. 다시 말해서, 아날로그 방송은 정지된 부분과 움직이는 부분을 일정 간격으로 계속 발송하지만 디지털 방송은 정지된 부분은 한 번만 보내고 나머지는 움직이는 부분만 계속 발신함으로써 정보가 적어 전파량이 줄게 된다. 그 때문에 활용 가능한 전파량에 여유가 생겨 채널이 늘어나게 된다.

이러한 디지털 방송의 장점을 더욱 세부적으로 살펴보기로 하자.

■ 다중 채널

이미 시작된 이웃나라 일본의 사례를 들어 살펴보면, CS(통신위성 : Communication Satellite) 디지털 방송에서는 300채널 전후의 다중채널화가 실현되고 있으며, 아날로그의 지상파 방송에서는 대단히 어려웠던 전문성 높은 프로그램 편성이 가능해졌다. 그에 따라 디지털 방송에서는 시청자가 보다 자신의 취미와 취향에 맞는 프로그램을 취사선택할 수 있게 되었다.

■ 고화질

BS(위성방송 : Broadcasting Satellite) 디지털 방송의 하나인 '하이비전 방송'에서는 TV의 영상이 한층 선명하기 때문에 현장감이 넘치는 생동감과 더불어 아름다운 영상을 즐길 수 있다.

■ 데이터 방송 이용

데이터 방송은 통상의 프로그램과는 별도로 문자와 화상 등의 데이터를 가정의 수신단말에 보내는 것으로 종래의 방송에는 없었던 서비스여서 주목받고 있다. 예를 들면, TV를 보면서 프로그램 가이드와 뉴스, 지역별 날씨예보 등을 적당한 시간대에 화면을 통해 볼 수 있으며 음악소프트와 게임소프트를 입수하는 것도 가능하다.

■ 쌍방향 서비스

디지털 방송에 대응하는 수신단말은 통신기능이 부가되는 등 인터넷과의 친화성이 높아지고 있다. 그로 인해 TV 화면상에서 퀴즈에 답을 하거나 쇼핑을 하는 등 쌍방향 서비스를 이용할 수 있다.

이와 같이 방송이 디지털화됨으로써 TV는 우리들에게 있어 '시청 미디어'에서 '활용 미디어'로 변모하게 될 것이다.

〈도표 3-3〉 BS 디지털 방송의 이미지

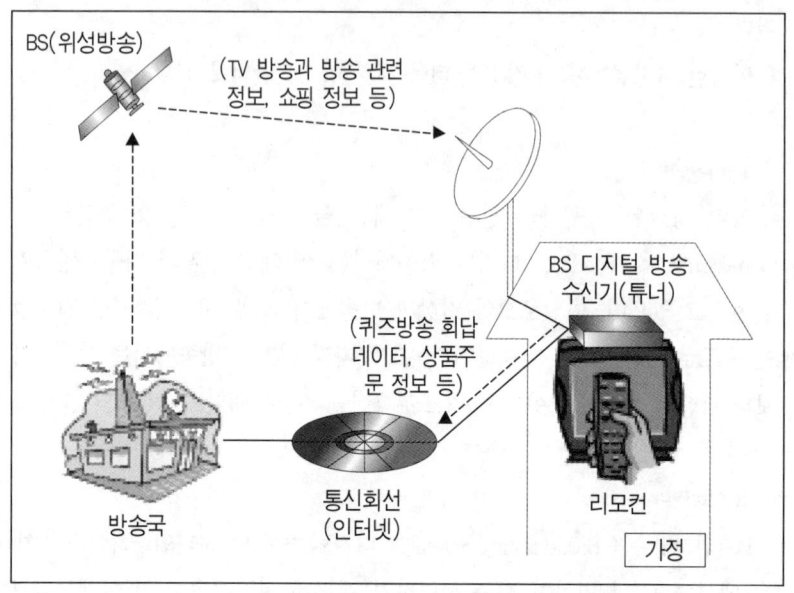

(Coffee Break) BS 디지털 방송시대 개막

　한국통신이 주도하고 KBS, MBC, 매일경제신문사 등 주요 언론사가 참여한 컨소시엄인 한국디지털위성방송(KDB)이 위성방송 사업자로 선정되었다. 이에 따라 2001년 10월부터 위성방송에서만 74개 채널이 새로 생기게 되었다. 2001년부터 방송 채널은 지상파 TV의 디지털화에 따른 20개 이상의 신규채널, 새로운 케이블TV 채널까지 포함하면 100여 개로 대폭 늘어난다. 이로 인해 시청자는 자신의 입맛에 맞는 채널만 골라서 시청할 수 있게 되었다.
　'정보통신부(http://www.mic.go.kr)'는 산업적인 측면에서 2005년까지 29조 5,800억 원에 이르는 위성방송 시장이 창출될 것으로 내다보고 있다.
　가장 큰 부문은 디지털 TV 시장으로 위성방송뿐만 아니라 지상파방송도 디지털방송으로 전환하면서 디지털 TV의 수요가 늘어 2005년까지

제3장 IT혁명과 시장   103

15조 4,000억 원에 달할 것으로 예상된다.
 또 위성방송 수신기와 PC용 수신카드 등의 장비시장은 2005년까지 5조 3,000억 원에 달해 두 번째로 큰 시장을 형성할 것으로 전망된다.
 그러나 채널 수에 비해 방영할 컨텐츠는 턱없이 부족한 실정이다. 따라서 다양한 디지털 컨텐츠 제작 붐이 일면서 관련 시장이 4조 7,000억 원에 이를 것으로 추산된다. 이 밖에 위성방송사 중계시설과 스튜디오 투자비용으로 1조 5,800억 원, 방송 소프트웨어가 2조 6,000억 원 규모의 시장을 형성할 것으로 예상된다.
 위성방송 수신방식에는 안테나를 이용하여 직접 수신하는 방식(Direct to Home)과 CATV의 전송망을 이용하는 방식(Space Cable Network)이 있다. 초기에는 비용상의 문제나 컨텐츠 부족 등의 이유로 SCN 방식이 이용되겠지만, 채널 수가 증가함에 따라 위성방송수신기의 수요증가가 예상된다.

IT와 학교

■ 세계 동향

 일본 정부는 1999년 12월 새로운 천년을 맞아 "밀레니엄 프로젝트"를 통해 교육의 정보화를 달성하겠다고 발표했다. 이 발표에 의하면 2000년부터 2005년까지 모든 초·중·고등학교에서 인터넷 접속을 할 수 있어 모든 학생과 교사가 수업에서 PC를 사용하도록 하는 환경을 만들 계획이다.
 나아가 지난 2000년 10월 일본 정부는 전국에 공립 초·중·고등학교의 10%에 해당하는 4,000개 학교에 광섬유 등의 고속 인터넷망을 설치, 휴일과 야간에는 이를 일반 시민에게 공개하는 정보기술(IT) 사업을 추진키로 한 바 있다.
 영국 정부는 1998년 영국 내의 학교를 인터넷으로 연결한다고 하는 계획을 발표하였다. 그러면서 "어느 학교에서나 세계 제일의 도서관을!"이라는 표어도 내걸고 있다. 실제로 인터넷상에는 어떤 도서관에도 뒤지지 않는 막대한 정보가 들어 있다. 또 필요한 정보의 검색도 실제 도서관보다도 편리하다.

■ **수업의 변모**

지금까지 학교 수업에서는 교과서를 보완하는 교재의 경우 교사가 만든 인쇄물과 참고도서가 주로 이용되고 있으며, 그것으로 불충분할 경우 휴일 등을 이용해 인근 도서관에 가서 조사하는 것이 일반적이었다. 그러나 학생들이 교실의 PC로부터 인터넷이라고 하는 세계 제일의 도서관에 접속할 수 있게 되면 수업의 모습도 상당히 바뀌게 될 것이다. 다시 말해 인터넷상의 정보가 수업의 참고자료로서 큰 비중을 차지하게 될 것이다.

그 외에도 각 학급의 홈페이지를 구축하여 연구 성과를 발표하거나 E-메일을 사용하여 국내외 다른 학교의 학생들과 정보를 교환하거나 교사 이외의 전문가에게 특정 문제에 관한 의견을 구하는 것이 빈번하게 이루어지게 될 것이다.

이와 같이 IT가 교육현장에 보급됨으로써 학교 교육에도 질적인 변화가 예상되고 있다. 교사는 학생에게 있어 지식이 풍부한 존재로서의 비중보다는 해당 지식에 관한 데이터베이스나 정보가 어디에 존재하고 있으며, 어떤 식으로 해석하면 되는가를 지도하는 존재로서 중요해지게 될 것이다.

결국 IT가 교육현장에 도입됨으로써 학교는 더 이상 학생에게 지식을 반강제적으로 주입시키는 공간이 아니라, 학생들이 자율성을 가지고 창의성을 발휘하는 학습의 장소로 변모하게 될 것이다.

〈도표 3-4〉 교사와 학교의 변모

2. IT혁명과 정부

 공공 서비스

현재 우리들이 살고 있는 지역에서 받고 있는 다양한 공공서비스도 IT의 진보와 보급으로 인해 점차 변화하고 있다.

행정수속의 전자화, 네트워크화를 그 예로 들 수 있다. 주민등록등본이나 초본과 같은 증명서를 인터넷을 통해 신청할 수 있으며, 지역에 관한 정보를 인터넷을 통해 간단하게 볼 수 있다.

게다가 현재 대부분 지역의 공공단체가 인터넷상에서 홈페이지를 개설하고 있어 해당 지역주민과의 교류폭이 더욱 넓어지고 동시에 빨라지고 있다. 이러한 정보 제공 서비스는 이미 일반화된 것이다.

 전자정부(電子政府)

전자정부는 정부 내의 문서관리 및 조달을 비롯한 정부와 기업과의 교환, 신청이나 신고 등 정부와 국민과의 교환을 전자화하여 행정사무의 질을 높여 국민에 대한 서비스를 향상시키는 것을 목적으로 한다.

■한국

2001년부터 주민등록등초본, 호적등초본, 인감증명 등 정부의 각종 민원 서비스가 크게 개선되게 된다. 전자정부 구현을 위한 예산을 2000년의 3,800억 원보다 18.5%나 늘어난 4,600억 원을 배정했기 때문이다.

2001년 하반기부터는 호적등초본과 인감증명을 전국 어디에서나 읍, 면, 동사무소에 가기만 해도 즉시 온라인으로 발급받을 수 있다. 현재는 호적등초본의 경우는 본적지에서, 인감증명은 거주지 동사무소에서만 발급받았다.

또 등기소에 직접 가지 않고도 안방에서 인터넷을 통해 상업등기를 열람할 수 있다.

주민등록, 지적, 차량, 보건복지, 환경, 농촌, 건축, 민원행정, 지방세정, 지역산업 등 10개 민원업무도 전국 시, 군, 구청들이 서로 온라인으로 관련 자료를 주고 받을 수 있게 되어 민원처리 시간이 대폭 단축되게 될 것이다.

나아가 2002년부터는 주민등록, 부동산, 자동차, 기업, 세금 등 5개 분야의 자료 정보를 공동으로 이용하는 시스템을 구축, 한 개 기관만 방문해도 그 자리에서 손쉽게 민원을 해결할 수 있게 된다.

현재 농어촌의 읍단위 지역까지 되어 있는 광케이블을 이용한 인터넷 접속도 면단위까지 확대된다. 당초 2010년으로 예정되어 있는 초고속 정보통신망 구축을 2005년으로 5년 앞당기기 위해 1,300억 원을 투입한다. 이 경우 국가 기간 전산망의 용량이 지금보다 100배 확대된다.

오는 2004년까지 지금보다 1,000배 빠른 차세대 인터넷을 개발하기 위해 정보화 촉진기금에서 6,500억 원을 지원하고, 정보통신분야 전문인력 양성을 위한 투자를 1,600억 원으로 늘리게 된다.

■ 미국

미국에서는 연방정부와 관련한 모든 온라인 정보를 하나의 웹사이트에서 제공하는 '전자정부(e-government) 시대'를 시작한다고 선언했다. 이 사이트는 주택, 연료절약형 자동차 구매정보에서부터 연금제도와 효율적 투자방안에 이르기까지 인터넷으로 얻을 수 있는 모든 연방정부의 서비스와 자료를 원스톱 쇼핑(One Stop Shopping) 방식으로 제공한다.

미국의 전자정부인 'FirstGov.gov(http://www.firstgov.com/)'는 100만 페이지가 넘는 방대한 정보를 검색할 수 있다. 나아가 면허 갱신이나 여권 신청과 같은 수속도 할 수 있다. 그러나 한편으로 FirstGov.gov가 뛰어난 점은 각종 수속을 온라인에서 완료할 수 있다는 데 있는 것이 아니라, 오히려 "소비자에 대한 서비스"라고 하는 발상에 기초를 두고 출발하고 있다는 점이라 하겠다.

제 3 장 IT혁명과 시장   107

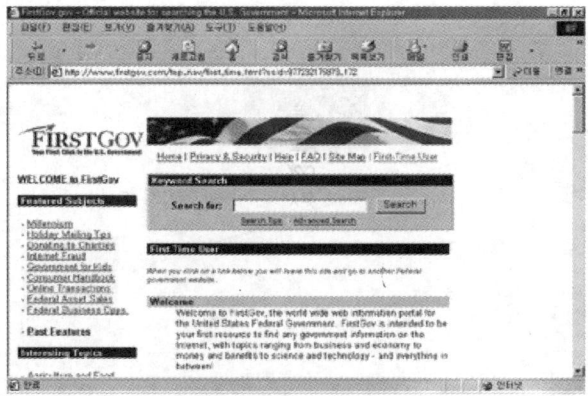

FirstGov.gov(http://www.firstgov.com/)

■일본

인터넷의 저변 확대에 안간힘을 쓰고 있는 일본 정부가 '정보기술(IT) 상품권'을 발행하는 방안까지 고려중이다. 20세 이상의 일반인 1억 명에게 구민회관 등 공공강습소에서 컴퓨터나 인터넷 교육을 받을 때 수강료 대신 낼수 있도록 무료로 나눠준다는 것이다. 또한 일본 정보화전략의 지침이 되는 'IT 전략회의(http://www.kantei.go.jp/jp/it/)'를 2005년까지 미국을 뛰어넘는 대용량 고속통신사회로 만든다는 취지아래 전국에 광케이블을 모두 설치하고 차세대 인터넷 프로토콜인 IPv6, 전자상거래 시대의 법제도 정비, 전자정부, 그리고 IT교육에 전략의 초점을 맞추어 추진하고 있다. 즉 IT를 경제신생계획의 핵심으로 선언하면서 5년 이내에 일본을 세계 최고의 IT 선진국으로 발돋움시키겠다는 장대한 계획을 세우고 있다.

<도표 3-5> 전자정부 개요(일본)

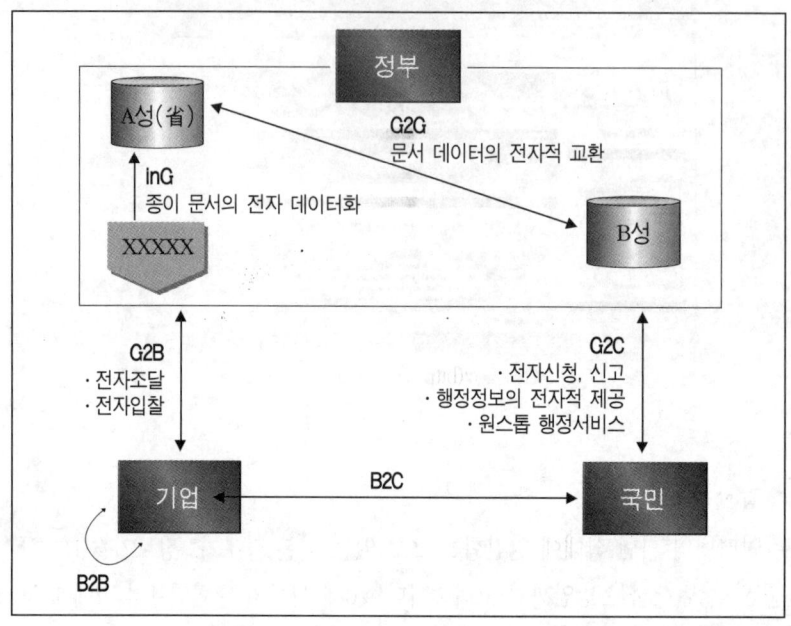

■ 영국

영국은 다른 IT 선진국에 비해 상대적으로 뒤떨어져 있지만 공공서비스를 현대화하기 위해 지난해 총리 직속기구로 전자정부를 전담하는 별도의 조직 (e-envoy)을 신설했다.

■ 핀란드

핀란드는 다른 유럽국가들에 비해 전자정부화가 앞서 있는데 1999년부터 모든 국민에게 개인의 각종 신상정보를 담은 스마트카드를 발급, 가정에서 이 카드로 세금납부는 물론 전출입신고와 은행업무도 볼 수 있게 하였다.

제3장 IT혁명과 시장 109

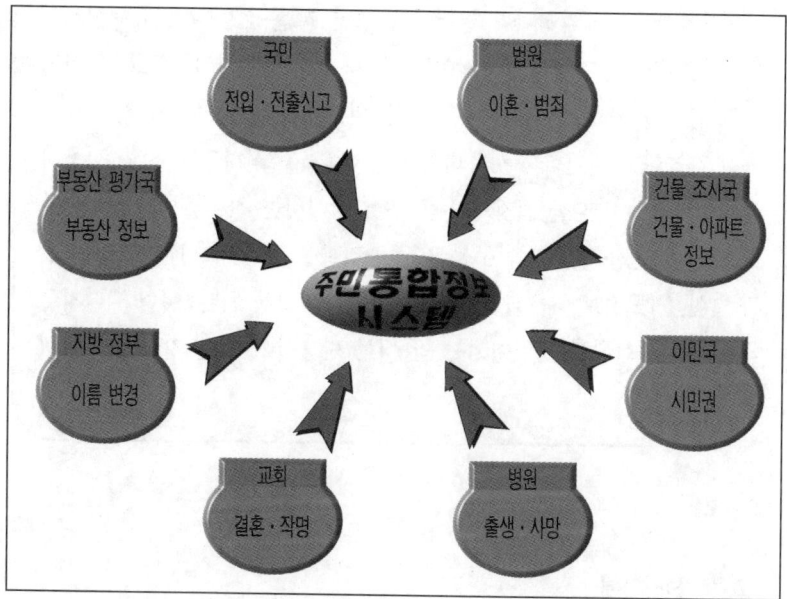

〈도표 3-6〉 전자정부의 구현(핀란드)

(Coffee Break) IPv6란?

'IPv6' 란, Internet Protocol Version Six의 머리글자를 딴 것으로, 현재는 IPv4라고 하는 기술을 사용하고 있지만 어드레스 수를 천문학적으로 늘릴 수 있는 차세대 기술이다. 이론상으로 IPv4는 최대 43억 개의 어드레스를 만들 수 있으나, IPv6는 IPv4를 기준으로 한다면 1조×1조×64,000배를 만들 수 있다. 전 세계 인류 1명당 2억 6,800만 개(228)꼴로, 사실상 무제한 나오는 것이다.

현재 기술로는 어드레스 수가 부족할 뿐만 아니라, 그런 점이 인터넷 보급과 진보를 저해하는 원인이 되고 있다는 문제의식이 제기되고 있다. 온라인상의 모든 정보에는 편지와 마찬가지로 발신지를 나타내는 어드레스가 있다. 인터넷 제어기기인 라우터와 스위치는 이러한 어드레스를 읽고 E-메일, 영상, 데이터를 전달하게 된다. IPv4에서는 60억 인구 모두에게 E-메일 어드레스를 배포할 수가 없다.

어드레스 수가 엄청나게 늘어나게 되면 PC뿐만 아니라 휴대정보단말, 디지털가전, 자동차 등 IP 통신기능을 가진 전자기기를 모두 온라인으로 접속할 수 있게 된다. 예를 들면, 외부에서 일을 보다가 인터넷 접속이 가능한 휴대전화를 사용하여 가전제품을 조작하거나 PC를 사용하여 가정 내의 다양한 전자기기를 작동, 감시하는 것 등이 가능해진다. 또 자동차 운전중에 고속 무선 인터넷 기술을 사용하여 E-메일의 수신과 발신, 지도정보 입수와 같은 것 등도 할 수 있게 된다. 이처럼 디지털 네트워크 사회에서는 없어서는 안 되는 반드시 필요한 기술이라 하겠다.

 전자화폐

전자화폐라는 것은 '전자적인 돈', 즉 '화폐가치를 가진 디지털(전자적) 데이터'를 가리킨다. 상품대금의 지불로 이용 가능한 전자적 가치를 말한다. 그리고 전자결제를 행하기 위한 도구(Tool)의 하나이기도 하다.

아직까지 전자상거래에서 전자화폐를 사용하는 사람은 극소수에 불과하다. 사용자의 신뢰가 뒷받침되지 않은 탓도 있지만 무엇보다도 호환성이 떨어지기 때문이다. 즉 수없이 많은 업체들이 난립하여 규격이나 사용방법이 서로 다르기 때문이다.

전자화폐는 가치저장방식에 따라 크게 'IC카드형'과 '네트워크형'으로 구분된다. IC카드형 전자화폐는 신용카드 크기의 플라스틱 카드 위에 집적회로를 내장한 형태이며, 네트워크형 전자화폐는 디지털 방식으로 화폐가치를 저장했다가 인터넷을 통해 꺼내 쓰는 방식이다. 이러한 특성 때문에 IC카드형 전자화폐가 오프라인 특성이 강하다면, 네트워크형 전자화폐는 철저하게 온라인에 기반을 두고 있다고 하겠다.

최근 대한상공회의소의 보고서에 따르면, 서울 및 강남 등지에서 시범사용중인 전자화폐가 전국에 통용될 경우 기존의 종이화폐를 대체하는 액수가 2002년 1조 9,000억 원, 2004년 4조 3,000억 원, 2008년 7조 4,000억 원에 달할 것으로 추정하고 있다.

이에 따라 연간 화폐발행 금액에서 전자화폐(IC카드, 네트워크형 포함)가 차지하는 비중은 2002년 9.9%에서 2004년 20%, 2008년 28.9%로 늘어날 전망이다.

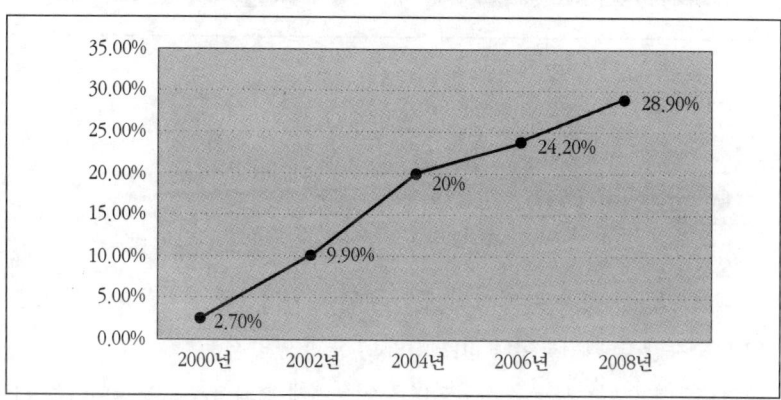

〈도표 3-7〉 전자화폐의 성장

참조) 전자화폐 대체금액/화폐발행 잔액.
출전) 한국은행.

게다가 전자화폐가 널리 쓰이면 어음, 수표 등 현금 이외의 결제수단 의존 비율이 30.8%에 달하는 우리 나라가 전자결제로 이행하기 쉬운 여건을 갖추게 된다. 참고로 미국은 10.2%, 영국은 4.5% 등이다.

IT를 기반으로 하는 경제가 도래하면서 전자화폐라는 용어가 빈번하게 사용되고 있는데 이러한 전자화폐는 대금결제방식에도 많은 영향을 주어 상거래에 큰 변화를 가져오게 될 것이다.

<도표 3-8> 전자화폐의 이점

소매점
- 현금 관리·조작 비용이 경감한다.
- 매장에서 소액단위까지 가격설정이 가능하다.
- 개별 고객에 대한 대응이 용이해진다.

소비자
- 지갑 대신에 사용할 수 있으며, 잔돈이나 거스름돈에 신경쓰지 않아도 된다.
- 포인트제도 등의 도입으로 사용할수록 특전을 누리는 등의 혜택도 주어진다.

프라이버시 보호

위에서 언급한 것과 같이 IT의 도입은 많은 편리함과 이익을 우리들에게 가져다주지만 그 역기능이나 리스크(Risk) 또한 만만치 않다.

즉 IT로 대표되는 새로운 산업혁명은 인류에게 편리함과 유용성이라는 혜택을 제공하지만, 이로부터 파생되는 역기능으로 인해 막대한 피해를 볼 수도 있다.

한 예로 주민등록등초본, 호적등초본, 인감증명 등 정부의 각종 민원 서비스가 온라인으로 제공됨에 따라 국민 한 사람 한 사람의 개인정보를 전국에서 공유하게 된다.

그로 인해 개인정보의 유출과 프라이버시 침해의 가능성이 대단히 높아지고 있다. 따라서 개인정보를 암호화하는 기술의 확립과 프라이버시 보호를 위한 정비법과 같은 환경정비도 서둘러야 할 것이다.

미국의 경우 인터넷 기업을 중심으로 고객의 개인정보 보호업무를 총괄하는 CPO(Chief Privacy Officer) 직제를 도입하는 기업이 늘고 있다. 기업의 고객의 개인정보 누출이 심각한 사회문제로 대두되고 이와 관련한 당국의 제재가 강화된 데 따른 것이다.

그리고 미국에서는 1999년 4월부터 부모의 동의 없이 13세 이하 어린이의 개인정보의 수집을 금지하는 '온라인 아동 사생활 보호법'이 발효중이다.

3. IT혁명과 경제

 가격 시스템

　IT혁명은 컴퓨터와 통신분야에서 새로운 산업이 탄생하는 것만을 가리키는 것은 아니다. 기존의 다양한 경제체제나 경제질서를 파괴할 수 있는 엄청난 잠재력을 가지고 있기 때문에 혁명이라고 불리는 것이다.
　가까운 예로 지금까지 우리들이 어떤 상품을 구입하려고 할 때 어느 점포의 상품이 가장 저렴한가를 조사하는 것은 그리 간단한 문제가 아니었다. 설사 저렴하다는 것을 알고 있어도 너무 멀리 떨어져 있는 경우는 교통비와 시간 등의 문제로 해당 점포를 방문할 수 없게 된다.
　경제학 교과서를 보면, 시장에서는 하나의 상품에 하나의 가격이 설정된다고 하는 '일물일가(一物一價)'를 전제로 하고 있지만, 현실에서는 같은 상품일지라도 여러 개의 가격이 설정되어 있다.
　그러나 인터넷에서 구입할 경우 불과 수 분 안으로 가장 저렴한 가격의 상품을 찾을 수 있다. 또한 수많은 소비자가 순식간에 여러 점포의 가격을 비교할 수 있다. 게다가 최근에는 상품가격만을 비교해주는 웹사이트도 등장하여 소비자로부터 많은 인기를 모으고 있다.
　때문에 인터넷상에서는 경제학 교과서에서 말하는 '완전경쟁시장'은 아니지만 그에 근접하는 시장이 형성되어 '일물일가'의 가능성이 점차 높아지게 된다. 상품의 종류에 따라 다르겠지만 턱없이 높은 가격의 상품은 다음 그림과 같이 경쟁을 통해 시장에서 배제되기 때문에 가격은 서서히 내려가게 될 것이다.

제3장 IT혁명과 시장 115

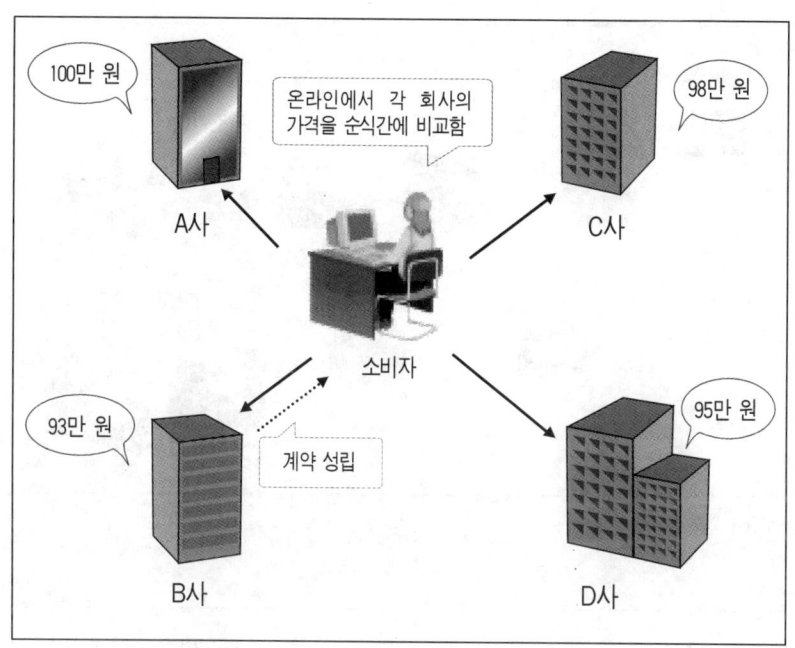

〈도표 3-9〉 가격경쟁유발

 직접판매(Direct Sales)

　인터넷상의 공급자가 제조기업이라면, 도매나 소매와 같은 중간상을 개재시키지 않는 '직접판매(Direct Sales)' 의 형태가 이루어질 수 있다. 인터넷은 제조업자와 소비자가 직접 만나는 장소를 제공하고 있는데, 그로 인해 도매나 소매는 필요 없어져 유통재고도 훨씬 줄어들게 된다.
　이미 앞장에서 언급한 델 컴퓨터(Dell Computer)는 전화나 팩스 주문에 의한 납품(Make-to-Order)을 하고 중간 유통망 없이 직접판매를 하고 있다. 이것은 유통마진의 절감보다는 재고량을 획기적으로 줄임으로써 최신 모델이 시장에 등장함으로서 발생하는 재고가치 급락 위험을 막는 데 많은 도움이 되고 있다.

116 제1부 IT혁명과 시장시스템

<도표 3-10> 상거래 과정의 변화

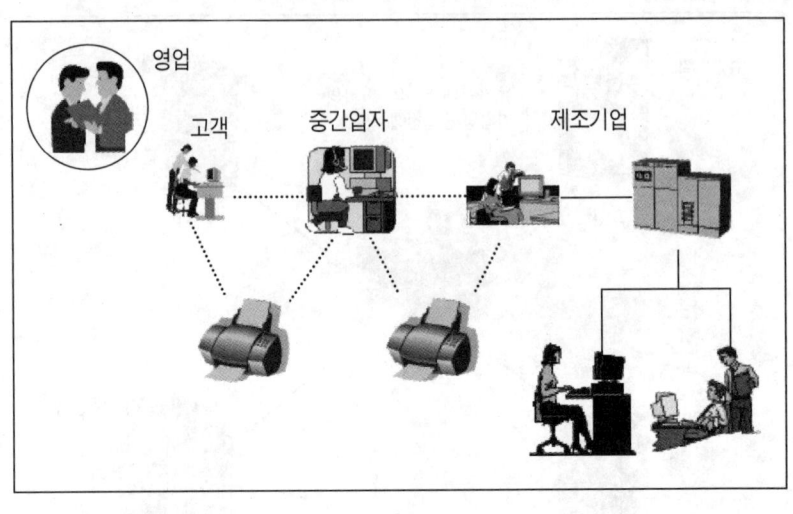

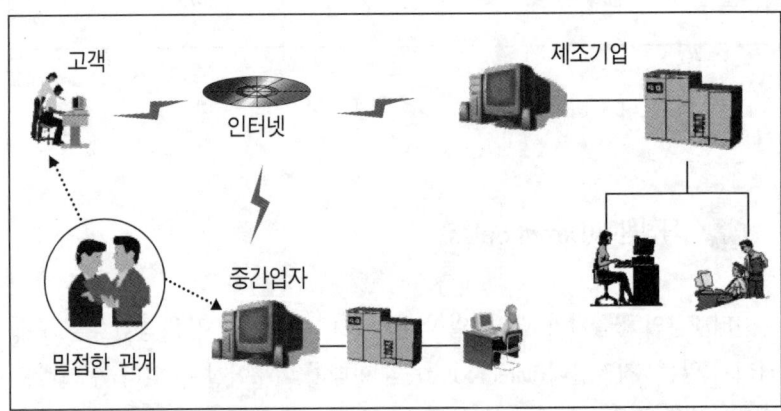

현재 미국 내에서 최고의 매출액을 자랑하고 있는 델 컴퓨터는 직접판매를 통한 비용 삭감으로 현재와 같은 지위를 구축하게 되었다. 미국에서는 IT혁명으로 인해 연평균 25%대의 생산성향상을 달성하였고 인플레이션을 매년 0.7%씩 저하시켜왔다.

IT산업이 차지하는 비율은 미국 전체산업의 약 8% 정도이며 인터넷거래

제3장 IT혁명과 시장 117

는 전체거래의 불과 1%임에도 불구하고 기여도가 이 정도라면 앞으로의 잠재성은 헤아릴 수 없을 정도라고 할 수 있다.

결국 IT혁명이 진행되면 될수록 가격혁명은 엄청난 파장을 몰고 오게 될 것이고 그로 인해 판매시스템에도 많은 변화를 가져오게 될 것이다.

〈도표 3-11〉는 유통경로에 대한 3가지 유형 및 판매가의 변화 추이를 보여주고 있다.

1단계는 전통적인 유통경로로서 모든 단계의 이해 관계자들이 참여하는 것이다. 2단계는 생산자가 도매상을 거치지 않고 직접 소매상과 연결되는 형태로 중간 유통상이 감소하여 최종 판매 가격을 절감하였다. 3단계는 IT의 발달에 따라 생산자는 중간 유통업자를 거치지 않고 곧바로 소비자에게 연결되는 유형으로 판매 가격이 2단계보다 한층 절감된 결과를 보여주고 있다.

결국 IT의 발달은 생산자가 직접 소비자에게 상품을 알림과 동시에 판매를 가능하게 하여 소비자는 직접 생산자에게 접속하여 저렴한 가격으로 상품 구매를 하고 나아가 해당 상품에 관한 평가 역시 실시간으로 표현할 수 있다.

〈도표 3-11〉 셔츠의 유통경로에 따른 판매 가격 변동

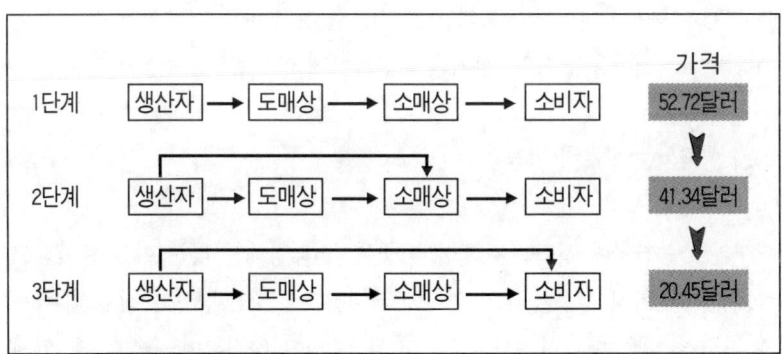

출전) Wigand & Benjamin, 1995.

중간상의 증가와 재편

IT혁명이 가져온 전자상거래로 중개업자가 필요 없다는 이른바 '중간상 생략'이 진행된다고 한다. 그러나 IT혁명의 영향으로 중간상이 생략된다고 보는 것은 적합하지 않다. IT혁명으로 특정 중개업자는 필요 없게 될지도 모르겠으나, 중개 기능의 필요성은 오히려 증가하고 있다.

1) 중개 기능의 본질

IT혁명이 중개업자에게 미치는 영향을 서술하기에 앞서서 고유의 중개 기능에 대해 먼저 알아보자. 원래 상거래가 성립되기 위해서는 ⅰ) 거래상대를 찾아, ⅱ) 거래대상(상품)의 내용·품질을 확인하고, ⅲ) 거래조건이 합의에 도달하면, ⅳ) 상품 전달과 대금결제를 하는 과정을 거치게 된다.

이러한 4가지 거래과정에 쓰여지는 비용을 거래비용(Transaction Costs)이라 하는데, 중개업자가 담당하는 기능은 바로 이 거래비용을 삭감하는 데 있다. 다시 말해서, a) 판매자와 구매자를 연결시키는 브로커 기능, b) 상품의 품질과 거래상대의 신용을 조사하는 정보생산 기능, c) 상품의 재고보관과 배송 등의 유통 기능, d) 자금의 융통을 원활하게 하거나 대금을 징수하는 결제 기능, e) 이러한 유통과 결제 기능을 통하여 리스크 부담 기능 등을 제공하여 거래비용을 삭감, 상거래가 원활하게 이루어지도록 하고 있다.

2) 생략되는 브로커 기능

IT화로 중간상이 생략되는 중개 기능은 '거래상대를 찾는 비용' 뿐이라고 할 수 있다. 특정 상품을 누가 얼마에 거래하고 있다는 정보를 전 세계를 통해 저렴한 비용으로 신속하고 정확하게, 그리고 빠짐없이 수집할 수 있게 되었으므로 최종 거래자의 정보 부족에 타깃을 맞추어 직무를 수행하여 왔던 브로커 업무는 생략될 것이다.

제 3 장 IT혁명과 시장 119

3) 신용정보 니즈의 고도화

한편으로 IT혁명은 정보생산 기능에 대한 니즈를 더욱 높이고 있다. IT를 통해 이루어지는 거래 상대 역시 신용할 수 있을지는 아직 미지수다. 반대로 지리적 제약을 초월하는 불특정 다수간의 거래가 증가함에 따라 거래 상대에 대한 신용조사 등 정보처리 비용은 질적·양적 측면 모두에서 높아지게 될 것이다. IT혁명이 오히려 정보처리 비용을 상승시키는 결과를 가져와 정보생산에 대한 니즈가 높아지게 될 것이다.

실제로 중간상 생략을 촉진시킬 것으로 보이는 B2B는 중개업자의 대표인 종합상사의 정보생산 기능을 필요로 하고 있다. 왜냐하면, 역경매로 구매자를 모으는 것은 쉽지만, 조건에 맞는 많은 판매자를 모으는 것은 그리 쉬운 일이 아니기 때문이다. 게다가 구매자 기업에 소개하기에 충분한 능력을 갖춘 판매자 기업에게만 참가자격을 주고 있다. 이처럼 종합상사와 손을 잡는 것은 참가기업을 심사할 수 있는 능력이 필요하기 때문이다.

4) 복잡한 물류와 결제

나아가 불특정 다수간의 전자상거래 증가는 물류와 결제 기능에 대한 니즈를 높이고 있다. B2C의 경우, 운송업자의 중요성과 오프라인 점포(대리점, 슈퍼마켓, 편의점 등)에서의 상품 인도 및 대금 결제업무 등을 통해서도 전자상거래가 실제 상품의 인도 및 결제 문제와 깊은 관련이 있음을 알 수 있다. IT혁명으로 인한 유통과 결제 기능의 새로운 추진 방향의 한 예로써 'Escrow' 서비스가 있다.

Escrow의 원래 의미는 계약이 합의에 이르기까지 제3자에게 상품과 대금을 위탁해 둔다는 것이었으나 인터넷을 통한 개인간 경매(C2C)에 대한 대금 지불과 상품 인도를 제3자 기업이 중개하는 서비스를 가리킨다.

온라인 거래에서는 구입한 상품이 제대로 배달되지 않거나, 대금이 지불되지 않는 등의 사기가 자주 일어나고 있지만, 수수료를 지불하고 상품 수령 및 대금 지불을 중개업자에게 의뢰함으로써 사기 위험성을 배제하는 것이다. 사전에 결제 시스템을 가진 대형은행과 유통망을 가진 운수회사가 손을 잡고 이 서비스를 제공하고 있다. 이 중개 서비스는 물류 및 결제 기능과 그에 따른 리스크 부담 기능을 하며, 동시에 상대의 신용에 대한 문제도 해결하고 있으므로 정보생산 기능도 담당하고 있다고 할 수 있다.

5) 중간상의 재편

이와 같이 IT혁명의 영향력은 중간상 생략이 아니라 중개 기능의 재편이라고 하는 표현이 바람직하겠다. 전체적으로 보면 IT혁명은 중개 기능을 보다 확대한다고 할 수 있다.

왜냐하면, 인간의 정보처리 능력에는 한계가 있기 때문이다. 이 정보홍수에 대응하기 위해서는 정보처리를 위한 필터와 교통정리가 필요하며 신뢰할 수 있는 중개업자도 필요하다. 그에 따라 중개업자의 역할은 보다 더 중요해지는 것이다.

물론 재편 과정 가운데 기존의 운수업, 상사, 금융기관 등이 수행하여 온 정보생산, 물류, 결제 등의 중개 기능에 다른 업종이 진입함으로써 업종간의 벽이 허물어질 가능성도 있다. 결국, IT혁명은 새로운 중개 기능을 담당할 중개업자를 원하고 있는 것이다.

 디지털 컨텐츠(Digital Contents) 유통

■ 디지털 컨텐츠

근래에 '디지털 컨텐츠(Digital Contents)'라고 하는 말을 자주 접하게 되는데, 먼저 그 개념에 대해 살펴보기로 하자.

디지털이라는 것은 '전자(電子)', 컨텐츠는 '내용(內容)'이므로 우리말로 고치면 '전자적인 내용'을 가리킨다.

디지털 컨텐츠에는 '전자서적', '전자신문', '인터넷 게임', '음악발신',

'디지털 미술관', '인터넷 영화' 등 여러 가지 형태가 있다. 이러한 다양성 때문에 디지털 컨텐츠의 보급은 향후 우리 생활을 크게 바꿀 가능성을 내포하고 있다.

예를 들어, '책'이라고 하면 일반적으로 종이에 인쇄·제본된 것을 가리킨다. 하지만 책이 가지는 가장 큰 기능은 정보전달에 있기 때문에 문자를 읽을 수만 있다면(정보를 알 수 있다면), 문자가 반드시 종이에 인쇄되어 있을 필요는 없다. PC와 제휴 단말 등의 화면을 통해서도 기본적으로는 '책'의 역할을 할 수 있게 된다. 이처럼 화면을 통해 읽는 '책'을 가리켜 "전자북(서적)"이라고 부른다.

■ **디지털 컨텐츠와 비즈니스**

디지털 컨텐츠의 유통면에서도 큰 국면을 맞이하고 있다. MP3(MPEG Audio Layer 3)라고 하는 공개형 기술의 보급과 저렴한 가격의 재생 플레이어의 등장으로 음악 데이터가 네트워크상에 다수 등장하고 있는 가운데 대형 레코드회사 등도 본격적인 디지털 컨텐츠 유통 비즈니스에 참여하려 하고 있다.

현재, SDMI(Secure Digital Music Initiative)라고 하는 표준규격을 기준으로 하여 저작권 처리와 불법복제를 방지하는 전자기술 등을 도입한 합법적인 디지털 컨텐츠를 온라인상에서 판매하는 움직임이 가속화되고 있다.

한편, 인터넷상에서 다른 사람의 PC 속의 음악파일을 검색할 수 있도록 도와주는 냅스터(Napster)의 서비스에서도 알 수 있듯이 현재와 같은 움직임은 음악산업이 성립할 수 있는 토대가 무너지고 있음을 의미한다. MP3와 같은 음악파일을 만드는 사람이 나쁜 것이 아니라 우리 생활이 본격적으로 정보사회에 진입함으로써 음악산업과 같이 정보를 기록하는 매체를 독점함으로서 성립되는 것과 같은 산업이 성립할 수 없는 시대가 도래하였음을 직시해야 한다.

순수한 디지털 정보를 상품으로 하는 디지털 비즈니스에서는 가격이 추가적으로 발생하지 않는다고 하는 문제도 있다. 가령 화가가 유화를 그린다고 가정할 경우 수 개월이라는 시간을 필요로 하는데, 이 때문에 생산성이 높지는 않다. 게다가 완성된 유화의 완전한 복제(Copy)는 불가능하다. 하지만 디지털 컨텐츠라면 동일한 품질을 수천 개라도 복제할 수 있다. 그로 인해 공기처럼 누구나 무료로 사용할 수 있다. 결국 그러한 구조를 가지고 있는 한 비즈니스로서 성립이 불가능하다는 것을 알 수 있다.

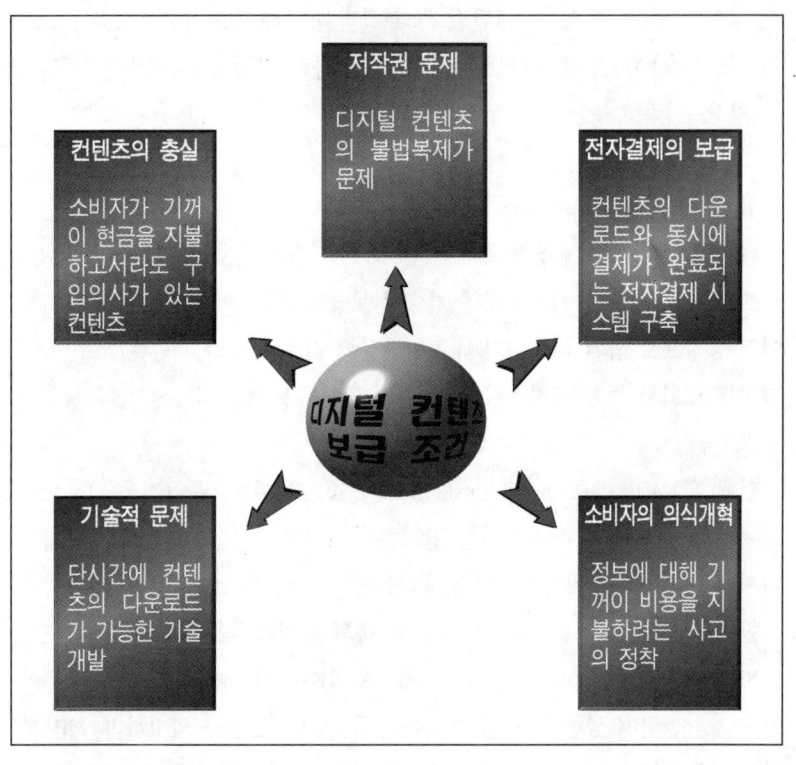

〈도표 3-12〉 디지털 컨텐츠의 보급 조건

4. 물류와 교통

 IT혁명과 물류

IT혁명이 아무리 진전된다고 하더라도, 인터넷상에서 상대방과의 거래는 이루어질 수 있지만 소비자가 현물(現物)을 직접 전달받아야 한다면 오프라인의 배달에 의존할 수밖에 없다. 가상공간을 통해 서로 현물을 주고 받을 수는 없기 때문이다.

IT혁명의 최종단계는 모든 소매점이 인터넷상의 쇼핑몰 혹은 제조기업의 직접판매로 대체되게 될 것이다. 그리고 현재의 도매점이나 대리점과 같은 종류는 없어지거나 변모하게 될 것이다. 그리고 디지털화될 수 없는 상품만이 물류시스템을 통해 소비자의 집이나 사무실에 직접 배달되게 될 것이다.

이렇게 보면 물류시스템은 IT혁명이 아무리 진보되어도 반드시 경제와 산업활동 가운데서 중요한 위치를 차지할 수밖에 없음을 의미한다. 그리고 IT의 도입으로 인해 소비자의 집이나 사무실 등으로의 배달 요구(Needs)는 점차 많아지게 될 것이다.

〈도표 3-13〉 IT혁명과 물류시스템

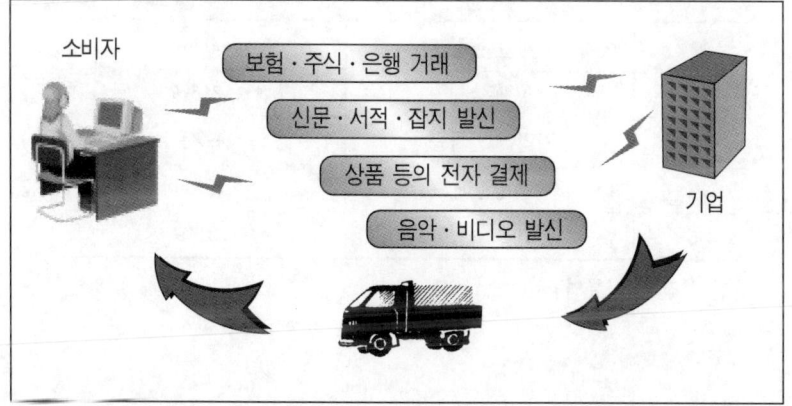

IT혁명과 수송

인터넷의 등장은 제조기업과 소비자 사이의 거래에서 '직접판매'를 가능하게 하였다. 그리고 소비자에게 직접 상품을 전달하기 위한 수단에 있어서도 혁명이 일어나고 있다. IT혁명에 의한 물류혁명, 특히 수송의 효율화가 추진되고 있다.

예를 들면, 트럭운송업계에서는 온라인 네트워크를 이용하여 트럭을 추적, 그리고 화물을 추적하는 정보시스템 개발에 힘쓰고 있다. 이것은 '서울에서 부산까지 화물을 실어다주고 돌아가는 길에 화물을 싣지 않은 채 빈 트럭으로 서울로 향하거나 서울로 갈 화물은 있는데 서울로 가는 빈 트럭과 연결할 수 없다' 등과 같은 사례가 발생하지 않도록 서로 정보를 잘 조합하여 수송효율을 높이려고 하는 것이다.

국내의 대표적인 운송기업인 대한통운의 경우 '스팟츠'라는 전산시스템을 자체 개발하여 전국 물류망의 네트워크화를 추진하고 있다. 전국에 걸쳐 있는 40개의 화물 터미널을 비롯하여 2,500개의 취급점과 1,200여 대의 직영차량을 유기적으로 연결하여 단일 배송시스템을 정비하는 '디지털 통합 물류망'을 구축하고 있다.

〈도표 3-14〉 택배물량 구성비(1999년)

순위	구 분	비 중
1	개인 물량	41%
2	TV 홈쇼핑	24.5%
3	기업 일반물량	19%
4	통신판매	12%
5	인터넷 쇼핑몰	3.5%

출전) 한진교통물류연구원.

ITS(Intelligent Transport System)

현재 ETC(자동요금징수시스템 : Electronic Toll Collection System)의 개발이 진행됨으로써 물류의 효율화가 한층 향상되게 될 것이다. ETC라는 것은 자동차 내부에 설치된 정보단말과 톨게이트에 설치된 안테나가 교신함으로써 톨게이트에서 일일이 자동차를 정차시키지 않고서도 고속도로 이용요금이 자동적으로 납부되는 시스템을 가리킨다.

이미 싱가포르에서는 이러한 시스템이 도입되어 평일 최대 24%의 교통량이 감소함으로써 교통지체 해소에 많은 도움을 주고 있다고 한다.

국내의 경우도 현재 일부 톨게이트에 설치되어 시험 운영중에 있다.

이러한 ETC는 ITS(고속도로교통시스템 : Intelligent Transport System) 개발 분야의 하나이다. ITS는 물류 분야에 혁명을 일으키고 있을 뿐만 아니라 교통사고와 만성적인 교통지체 등을 해소하는 유력한 수단으로 많은 주목을 받고 있다.

ETC 이 외에도 VICS(도로교통정보통신시스템 : Vehicle Information and Communication System)에 의한 카 내비게이션 시스템의 고도화를 추진하거나 안전운행을 지원하는 AHS(주행지원도로시스템 : Advanced Cruise-Assist Highway System)의 개발 등 여러 분야가 설정되어 있으며 선진국의 경우는 정부를 중심으로 연구가 추진되고 있다.

제조기업은 이미 직접판매를 통해 대폭적인 비용 삭감을 추진하면서 가격혁명을 일으키고 있다. 그에 따라 수송부문에서도 ITS의 개발 및 도입을 통해 교통, 물류의 혁명을 추진하고 있다.

<도표 3-15> ITS의 구성도 (Toyota)

공공교통
대열 주행 서비스

자동차의 정보화
카 내비게이션과 운전자에 대한 정보제공 서비스

물류·수송시스템
택시, 버스, 개호 서비스차 등의 운행관리 시스템

관련 시설과 협력
ETC와 주차장 관리시스템

자동차의 고기능화
차간 거리 제어와 자동 운행

출전) 日經産業新聞, 2000. 11. 1.

5. 사례연구

 IMT-2000

1) IMT-2000의 개념

'IMT'는 'International Mobile Telecommunication System'의 준말로 굳이 번역하자면, '범세계 이동통신'이라 하겠다. 우리가 흔히 쓰는 '차세대 이동통신'과는 다른 뜻이다. 그것은 IMT서비스를 하도록 나눠준 주파수대역이 2GHz, 즉 2000MHz를 뜻하는데 '2000'은 이 서비스가 2000MHz 주파수 대역에서 제공된다는 점과 당초 2000년부터 상용화될 것으로 예상하여 붙인 이름이다. IMT-2000 서비스를 가리켜 일반적으로 '제3세대 이동통신 시스템(3G)'이라고 부른다.

IMT-2000(International Mobile Telecommunications-2000)은 국가별로 개별 운영되고 있는 다양한 이동전화 시스템의 규격을 통일, 세계 어느 곳에서나 하나의 단말기 또는 사용자 접속카드로 서비스를 이용할 수 있도록 하는 개인화된 글로벌 멀티미디어 서비스이다.

IMT-2000의 가장 큰 특징은 음성, 영상, 데이터까지 송수신할 수 있는 멀티미디어 이동전화라는 점이다.

1초당 데이터 전송속도는 2Mbit(12만 5,000자)에 달해 각종 텍스트와 음성, 그림, 영상 등 멀티미디어 정보를 빠른 속도로 주고 받을 수 있다.

당초 세계를 하나의 통신마당으로 묶기로 했으나 미국과 유럽·일본이 서로 다른 표준을 고집하고 있어 실현되지 않고 있다.

2) 경제적 효과

아날로그 방식의 기존 이동통신은 1세대 이동통신(1G), 디지털 방식의 기존 이동통신은 2세대 이동통신(2G · 셀룰러와 PCS)으로 부른다. IMT-2000서비스는 이보다 진보된 3세대(3G)라 하겠다. 인간의 1세대가 가져오는 변화처럼 IMT-2000도 통신시장에 엄청난 변화를 가져올 것으로 보인다.

참고로 현재 선진국에서는 IMT-2000의 3세대, 그 다음의 4세대를 거쳐 이미 5세대에 관한 기초연구가 이루어지고 있다.

고품질의 데이터와 화상통화 등으로 무선인터넷 시대의 황금기를 열 것이다. 단말기 하나만 있으며 어느 곳에서든 웹서핑, 전자상거래, 컨텐츠서비스 등 다양한 형태의 통신이 가능해 통신환경이 개인중심으로 바뀐다.

IMT-2000 서비스는 국가경제에도 큰 영향을 미칠 것으로 분석되고 있다. 한국전자통신연구원(ETRI)은 이 서비스로 오는 2004년까지 총 4조 6,000억 원의 투자가 필요하고, 이에 따른 생산유발 효과는 5조 5,000억 원에 이를 것으로 보고 있다. 또한 부가가치 유발효과는 3조 5,000억 원, 10만 명의 고용창출 효과도 기대된다고 전망하고 있다.

3) 해외 동향

IMT-2000 서비스는 지금 해외에서도 최대의 관심사가 되고 있다. 대부분의 국가가 2002년 서비스를 목표로 기술개발에 나서고 있고, 사업자 선정을 놓고 고심하고 있다. 사업자 수는 대부분 3~5개이며, 사업자 선정 방식은 주파수 경매제와 심사평가 방식이 혼재되어 있다.

미국 · 영국 · 프랑스 · 독일 등은 주파수 경매제를 선호하고 있고, 사회주의 경제가 가미된 북유럽과 일본 등은 심사평가 방식을 추진하고 있다.

세계에서 가장 먼저 IMT-2000 사업자를 선정한 나라는 핀란드로 1999년 3월 모두 15개의 사업자가 참여, 4개 사업자가 확정되었다.

영국도 1999년 4월 경매방식에 의해 5개 사업자를 확정했으나 과당경쟁으로 당초 참가신청 13개 사업자 중 중도에 4개 사업자가 입찰을 포기하는 사태가 빚어지기도 했다.

우리와 비슷한 구조로 주목받고 있는 일본은 당초 1999년 말 사업자를 선정키로 했었다. 일본 NTT DoCoMo는 최근 우정성에 IMT-2000 사업인가를 신청한 뒤 오는 2001년 5월부터 서비스를 시작한다고 발표하였다.

4) 표준경쟁

지금 전 세계에서 추진하고 있는 IMT-2000의 기술 표준이 동기식(CDMA2000, Synchronous)과 비동기식(W-CDMA, Asynchronous) 2가지로 나뉘어 경쟁이 치열하다. 기술 표준이 2개라는 것은 한쪽 기술을 이용한 휴대폰으로는 다른 쪽 기술을 쓰는 나라에서 전화하기가 어렵다는 얘기다.

미국이 주도하고 있는 동기식은 IMT-2000의 주파수 사용대역을 3개로 쪼개 사용하고 지상에 있는 모든 기지국이 GPS라는 미국의 위성으로부터 신호를 받아 서비스하게 된다. 반면 유럽과 일본이 이끌고 있는 비동기식은 주파수 대역 전체를 1개의 채널로 사용할 뿐만 아니라 GPS 위성을 이용하지 않고 통신망 내에서 기지국간 신호를 전달하는 방식이다.

유럽·일본이 미국과 다른 방식을 채택한 것은 현재 많은 국가에서 쓰고 있는 휴대전화 기술인 부호분할다중접속(CDMA) 원천기술을 갖고 있는 미국 퀄컴사의 로얄티를 피하기 위해서다.

국제전기통신연합의 IMT-2000이라는 임시봉합적 복수표준의 이면에는 근본적으로 기술적인 문제가 아니라 기술선진국 기업들간의 시장 선점과 기술 라이선싱을 둘러싼 이해관계 합의가 내재되어 있다. 이런 관점에서 보면 기술자체 우위성이나 기술료와 관련한 국내표준 논쟁은 사업자간 이해관계의 차이일 뿐 그다지 큰 의미가 없다는 지적도 있다.

〈도표 3-16〉 IMT-2000 국제 표준

구 분	W-CDMA(유럽식 명칭=UMTS)	CDMA2000
표준 주도국가	유럽, 일본	미국
기술 원천	GSM(세계무선통신시스템)	CDMA(부호분할다중접속)
주도 기업	에릭슨, 모토로라, 노키아 등 유럽기업	퀄컴 등 북미기업
사용 국가	유럽, 일본, 중국	미국, 한국, 일본, 아시아 일부 국가

<도표 3-17> IMT-2000 기술의 장·단점

구분	동기방식	비동기방식	복수표준
장점	· 국내 CDMA기술 노하우 활용 · 기술의 세계경쟁력 · 투자비 절감	· 세계시장 진출 용이 · 글로벌 로밍 우세 · 국제표준화 우세	· 통상마찰 우려 해소 · 기술고립 위험성 축소 · 국내 CDMA산업기반 보호
단점	· 세계시장으로의 진출이 어려움 · 글로벌 로밍 열세 · EU와의 통상마찰 우려	· 국내 기술개발력 · 중복투자 우려 · 미국과의 통상마찰	· 규모의 경제 악화 · 투자비 절감 어려움

출전) 한국경제, 2000. 6. 3.

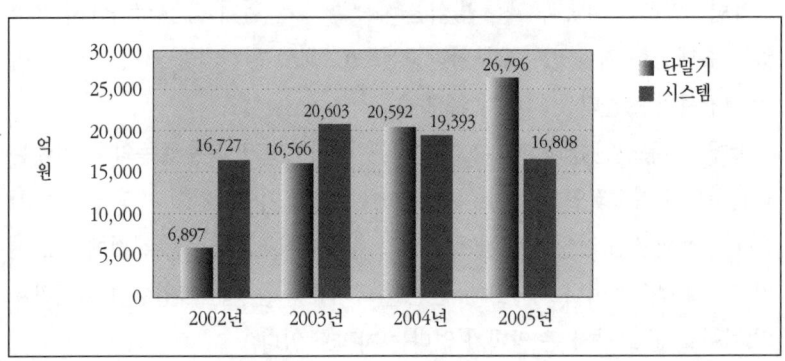

<도표 3-18> 국내 IMT-2000 장비시장 전망

출전) ETRI.

제2부 e-비즈니스와 패러다임 시프트

제4장 e - 비즈니스 혁명

제4장에서는 '인터넷'이 사회와 시장에 미치는 영향과
그 역사, 그리고 e-비즈니스 구현에 따른 환경변화에는
어떤 것이 있는지를 구체적으로 살펴본다.
또한 e-비즈니스 주요 상품과 시장, 나아가
패러다임 시프트에 대해서도 알아본다.

1. 인터넷 혁명

 인터넷 혁명과 비즈니스

1) 인터넷의 개념

현재 우리들은 수백 년에 한번 찾아올까 말까하는 산업혁명의 소용돌이 속에 휘말리고 있다. 즉 정보산업을 축(Hub)으로 하는 정보통신기술(IT) 혁명, 소위 '제2차 산업혁명'을 맞이하고 있다. 동시에 이러한 산업혁명은 정보통신기술혁명으로 인해 파생되는 새로운 문명의 출현이나 가능성까지 모색하려는 움직임마저 일고 있다. 그러한 움직임의 중심에는 인터넷(Internet)이 위치하고 있다.

"인터넷은 현대 산업사회에 떨어진 운석(隕石)이다. 인터넷 이전에 존재한 경제사회의 구조가 존망의 기로에 서있다."라고 소니(Sony)의 CEO는 IT혁명의 의미를 이렇게 설명하고 있다. 이 말의 의미는 인터넷의 급속한 보급을 과거 공룡을 멸종시키고 포유류 출현을 촉진시키는 계기가 되었다는 운석 낙하에 비유하고 있다. 즉 인터넷 출현 이전에 전성기를 구가하여온 기존 대기업이 쇠퇴하고 조직의 유연성과 벤처정신으로 무장한 기업이 생존한다는 것을 가리킨다.

1세기 전의 세계경제는 농업을 기본으로 한 경제에서 공업경제로의 큰 변화과정에 있었다. 새로운 밀레니엄을 맞이한 지금 여기에 필적하는 근본적인 변화가 진행되고 있다. IT혁명이 새로운 비즈니스(e-비즈니스)를 생산하여 기존의 비즈니스를 근본부터 바꾸고 있다. 아직 초기단계에 있다고는 하지만 인터넷만큼 광범위하며 급속도로 보급된 상업기술(Commercial Technology)은 지금까지 없었다. IT혁명은 기업조직이나 시장형태 등 경제활동의 많은 측면에서 대단히 큰 의미를 가지고 있다.

또한 인터넷이 사회와 산업(경제)에 미치는 영향은 가히 혁명적이라 할

제 4 장 e-비즈니스 혁명 135

수 있다. 개선(Improvement)이나 개혁(Reform)의 물결은 현재 존재하는 사물이나 제도, 행동, 관습 등을 대상으로 하여 진행되지만, 인터넷이 가져온 혁명(Revolution)은 기존의 제도나 질서는 물론이고 그 창조자인 인간의 사고마저 바꾸려 하고 있다.

〈도표 4-1〉 인터넷의 개념

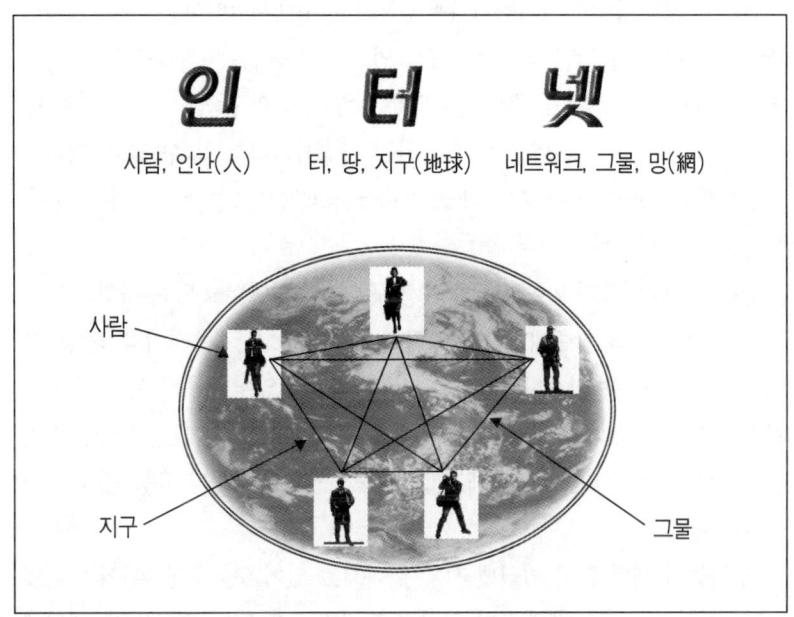

인터넷의 의미를 알아보기 위해 쉽게 우리말로 풀어 해석해 보자.

〈도표 4-1〉에서 나타나고 있는 것과 같이 인터넷의 '인'은 인간(人), 사람을 말하고, '터'는 글자 그대로 터, 땅, 지구를 말하며, 마지막으로 '넷'은 네트워크(Network), 그물, 망(網)을 가리킨다. 다시 말해, 지구상에 존재하는 모든 사람들을 그물의 눈과 같이 치밀하게 연결하고 있는 것이 인터넷이다.

물론 이것은 필자의 억지(?) 해석에 지나지 않는 것으로 원래 인터넷의 어원은 상호(Inter)와 네트워크(Network)의 합성어이다.

2) 비즈니스 기회

시벨과 하우스(Thomas M. Siebel and Pat House)는 그들의 저서 《CYBER RULES : Strategies for Excelling at E-Business》에서 "인터넷은 경이의 시장혁명을 일으켰으며, 세계 각지의 네티즌[네트워크(Network)와 시민(Citizen)의 합성어]을 탄생시켰다."고 언급하고 있다.

그리고 드러커(P. F. Drucker)는 자신의 저서에서 비즈니스 이노베이션(Innovation)을 일으키는 하나의 큰 요인으로 인구구조의 변화(인구의 증가 또는 폭발)를 들고 있다. 세계 전역에서 현재 가장 인구증가, 인구폭발이 일어나고 있는 곳은 인터넷을 매개로 하는 가상사회라고 할 수 있다. 게다가 가상사회의 주민은 빈곤층이 아닌 비교적 경제적으로 여유가 있는 중류층 사람들이 중심이 되고 있다.

경제적으로 여유가 있는 사람들의 인구폭발이 일어나고 있는 사회는 엄청난 비즈니스 기회가 존재한다고 드러커가 지적하고 있는 것처럼 인터넷을 매개로 이루어지는 가상사회에서는 이노베이션이 일어날 수 있는 엄청난 기회가 있다고 하겠다. 이러한 가상사회에서는 현실사회와 같이 학교, 병원, 공공기관, 금융, 판매, 방송, 레저, 소비재·산업재 상품의 유통 등 다양한 산업이 존재하게 된다.

"기업들이 예외 없이 인터넷 사업에 나서고 있어 5년 후면 따로 '인터넷 기업'이라는 단어를 쓸 필요가 없어질 것이다. 그 때쯤이면 인터넷 영역에서는 상권을 놓고 관련 기업들이 치열한 경쟁을 벌일 것이며, 승자가 기존 업체들을 인수하게 될 것이다."라는 인텔(Intel)사의 CEO인 Andy Grove의 지적은 많은 의미를 던져주고 있다.

온라인(On-line) 비즈니스의 탄생

앞으로 수 년 후에는 과거에 무료로 PC를 나누어주었던 'Free PC'와 같이 자동차도 무료로 나누어주는 시대가 도래할지도 모른다. 다시 말하면, 드라이브 도중에 갑자기 감미로운 프랑스요리가 먹고 싶다는 연인의 한마디에 "프랑스 레스토랑으로!"라고 한마디 내뱉게 되면 자동차에 부착된 컴퓨터가 음성을 인식, 자동적으로 그 곳에서 가장 가까운 프랑스 레스토랑으로 안내하게 될 것이다.

자동차메이커는 위와 같은 부가적인 서비스를 통하여 얻게 되는 이익이 자동차라고 하는 완성 제품을 판매하는 것보다 부가가치가 크다면 당연히 전자(前者)를 선택하게 될 것이다.

이와 같은 비즈니스 형태는 온라인(On-line)을 기반으로 하는 비즈니스가 탄생하지 않았다면 실현은 물론이고 상상조차 어려운 것이다.

현생 인류로서 해부학적 관점에서 현대인과 같은 신체적 특징을 지닌 최초의 집단이라 할 수 있는 '호모 사피엔스 사피엔스'가 등장한 것은 4만 년 전이었으며, 인류에게 있어 소유라는 의식을 정착하게 만든 최초의 농업(농사) 활동은 1만 5천 년 전의 일이었다.

인류의 시장경제(거래활동)가 본격적으로 시작된 것을 최초로 농사를 짓기 시작한 시점으로부터 본다면, 그 역사는 1만 5천 년이나 되는 셈이다. 따라서 지구상에서 시장경제가 시작된 1만 5천 년 전부터 근래까지 모든 활동 기반은 오프라인(Off-line)상에서만 이루어졌다.

그런데 1990년대 중반부터 인터넷이라는 새로운 도구로 구현되는 온라인 상에서의 시장경제가 본격화되기 시작하고 있다. 다시 말해, 1만 5천 년이라는 장구한 시간에 걸쳐 진행되어 온-오프라인 비즈니스와 견줄 수 있는 새로운 형태의 비즈니스가 지구상에 탄생한 것이다.

게다가 온라인 비즈니스가 본격화한 것은 불과 5년 정도밖에 지나지 않은 일천한 역사임에도 불구하고 기존의 산업, 경제, 사회 등에 미치는 영향력은 날로 커지고 있다. 실제로 e-비즈니스의 대표주자인 아마존은 1994년 7월에 창업하여 그 이듬해인 1995년 7월부터 서비스를 시작, 그 역사가 불과

5년을 조금 넘고 있을 뿐이다. 이러한 e-비즈니스의 성장은 그 속도로 볼 때 수 년 내 기존의 오프라인 비즈니스가 상당부문 온라인으로 대체되거나 상호 융합됨으로써 인류역사의 미래에 필요 불가결한 형태의 비즈니스로 자리잡게 될 것이다. 한마디로 새로운 비즈니스 혁명의 신호탄이라 하겠다.

이와 같은 이유 때문에 근래 온라인에서 구현되는 e-비즈니스의 출현을 가리켜 과거 농업혁명이나 산업혁명 등과 같이 기존의 오프라인에서 불리어 왔던 것과 같은 '혁명(Revolution)'이란 단어를 붙이기에는 미흡한 감이 없지 않다.

〈도표 4-2〉 온라인 비즈니스의 탄생

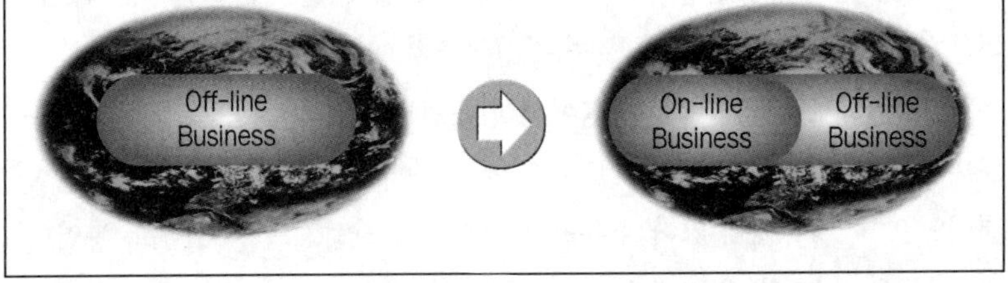

시장출현 ~ 1990년대 중반	1990년대 중반 ~ 현재
Off-line Business	On-line Business / Off-line Business

유저와 프로슈머

1) 유저의 급증

우리 나라의 IT산업은 세계에서도 가장 빠르게 성장, 발전하고 있다. 인터넷 유저수, 도메인, 유저성향 등을 종합해 볼 때 세계 어느 나라보다 그 성장속도가 현저하다.

한국인터넷정보센터가 국제기준에 따라 조사한 바에 따르면, 우리 나라 인터넷 이용인구는 1999년 말 이미 1,086만 명을 돌파, 2000년 5월 말에는 1,534만 명이 되었다. 현재 국내 인터넷 인구는 10대와 20대를 중심으로 한

제 4 장 e-비즈니스 혁명 139

달에 100만 명씩 늘어나고 있다. 이 같은 추세라면 2001년에 3,000만 명에 이를 것으로 보인다.

이러한 인터넷 보급률에 동반하여 이용자층은 다양화하고, 그 용도도 바뀌고 있다. 인터넷이 보급되기 시작한 1995년경의 이용자는 엔지니어 등 기술계 직업에 종사하는 남성들이 대부분이었다. 그러던 것이 최근의 조사에서는 여성의 비율이 날로 높아지고 있어 조만간 여성이용자가 남성이용자를 추월하게 되리라는 예상도 어렵지 않다.

미국의 국세조사국에 따르면, 미국민 전체에서 차지하는 여성의 비율은 51.1%로 여성인구가 많다. 이미 2000년 4월에는 인터넷 인구에 있어서도 여성의 수가 남성의 수를 상회하였다. 이처럼 여성 유저가 급증하면서 e-비즈니스기업들도 여성에 대한 어필을 최우선과제로 설정하게 되었다. 실제로 '여성이 주역'을 세일즈 포인트로 한 포털사이트가 지난 1999년부터 급성장하고 있는 것만 보아도 알 수 있다.

그리고 이전에는 작업과 연구를 위해 인터넷을 사용하는 사례가 많았으나, 최근에는 채팅과 같은 오락이나 게임 도구, 쇼핑 등을 위해 사용하는 사례가 늘고 있다. 인터넷을 어느 정도 활용하는 이용자들의 생활습관은 이미 온라인으로 많이 기울고 있다.

게다가 인터넷 보급은 다음의 도표와 같이 과거에 탄생한 어떤 신기술보다도 그 이용확대와 보급속도가 빠르다는 것을 알 수 있다.

〈도표 4-3〉 기술보급의 속도

기 술	발명 연도	보급률 20%에 걸린 시간	보급률(1997년 기준)
전 기	1873년	42년	98.8%
전 화	1876년	32년	93.9%
라디오	1906년	26년	97.8%
TV	1926년	25년	98.3%
전자레인지	1953년	29년	84.1%
PC	1975년	14년	40.0%
인터넷	1991년	5년	26.0%

출전) Forbes, 1997. 7. 7.

2) 프로슈머 등장

한편, 인터넷을 통한 커뮤니티(Community)는 E-메일과 웹사이트를 사용하여 해당 멤버가 공통적인 주제를 가지고 정보를 교환할 뿐이다. 하지만 커뮤니티 가운데 특정 기업과 상품이 화제에 오르게 되면 멤버의 구매패턴에 크게 영향을 미치게 된다. 어떤 멤버가 추천하는 상품이 눈 깜짝할 사이에 커뮤니티 전체로 퍼져나가는 경우도 적지 않다. 때문에 인터넷상에서는 유행도 종래의 오프라인에서보다 넓고, 빨리 확산되는 경향이 있다.

그리고 소비자 사이에서의 정보교환이 더욱 진행되면 소비자가 가치창조 활동에 적극적으로 관여하게 될 것이다. 인터넷 유저는 정보에 민감하며 자신의 관심에 부합되기만 하면 새로운 상품을 창출하는 것에 대해 적극적인 사람이 많다.

기존 상품에 만족하지 못하는 소비자가 인터넷상에서 동료와 정보를 공유해 나가면서 하나의 프로젝트로서 새로운 상품을 스스로 개발한다거나 자신들의 라이프 스타일에 맞는 상품을 기업에 제안하는 것도 일반화되고 있다.

이러한 환경은 1980년대 미국의 미래학자 앨빈 토플러(Alvin Toffler)가 예언한 "Prosumer〔생산(Product)과 소비(Consumer)를 동시에 하는 사람〕"의 출현을 가리킨다. 인터넷 비즈니스는 소비자의 적극적인 가치창출을 촉진시켜 기존의 소비자를 'Prosumer'로 발전시킬 엄청난 잠재력을 가지고 있는 것이다.

2. 인터넷의 역사와 보급

 분산형 네트워크의 등장

인터넷이 우리 나라에서 급속히 성장하기 시작한 것은 1990년대 중반부터이다. 그러나 인터넷의 루트를 자세히 살펴보기 위해서는 40년 가까이 과거를 거슬러 올라갈 필요가 있다.

미국과 소련의 냉전시대가 계속되고 있던 1957년 소련이 세계 최초로 인공위성 'Sputnik' 발사에 성공하였다. 그리고 이 뉴스에 가장 충격을 받은 것은 두말할 필요도 없이 라이벌 미국이었다.

제2차 세계대전 이후 세계 최대의 군사력과 고도의 과학기술을 가진 미국은 소련에도 최첨단 기술력이 존재하고 있음을 통감하게 되는 순간이었다. 그리고 소련이 미국 본토에 핵탄두를 투하하는 것도 기술적으로 가능하게 되었음을 인식하게 되는 순간이기도 하였다. 이것이 이른바 'Sputnik Shock'이다.

당시 미국에서는 이미 군사목적으로 컴퓨터를 사용하고 있었다. 당시의 시스템은 1대의 컴퓨터를 통해 데이터와 프로그램을 일정시간이나 일정량별로 일괄처리하는 'Batch Processing'에서 1대의 컴퓨터에 복수의 단말을 가지고 동시에 복수 처리가 가능한 TSS(시분할시스템 : Time Sharing System)에로의 이행이 본격적으로 이루어지기 시작할 무렵이었다.

TSS는 대형 컴퓨터를 중심으로 여기에 복수 단말 등을 접속하는 중앙집중형 시스템이다. 그러나 이 시스템의 경우 중앙에 있는 컴퓨터가 파괴되면 모든 시스템이 정지되는 약점을 가지고 있었다.

그에 따라 특정 컴퓨터가 파괴되어도 모든 시스템이 정지하거나 하는 일이 없는 분산형 네트워크가 절실히 필요하게 되었다. 그리고 이러한 필요성이 현재의 인터넷 메커니즘을 탄생시키는 결정적인 계기가 되었다.

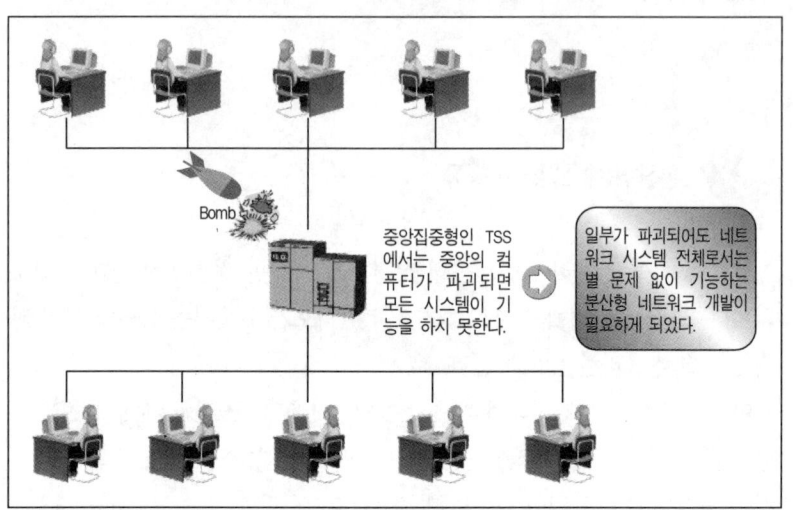

〈도표 4-4〉 분산형 네트워크의 필요성

인터넷의 원형

'Sputnik Shock'가 일어난 1957년 미국에서는 국방성의 ARPA(고등연구계획기관 : Advanced Research Project Agency)가 설립되었다.

ARPA는 미국이 가진 기술수준을 한층 끌어올리고 나아가 다른 나라의 위협으로부터 미국을 방어할 목적으로 출범하였으나, 1962년부터는 핵 공격을 받아도 시스템이 정지하는 사태가 일어나지 않도록 분산형 네트워크 연구에 착수하게 되었다.

그리고 1964년에는 마침내 통신 네트워크로서 등장하게 되었다. 즉 인터넷의 원형이 탄생하게 된 것이다.

이 네트워크는 ARPA의 지원을 받아 실현되었기 때문에 그 이름을 ARPANET(Advanced Research Project Agency NETwork)라고 부른다. ARPANET은 당초 미국 내 4개의 대학(UCLA, UCSB, SRI, Utah)과 연구기관을 패킷교환방식으로 접속하는 네트워크였다.

제4장 e-비즈니스 혁명 143

<도표 4-5> 1969년 시점의 ARPANET

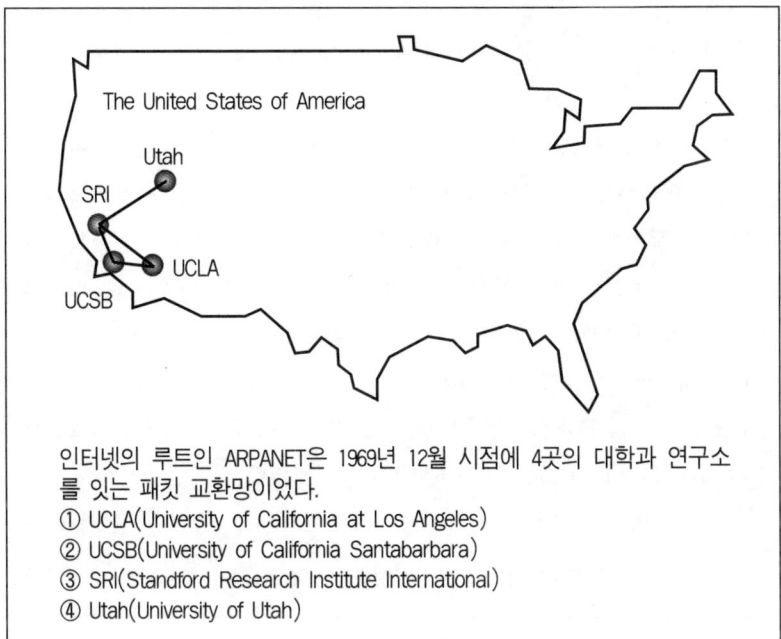

IT 군사목적에서 상용으로

 앞에서 언급한 바와 같이 ARPANET은 4곳의 접속에서부터 시작되었지만 나중에는 동일한 순서를 거쳐 보다 많은 컴퓨터와 접속할 수 있게 되었다. 그리고 1972년, ARPANET은 미국 각지의 40개의 기관 또는 지역이 연결되는 네트워크로까지 확대되기에 이르렀다.
 또 당시에는 ARPANET의 확대와 병행하여 분산형 네트워크를 촉진시키는 다양한 기술이 등장하게 된다.
 먼저 ARPANET을 통해 보다 신속도가 높은 통신이 1970년대 중반 현재의 인터넷 프로토콜인 TCP/IP의 개발로 가능해졌다. 1969년 벨연구소의 Ken

Thompson과 Dennis Ritchie 등에 의해 개발된 UNIX는 1970년대 초 C언어에 의해 한층 완성도가 높아지게 되었다. 그리고 UNIX는 미국 전역의 대학에 무상 제공됨으로서 급속히 보급되기 시작했다. UNIX가 그 이후 인터넷의 표준 OS로서 정착하는 배경에는 이와 같은 사정이 있었다.

군사목적으로서 1970년대에 발전한 ARPANET은 군사부문을 MILNET (Military NETwork)으로 분리함으로서 이후 연구부문의 네트워크로 모습을 바꾸었다. 동시에 프로토콜에는 TCP/IP가 정식으로 채용되었다(MILNET와 ARPANET은 분리 후에도 접속을 계속하였지만 이것을 DARPA Internet이라고 부름으로서 현재의 인터넷이라고 하는 명칭의 기원이 되었다).

ARPANET은 1986년부터 개시된 NSF(미국국립과학재단 : National Science Foundation)의 NSFNET과 접속되었다. 그리고 ARPANET의 기간 네트워크(基幹 Network : Backbone)는 NSFNET가 담당하였다.

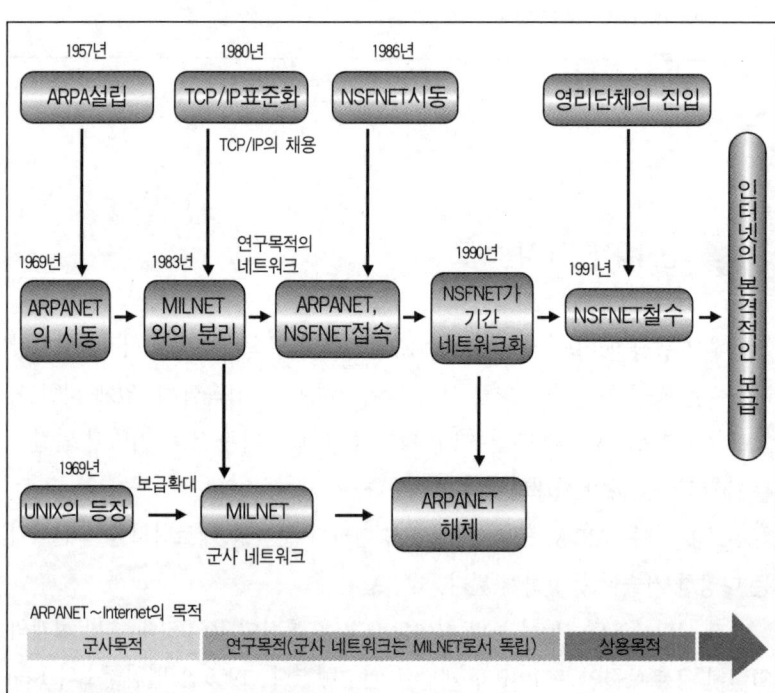

〈도표 4-6〉 인터넷의 역사적 배경

제4장 e-비즈니스 혁명   145

역할을 끝낸 ARPANET은 1990년 해체되고 그 다음해에 NSF도 기간 네트워크의 운영에 필요한 높은 비용 문제 때문에 인터넷의 권한을 폐기하게 된다.

NSF는 NSFNET을 비영리적 용도로 제한하였으나 NSF가 권한을 폐기하게 됨으로서 그것도 해제되어, 상용으로서 영리단체가 인터넷으로 진입하는 길이 마침내 열렸다. NSF가 가진 기간 네트워크는 서서히 민간이 관리하는 네트워크로 바뀌면서 폭넓게 이용 가능한 네트워크로 변모를 계속하게 되었다.

 인터넷의 본격적인 출범

인터넷은 상용목적으로 이용할 수 있는 환경이 정비된 단계에 들어서서도 일반인들과의 사이에는 일정한 거리가 있었다. 그로 인해 널리 보급되지 못하였다. 그러나 그 직후 인터넷 보급의 원동력이 되는 큰 변화가 계속적으로 일어났다.

먼저, 고퍼(Gopher)라고 불리는 소프트웨어가 미네소타대학에서 발표되었다. 고퍼(정확하게는 The Internet Gopher)라는 것은 인터넷상의 정보를 계층구조로서 화면에 표시하여 그 항목을 하나씩 짚어나가면서 목적한 정보를 손쉽게 검색할 수 있는 것으로 GUI(Graphical User Interface)환경에서 이용 가능한 최초의 도구였다.

그리고 그 후에 등장하는 것이 www(World Wide Web)이다. www는 제네바 CERN(유럽합동원자핵연구기구 : Conseil Européen pour la Recherche Nucléaire)의 과학자에 의해 제창되어 인터넷을 통하여 공개됨으로써 급속히 보급되었다.

www의 출현에 따라 이용자는 정보를 페이지(Page)라고 하는 개념으로 발신하는 것이 가능하게 되었다. 또 정보검색에 있어서도 페이지 사이를 서핑해 나감으로써 많은 정보를 계속적으로 찾아가는 것이 가능해졌다. 그렇게 하여 누구나 편리하게 인터넷이 가신 자원을 유용하게 활용할 수 있게 되었다.

  www는 웹브라우저라고 하는 소프트웨어를 가지고 브라우징(Browsing)을 한다. 이것은 1993년 일리노이대학의 NCSA(National Center for Supercomputering Applications)에 의해 개발된 모자익(Mosaic)을 통해 널리 알려지게 되었다. 그 이후 TCP/IP를 표준 탑재한 퍼스널 OS, Window 95가 등장하면서 이 환경에서 작동하는 강력한 GUI기능을 갖춘 넷스케이프(Netscape)의 Netscape Navigator와 마이크로소프트(MS)의 Internet Explore 등의 브라우저가 등장한 것은 잘 알려진 사실이다.

  1995년에는 NSF로부터 민간으로 기간 네트워크의 이관이 완료하여 NSF가 인터넷으로부터 완전히 철수하는 한편 미국 전역의 많은 기업이 인터넷의 기간 네트워크에 접속을 개시한다. 그리고 인터넷을 이용할 수 있는 환경이 정비되기 시작함으로써 인터넷은 세계적인 네트워크로 급속히 확대되기 시작하였다.

(Coffee Break) 'www' 탄생 10주년

  인류의 위대한 발명품 가운데 하나로 손꼽히는 인터넷을 가능하게 한 'World Wide Web(www)'이 탄생 10주년을 맞았다.

  인터넷은 1990년 등장한 World Wide Web 덕분에 급속도로 발전, 세계 정보화혁명의 첨병으로 자리 잡았고 세계적으로 웹사이트가 700여만 개로 증가하면서 새로운 경제의 근간이 되었다.

  그러나 지금은 이렇게 일반화된 웹이라는 개념이 10년 전에 스위스의 제네바에 있는 유럽 입자물리연구소(CERN)의 팀 버너스 리라는 한 과학자 개인의 노력으로 만들어졌다는 것은 놀라운 일이다.

  당시 버너스 리 박사는 연구소 내의 수많은 컴퓨터에 저장된 자료를 과학자들이 자유롭게 공유할 수 있는 방안을 찾기 위해 일과 외 시간을 쪼개 연구에 몰두하였다.

  그는 1989년 3월 이 연구에 착수해 1990년 12월 누구나 접속해 자료

제 4 장 e-비즈니스 혁명　147

를 검색할 수 있는 사상 최초의 웹사이트를 동료에게 공개했다. 하지만 이 웹사이트는 지금과 달리 명령어를 키보드로 입력하는 것이었으며, 무엇보다도 저장된 자료가 없어 동료의 관심을 거의 끌지 못하였다.

그러나 이후 미국의 넷스케이프 등 인터넷 업체가 등장하고 경제의 한 분야로 자리잡으면서 웹은 급속도로 확산되었으며 인터넷 사용자 수 또한 폭발적으로 증가했다.

인터넷은 원래 1960년대 말 미국의 국방부가 국방 관련 연구기관의 연구자료 공유와 핵 공격으로 군사지휘 통제 체계가 파괴되는 것을 막기 위해 전산망을 연결한 것이 시초였다. 하지만 당시의 인터넷은 일부 전문가만이 사용할 수 있는 것이었다.

그러나 버너스 리 박사의 World Wide Web이 등장한 뒤 인터넷은 사용자 영역이 크게 넓어졌으며 명령어를 키보드로 입력하는 대신 마우스로 아이콘을 클릭하는 그래픽 기능이 첨가되면서 오늘날의 편리한 인터넷으로 발전했다.

 한국과 인터넷

국내 최초의 네트워크망은 1982년 서울대학교와 한국과학기술원 사이에 TCP/IP 등 신규약을 이용한 시스템 개발망이며, 이후 정부의 국가 5대 기간 전산망계획(국방망, 공안망, 금융망, 행정망, 연구전산망)이 추진되면서 급속히 성장, 국내 인터넷 발전의 기초를 다지는 계기가 되었다.

그와 함께 IT의 대표주자인 인터넷이 국내에 현재와 같이 광범위하게 보급된 것은 의식 있는 국민과 정부, 그리고 기업들의 부단한 노력의 결과라고 할 수 있다.

이러한 이론적인 부문은 별개로 두고 여기서는 실질적으로 일반 서민들 사이에 인터넷이 인식되고 보급, 활용하게 된 계기에는 다음과 같은 요소들이 직·간접적으로 엄청난 역할을 담당했다.

제1단계 : 매스 미디어

1990년대 중반 미국에서는 유명한 검색 엔진인 Yahoo와 서적 온라인 판매의 대표주자인 아마존이 탄생하는 등 인터넷을 활용한 비즈니스가 본격적으로 시작되었다. 동시에 이러한 미국의 움직임을 국내의 각종 매스 미디어들이 앞다투어 기사화시킴으로써 Yahoo나 아마존을 모르는 국민이 없을 정도로 인터넷에 대한 인식이 높아졌다.

제2단계 : IMF외환위기

1997년 말 발생한 IMF외환위기는 단숨에 200만 명이라는 대량의 실업자를 양산해냈다. 이러한 고실업 상황을 타개하기 위한 일환으로 국내 시장에 탄생한 아이템이 PC방(게임방)이었다. 이 같은 형태의 비즈니스는 당시 전 세계 어디를 보아도 존재하지 않는 한국 토종의 비즈니스 아이템이었다.

PC방의 출범 계기는 비극적인 외환위기가 결정적인 계기가 되었으나, 이로 인해 한국의 인터넷 실질 이용과 보급에 지대한 역할을 담당하게 된 것만은 사실이다.

제3단계 : O양 비디오

각종 매스 미디어와 PC방의 보급으로 인터넷이 자리를 잡은 1999년 초, 유명 연예인의 성관계 비디오가 인터넷에 등장하면서 전국의 네티즌들을 강타했다. 유사이래 국내에서 연예계를 둘러싸고 이처럼 쇼킹한 사건은 일찍이 없었다. 네티즌들은 물론이고 직장인, 인터넷 비이용자들 사이에서도 속칭 'O양 비디오'를 보지 못한 사람은 왕따를 당할 정도였다. 8, 9년 전에 찍은 1편의 비디오가 이처럼 전국을 흔들어 놓게 된 배경의 중심에는 인터넷이 자리를 잡고 있었다.

결과적으로 O양 개인에게는 명예실추 등으로 엄청난 충격을 주었으나, 1편의 성관계 비디오가 인터넷과 접목됨으로써 인터넷의 신규 이용자 증가는 물론이고 기존 이용자들의 보다 적극적인 조작과 활용을 부추기는 계기가 되었다. 또한 2000년 말에 일어난 B양 비디오 사건 역시 같은 맥락에서 이해할 수 있겠다.

〈도표 4-7〉 한국의 실질적인 인터넷 보급과 경로

	제 1 단계	제 2 단계	제 3 단계
발생시기	1990년대 중반	1998년	1999년
도입주체	매스 미디어	PC방	O양 비디오
도입계기	Yahoo, 아마존의 등장	IMF외환위기	유명 연예인의 성관계 비디오
역 할	인터넷이라는 매체 및 비즈니스도구로 인식	인터넷 보급	인터넷 조작·활용 고도화, 신규 진입자 급증

(Coffee Break) 영상물 파문이 IT 발전에 한몫

'백지영 영상물 사건'은 IT 발전 측면에서 짚어 볼 필요가 있다. 가장 관심을 끄는 기술은 동영상 배포자가 걸어둔 암호화이다. 원래 문제의 비디오가 담겨 있는 동영상 파일은 미국의 한 상업사이트가 유료 배포 중이었다. 유료 동영상에는 보통 '로크(Lock)'가 걸려 있는데, 인터넷 공개 불과 며칠 만에 암호가 풀린 파일이 나돈 것이다. 현재 인터넷상에서는 한국과학기술원(KAIST)의 한 재학생이 암호를 깼다는 소문이 돌고 있다.

이 동영상에는 마이크로소프트(MS)의 암호화 기술을 응용한 로크가 걸려 있었다. 여기에 사용된 기술은 소인수분해를 이용한 RSA알고리즘으로 미국의 금융회사나 보안회사들이 많이 사용한다. 따라서 이 로크가 풀린 것은 금융범죄도 가능하다는 것을 시사한다. 그러나 전문가들은 '원본'이 유출됐을 가능성도 있다고 보고 있다.

인터넷상에 파일을 저장한 후 자기가 원하는 곳에서 열어보는 '웹하드 기술'도 이번 사건을 통해 폭발적으로 확산됐다. 65MB나 되는 동영상을 일반 디스켓에 집어넣는 것은 불가능한 일이다. '웹하드'를 이용하면 파일을 일단 인터넷에 저장한 후 다른 곳에서 단시간에 다운로드 받을 수 있기 때문에 네티즌 사이에 백지영 영상이 급속히 확산된 것이다.

1기가바이트(1,024MB)의 저장용량을 무료로 제공하는 G회사의 경우 회원가입자가 하루에 8,000명이나 늘었다. 이 회사는 '음란동영상'을 올린 사용자에게 경고메시지를 보냈으나 개인 소유의 파일을 임의로 지울 수는 없어 골머리를 앓고 있다.

MP3 무료다운로드로 화제를 끌었던 P2P 사이트들도 다시 한번 주목을 끌었다. 백지영 영상을 얻기 위해 3, 4개의 사이트에 가입한 네티즌들도 부지기수다. 한편 '퇴물'로 취급받던 FTP 서비스(파일전송 전용 인터넷 서비스)까지 각광을 받았다고 한다.(동아일보 2000. 12. 1.)

인터넷 2의 탄생

위에서 이미 살펴본 바와 같이 인터넷이 상업적인 용도와 개인적인 용도로 이용되기 시작하면서 그 범위가 크게 넓어졌고, 트래픽(Traffic)도 매년 4배씩 증가하고 있는 상황이다. 하지만 고속도로처럼 인터넷 역시 트래픽의 속도가 떨어지기 시작했고, 인터넷 연구 공동체에 있어 웹의 유용성이 손상되기에 이르렀다. 이제 새로운 인터넷망을 만들 시기가 도래한 것이다.

현재 이러한 과제 해결을 위해 180여 개 대학이 참여한 '인터넷 2 컨소시엄(http://www.internet2.edu/)'과 미국 연방정부의 주도로 1998년부터 활동에 들어갔고 현재 주요 사업체들이 협력업체로 동참하고 있는 NGI(Next Generation Internet Initiative, www.ngi.gov)가 있다.

현재 인터넷의 조건 가운데 가장 중요한 것이 용량인 만큼 NGI의 목표는 현재의 인터넷보다 100배에서 1,000배나 빠른 네트워크 테스트 베드를 만드는 것이다. 다시 말해, 브리태니커 백과사전의 DVD 2000 에디션에는 4.5GB의 데이터가 들어 있다. 이것을 일반가정에서 56kbps의 속도로 다운받는 데 걸리는 시간은 8일이나 된다. 반면에 현재의 인터넷에 연결되어 있는 연구대학에서 이 백과사전을 다운받는 데 걸리는 시간은 14분도 채 안 걸린다. NGI의 100X 테스트 베드를 통해 다운받을 경우 1분 정도밖에 걸리지 않을 것이고, 1000X 웹을 통해 다운받을 경우에는 겨우 15초밖에 걸리지 않을 것이다.(On the net, 2000. 11.)

인터넷 2 프로젝트에서 개발하고 있는 고성능 네트워크 가운데 하나인 NTII(National Tele-Immersion Initiative)는 마치 스타트랙과 같은 영화에서 보듯이 3차원 영상을 리얼타임으로 교환할 수 있게 하는 것으로서 공동 기계설계, 의료진단 등을 위해 개발되고 있다.

현재의 웹은 주로 정보 액세스에 이용되고 있으나 미래의 인터넷은 사람들과 연결해 함께 일하기 위한 목적으로 이용될 것이다. 하지만 그 다음에는 정말로 어떤 것이 이루어질 것인지를 아는 사람은 아무도 없다. E-메일과 인터넷이 개발된 초기시절에도 그랬듯이 머지않아 우리들이 상상도 하지 못했던 기능들을 접하게 될 것이다.

3. e-비즈니스 특징과 상품

 e-비즈니스 특징

미국 상무부에 따르면, 지난 1999년 크리스마스 상전(商戰)에서 개인을 대상으로 하는 인터넷 판매금액은 53억 달러로 전체 판매금액의 0.6%에 지나지 않았다. 현재 인터넷이 많은 각광을 받고 있어 모두가 온라인에서 상품을 구입하고 있다고 착각하기 쉽지만, 실은 인터넷 이용자는 아직 소수에 지나지 않는다는 것을 알 수 있다. 한 예로 장난감소매점인 '토이즈러스(http://www.toysrus.com/)'에서는 오프라인 고객 가운데 인터넷에서도 쇼핑을 하고 있는 사람의 비율은 10%에 지나지 않는다. 그러나 이러한 비율이 2003년에는 60%로 상승할 것이라고 Forrester Research는 예상하고 있다.

그리고 종래의 인터넷 쇼퍼(Shopper)는 새로운 기술을 적극적으로 도입, 활용하는 이른바 매니어적인 사람들이지만, 장래는 사회의 주류파(Main Stream)에 속하는 사람들이 인터넷 시장에서도 주역으로 등장하게 될 것이다. 이렇게 되면 대단히 보수적인 주류파의 사람들은 들어본 적도 없는 신흥 벤처기업의 웹사이트보다는 이전부터 친숙한 브랜드의 웹사이트를 좋아하게 될 것이다. 그 때문에 오프라인의 유명 대기업이 온라인에까지 비즈니스를 확대하게 되면 성공 가능성은 그만큼 높아지게 되는 것이다.

<도표 4-8> 기존 상거래와 e-비즈니스

구 분	기존 상거래	e-비즈니스
고객의 수요파악	영업사원이 확보	온라인으로 수시 획득
	정보의 재입력	재입력이 필요없는 디지털 데이터
시장환경	지역경제	글로벌경제
	소품종 대량판매	다품종 소량판매
	산업 내 경쟁	산업간 메가경쟁
비즈니스 패턴	비즈니스 그룹간 협력	네트워크를 통한 협력
	제한적 구매와 조달	개방적 구매와 조달
	노동·자본 집약적	지식·기술 집약적
소비자의 취향	Push형	Pull형
	기성품 선호	맞춤 선호로 회귀
	판매자 중심	소비자 중심
판매·영업시간과 활동	9:00~17:00시, 정기휴일	24시간, 365일
	일부 지역(Closed Region)	전 세계(Global Market)
고객대응	고객불만에 대응이 느림	고객불만에 대응이 빠름
	고객요구 파악이 느림	고객요구 파악이 빠름
프로모션 주체	영업사원	웹사이트
유통채널	기업↔도매상↔소매상↔소비자	기업↔소비자
마케팅전략	불특정다수	One to One
재고수준	유통재고 많음	유통재고 적음
거래방식	직접적인 대면	간접적인 대면
정보원천	중개자, 실제상품	생산자, 상품정보
기술전략	Defacto Standard	비즈니스모델(BM) 특허
판매거점	현실 공간	가상 공간
소요자본	토지, 건물 구입 등 거액의 비용이 필요	PC, 서버 구입, 홈페이지 구축 등 상대적으로 적은 비용

1) 장점

e-비즈니스가 소비자에게 가져다주는 장점(Merit)을 몇 가지 나열해 보면 다음과 같다.

> ▶ 매장을 직접 방문하지 않아도 상품을 구입할 수 있다.
> ▶ 24 hours a day, 365 a year Save money.
> ▶ 인터넷의 쌍방향적인 특성을 활용하여 단시간에 욕구 충족이 가능하다.
> ▶ Select cheapest and most preferable products in world.
> ▶ 실시간으로 정보를 입수할 수 있다.

이와 같은 장점 가운데 어느 것이 중시되고 있는지는 상품이나 서비스에 따라 서로 다르다.

예를 들면, 서적, 음악CD의 가격이 일반 오프라인 매장보다 온라인을 통한 구입이 반드시 저렴하다고는 할 수 없다. 하지만 온라인상의 쇼핑몰은 검색기능과 소비자간의 정보교환 등과 같은 부가적인 측면 때문에 더욱 인기를 모으고 있기도 하다.

기업 측이 향유하게 되는 장점도 무시할 수 없다.

> ▶ 유통·광고 등의 비용 삭감(Cost Down)이 가능하다.
> ▶ 인건비를 절감할 수 있다.
> ▶ IT활용으로 고객관리가 한결 용이하다.
> ▶ 고객의 요구(Needs)에 맞는 서비스를 제공할 수 있다.

2) 단 점

 e-비즈니스가 앞에서 언급한 것과 같이 반드시 소비자나 해당 기업에게 유익한 점만을 가져다주는 것은 결코 아니다. e-비즈니스의 활성화와 함께 다음과 같은 새로운 문제점들이 부각되고 있다는 점도 명심해야 한다.

▶ 고객이 해당 기업과 매장을 직접 눈으로 보거나 상품을 만져볼 수 없다.
▶ 상품가격 지불에 따른 안전성과 신뢰성 확보가 과제로 남아 있다.
▶ 'Face to Face'의 커뮤니케이션이 결여되어 있다.
▶ 대상 고객이 인터넷 이용자로 한정되어 있다.
▶ 인터넷상에서 판매가 적절한 상품이 있는 반면에 그렇지 못한 상품 역시 존재한다.

 이와 같은 단점이 존재하는 것은 사실이나, 오히려 이러한 문제점을 역으로 이용하면 비즈니스 성공의 가능성은 더욱 높아진다.

주요 상품

소비자를 대상으로 하는 e-비즈니스(B2C)는 간단히 말하면, 소비자가 인터넷을 활용하여 특정 기업을 쇼핑하는 것이다. 이 경우 상품 가운데에는 e-비즈니스 대상으로 적합한 것과 그렇지 못한 상품이 존재한다.

분야별로 살펴보면, 평균적으로 한국·일본·미국 3국 모두가 컴퓨터와 여행분야가 큰 비중을 차지하고 있다. 한국의 경우, 점유율이 가장 높은 분야는 서적/컴퓨터로 20.4%를 차지하고 있으며, PC가 19.1%, 여행이 15.5%를 차지하고 있다. 일본의 경우는 PC와 여행을 합쳐 49.3%로 전체 판매액의 절반을 차지하고 있다. 미국의 매출액 구성비 가운데 가장 높은 항목은 자동차분야로 전체의 35.5%를 차지하고 있으며, 컴퓨터와 여행의 비율 역시 높게 나타나고 있다.

참고로 한국 통계청이 조사한 '전자상거래 통계조사 결과'에 따르면, 2000년 8월 전자상거래 상품별 매출액 비중은 컴퓨터 및 주변기기가 44.8%로 가장 높았고 가전·전자·통신기기(10.9%), 여행 및 예약서비스(7.3%), 서적(5.0%), 생활·자동차용품(4.6%), 음악·비디오·악기(4.3%) 등의 순이었다.

결제수단으로는 신용카드(64.0%)를 가장 많이 사용했으며 배송수단으로는 택배(49.9%)와 자체 배송(30.4%)을 많이 이용한 것으로 나타났다.

인터넷상에는 PC 등 자세한 설명이나 사진이 없어도 내용을 어느 정도 알 수 있는 상품과 인터넷이 아니면 구입할 수 없는 지방특산품 등의 상품이 대부분이다. 가전·AV기기와 같이 PC보다도 부피가 커서 배달요금이 높은 상품과 자동차와 같이 고가상품을 인터넷 쇼핑몰을 통해 주문하는 사람은 아직까지는 적은 것 같다.

그리고 PC가 온라인 거래를 통해 많이 판매되는 이유는 PC가 가진 상품 특성이 온라인 거래에 적합하기 때문이 아니라 많은 인터넷 이용자가 PC를 정보단말로 활용하고 있으며, 직접 보거나 만져보지 않아도 제품(PC)의 특성을 잘 알고 있기 때문이다.

현재 전자상거래는 갈수록 그 경쟁이 치열해지고 있으며 그 형태 또한 다

제4장 e-비즈니스 혁명 157

양화·복잡화하고 있다. 때문에 쇼핑몰만 개설해 놓으면 상품이 판매될 것이라는 종래의 생각은 환상에 지나지 않는다. 인터넷을 통한 상거래가 성공할지 여부는 결국 상품 내용에 달려 있다고 할 수 있다. 다시 말해, 판매 시스템보다는 판매 상품에 매력이 있는지 여부가 승부의 관건이 되어 가고 있다.

〈도표 4-9〉 인터넷에서의 주요 구입상품과 금액(1999년)

(단위: 원, %)

구 분	한 국		일 본		미 국	
	금액	구성비	금액	구성비	금액	구성비
PC	351.3	19.1	5,720	30.5	42,610	10.0
여 행	285.6	15.5	3,530	18.8	93,580	21.9
엔터테인먼트	69.3	3.0	530	2.8	2,860	0.7
서적/CD	374.4	8.0	830	4.4	24,500	5.7
선물용품	62.8	20.4	290	1.5	6,760	1.6
의류/액세서리	66.3	3.4	1,570	8.4	16,080	3.8
식 품	69.1	3.6	1,150	6.1	6,160	1.4
취미/잡화/가구	67.4	3.7	760	4.0	11,410	2.7
자동차	42.2	2.3	1,270	6.8	151,620	35.5
기타 상품판매	450.8	24.5	1,540	8.2	16,280	3.8
금 융	-	-	580	3.1	42,850	10.0
서비스	0.2	0.1	1,000	5.3	12,080	2.8
합 계	1,814	100	18,770	100	426,790	100

참조) 한국은 1999년, 일본과 미국은 1998년.
출전) 전자상거래연구조합.

<도표 4-10> 온라인 쇼핑몰을 이용하는 가장 큰 이유

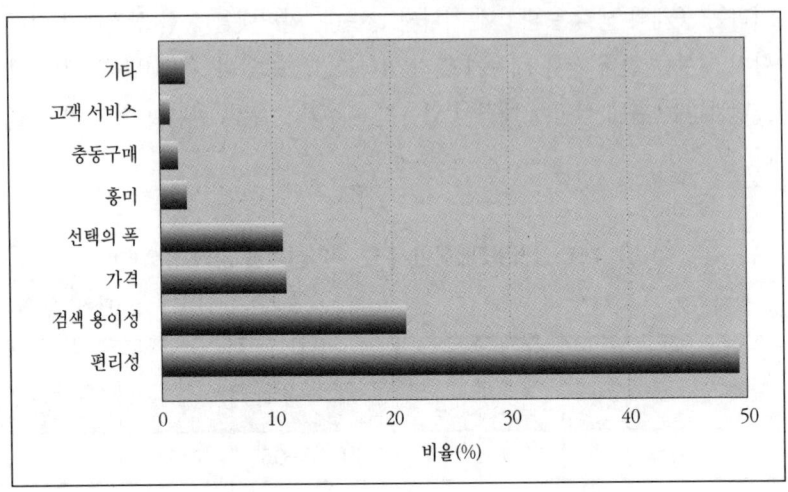

출전) Forrester Research.

<도표 4-11> 쇼핑몰에서 최근 구입한 상품가격 비율

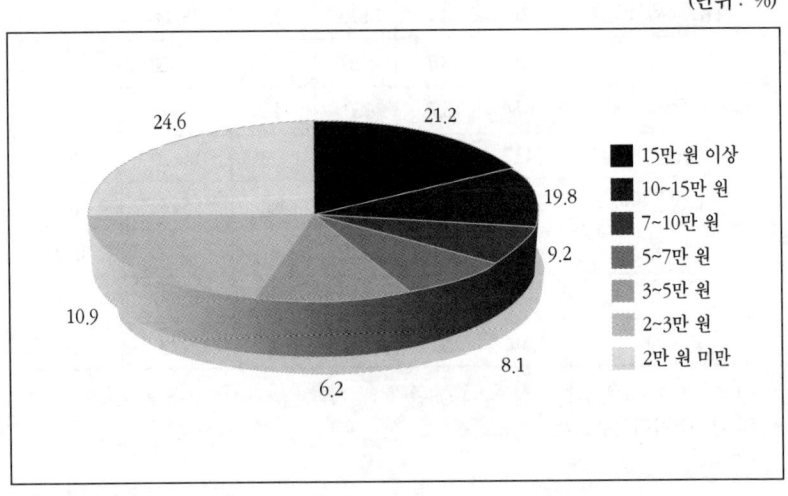

출전) 매일경제, 2000. 5.

〈도표 4-12〉 아시아·태평양지역의 1인당 소매 온라인 매출액

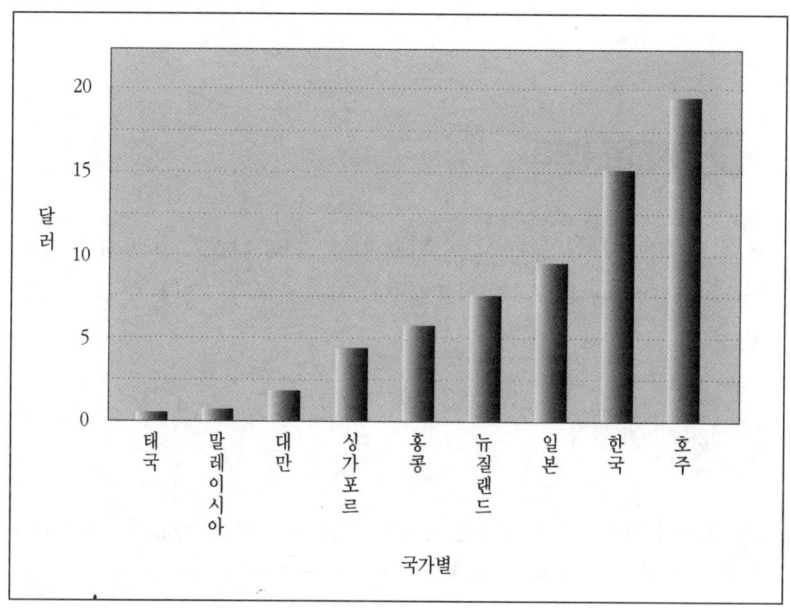

출전) E-tail of the Tiger, BCG Net BizaAsia 전략보고서.

4. 사례연구

 패러다임 시프트

본 사례에서는 IT혁명의 근간이 되고 있는 e-비즈니스로 인해 기존 시장에서 벌어지고 있는 패러다임 시프트(Paradigm Shift)에 초점을 맞추어 검증해보자.

1) Metcalfe의 법칙

Metcalfe의 법칙이라는 것은 3Com의 설립자 Bob Metcalfe가 1995년에 제창하기 시작한 "네트워크의 가치는 가입자수에 비례하여 증대하고 어떤 시점에서부터 그 가치는 비약적으로 높아진다."고 하는 법칙이다.

예를 들면, FAX가 등장한 당초는 애써 FAX를 구입하여도 보낼 상대가 없거나 어느 누구로부터도 FAX 송부가 없는 상태가 계속됨으로써 커뮤니케이션 수단으로서의 이점이 충분히 발휘되지 못하였다.

<도표 4-13> Metcalfe의 법칙

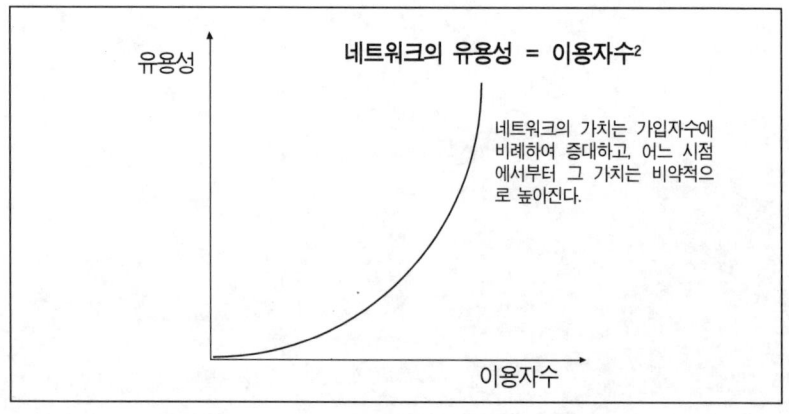

그러나 FAX의 보급대수가 서서히 늘어남에 따라 송·수신할 수 있는 상대도 많아지게 되었고 그 혜택을 충분히 누릴 수 있게 되었다.

또 사용하는 사람이 많으면 FAX를 공급하는 제조사 사이의 경쟁이 격화, 기술이 한층 진보하게 되고, 보다 우수한 기능의 FAX가 계속적으로 시장에 등장하게 된다. 이러한 현상은 인터넷 접속인구의 증가를 기폭제로 하는 e-비즈니스에도 그대로 적용될 수 있다.

2) Intangible Assets

종래 '자산(資産)' 또는 'Assets'라는 것은 대부분의 경우 물적(고정)자산과 금융자산을 가리키며 이른바 'Tangible Assets(눈에 보이는 자산)'을 의미하여 온 것이 사실이다. 그러나 이제는 그 의미가 변화하고 있다.

■ Tangible Assets

Tangible Assets, 즉 눈에 보이는 자산에는 대표적으로 다음과 같은 것들이 있다.
- 물적자산(Physical) : 토지, 공장, 기계, 설비, 재고 등
- 금융자산(Financial) : 현금, 예금, 투자자산, 외상채권, 부채와 자본 등

이러한 Tangible Assets 대해 근래의 신경제(New Economy)에 있어서는 'Intangible Assets(눈에 보이지 않는 자산)'의 중요성이 날로 강조되고 있다.

■ Intangible Assets

Intangible Assets란 글자 그대로 눈에 보이지 않는 자산을 가리키는 것이다.
- 고객자산(Customer) : 고객·판매 채널과 판매 제휴선 등
- 공급자자산(Employee & Supplier) : 인재 및 공급자와 전략적 파트너십 등
- 조직자산(Organizational) : 평판, 경영자의 리더십, 기업전략, 브랜드, 기업문화, 조직구조, 지식, 지적소유권 등

근래 주목을 받고 있는 유력 e-비즈니스 기업인 아마존과 델 컴퓨터 등에서는 기업가치의 80% 이상을 이 Intangible Assets가 차지하고 있다. 이처럼 e-비즈니스 선진기업은 Intangible Assets를 강화하여 이해관계자(Stake Holder)에 대해 독자적인 기업 가치를 어필함으로서 자금과 인적자원, 전략적 파트너의 조달(획득)을 실현하고 있다.

<도표 4-14> 가치의 시프트

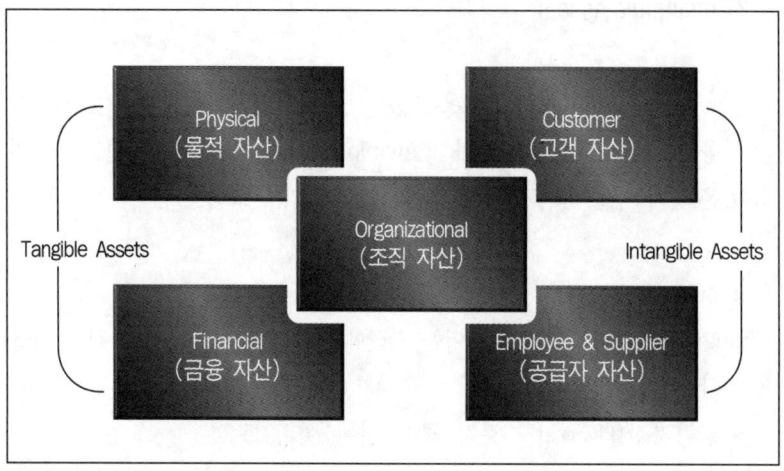

출전) アーサーアンダーセン, 2000.

3) 수확체증 메커니즘

과거 대량 생산 시대에 경제논리를 지배하고 있었던 '수확체감' 메커니즘은 오늘날의 디지털 경제에는 적합하지 않다. 수확체감 메커니즘이라는 것은 사업규모가 일정 수준을 넘게 되면 급격하게 수익이 저하한다는 것을 가리킨다. 수확체감(Diminishing Returns to Scale) 메커니즘은 전통적인 경제분야인 제조업에서 지배적이며, '수확체증(Increasing Returns to Scale)' 메커니즘은 경제의 새로운 분야, 즉 IT로 대표되는 지식주도형 산업에 적용된다고 할 수 있다.

수확체증 메커니즘이라는 것은 생산규모가 2배가 되면 생산이 더욱 효율화되어 산출량이 2배 이상이 된다고 하는 '규모의 경제(Economies of Scale)'를 설명하는 법칙이다. 이 법칙은 한마디로 '시장의 승리기업은 한층 강력하게 되고, 우수성을 상실한 기업은 점점 약체화하는 경향'의 Winner Takes All을 가리킨다. 즉 시장에서 성공을 이룬 기업이나 사람은 더욱 강력해지는 반면 실패한 기업이나 사람은 더욱 약화하는 악순환(Positive Feedback)의 메커니즘이라고 정의할 수 있다.

예를 들면, 소프트웨어 개발은 최초에는 막대한 비용을 필요로 하지만 한 번 개발이 완료되면 그 다음은 해당 컨텐츠를 복제(Copy)만 하면 된다. 그렇기 때문에 대량생산을 할수록 비용은 패키지 원가에 근접하게 된다. 나아가 소프트웨어가 일단 특정 규모의 이용자에게 받아들여지게 되면 Metcalfe의 법칙에 의해 다른 사람도 그 소프트웨어를 구입하게 되고, 그에 따라 시장점유율 상승으로 새로운 이용자를 끌어들이게 되는 원동력이 된다(네트워크 외부성). 이렇게 됨으로서 다음 단계의 새로운 경쟁이 시작되기까지 해당 기업(인재)은 압도적인 경쟁력을 가지게 되어 우위성은 더욱 견고해지는 것이다.

e-비즈니스에 관해서도 "초기의 투자부담은 막대하지만 일정 수준의 경쟁력만 갖추게 되면 급속히 시장점유율이 높아지고, 단위 비용의 저하로 이어져 수익이 체증(遞增)하게 된다"고 하겠다. e-비즈니스를 기폭제로 대대적인 구조개혁에 착수한 기업이 경쟁우위를 가지게 되는 반면, 뒤떨어진 기업이 가령 대기업이라고 해도 시장에서의 우위성이 크게 후퇴하게 되는 사태가 현실화되는 것이다. 대기업이 기존의 상관행에 얽매여 그 움직임이 둔한 반면, e-비즈니스 노하우를 적극적으로 활용하는 벤처기업과 외자계기업이 급격하게 기존 시장을 잠식하는 근래의 사례들을 통해서도 알 수 있다.

4) 시장확대

IT혁명으로 대표되는 디지털 경제 아래에서는 다양한 시장환경 측면에서 거래비용(Transaction Costs)이 낮아져 소비자 수요가 확대되고, 서럼한 마게

팅 비용과 유통 비용 등으로 생산자의 공급은 증가하게 된다. 결과적으로 시장이 확대됨으로써 소비자와 생산자 모두에게 이익이 돌아가는 것이다.

〈도표 4-15〉와 같이 수요와 공급이 확대되어 결국 시장의 규모가 확대되는 것을 알 수 있다. 생산자에게는 제품당 이윤이 줄어들 가능성은 있지만, 거래비용이 감소되고 제품의 판매량이 증가함으로써 오히려 전체적으로는 이윤이 늘어나게 된다.

다시 말해, 소비자 네트워크를 기업이 적절히 활용할 수 있다면 구매자 탐색 비용, 마케팅 비용, 유통 비용 등을 줄일 수 있는 장점도 가질 수 있다. 이처럼 IT혁명으로 인해 소비자, 생산자 모두에게 상호 이익이 되는 Win-Win 전략이 구현 가능하게 되는 것이다.

〈도표 4-15〉 가상사회에서의 시장확대

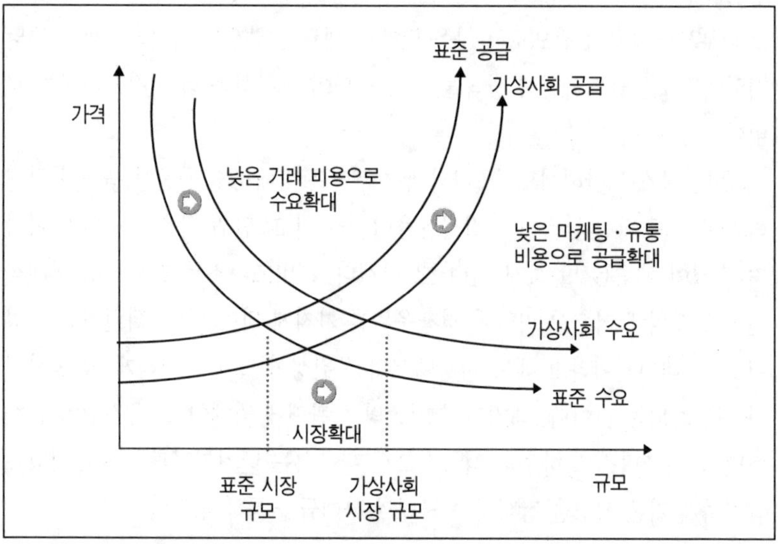

출전) Hagel & Armstrong, 1997.

제 4 장 e-비즈니스 혁명 165

5) 구매자 주도 시장

　IT혁명을 근간으로 하는 신경제에 있어 가장 중요한 포인트가 되고 있는 것은 '구매자 주도(Buyers Power)' 증가라는 패러다임이다. 인터넷 혁명이 가져온 상호 커뮤니케이션을 축으로 하는 새로운 시장에서는 구매자가 지니는 힘은 종래의 그것과는 크게 다르다.

　e-비즈니스는 단순히 상품을 사고 파는 장소가 버추얼 공간(Virtual Space)으로 옮겨간 것만을 의미하지 않는다. 인터넷상에서는 상품과 서비스를 구입하기 이전에 구매자 자신이 필요로 하는 정보를 얼마든지 수집할 수 있다.

　나아가 구매자는 복수의 판매자를 비교하면서 교섭까지 할 수 있다. 인터넷은 많은 사람들이 상품과 가격 정보를 공유할 수 있도록 만들며 유통 구조와 쇼핑 관행을 송두리째 바꾸고 있다.

　제조사가 일방적으로 상품을 개발해 다수의 소비자에게 판매하는 유통 방식은 자취를 감추고 쌍방향 서비스를 통한 상거래 행위가 일반화하는 시대의 도래를 의미한다. 개별 소비자들이 주문한 상품만을 생산해 공급하는 방식으로 유통구조가 바뀌어 대량생산, 대량구매에서 다품종 소량생산, 주문소비체제로 변한다는 것을 가리킨다.

　그에 따라 공급자는 이러한 상호 커뮤니케이션 환경 속에서 구매자가 요구하는 정보를 정확하게, 그리고 신속하게 제공할 수 없다면 이익에 대한 기대는 물론이고 생존마저 위협받게 될 것이다.

〈도표 4-16〉 구매자 주도 시장

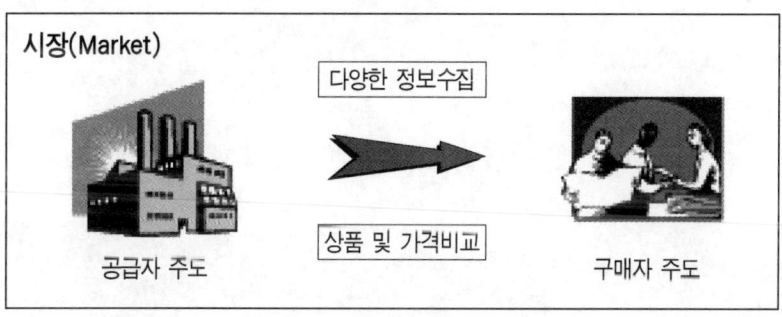

제5장 e - 비즈니스 패턴과 동향

제5장에서는 다양한 e-비즈니스 형태와 그 시장 규모,
그리고 동향 등을 거론하여 비교 분석한다.
특히 그 시장이 날로 거대해지는 B2C와 B2B,
e-Market Place에 초점을 맞추어 검토하기로 한다.

1. e-비즈니스 패턴

e-비즈니스 분류

e-비즈니스(전자상거래)에는 다음과 같은 거래 형태가 존재한다.

1) Business to Consumer(B2C)

인터넷상의 쇼핑몰을 방문해 상품을 구입하거나 영화·연극 티켓을 예매하는 것과 같이 인터넷을 통해 이루어지는 기업과 소비자간의 가장 기본적인 형태의 거래를 말한다.

이루 헤아릴 수 없이 많이 존재하지만, '롯데(http://www.lotte.com/)', '아마존(http://www.amazon.com/)', 'CDNow(http://www.cdnow.com/)' 등을 들 수 있다.

2) Business to Business(B2B)

제조업, 도매업 등에서 행해지는 기업과 기업간의 거래 형태를 말한다. 특히, B2B는 점차 그 시장규모가 확대되고 있어 가장 유망한 비즈니스 형태라는 평가를 받고 있다.

'코비신트(http://www.covisint.com/)', 'Converge(http://www.converge.com/)', '시스코 시스템즈(http://www.cisco.com/)' 등이 대표적이다.

3) Consumer to Consumer(C2C)

특수한 형태로서 소비자와 소비자간의 상품 거래로 통상 경매라고 하는 형태로 이루어진다.

400만 점의 아이템과 1,300만 명의 회원을 가지고 있는 'ebay(http://www.ebay.com/)' 등이 대표적이다.

4) Consumer to Business(C2B)

인터넷이 등장하면서 생겨난 새로운 거래관계로 소비자가 개인 또는 단체를 구성하여 상품의 공급자나 상품의 생산자에게 가격이나 수량 또는 서비스 등에 관한 조건을 제시하고 구매하는 것을 말한다. 대표적으로 '프라이스라인(http://www.priceline.com/)'의 역경매(Reverse Auction) 모델을 예로 들 수 있다.

5) Business to Government(B2G)

기업 대 정부간의 전자상거래를 의미하는 것으로 최근 각국 정부는 민간기업과 제휴, 전자행정서비스 체제 구축을 서두르고 있다. 국내에서도 기업과 정부간 전자상거래(B2G) 시대가 본격 개막되었다. 대표적으로 조달청은 2000년 11월 초 공공부문 전자입찰 사이트(http://www.sarok.go.kr/, http://www.ebid.go.kr/) 개통식을 갖고 정식 운영에 들어갔다. 이 전자입찰시스템은 개인과 민간기업이 인터넷 환경에서 공공입찰에 참여하는 것은 물론 입찰 결과를 실시간 확인할 수 있어 비리 발생 소지를 근절할 수 있는 장점도 가지고 있다.

6) Consumer to Government(C2G)

소비자 대 정부간 전자상거래를 가리키는 것이며 세금이나 각종 부가세 등을 인터넷으로 처리하는 것이다.

7) Government to Business(G2B)

인터넷을 통한 문서(각종 증명서) 발급이나 정부물자 구매에 기업이 본격적으로 나설 수 있게 된다는 점에서 근래 많은 관심을 끌고 있다.

8) Government to Consumer(G2C)

정부 대 소비자간 전자상거래를 말하는 것으로 호적등초본, 주민등록등초본 등 인터넷을 통한 각종 증명서 발급과 정부물자를 소비자가 구매하는 경우 등을 말한다.

9) Business to Business to Consumer(B2B2C)

B2C 혹은 B2B는 이미 시장에서 진부화(陳腐化)된 비즈니스이다. 그 대신에 주목을 받고 있는 것이 B2B2C라고 하는 새로운 개념의 출현이다. B2B2C는 1차적으로 기업에 대해 제품과 서비스를 제공, 그 고객기업이 인터넷을 통해 최종 소비자에게 제품과 서비스를 제공하고 있다. 고객기업에는 기술과 소프트웨어, 노하우를 제공하고 그 대가로 라이선스료와 개발수수료, 관리비용 등을 취득하는 모델이다. 우리에게 잘 알려진 미국의 델 컴퓨터와 일본의 '라쿠텐시장(http://www.rakuten.co.jp/)' 등이 대표적이다.

10) Peer to Peer(P2P)

P2P의 Peer가 친구나 동료를 의미하듯이 인터넷을 통해 다른 사용자들의 컴퓨터에 제집 드나들듯이 쉽게 접속해 각종 정보와 파일을 공유할 수 있도록 해주는 시스템이다. 현재의 서비스가 서버에 자료를 올려놓고 이용자가 접근해 들어가는 정보 제공자 중심 서비스라면, P2P 서비스는 정보 제공자가 이용자에게 접근해가는 이용자 중심의 서비스이다.

P2P 방식을 처음 도입한 기업은 최근 폭발적인 인기를 누리고 있는 미국의 냅스터(Napster)로 이용자들간 컴퓨터 음악파일 형식인 MP3 교환을 가능하게 해주며, 음반업계와 법정분쟁을 겪고 있지만 벤처캐피털의 투자제의가 쇄도하고 있다고 한다.

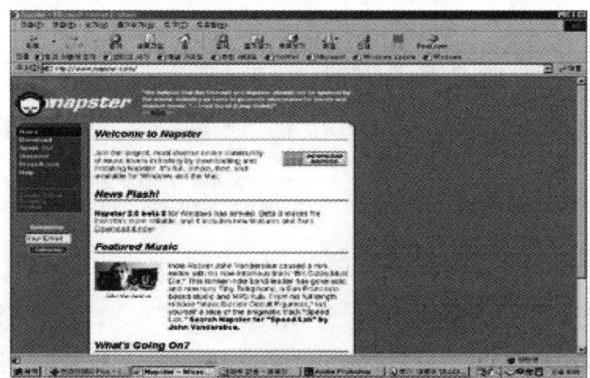

냅스터(http://www.napster.com/)

냅스터의 이용자는 현재 매월 약 500만 명으로 총 15억의 곡이 입수 가능하다고 한다. 이로 인해 저작권료를 받지 못하는 음반업계가 손실하는 이익은 2005년에는 31억 달러에 달할 것으로 예상되고 있다.

P2P의 대표적 기업으로는 미국의 '냅스터(http://www.napster.com/)'가 있고, 우리 나라에서는 '소리바다(http://www.soribada.com/)' 등이 인기를 끌고 있다.

11) People to People(P2P)

사람들을 엮어주는 전자상거래라는 의미에서 P2P로 불리는데 일반 검색엔진을 통해 원하는 정보를 얻을 수 없을 경우 해당 주제에 대해서 그 분야 전문가들을 연결해 정보를 제공하는 1 대 1 '맞춤형' 검색서비스 비즈니스

〈도표 5-1〉 e-비즈니스 거래 형태

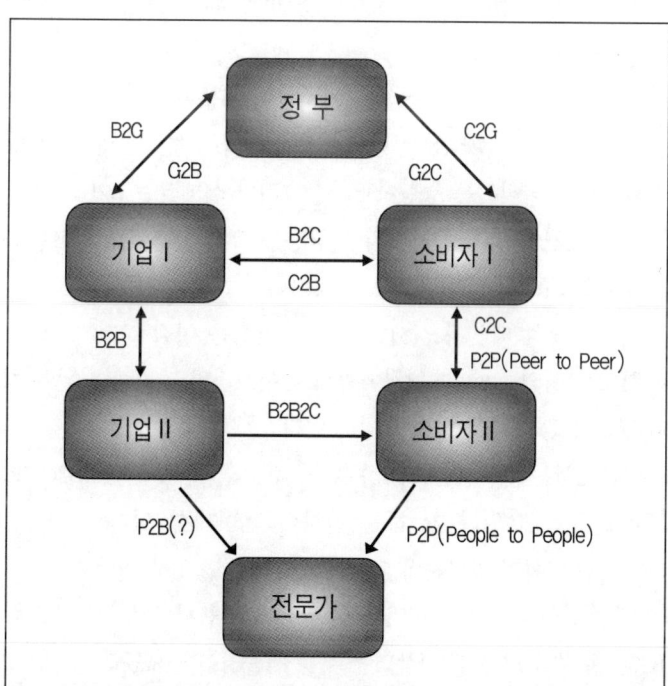

B : Business, G : Government, C : Consumer

이다. 궁극적으로는 전 세계의 모든 사람들이 정보의 수요자와 공급자가 될 수 있기에 인터넷을 활용한 진정한 글로벌 비즈니스여서 P2P의 잠재력은 매우 높다고 하겠다.

대표적으로는 미국의 '엑스프(http://www.exp.com/)', '인포마켓츠(http://www.infomarkets.com/)', '킨(http://www.keen.com/)', '애스크미(http://www.askme.com/)' 등을 들 수 있다.

주요 모델의 시장환경

매스 미디어 등에서 빈번하게 거론되고 있는 것이 아마존, CDNow 등 B2C 모델의 인터넷 기업이다. 그 이유는 이런 기업들이 판매하고 있는 것이 일반 소비자들에게 이미 친숙한 상품인 동시에 지금까지 무명기업이었다는 점이고, 그로 인해 성공 스토리(Success Story)로서 화제성을 가지고 있어 매스 미디어가 기사화하는 데 좋은 취재거리이기 때문이다.

다음으로 B2B는 그 성격상 일반인과 접촉하거나 눈에 띄는 경우가 적기 때문에 화제성이 떨어지는 경향이 있다. 그러나 실제로는 B2B 모델이 B2C 모델에 비해 훨씬 시장경제에 미치는 영향은 크고 앞으로도 B2B형 e-비즈니스는 더욱 그 규모를 키워나가게 될 것이다.

C2C는 그 특수성 때문에 경제에 미치는 영향은 아직 그다지 크지 않다. 그러나 경매 분야의 ebay나 역경매의 프라이스라인과 같이 나날이 성장하고 있어 앞으로 많은 주목을 받게 될 것이다.

근래 미국에서는 "인터넷기업의 생존을 쥐고 있는 것은 'B2B2C'형의 비즈니스모델 구축에 있다"고 하는 인식이 높아가고 있다. 그러나 아직 B2B2C에 관한 명확한 정의는 없다.

다만, 델 컴퓨터와 같이 소비자가 델 컴퓨터의 웹사이트에서 상품을 주문하면(B2C), 주문을 받은 델 컴퓨터는 부품 서플라이어(Supplier)와도 정보를 교환(B2B)하여 신속히 PC를 조립하여 납품하는 형태가 B2B2C의 첫 번째 형태이다. 두 번째 형태는 기업이 B2C 전자상거래를 통해 획득한 노하우를 B2B 전자상거래에도 적용하는 것이다. ebay와 Yahoo 등과 같이 B2C 경매 사이트로 성공한 기업이 B2B 경매 사이트에 진출한 사례라 하겠다.

나아가 인터넷 비즈니스에 있어서는 벤처기업이 가령 뛰어난 기술과 노하우를 가지고 있다고 해도 결국은 브랜드 파워(Brand Power)와 자금력 면에서 앞선 기존 대기업이 경쟁에서 승리하는 경우가 적지 않다.

그에 따라 B2B2C형 기업은 수익실현이 빠르고 주식시장으로부터 평가를 얻기 쉬운 모델이다. 그 이유는 고객기업의 높은 브랜드력과 데이터베이스 등의 인프라스트럭처를 활용할 수 있고, 해당 기업으로부터 확실하게 수익을 취할 수 있다는 배경 때문이다.

한편으로 P2P(Peer to Peer)는 정보검색 분야뿐만 아니라 전자상거래, 파일공유(MP3, 비디오), 음악방송 등에 획기적인 변화를 몰고 올 것으로 기대되고 있다. 현재 투자자들이 가장 주목하고 있는 변화는 중간상의 소멸이다. 인터넷의 등장으로 이미 오프라인에서는 수많은 중간상인들의 설 자리가 없어지고 있지만, P2P는 이들을 몰아낸 인터넷 중개상들마저 사라지게 할 것이라는 전망이다.

예를 들어, ebay와 같은 인터넷 경매기업을 통해 거래를 하던 이용자들이 더 이상 이러한 기업을 거치지 않고 이용자만의 시장을 형성할 가능성이 있다. 즉 자신의 PC에 판매목록과 가격 등을 저장해두면 P2P로 연결된 수많은 이용자들끼리 경매를 하게 됨으로써 수수료를 요구하는 중개상은 필요 없게 된다는 논리이다.

이러한 P2P의 잠재력 때문에 2000년 10월 말 그 대표주자인 냅스터와 음반회사 베르텔스만이 전략적 제휴를 맺음으로써 대형 음반사들을 놀라게 했다. 한마디로 '적과의 동침'에 들어간 것이다.

베르텔스만은 3,800만 명이 이용하는 냅스터 서비스를 유료로 전환하고 그 수익의 일부를 아티스트, 작곡가, 음반사 등에 분배하기 위한 서비스 구축 자금으로 냅스터에 5,000만 달러를 융자하기로 했다. 그 밖에도 냅스터는 월 4.95달러의 이용료 부과를 검토하고 있다. 그리고 유료 서비스가 개시되면 베르텔스만의 음악사업부 BMG는 냅스터 소송에서 발을 뺄 계획이라고 한다.

양 사의 이번 합의는 냅스터를 둘러싼 분쟁에서 하나의 거대한 분기점을 예고하고 있다. 400억 달러의 시장규모를 가지고 있는 음반업계는 온라인 파일교환 방식을 CD 판매시장에 대한 위협으로 여겨왔으나, 냅스터는 이번 합의로 최소한 음반업계의 한 거물로부터 허락을 받은 셈이다.

(Coffee Break) 베르텔스만, 냅스터의 전략 제휴와 그 영향

음악 파일의 공유 서비스로서 알려진 냅스터와 그 냅스터를 저작권 침해로 소송을 제기하고 있는 대형 음반회사 BMG 엔터테인먼트의 모회사에 해당하는 베르텔스만이 이 번에 전략 제휴를 맺어 공동으로 새로운 회원제 음악 서비스 개발에 합의했다. 적대관계에서 하루아침에 전략적 제휴관계로 위치가 바뀐 것이다. 이러한 전략적 변화가 의미하는 것은 무엇인지 살펴보기로 하자.

냅스터와 저작권침해

'냅스터(http://www.napster.com/)'는 인터넷을 통해서 자사 사이트에 접속하는 유저 PC의 하드디스크에 보관된 MP3 음악 파일 일람을 표시하여, 유저가 좋아한 곡을 검색해 다른 유저의 PC로부터 자유롭게 다운로드할 수 있도록 하는 무료 서비스다.

18세의 대학생이 개발한 이 서비스는 1999년 여름 출범이래 순식간에 엄청난 숫자의 학생과 젊은 층 이용자를 확보했다.

유저는 냅스터 사이트에서 무료 배부되고 있는 전용 소프트를 PC에 다운로드 받아 이 서비스를 이용한다. 다운로드를 할 수 있는 음악 파일은 냅스터의 서버에 보관되어 있는 것이 아니라 그 때 사이트에 접속하고 있는 유저의 PC 속에 존재하며, 곡을 다운로드하는 유저의 PC와 곡을 가지고 있는 다른 유저의 PC를 'Peer to Peer'라고 하는 통신 형태로 접속하는 데 그 특징이 있다.

냅스터 사이트에 접속하고 있는 몇 만 명들이 서로 가지고 있는 음악 파일 속에서부터 좋아한 곡을 선택해 다운로드할 수 있기 때문에 중복된 것을 제외하더라도 곡의 종류는 엄청나다고 할 수 있다. 이 점이 유저가 가지는 냅스터의 최대 매력이다.

그러나 냅스터에는 합법적인 음악 파일과 불법 복사를 식별하는 구조가 없기 때문에 한 사람의 유저가 불법 복사를 소유하고 있으면 곧바로 그것이 다른 많은 유저에게 퍼져 버린다.

이 때문에 BMG를 포함한 대형 음반회사 5사(BMG, 소니, EMI, 유니버설, 워너)를 대표하는 업계 단체의 RIAA(Record Industry Association of America)는 냅스터가 불법 복사의 유통을 촉진시켜, 음악 저작권 보유자에게 손해를 끼치고 있다고 하면서 1999년 12월 소송을 제기했다. 2000년 7월에 미연방 지방법원이 냅스터에 서비스 정지의 잠정 조치를 명령했지만, 공소로 인해 서비스 정지가 타당한지 여부를 공소재판이 판단하는 기간 동안에 한해 명령 연기를 인정받아 지금도 간신히 서비스를 계속 제공하고 있다.

그런데 이 재판을 계기로 냅스터에 대한 관심은 더욱더 높아져 현 시점에서의 서비스 이용자 수는 전 세계적으로 3,800만 명에 달한다고 한다.

공식 발표 내용

'베르텔스만(http://www.bertelsmann.com)'과 냅스터의 발표에 따르면, 새로 개발하는 회원제 서비스는 냅스터의 기존 구조를 바탕으로 한 높은 품질의 파일 공유 시스템 제공과 아티스트나 음반회사 등의 권리보유자에게 대한 권리료 지불을 동시에 실현하는 비즈니스 모델을 목표로 한다고 했다. 개발자금은 베르텔스만의 EC부문인 BeCG가 지원(융자)하는 대신에 BeCG는 냅스터의 신규발행 전환사채를 받기로 했다(베르텔스만은 냅스터에 5,000만 달러를 융자해, 냅스터의 주식 58%를 입수하는 권리를 가지게 되었다).

또 새로운 서비스의 개발, 도입이 의도대로 잘 진행된다면, BMG는 냅스터에 대한 소송을 철회하고 BMG의 악곡을 이 서비스를 통해 제공할 예정이며 다른 음반회사 등에도 개발 과정에 대한 참여나 서비스 이용을 추천해 갈 방침이다.

새로운 서비스 내용은 불명

양 사의 공식 발표는 위와 같은 내용을 담고 있지만, 각종 보도에 따르면, 냅스터의 CEO는 미디어전용 설명회 석상에서 새로운 서비스는 종전과 같이 무료 부분과 월 4.95달러 정도의 유료 부분으로 나누어지게 될 것이라고 했다고 한다. 또 새로운 서비스는 베르텔스만이 2000년 9월에 매수한 'CDNow(http://www.cdnow.com)'와 링크하여 음악 파일뿐만 아니라 비디오 등의 디지털 컨텐츠도 다운로드할 수 있도록 한다고 한다.

그러나 '불법 복사를 구별하는 구조를 어떻게 만들 것인가' 하는 부분에 대해서는 그다지 구체적인 언급이 없어 이 부분이 가장 주목을 받고 있다.

베르텔스만과 냅스터의 목적

냅스터는 인터넷과 MP3의 등장으로 인해 이미 전환기를 맞이하고 있던 음반 유통의 변화를 한층 더 가속화시키는 역할을 하고 있다.

냅스터에 대한 대형 음반회사의 소송은 음악 저작권에 관한 원칙을 결정한다고 하는 점에서 많은 의미가 있다. 그러나 음반 업계가 신중히 고려해야 할 점은 냅스터의 서비스를 수천만의 유저들이 강력하게 지지하고 있다는 것이다. 소송이 결과적으로 냅스터의 숨통을 끊는다면, 음반 업계로서는 오히려 손해를 보게 될 것이다. 왜냐하면, 소비자의 지지를 받는 냅스터를 말살하는 것은 고객의 의견을 무시하는 것과 똑같기 때문이다. 또 기술혁신을 통한 비즈니스 변화에 등을 돌리는 것도 현명한 대책이 아니라고 하겠다.

베르텔스만은 이상과 같은 입장에 서서 냅스터와 적대관계를 가지기

보다는 손을 잡고 자신의 산하에 두는 편이 유리하다고 판단했다. 흔히 인용되는 영어 속담 가운데에 '이길 수 없는 적은 끌어들여라(If you can't beat them, join them)'는 것이 있는데, 베르텔스만은 이러한 원칙을 철저히 실천하고 있는 셈이다. 한편, 냅스터에게 있어 베르텔스만과의 제휴는 스스로의 생존을 위한 필요 불가결한 선택이라 할 수 있다.

향후 움직임

베르텔스만과 냅스터의 새로운 서비스의 성공 여부를 좌우하는 열쇠를 쥐고 있는 것은 냅스터의 유저와 대형 음반회사인 것만은 틀림이 없다.

먼저, 지금까지 무료로 서비스를 이용해 온 유저가 유료의 신서비스를 이용할지의 여부는 전적으로 새로운 서비스의 매력 여하에 달려 있다.

유저에게 있어 냅스터의 매력은 단지 무료라는 것만이 아니다. 다양한 유저가 모여 커뮤니티가 만들어 내는 엄청난 종류의 음악 파일과 그곳에 가면 인터넷을 검색하지 않아도 좋아한 곡을 간단히 입수할 수 있다는 편리성에 있다. 나아가 누군가와 같은 시간에 사이트에 접속하면서 발생하는 우연한 곡과의 만남, 곡을 스스로 발굴한다는 측면, 채팅 기능을 통한 유저간의 커뮤니케이션도 무시할 수 없는 매력이다.

베르텔스만과의 제휴로 인해 냅스터가 지금까지와 같이 완전히 자유롭게 파일 공유 서비스로서 존재한다는 것은 사실상 어려워질 것이다. 자유롭고 무료라고 하는 가치에 중점을 두는 유저 가운데에는 이번 양사의 제휴를 비난하는 소리도 높다.

그러나 이러한 유저를 어떻게 이해시킬 수 있을지는 풍부한 곡과 편리성, 우연한 만남, 발굴과 같은 매력적인 요소를 새로운 서비스에 얼마나 도입할 수 있을 지에 달려 있다고 하겠다.

또 하나의 열쇠는 베르텔스만과 냅스터가 개발하는 새로운 서비스에 다른 대형 음반회사가 곡을 제공할지의 여부다. 타사의 참여가 없다면, 제공할 수 있는 곡의 범위는 한정되어 있어 유저에게는 매력 없는 서비스로 전락하게 된다. 그러나 베르텔스만이 과반수 주주로서 컨트롤하는 서비스에 그대로 타사가 참여한다고는 생각하기 어렵다. 베르텔스만은 서비스를 상세히 검토한 후, 자본 참여를 포함한 여러 조건으로 타사와의 교섭에 임할 필요가 있을 것이다.

마지막으로 냅스터에 대한 BMG의 소송을 철회하는 것은 새로운 서비스가 제대로 개발, 도입될 경우에 한정된다. 게다가 BMG의 소송이 철회된다고 해도 소송을 하고 있는 5사 가운데 1사와 화해가 성립하는 것에 지나지 않는다. 베르텔스만이라고 하는 아군을 얻었다고는 하지만, 언제 연방 공소재판소가 다시 서비스 정지 판결을 내릴지도 모르는 상태여서 불안정한 냅스터의 입장은 당분간 계속될 것이다.

2. e-비즈니스 전망

 형태별 시장 규모

Forrester Research는 1999년 전 세계 'B2C' 시장이 200억 달러, 'B2B' 시장은 1,100억 달러이었으나, 2003년에는 'B2C' 시장이 1,100억 달러의 증가에 그치는 반면, 'B2B' 시장은 무려 1조 3,300억 달러 이상에 달할 것으로 전망하고 있다.

주지하는 바와 같이 B2B보다 이미 우리 실생활에서는 B2C라는 개념이 먼저 자리를 차지하고 있다. B2C는 우리가 흔히 이용하고 있는 전자상거래를 의미한다. 이 같은 기업과 소비자간의 거래 단계를 뛰어 넘어 이제 기업과 기업간 거래가 전자상거래의 핵심으로 등장하고 있는 것이다.

B2B는 인터넷상의 '준완전경쟁시장'에서 구매와 입찰이 이루어지는 만큼 '최적 거래'로 원가비용을 줄일 수 있어 2000년대 기업의 새로운 트렌드로 자리를 잡을 것으로 예상된다.

이러한 전자상거래의 정착은 소비자와 소비자간의 직접거래 C2C라고 하는 새로운 영역도 시장의 확대를 가져오게 될 것이다. 실제로 C2C의 대표적 모델인 경매(Auction)는 현재 시장에서 최고의 인기모델이기도 하다.

한편, 일반소비자를 대상으로 하는 전자상거래(B2C)는 그다지 확대되지 않을 것이라는 관측도 있다. 그 이유는 한국이나 일본의 경우 미국보다 신용카드의 보급(활용)이 뒤떨어지고 있으며, 개인정보의 누출에 대한 불안도 존재하기 때문이다. 전자상거래가 정착되도록 하기 위한 핵심적 과제는 시장참가자들의 불안감을 해소하는 것이다. 개인의 정보가 철저히 보호되고, 주문한 대로 물건을 받을 수 있다(인증 문제)는 신뢰 확보가 필수적이다. 화폐경제가 경제주체들 사이에 신용(Trust)을 바탕으로 자리를 잡았듯이 전자상거래에서는 그것이 더욱 강조되고 있다.

<도표 5-2> B2C 및 B2B 시장규모

○ 세계

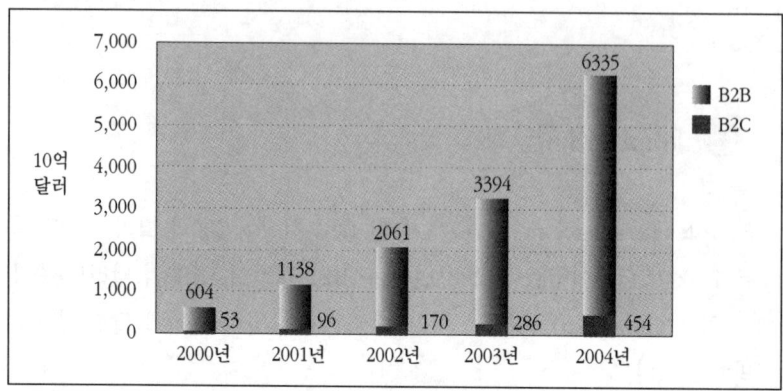

○ 한국

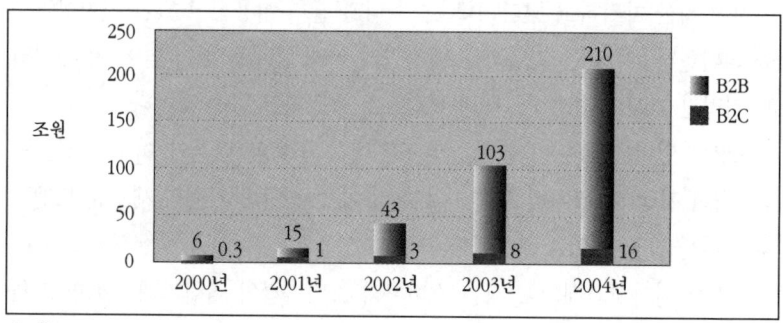

출전) Forrester Research.

인프라스트럭처

미국의 시장조사기관인 Enamics(1999. 12. 28.)은 온라인 소매기업들의 주문 처리 지연, 공급망 인프라스트럭처 취약, 마케팅 및 고객 서비스 수준에 대해 불만을 표시하는 소비자들이 급속히 늘어나고 있다고 지적하고 있다. 주문만 인터넷으로 받는 '수공업식 전자상거래'는 곤란하다는 말이다.

Enamics에 따르면, 인터넷을 통해서만 상품을 판매하는 온라인 소매상들 가운데 주문된 상품을 약속된 기일 안에 배달한 사례는 전체의 65%에 그친 반면, 온라인 쇼핑 서비스를 병행하는 재래식 소매상들은 전체 주문의 80%를 약속된 날짜에 배달한 것으로 나타났다.

그에 따라 효율적인 공급망을 갖추고 고객 서비스를 향상시키는 것이 향후의 온라인 소매기업의 가장 중요한 과제로 부상하고 있으며, 이러한 측면에서 재래식 비즈니스를 통해 인프라스트럭처를 이미 확보하고 있는 기존기업들이 유리한 고지를 선점하고 있다고 하겠다.

딜레마

우리 나라에서도 기업의 구조개혁과 자율적인 성장을 위해서는 IT 도입이 불가결하다는 주장이 많지만, 미국에서는 IT혁명의 진행에 따른 노동생산성의 향상이 오히려 지속적인 성장을 위협하는 요인이 되고 있다. 한마디로 아이러니라 하지 않을 수 없다.

생산성 향상은 같은 노동투입으로 생산할 수 있는 재화와 용역을 증가시키기 때문에 경제 전체의 공급 능력을 끌어올리게 된다. 한편으로는 재화와 용역의 단위 생산당 노동비용을 저하시킴으로써 물가억제에 많은 공헌을 하게 된다. 이것이 완전고용에 가까운 낮은 실업률에도 불구하고 미국경제가 인플레이션 없이 장기간 고도성장을 할 수 있는 요인인 것이다.

이와 같은 생산성 향상과 그것이 장래에도 계속될 것이라고 하는 낙관론이 장기적인 기업수익에 대한 기대를 높여 주식가치를 급속히 상승시켰다. 그러나 높은 주가는 소득 향상 이상으로 소비 확대로 이어지게 마련이다. 게다가 생산성 향상은 공급 이상으로 수요를 증가시킴으로써 수요의 불균형을 확대시키는 리스크를 동반하고 있는 것이다.

닷컴기업의 존망

Forrester Research는 〈닷컴(.com) 소매점의 사망(2000. 4. 13.)〉이란 제목의 보고서를 통해 취약한 재정과 치열한 경쟁, 벤처자본의 이탈 등으로 소형 닷컴 소매기업이 대부분 도산할 것이라는 비관적인 예측을 내놓았다. 전자상거래 업계에서는 닷컴 소매기업의 도태과정이 이미 시작된 것으로 보고 있으며 현재 영업하고 있는 3만여 기업 가운데 2만 5,000여 개가 도산될 것이란 전망이 나오고 있는 상황이다.

Forrester Research는 소규모 닷컴기업의 도산과 재편이 3단계로 이뤄질 것으로 전망하고 있다. 우선 인터넷 초기에 책이나 소프트웨어, 꽃 등을 판매해 나름대로 성공을 거두어온 소규모기업들이 이미 성장둔화 상태에 있어 2000년 가을 무렵 가장 먼저 정리되고, 그 다음으로 애완용품이나 장난감, 가전제품 등 차별성이 없는 상품을 박리로 판매해온 기업들이 2000년 연말 크리스마스 쇼핑시즌 이전에 붕괴될 것으로 예측했다. 그 외에 의류나 가구 등 유명 패션상품을 판매하는 기업들은 2002년 이전에 도산의 대열에 합류할 것으로 예고했다.

실제로 자산 가치 3억 달러를 상회하던 유럽 제일의 인터넷 의류 소매상인 'boo.com'이 설립 6개월 만에 도산한 것이나, 헐리우드 영화를 판매하는 온라인 비디오 상점인 'reel.com'이 'buy.com'에 매수당한 것 등이 그 대표적 예라 할 수 있다.

반면, 현실세계의 매장을 갖고 인터넷 소매업을 병행하는 이른바 '클릭&모르타르(Click & Mortar)' 업체들은 고객이나 상품 공급기업 확보 등에서 유리한 고지를 점령해 인터넷에만 의존하는 기업과는 반대로 경쟁력이 오히려 더 강화될 것으로 전망하고 있다.

제 5 장 e-비즈니스 패턴과 경향   183

〈도표 5-3〉 최근 도산·철수한 닷컴기업

닷컴	사업 도메인	해고인력(명)
boo.com	의류 소매	400
petstore.com	애완동물 소매	200
reel.com	헐리우드 영화 소매	200
digital	10대들을 위한 엔터테인먼트	200
toysmart.com	장난감 소매	170
APBNewa.com	범죄 관련 뉴스 제공	140
programs.lnc	자연식품 소매	111

출전) http://www.seriecon.seri21.org/

3. B2C

 B2C의 의미

이미 앞에서 살펴본 바와 같이 B2C 형태의 전자상거래란 아마존, CDNow 등의 기업이 직접 일반소비자를 대상으로 상품을 판매하는 리테일

〈도표 5-4〉 거래 종류에 따른 B2C 시장규모

(단위 : 100만 달러)

업종(B2C)	1995 ~ 1997년	2000 ~ 2002년
의류	46	322
선물·꽃	45	658
서적	109	2,200
여행	276	8,600
채소	767	6,600
식품·음료	39	336
직물	18	1,900
엔터테인먼트	298	1,920
예약	52	1,700
온라인 구독	120	966
온라인 잡지	1	15
성인 용품	137	296
음반	13	1,200
온라인 게임	127	1,013
온라인 도박	160	8,600
주식	628	2,200
보험	39	1,110
금융서비스	1,200	5,000
합 계	4,075	44,638

(소매) 비즈니스 형태를 가리킨다.

근래 e-비즈니스를 시작하려고 하는 예비 창업자의 대부분이 이 B2C 형태의 전자상거래를 염두에 두고 있다. 인터넷의 보급과 전자상거래 관련 기술의 발달은 지금까지 문턱이 높았던 '창업', 즉 뚜렷한 기업가 정신을 가지고, 일정 규모의 자금을 가진 사람만이 실천에 옮기던 것을 일반인들이 소규모의 자본력을 바탕으로 삼아 아이디어와 기술만으로도 창업 가능한 기회를 제공하고 있다.

B2C 형태의 전자상거래가 가져오는 가치는 지금까지 상품 유통에 있어 몇 단계(중간업자)를 거치던 것을 생략, 즉 그 유통 단계를 스키프(Skip)함으로써 대폭적인 비용절감과 시간단축을 실현, 소비자에게 그 메리트를 환원할 수 있게 되었다.

델 컴퓨터와 같이 소비자와 직접 거래하는 비즈니스모델은 소비자의 절대적인 지지를 받아 하루에 500만 달러 이상의 매출액을 올리기에 이르렀다.

재고비용

B2C 형태의 전자상거래는 재고를 물리적으로는 보유하지 않으면서, 한편으로 가상에서는 물리적인 세계에서는 생각할 수 없을 정도의 재고를 가질 수 있도록 하였다. 지금까지 소매업은 항상 재고를 핵심으로 성립되어 왔다. 소비자의 요구(Needs)를 만족시키기 위해 다양한 상품을 갖추고 또 상품 판매의 기회를 놓치지 않기 위해 항상 재고를 보유하고 있었다. 그 한편으로는 불량 재고로 인해 유동성에 부담을 주지 않도록 하는 노력 또한 게을리 하지 않았다. 다시 말해, 소매업은 재고를 어느 정도 능숙하게 관리하느냐가 성공의 키워드였다.

이상적인 소매업은 소비자가 원하는 상품을 필요한 만큼만 재고로 보유하고 그것을 적절히 관리하면서 판매로 이어지게 하는 것이다. 그러나 완벽하게 수요 예측을 한다는 것은 불가능하다. 그로 인해 재고 보유는 불가피한 것이고, 이러한 재고 리스크는 결국 소비자의 판매가격에 반영되었다.

백화점을 예로 들어 설명해 보자. 백화점 사업이 성공하기 위해서는 그 입지(Location)와 매장 면적, 그리고 상품구비 등이 중요하다. 그러나 다시 한 번 생각해 보면 입지가 좋다는 것은 당연히 지가가 높다는 것을 의미한다. 또 매장 면적이 넓다면 역시 그만큼 고액의 부동산 비용이 필요해진다. 넓은 매장에서 고객을 접하지 않으면 안 되기 때문에 점원도 다수이어야 한다. 그리고 다양한 상품 구비로 인해 재고 부담이 증가하게 된다. 다만, 상품을 대량 매입함으로서 매입비용의 절감이라고 하는 장점도 있기는 하다.

위에서 나열한 사항들만으로도 백화점에서 판매되고 있는 상품이 그 제조가격(원가)으로부터 얼마나 비용이 추가되고 있는지 예상할 수 있을 것이다. 실제로는 상품 유통 단계를 경유함으로서 이러한 비용은 더욱 추가되게 된다.

 EC와 재고

위와 같은 과정들이 인터넷이라면 어떻게 될까? 입지 문제는 전자상거래의 경우 그다지 중요하지 않다. 오히려 URL 어드레스를 어떻게 소비자에게 인식시킬까 하는 것이 더욱 중요하다. 매장 면적 역시 네트워크상이기 때문에 인터넷 서비스 프로바이드의 서버 스페이스(Space)만 필요하게 된다. 금액으로 하면, 미국의 경우 월 20달러로 5MB 정도의 스페이스를 할당받을 수 있다. 많은 서버 스페이스를 필요로 하는 경우라도 물리적인 세계에서의 스페이스와 비교하면 무료나 마찬가지라 할 수 있다.

그리고 재고의 경우는 기본적으로 제로(0), 거의 재고를 보유하는 일없이 비즈니스를 수행할 수 있다. 물리적인 재고 대신에 상품 사진과 상세 설명, 가격표 등의 정보만 있으면 충분하기 때문에 취급하는 상품 종류는 방대한 수에 달하게 된다. 또 실제 상품은 제조사 혹은 도매상에 보관되기 때문에 해당 인터넷 기업이 스스로 재고를 보유할 이유가 없게 된다.

다시 말하면, 오프라인의 백화점과 비교하여 전자상거래는 판매비용을 매우 낮게 설정할 수 있다는 것을 의미하며, 그것을 소비자에게 환원하는, 즉 저렴한 가격으로 상품을 소비자에게 제공할 수가 있게 되는 것이다.

맞춤화

전자상거래의 장점 가운데 하나가 1일 24시간, 1년 365일 오픈되어 있어 고객 지원(Customer Support)이 언제나 가능한 체제를 갖추고 있다는 것이다. 고객이 상품을 구입하고자 할 때, 또 지원을 필요로 할 때 언제라도 대응할 수 있는 체제를 확립함으로서 고객과의 신뢰를 쌓게 된다.

이른바 마케팅의 관점에서 보게 되면, 'One to One Marketing(1 대 1 마케팅)', 'Marketing to One(개인에 대한 마케팅)'이 가능하게 되는 것이다.

지금까지의 마케팅은 다수(Mass)가 그 대상이었으며 그 도구(Tool)도 TV와 라디오, 신문, 잡지라고 하는 매스 미디어가 주류였다. 다수(Mass)가 대상이기 때문에 전달하는 내용(정보)은 아무래도 획일화되어 각 개인의 요구에 적합한 마케팅은 곤란하였다.

현대는 개인이 더욱 중요시되는 시대여서 마케팅 수법 역시 개개인을 타깃으로 하지 않으면 안 된다. 그러나 종래의 매스 미디어는 개인 마케팅에는 적합하지 않았고 나아가 미디어를 개인 대상으로 사용하기에는 막대한 비용이 소요되어 채산성이 맞지 않았다.

웹에서의 마케팅은 개개인에 맞는 정보 제공을 가능하게 한다. 물론 그를 위해서는 사이트에 방문하는 이용자의 정보를 입수하는 것이 핵심이다. 일단 고객의 정보를 입수할 수 있게 된다면, 다양한 방법으로 사이트의 개인화(Personalization)가 가능하게 된다.

가장 간단한 것은 키워드(Key Word)를 이용하는 방식이다. 고객이 키워드를 입력 혹은 선택하고 그에 적합한 정보를 제공하는 것이다. 이것은 검색엔진 등에서 볼 수 있다. 또 하나는 사전에 룰(기준, 규칙)을 설정해 두어 그 룰에 따라 정보를 제공하는 것이다.

　개인화 서비스를 가장 성공적으로 적용한 대표적인 사이트로는 아마존을 들 수 있다. 예를 들면, 이전 '주식 투자'에 관한 책을 구입한 사람에 대해서는 다음 번 사이트를 방문할 때 '개인 자산 운용'에 관한 책을 추천한다는 것 등이다. 이러한 서비스로 인해 아마존을 이용한 고객의 58% 이상이 다시 아마존에서 서적을 구입함으로써 라이벌 반스&노블의 40%를 훨씬 뛰어넘고 있다.

<도표 5-5> 아마존의 개인화 서비스

서비스	입력자료	출력결과
Customers who bought	선택된 아이템 정보, 고객 구매데이터	연관제품 리스트(고객선호도별)
Purchase Circles	Web log, 개인 구매 데이터, Wish list, 고객 평가자료	고객군집별 선호 제품 리스트, 데이터가 갱신될 때마다 실시간 갱신
Wish list	고객의 관심분야 선택	자신 및 타인의 관심분야 검색
Deliver's	고객의 관심분야 선택(선택 리스트)	분야별 정기 제품 정보, E-메일
Book matcher	Web log, 개인 구매 데이터, Wish list, 고객 평가자료	고객군집별 선호 제품 리스트, 데이터가 갱신될 때마다 실시간 갱신

출전) 정보통신연구, 2000. 9.

제 5 장 e-비즈니스 패턴과 경향 189

4. B2B

 B2B 시장 규모

지난 1999년이 B2C 형태 전자상거래의 폭발적인 성장기였다면, 2000년은 B2C에서 B2B로 옮겨가는 B2B 형태 전자상거래의 확대기라고 하겠다. Forrester Research가 80개 미국 대기업을 대상으로 조사한 결과 93%가 2002년까지 B2B 시장에 진출한다는 계획을 밝혔다면서 현재의 B2B 시장은 "빙산의 일각"에 불과하다고 했다. 그리고 "기업들 사이에는 B2B 시장에 참여하지 않으면 살아남기 어렵다는 위기감까지 퍼지고 있다"고 지적하고 있다.

그리고 eGlobal Report의 보고서에 따르면, 2000년 말 전자상거래 매출은 2,330억 달러이고, 이 가운데 B2B 전자상거래 매출이 차지하는 비중은 79%로 3/4 이상으로 높아질 것이라고 한다.

eGlobal Report의 보고서 내용을 구체적으로 살펴보면 다음과 같다.

- ■ B2B 시장은 앞으로 급성장해 오는 2003년 매출규모는 1조 2,600억 달러, 전자상거래시장에서 차지하는 비중은 87%로 전망된다.
- ■ 오는 2003년 전세계 인터넷 사용인구는 3억 6,190만 명으로 늘어날 것이다.
- ■ 유럽과 아시아·태평양 지역의 인터넷 사용이 급격하게 늘어나면서 전 세계 인터넷 인구 가운데 미국이 차지하는 비중은 2000년 말 69%에서 2003년에는 59%로 떨어질 것이다.

한편, Merrill Lynch는 최근 "인터넷 혁명은 B2B 활성화로 인해 더욱 가속화되어 경제 전반에 걸쳐 산업혁명에 버금가는 충격과 영향을 미칠 것"이라는 내용의 보고서를 냈다. 그 보고서에 따르면, 2004년까지 B2B기업의 시가총액은 최고 8조 달러에까지 이를 것이라고 전망하고 있다. 특히, 월마트·시어스 등의 유통업체는 물론 다임러 크라이슬러· 포드 같은 구(舊)경제

핵심기업들이 속속 B2B 시장에 참여하면서 성장속도는 예측할 수 없을 정도로 빨라질 수 있다는 것이다.

B2B의 특징

B2B를 도입하면 중간상인 없이 직접 생산 기업에서 고객회사로 주문을 받아 납품을 할 수 있어 관리비를 크게 줄일 수 있다. 필요 없는 생산을 줄이고 밀려드는 수요에 재빨리 대응할 수 있기 때문에 기업 생산성도 높아진다.

B2B시장이 급속하게 성장할 수밖에 없는 이유는 기업들이 인터넷상에서 거래를 함으로써 비용과 재고를 크게 줄일 수 있고 이렇게 함으로써 국가 전체적으로도 물가 안정에 기여할 수 있기 때문이다.

그리고 B2B 전자상거래는 단위시장이 거대하기 때문에 관련 산업이 발전한다면 경제적인 파급효과는 대단히 클 것이고, 이미 안전한 결제방식이 구축되어 있으며, 소수의 고객을 대상으로 하기 때문에 B2C보다 상대적으로 마케팅 비용이 적게 들어간다는 요소 등이 장점이라 할 수 있다.

B2B 전자상거래 분류

B2B 전자상거래 관련 기업은 크게 4가지로 나뉘어진다.

■ 인터넷 조달
■ 인터넷 판매
■ e-Market Place
■ 솔루션과 인프라스트럭처 제공

■ 인터넷 조달

인터넷 조달이란 인터넷을 활용하여 필요한 원자재나 부품을 조달하는 것으로 신규 거래처를 개척하여 원자재와 부품 비용을 절감하는 것이다. 조달품목이 많은 자동차와 전기 등 조립형 제조업의 대기업이 많이 이용하고 있다. 종래는 수·발주 데이터의 교환은 EDI(전자데이터 교환)로 이루어지는 경우가 많았으나, 전자상거래에서는 수·발주(주문)뿐만 아니라 요구사양의 제시와 견적서 등 조달에 관한 모든 업무를 전자화할 수 있게 된다. 또 EDI는 비용과 운용체제 등의 측면에서 모든 중소기업에까지 보급되지 않았지만, 인터넷을 통해 이루어지는 전자상거래라면 중소기업의 참가도 훨씬 쉬워진다.

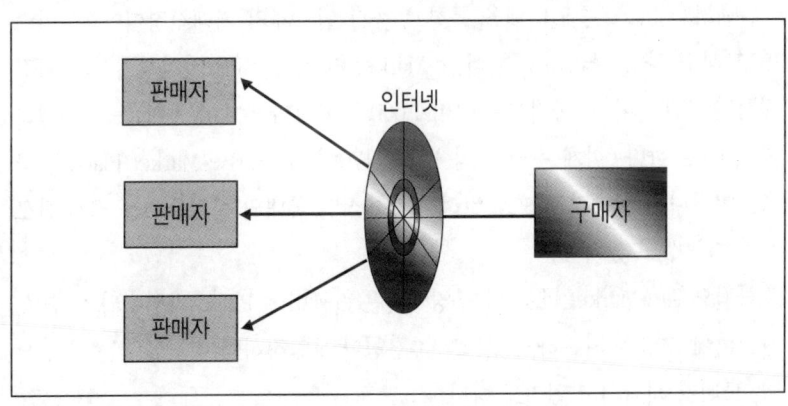

〈도표 5-6〉 인터넷 조달

■ 인터넷 판매

인터넷 판매는 인터넷을 사용하여 상품을 판매하는 것으로 영업담당자의 인건비와 점포 등에 필요한 비용을 삭감하고, 새로운 판매처를 획득함으로서 매출액을 증가시키는 효과가 있다. 사무용품이나 PC와 같이 비교적 표준화하기 쉬운 상품을 취급하는 산업으로 급속히 확대되고 있다. 고객으로부터의 주문을 인터넷으로 받아 데이터베이스로 관리함으로써 발주에서 구매에 이르기까지 모든 업무를 효율화할 수 있다는 장점도 있다.

〈도표 5-7〉 인터넷 판매

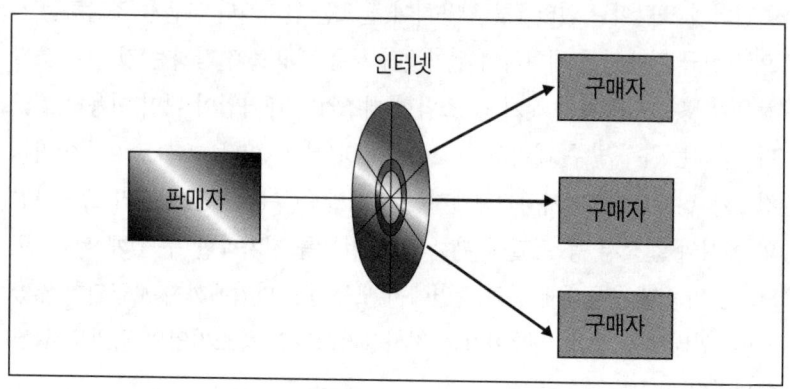

■ e-Market Place

e-Market Place는 인터넷을 통한 부품과 원자재의 거래시장이어서 '인터넷 거래소'라고 불리기도 한다. e-Market Place는 B2B 전자상거래의 가장 진화된 형태이며, 미국에서는 이미 1,000개 이상의 e-Market Place가 존재하고 있다고 한다. 현재 우리 나라에서도 170여 개 B2B e-Market Place가 구축중이거나 추진중인 것으로 알려져 폐쇄적인 국내의 산업구조를 크게 변모시킬 가능성도 있다.

한편으로 e-Market Place의 운영기업은 e-Market Place 가입비와 수수료, 광고비에 수입을 의존하고 있으므로 경영이 불안정하여 미국에서는 이미 선별, 도태가 시작되고 있기도 하다.

■ 솔루션과 인프라스트럭처 제공

솔루션과 인프라스트럭처의 제공이라는 것은 B2B 전자상거래에 필요한 소프트웨어와 하드웨어를 제공하는 기업의 비즈니스모델이라 하겠다. B2B 전자상거래 시장 초기에는 IT 솔루션에 대한 수요가 클 것으로 보이고, 시간이 흐름에 따라 가상시장을 주도하는 기업의 비중이 커질 것으로 보인다.

B2B 전자상거래에 필요한 시스템을 설치하는 IT 솔루션 제공업은 B2B 솔루션, ERP(전사적자원관리), 그룹웨어 시스템 통합업체를 비롯해 안전한

<도표 5-8> e-Market Place와 솔루션 제공

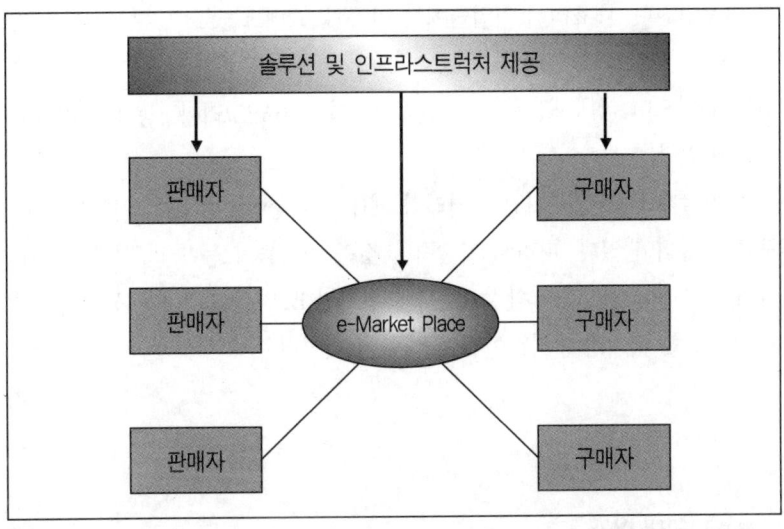

<도표 5-9> 2004년 B2B시장 내역

(단위 : %)

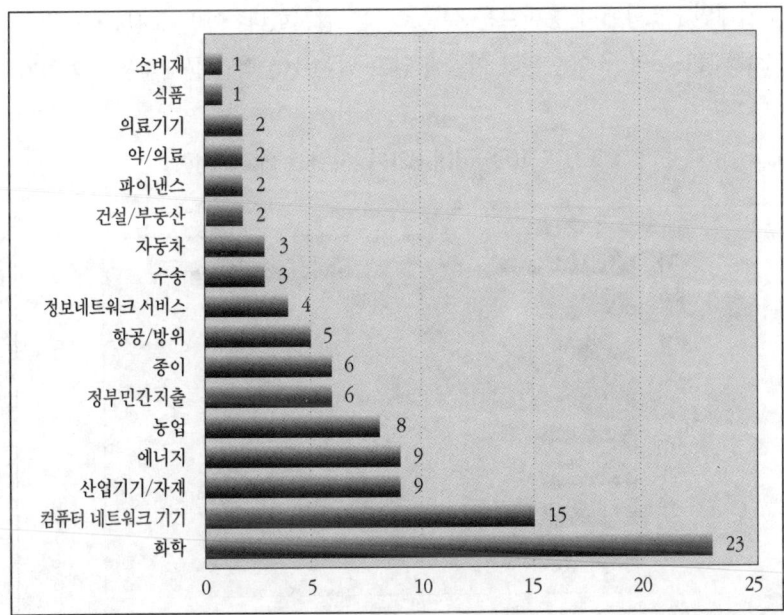

출전) Forrester Research.

B2B거래를 위한 보안솔루션, 전자자금이체 솔루션까지 포함해 다양한 분야로 이루어진다. 대표적인 기업들에는 미국의 'i2테크놀로지', '아리바', '커머스원', '오라클', '인터샵', '브로드비전', '마이크로스트레티지' 같은 기업들이 있으며 국내시장에서는 '한국오라클', 'SAP코리아' 등 외국기업이 진출해 있다.

현재 국내 IT 솔루션기업은 거래가 제대로 이루어지지 않는 기업들로 대부분 구성되어 있다. 따라서 기술력을 갖춘 기업들이 등록 및 상장을 하고 국내 B2B 전자상거래가 활발해진다면 장기간 B2B 관련 IT 솔루션기업들이 각광을 받는 시기가 머지않아 도래하게 될 것이다.

국내 현황

1999년부터 앞다퉈 설립된 국내 e-Market Place의 현황에 대해 근래 전자상거래연구조합에서 흥미로운 설문조사를 실시했다. 이번 조사는 국내 e-Market Place의 구축 현황과 이들이 안고 있는 현실적인 문제점을 파악하기

〈도표 5-10〉 국내 B2B e-Market Place 현황

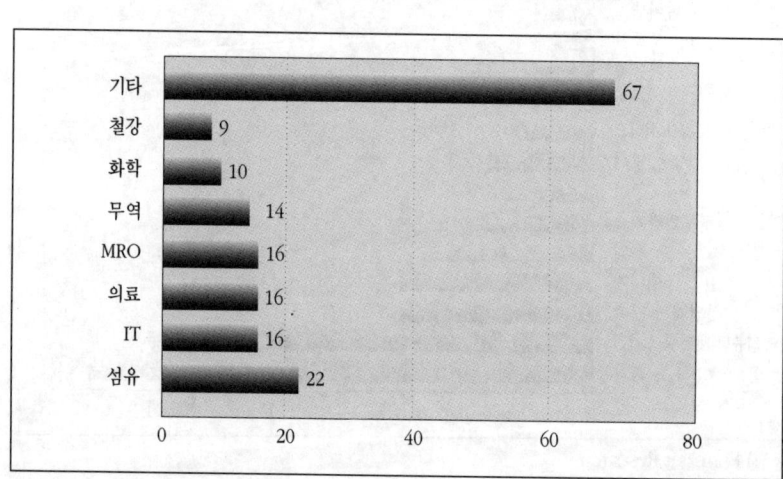

위해 131개 e-Market Place를 대상으로 실시하였다.

조사결과에 따르면, 그 동안 기업마다 e-비즈니스 기득권 확보 차원에서 단독으로 추진하던 e-Market Place가 기업간 협조체계로 바뀌고 있으며, e-Market Place에 대한 환상도 현실적인 분위기로 바뀌고 있음을 지적하고 있다. e-Market Place만 열어 놓으면 e-비즈니스가 자연스럽게 이루어질 것이라는 사고는 시대착오였음을 깨닫게 된 것이다.

그리고 e-Market Place 경영자들이 판단, 지적하고 있는 가장 중요한 성공 요소는 사업 모델의 차별화이다. 독특하고 독자적인 사업 모델은 온라인, 오프라인을 막론하고 최우선시되는 요소라는 점에서 일맥 상통하고 있다. 그밖에 신규고객 확보, 제품 서비스 경쟁력 유지, 다양한 부가서비스가 e-Market Place의 주요 성공요인이라고 지적하고 있다.

(Coffee Break) MRO

B2B에서 주요 거래품목으로 언급되는 'MRO'란 유지(Maintenance), 보수(Repair) 및 운영(Operation)의 약자이다. 기업의 직접적인 생산 활동에 들어가는 것은 아니지만, 원활한 사업 운영을 위해 반드시 조달해야 하는 물품들을 말한다.

예를 들면, 복사지·프린터 토너·필기구 등 사무용품부터 기업 내의 각종 설비와 장비의 정비를 위한 공구, 기계 부품까지 수많은 종류의 제품으로서 일종의 소모품인 것이다. AMR Research에 따르면, 기업이 지출하는 비용 가운데 MRO가 차지하는 비중은 약 38%라고 한다.

MRO의 개념은 최근 B2B 기업들이 잇따라 MRO 사이트를 설립하면서 주목받고 있다. 철강, 화학제품, 섬유 등 다른 B2B 사이트는 해당 분야의 기업만을 대상으로 하지만, MRO 사이트는 모든 기업에 적용할 수 있어 시장이 빠르게 성장할 가능성이 있다. 또 상대적으로 제품의 규격과 기준을 간편하게 규정해 줄 수 있는 장점도 있다.

이에 따라 MRO 용품은 온라인 거래에 가장 적합한 품목으로 평가받고 있으며, 실제 B2B 기업들도 앞다투어 관련 사이트 구축에 나서고 있다. 다른 B2B 거래 품목과 마찬가지로 인터넷을 통한 MRO 조달 역시 기업의 비용을 절감하고 구매과정의 효율을 높이는 효과를 가져오게 된다.

5. 사례연구

 B2B 심층분석

1) B2B의 출현

　e-비즈니스를 둘러싸고 있는 환경은 현재 급속히 변화하기 시작했다. 미국에서는 인터넷상에서의 기업간 거래를 중개하는 인터넷 벤처기업들이 주목을 받아 시장의 관심은 소비자 거래를 중심으로 하는 B2C에서 기업간 거래를 중심으로 하는 B2B로 이동하고 있다.

　"B2C is not, B2B is hot."이란 말이 현재 인터넷 비즈니스의 흐름과 분위기를 잘 대변하고 있다고 하겠다.

　Forrester Research는 2003년 미국의 B2B 거래 시장규모를 1조 3,308억 달러에 달할 것으로 예상하고 있다. 그리고 같은 시기 소비자를 대상으로 하는 B2C의 시장규모는 1,080억 달러로 예측하고 있는데, 그 차이는 실로 10배 이상에 달하고 있다.

　미국에서는 지난 1999년부터 2000년, 그리고 현재도 인터넷 혁명을 통한 '신경제(New Economy)' 대두론이 유행하고 있다. 신경제라는 것은 인터넷 혁명의 진전에 의한 새로운 경제성장모델이지만, 이것을 가지고 컴퓨터, 인터넷 등 IT 관련의 하이테크산업만이 21세기의 경제를 이끌고 있다는 사고가 정착되고 있다.

　그러나 진정으로 그럴까? 원래 인터넷의 폭발적인 보급에 의해 가져온 인터넷 혁명의 본질은 미래학자 앨빈 토플러(Alvin Toffler)가 말하는 "제3의 혁명"이다. 즉 기원 전에 있었던 농업화, 19세기부터 20세기에 있었던 공업화의 물결에 이어 '정보화의 물결'이 21세기의 사회구조와 가치관을 뒤엎는 사고의 변화라 하겠다.

　그렇다면 향후 21세기에 걸쳐 더욱 성장하게 될 인터넷 혁명은 다양한 산업과 수많은 기업에 영향을 미치게 될 것이다. 인터넷 혁명은 구경제 산업에도 파급, 철강산업과 자동차산업·화학산업 등 이른바 'Old Economy' 산업도 인터넷 혁명에 적극적으로 참여하지 않으면 안 된다. 21세기는 그것이 가능한 기업만이 시장에서 생존하게 되어 어떤 의미에서는 매우 냉혹한 시대의 도래라 하겠다.

2) e-Market Place

개 념

최근 미국에서 주목을 모으고 있는 것이 인터넷상에서 기업간 가상거래시장을 구축하여 복수의 공급자와 수요자를 연결시키는 e-비즈니스다. 즉 B2B 전자상거래 가운데 동일업종 내 경쟁업체 사이에 거래사이트를 합작 운영하는 이른바 'e-Market Place'가 급속히 확산되고 있다.

e-Market Place란 B2B거래의 한 종류로서 인터넷상에서 불특정다수의 공급자와 수요자 사이의 비즈니스 거래를 유발시켜주는 가상 시장을 말한다. Market Place는 말 그대로 시장이 있는 장소를 가리킨다. 앞에 인터넷을 의미하는 'e'자가 붙어 있어 인터넷상에서의 시장을 뜻하는 것이다.

흔히 B2C보다 B2B를 e-Market Place라고 말한다. B2B는 모든 업종을 취급하는 수평적 B2B와 특정 업종에서 원 스톱 서비스(One Stop Service)가 가능하도록 하는 수직적 B2B로 구분된다. e-Market Place는 수평적 또는 수직적 B2B를 모두 포함하는 개념이다.

Gartner Group은 앞으로 3~5년 내에 업종에 관계 없이 대부분의 기업이 참여하며 전체 거래의 20~30%를 e-Market Place를 통해 처리할 것으로 전망하고 있다.

사 례

■ e-steel

'e-steel(http://www.esteel.com/)'은 1999년 8월부터 인터넷상에서 강재(鋼材)를 공개 조달하는 가상시장을 개설하였다.

현재 미국에서 많은 주목을 받고 있는 B2B기업의 전형이라 할 수 있다. 그와 함께 e-steel은 구경제의 대표인 철강산업에 큰 파문을 던진 존재이기도 하다.

e-steel의 웹사이트에서는 판매자인 전로(電爐)메이커 및 강재가공(鋼材加工)메이커와 수요자인 강재 구입희망자가 서로 희망하는 매매조건을 교환한다. 이러한 시스템은 종전부터 강재 거래의 비효율성과 비공개성에 불만을 가지고 있던 기업으로부터 많은 인기를 모아 순식간에 퍼져나갔다.

〈도표 5-11〉 e-Market Place를 둘러싼 대기업 연합

업 계	웹사이트
철 강	Metalsite
에너지	IntercontinentalExchange, Pantellos
화학·석유제품	Envera
타이어	Rubbernetwork
자동차 부품	Covisint
정보통신	Converge, e2open
항공·국방	GlobalAerospace&DefenseTradeExchange, Aeroxchange
소 매	GlobalNetExchange, RetailersMarketXchange, Transora
운 수	Transplace
숙 박	Hotelco-op

출전) Fuji Times, 2000. 9.

■ 코비신트(Covisint)

세계 유력의 자동차 제조업체들로 구성된 자동차 부품 온라인 거래 '코비신트(Covisint, http://www.covisint.com/)'가 지난 2월 설립된 후 그 동안 반독점 —— 대기업연합에 의한 B2B e-Market Place가 "시장경제를 왜곡할 가능성"이 있으며 거대한 구매력을 배경으로 한 "구매자 독점행위"와 반대로 공급력을 무기로 한 "카르텔", "담합"이 행해질 위험성이 있는 것으로 지적되고 있다 —— 시비를 받아왔으나, 2000년 9월 11일 미국 연방거래위원회(FTC)로부터 사업 허가를 받음으로써 전자상거래의 새 지평을 열 것으로 기대를 모으고 있다.

코비신트에는 세계 제1위 자동차 제조사인 GM을 비롯하여 포드, 다임러크라이슬러 외에도 프랑스의 르노, 일본의 닛산 등과 델파이(Delphi), 다나(Dana), 리어(Lear) 등 세계적 부품메이커 40개 사가 참여하고 있다.

부품구매의 유통경로를 혁신하여 시간과 비용을 절약한다는 목표를 세우고 있다. 다시 말해, 기존의 복잡한 서류 작업을 단순화하고 적기에 물품을 공급하는 전자상거래를 실현시켜 자동차를 생산하는 데 효율을 높여 결과적으로 소비자에게 제공되는 자동차 가격을 낮추는 혜택을 가져오게 될 것이다.

주요 5개 자동차메이커는 앞으로 이 사이트를 통해 연간 3,000억 달러에 달하는 부품을 구입할 것으로 예상된다. 자동차 업계는 코비신트를 통해 1대당 완성자동차는 368달러, 부품메이커는 695달러의 투입비용을 절감할 수 있을 것으로 예상하고 있다. 2001년 말까지 부품메이커 7,000개 사를 가입시킬 예정이고, 현재 2,400억 달러에 이르는 빅3의 구매를 이 사이트로 흡수하는 것이 목표이며, 앞으로 3만여 개의 자동차 부품메이커들을 포함시킨다는 전략을 가지고 있다.

그러나 문제가 없는 것은 아니다. 자동차와 같이 제품이 복잡한 경우에도 e-Market Place가 제대로 기능을 할지의 여부다. 예를 들면, 컴퓨터는 하드디스크, 각종 입출력보드 등 부품마다 표준화가 진행되어 있으며, 규격품이라면 어느 기업의 제품을 사용해도 완성품을 만들 수 있다. 즉 부품마다 수평분업이 구축되어 있는 업계라고 하겠다. 이처럼 고도로 수평분업이 이루어진 업계에서는 e-Market Place가 효율적으로 기능을 하게 된다.

하지만 컴퓨터에 비해 자동차의 경우는 그 부품점수만 해도 약 3만 점에 이를 정도로 많고, 주요 부품은 설계단계에서부터 부품메이커와 공동개발을 하고 있다. 또 각 완성자동차메이커의 독자적 품질관리가 부품납입기업에서도 이루어지고 있다. 이 때문에 가격이 저렴하다고 해도 거래선을 간단히 바꿀 수 있는 것은 아니다. 다시 말해, 완성자동차메이커마다 계열화가 진행되어 있는 수직통합형태의 업계라고 할 수 있다. 이처럼 가격 이외의 부가가치가 높은 경우, e-Market Place는 좀처럼 그 능력을 발휘하기 어려울 것이다.

이러한 문제를 해결하기 위해서 코비신트에서는 메이커의 희망사양에 맞추어 부품메이커 측이 견적을 내는 수법과 공동 설계 툴(Tool)의 개발 등이 이루어지고 있다. 하지만 엔진과 전장품 등 주요 부품은 종래와 같이 계열 내에서 계속 조달될 것이다.

역으로 코비신트는 미국의 빅3 등 대형 완성자동차메이커가 참여함으로서 원자재 조달에서부터 최종조립까지의 공급망 전체로 효율화를 높이는 데 목적이 있다고 하겠다. 이를 위해 코비신트에서는 부품수요와 생산능력의 예측을 제공하거나 유통재고에 관한 정보 정비, 출하 스케줄의 효율화 등에 의욕을 보이고 있다. 이 때문에 가격이나 재고상황과 같은 단순한 거래정보를 넘어 자동차업계 전체의 생산성 향상을 노리는 선진적인 B2B로 기대되고 있다.

이처럼 자동차와 철강산업 등의 구경제 산업을 둘러싼 e-비즈니스의 새로운 움직임은 지금까지와 같은 B2C의 소매물류형 e-비즈니스의 충격을 훨씬 뛰어넘는 형태로 경제 전체에 인터넷 혁명을 보급시키고 있다.

■ Converge(구 eHITEX)

삼성전자는 2000년 5월 미국과 일본·독일 등 각국의 12개 기업 대표들이 참석한 가운데 지분을 공동 출자, B2B 전자상거래를 전문으로 하는 인터넷 벤처기업 'eHITEX(http://ehitex.com)'를 설립, 2000년 8월부터 업무를 시작했다. 그리고 12월에 'Converge(http://converge.com/)'로 회사명을 바꾸었다.

　참여기업은 삼성전자를 비롯하여 HP(컴퓨터), NEC(반도체), AMD(반도체장비), 컴팩(컴퓨터), 게이트웨이(컴퓨터 네트워크), 히타치(반도체), 인피니온(반도체), 퀀텀(하드디스크드라이브), SCI시스템(컴퓨터·통신), 솔렉트론(전자부품 아웃소싱), 웨스턴디지털(전자부품) 등 12사에 근래 다국적기업인 애질런트, 캐논, 시넥스, 타통 등 4개 기업이 새로이 참여해 참가 기업 수는 16개로 늘어났다.

　이들 기업은 컴퓨터, 전자부품 및 완제품의 가장 큰 공급자이자 수요자이기도 하다. B2B 전자상거래에 참여하는 기업들은 구매 및 판매비용 절감, 효율적인 수급 예측을 통한 재고관리, 납기단축 등을 통한 소비자 만족 등을 얻게 된다.

　자본금 1억 달러 규모의 'Converge'는 참여 기업들에게 공개구매, e-카탈로그, 경매 등의 입찰일정, 공급상황 및 물류계획 등 다양한 서비스를 제공하게 된다.

　삼성전자에 따르면, "참여기업은 Converge 설립으로 각각 5~7%의 구매비용을 절감할 수 있을 것"이라며 "합작기업은 아니더라도 가전메이커 및 하청기업, 유통업자 등이 모두 거래에 참여할 수 있도록 전자구매 및 판매 시스템을 제공할 예정"이라고 밝혔다.

　지금까지 인터넷 쇼핑몰 구축은 오프라인 인프라스트럭처를 갖지 않은 인터넷 전문기업들이 중심이 되어 추진되어 왔다. 따라서 기존 영업에 대한 노하우를 갖지 못한 중소영세기업들의 난립으로 수익성이나 마케팅측면에서 후진성을 면치 못해 인터넷 쇼핑의 효과와 발전전망에 대한 일반인들의 의구심을 증폭시켜 왔다고 할 수 있다.

　그러나 Converge는 이미 오프라인에서 인프라스트럭처를 갖추고 있을 뿐만 아니라 각 분야 전문기업들이 컨소시엄 형태로 참여, 대규모 인터넷 쇼핑몰을 구축함으로써 전자상거래가 가지고 있는 본질적인 장점이 충분히 발휘될 것이다.

제 5 장 e-비즈니스 패턴과 경향   203

3) 5가지 혁명

e-비즈니스의 성장단계는, 인터넷 벤처기업들이 참신한 아이디어와 도전적인 비즈니스모델을 들고 나온 제1단계, 여기에 대항하는 형태로 대기업이 인터넷 혁명을 도입한 제2단계를 거쳐 드디어 인터넷 벤처기업과 대기업이 합종연횡을 거듭하는 제3단계에 돌입하고 있다.

앞으로 우리 나라에서도 본격화하게 될 제3단계의 e-비즈니스 성장은 구경제 산업을 둘러싸고 다음에 제시한 5가지의 B2B e-비즈니스 혁명을 몰고 오게 될 것이다.

> ■ B2B 제1혁명 : e-Market Place
> ■ B2B 제2혁명 : e-Procurement
> ■ B2B 제3혁명 : New Middle Man
> ■ B2B 제4혁명 : Demand Model
> ■ B2B 제5혁명 : Virtual Corporation

■ e-Market Place : 전자시장 등장

B2B e-비즈니스 제1의 혁명은 전자시장의 출현을 가리키며, 미국에서는 일반적으로 'e-Market Place', 'B2B Exchange' 등으로 불리고 있다. 인터넷 혁명은 수요자와 공급자가 자유롭게 상호 접속할 수 있도록 함으로서 가격이 수요와 공급만으로 결정되는 '완전시장'이 실현된다. 그 결과 철강소재와 자동차부품을, 화학산업·에너지산업 등을 인터넷상에서 거래하는 전자시장이 탄생하여 수요자와 공급기업 사이의 새로운 거래관계가 형성되고 있다.

■ e-Procurement : 전자조달 실현

B2B e-비즈니스 제2의 혁명은, 전자조달(e-Procurement)의 실현이다. 인터넷 혁명은 정보화를 촉진시켜 고객 주도·중심의 시장을 탄생시켰다. 고객중심시장에서는 상품과 서비스 선택에 관한 다양한 정보를 인터넷 등을

통하여 편리하게 입수할 수 있게 되었다. 그 결과 공급자로부터 수요자에게 상품과 서비스 선택의 주도권이 이동하여 수요자 주권이 실현되고 있다.

■ New Middle Man : 새로운 중간업자 출현

B2B e-비즈니스 제3의 혁명은 새로운 중간업자의 출현이다. 인터넷 보급에 따라 창출되는 고객 주도·중심시장을 좌우하는 것은 고객의 구매를 지원하는 새로운 중간업자이다. 새로운 중간업자는 공급자 측의 논리로 중개하는 고전적 타입의 중간업자와는 명확한 선을 긋는 중간업자로 현재 인터넷상에서 급속히 성장하고 있다.

새로운 중간업자(New Middle Man)를 실현하기 위해서는 정보류(情報流), 물류(物流), 금류(金流)와 같은 상류(商流)의 흐름을 고객중심으로 재편하여 새롭게 비즈니스모델을 구축할 필요가 있다. 그 가운데서도 중요한 것은 고객에 관한 정보의 흐름을 충분하게 매니지먼트하는 것이 필요하며 그 때문에 CRM(Customer Relationship Management)이 많은 주목을 받고 있다.

■ Demand Model : 고객중심주의

미국 PC업계의 새로운 거두 델 컴퓨터는 'Dell Model' 이라고 불리는 비즈니스모델을 구축하고, SCM(Supply Chain Management) 도입을 통해 훌륭한 경영성과를 달성하고 있다. Dell Model이라고 하는 것은 고객과 PC의 부품회사를 직결시켜 철저히 고객의 입장에 선 수주생산방식이다.

ERP(Enterprise Resource Planning)가 동일한 회사 내에서의 업무과정의 합리화·효율화를 목적으로 하는 통합패키지라고 한다면, SCM은 ERP를 더욱더 기업간 거래(B2B)까지 확장한 것이라고 생각할 수 있다.

기업경영에 있어 SCM 도입 목적은 첫째로 재고 삭감, 물류 원활화, 조기 현금 회수 등을 통한 효율적인 경영의 실현이며, 둘째로 제품의 납기단축, 불량 상품 억제 등을 통해 매출액 증가를 구현하는 것이다.

다만, SCM의 본질을 단순히 기업간 거래의 효율화 수단으로 받아들이는 것은 곤란하다. 왜냐하면, SCM이라는 것은 고객 주도·중심시장에 적합하여 기업가치를 향상시키는 전략적 수단이기도 하기 때문이다.

SCM도 ERP도 기업 가치의 최대화를 도모하기 위한 수단에 지나지 않는다. 이러한 요소들이 적절하게 작동하기 위해서는 결국 기업의 CEO가 인터넷 혁명이 가져온 고객 주도·중심시장의 의미를 충분히 이해하고 나아가 적극적으로 기업경영 재구축에 임하는 자세가 전제되어야 한다.

<도표 5-12> B2B e-비즈니스모델의 구축

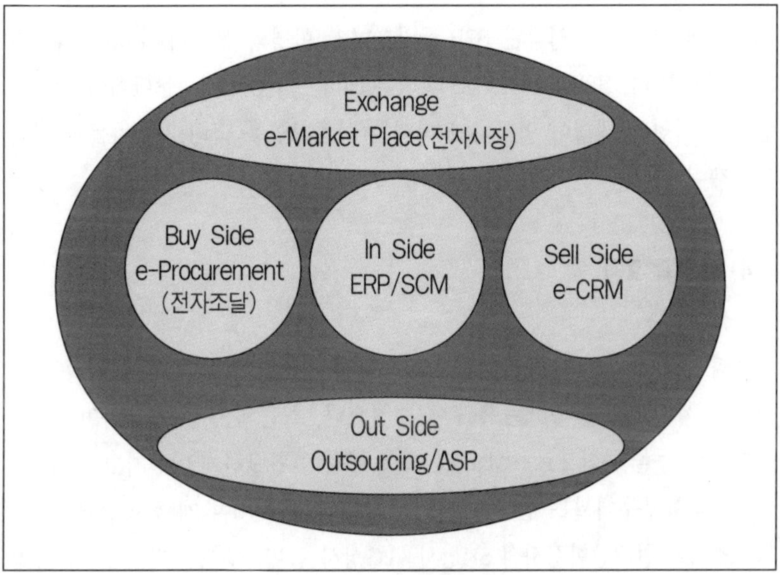

■ Virtual Corporation : ASP

인터넷 혁명이 가져오는 기업변혁의 최종적인 형태는 Virtual Corporation이 되는 것이다. 기업 경영의 가치는 종래의 경우 기업 내(In-house)에만 육성 보전되어야 한다고 생각되어 왔다. 그러나 현재는 기업 경영을 사내에 한정하는 사고의 시대는 끝남으로서 기업들은 다른 회사와의 전략적 제휴가 불가피하게 되었다.

이러한 배경 아래 최근 주목을 받고 있는 것이 ASP(Application Service Provider)이다. ASP의 원래 의미는 기업시스템으로 활용되는 소프트웨어 등을 공동으로 이용하기 위한 서비스모델이다. 일반적으로는 인터넷을 활용한 소프트웨어의 시간대여 비즈니스로서 받아들여지고 있다.

그러나 ASP는 기업경영에 외부 자원 활용의 편의성을 제공한다고 하는 관점에서 더욱 큰 역할이 기대되고 있다. 향후 ASP는 Virtual Corporation이라고 하는 형태로 기업의 경영모델이 재구축될 때, 그 전략적 수단으로서 크게 활용되게 될 것이다.

미국에서는 이미 시작된 B2B e-비즈니스 혁명의 물결이 우리 나라에도 몰려오고 있다. B2B e-비즈니스 혁명은 e-비즈니스 성장 제3단계의 시작과 동시에 기업의 개념이 엄청나게 바뀌는 신호탄임을 국내 경영자들은 깊이 인식해야 한다.

4) 동향과 효과

우리 나라에서는 B2B 전자상거래가 단일 대기업이 협력·하청기업을 대상으로 사이트를 구축하는 정도에 그쳤으나, 최근에는 순수 온라인기업과 종합상사 등을 중심으로 e-Market Place 구축이 활발하게 이뤄지고 있다.

석유화학부문에서는 삼성물산을 비롯한 국내외 30여 개 화학업체가 '캠크로스'를, 현대종합상사와 SK상사·LG상사 등이 '캠라운드'를 각각 출범시켰다.

중공업부문에서는 현대중공업과 한국오라클·삼호중공업 등이, 건설부문에서는 동부건설·성원건설·삼부토건·인터파크 등이 합작사이트를 구축하고 있다.

산업자원부에 따르면, "외국의 경우 동일업종 안에서 업체공동의 합작회사(Joint Venture) 방식의 e-Market Place가 활성화되고 있으나, 국내에서는 아직은 경쟁사간 협업보다는 자사협력업체 또는 그룹 계열사를 중심으로 진행되고 있는 점이 문제"라고 지적하고 있다. 그러나 최근에는 이러한 문제점들이 해결되고 있다.

또한 미국은 오프라인기업이 e-Market Place 구축을 주도하고 있는 반면,

우리 나라는 온라인기업이나 종합상사가 모델을 개발, 회원사를 모집하는 유형이 다수를 이루고 있다.

e-Market Place의 가장 큰 장점은 원가 절감 효과가 크다는 것이다. 세계적인 유력 기업들이 전략적 제휴를 통한 e-Market Place 구축에 적극적으로 나서는 것도 원가 절감 효과가 적지 않기 때문이다.

Goldman Sachs는 e-Market Place 구축을 통해 업종별로 구매·판매비용의 2~40%을 줄일 수 있다고 지적했다. 전자부품업종의 경우 29~39%를 절감할 수 있으며, 화물운송(15~20%), 통신(5~15%), 석유가스(5~15%), 컴퓨터(11~20%) 등의 순으로 절감효과가 큰 것으로 나타났다.

또 참여기업들이 구매와 조달 측면에서 모두 효율을 증대시킬 수 있으며, 재고율이 감소되고 실시간 정보를 얻을 수 있는 장점도 있다. 게다가 글로벌시장과 연계되기 때문에 잠재적인 수요자와 공급자를 확보할 수 있는 점도 매력적인 요소라 하겠다.

〈도표 5-13〉 'B2B' 거래에 따른 비용절감 효과

업 종	비용절감 효과	업 종	비용절감 효과
항공기계	11%	화물수송	15~20%
화 학	10%	보 건	5%
석 탄	2%	생명공학	12~19%
통 신	5~15%	금 속	22%
컴 퓨 터	11~20%	광 고	10~15%
전자부품	29~39%	석유&가스	5~15%
식 품	3~5%	종 이	10%
임 업	15~25%	철 강	11%

출전) Goldman Sachs.

<도표 5-14> e-Market Place 개념도

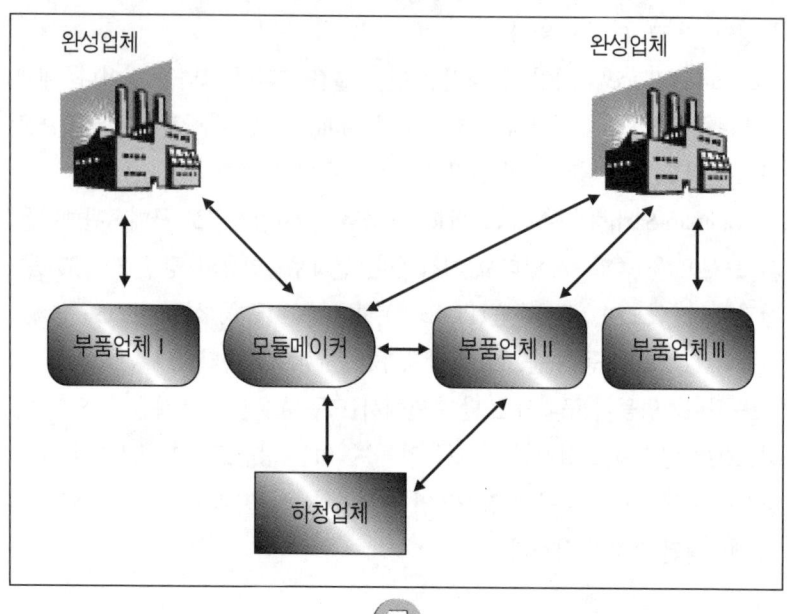

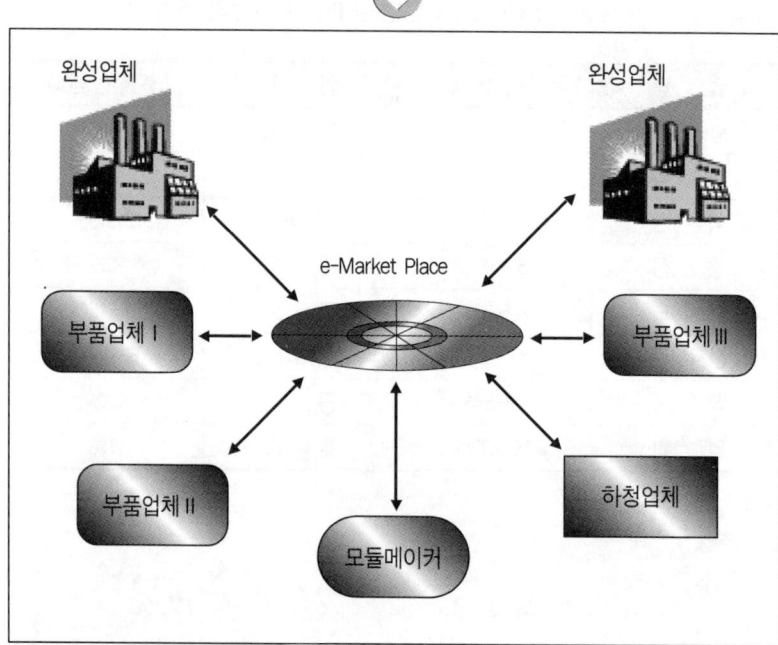

출전) 김광희, 2000.

제6장 무선 인터넷의 미래

제6장에서는 PC라고 하는 고정형태인 유선 인터넷을 지나
언제, 어디서나 인터넷 접속과 활용이 가능한 모바일형태인
무선 인터넷에 초점을 맞춰 각국의 시장 규모와 특성,
기술표준, 방향성 등에 대해 살펴본다.

1. 무선 인터넷

📱 모바일 혁명

　지구상에 존재하는 동물들 가운데 인간은 가장 사회적 본능이 발달한 동물로 항상 타인과의 의사소통, 정보를 주고 받으며 살아왔다. 초기에는 인간의 이동범위와 정보를 주고 받을 수 있는 교환범위는 대단히 한정된 것이었다. 그러나 교통과 통신·방송 등의 기술혁신이 이루어지면서 인간의 이동범위와 교환범위는 급속히 확대되었다. 이로 인한 정보수단의 다양화·고속화·첨단화는 인류의 역사에 있어 '농업혁명', '산업혁명'을 잇는 제3의 물결로 'IT혁명' 이라고 할 수 있는 새로운 시대가 전개되고 있다.

　특히, 현재 전 세계를 네트워크로 연결시키고 있는 전화는 현대사회생활에서 가장 기본적인 퍼스널 커뮤니케이션 수단이 되고 있다. 나아가 인터넷으로 대표되는 것과 같이 컴퓨터의 기술혁신과 네트워크의 진보를 통해 지금까지의 전화와 같은 음성뿐만 아니라 다양한 데이터와 영상까지도 교환할 수 있게 되었다.

　이러한 가운데 근래의 무선통신과 휴대전화 등 모바일통신의 급속한 발달은 지금까지 특정 장소에 고정되었던 네트워크와 단말기기의 장소적 제약을 단번에 해소시키는 결정적인 역할을 하였다. 그에 따라 개인과 기업의 정보활동과 그 범위는 크게 바뀌어 현재는 '모바일 문화' 라고까지 할 수 있는 새로운 정보문화가 창조되고 있다.

　이러한 모바일 커뮤니케이션의 발달은 'IT혁명'을 잇는 제4의 물결, 다시 말해 제4의 혁명이라고 할 수 있다. 이제 국내외를 막론하고 무선 인터넷은 선택이 아니라 우리 생활의 필수가 되고 있다.

모바일 특성

주지하는 바와 같이 현재 전 세계 정보통신산업에서는 다음과 같은 3가지의 큰 변화가 일어나고 있다.

> Ⅰ. 유선 인터넷에서 무선 인터넷으로의 전환
> Ⅱ. 음성단말에서 인터넷을 포함한 데이터통신단말로의 전환
> Ⅲ. 유선을 축으로 하는 EC에서 무선을 축으로 하는 EC로의 전환

Ⅰ에서 말하는 고정 인터넷에서 무선 인터넷으로의 전환은 다름 아닌 기존의 PC에서 개개인의 휴대전화를 통해 언제, 어디서나 인터넷 접속이 가능하게 되는 것을 의미한다.

Ⅱ는 이제 휴대전화가 단순히 음성을 상대방에게 전달하는 전화로서의 역할만 하는 것이 아니라 오히려 인터넷 접속을 통하여 화상이나 E-메일 등과 같은 다양한 데이터통신단말로 그 역할이 바뀌고 있음을 가리킨다.

Ⅲ은 기존의 e-비즈니스(전자상거래)는 PC로 대표되는 유선 인터넷을 통해 이루어진다. 그러나 앞으로는 언제, 어디서나 편리하게 활용할 수 있다는 장점 때문에 인터넷과 휴대전화가 결합되는 무선 인터넷을 통해 e-비즈니스가 이루어지게 된다.

실제로 오라클의 CEO는 "미래의 인터넷 단말기는 절대 PC가 될 수 없다."고 했으며, 노키아의 CEO 역시 "앞으로의 주역은 PC가 아니라 휴대전화"라고 단언한 바 있다.

이처럼 이미 인터넷 접속의 주역이 PC에서 휴대전화로 이동하고 있다는 것을 세계의 전문가나 선진 정보통신기업 사이에서는 확고한 시대적 흐름으로 받아들여지고 있다.

이런 가운데 IT선진국인 미국과 일본 양국 사이에서도 명암이 뚜렷해지고 있다. 지금까지 미국의 IT혁명을 뒷받침한 것은 PC를 중심으로 하는 유선 인터넷이었다. 그러나 일본에서는 그 견인차 역할을 하고 있는 것이 인터넷

접속이 가능한 휴대전화, 즉 무선 인터넷이다. 유선형태인 PC와 인터넷을 결합시킨 제1차 정보혁명은 미국의 압승으로 막을 내렸다. 그러나 휴대전화와 인터넷이 결합하는 무선 인터넷의 제2차 정보혁명에서는 일본이 차세대의 주도권을 쥐겠다는 의욕으로 가득차 있다.

한편으로 국내 기업들이 무선 인터넷사업에 주목을 하게 된 것은 일본의 독자적인 무선 인터넷 i-mode의 대성공이 알려지면서부터다. 많은 기업들이 WAP과 ME라는 무선 인터넷 표준을 두고 논쟁을 벌이고 있는 사이에 NTT DoCoMo의 i-mode는 그들만의 독자적인 표준으로 서비스를 시작, 1년 10개월 만에 1,700만 이용자를 확보하는 등 발빠른 움직임을 보이고 있다.

〈도표 6-1〉 무선 인터넷의 출현

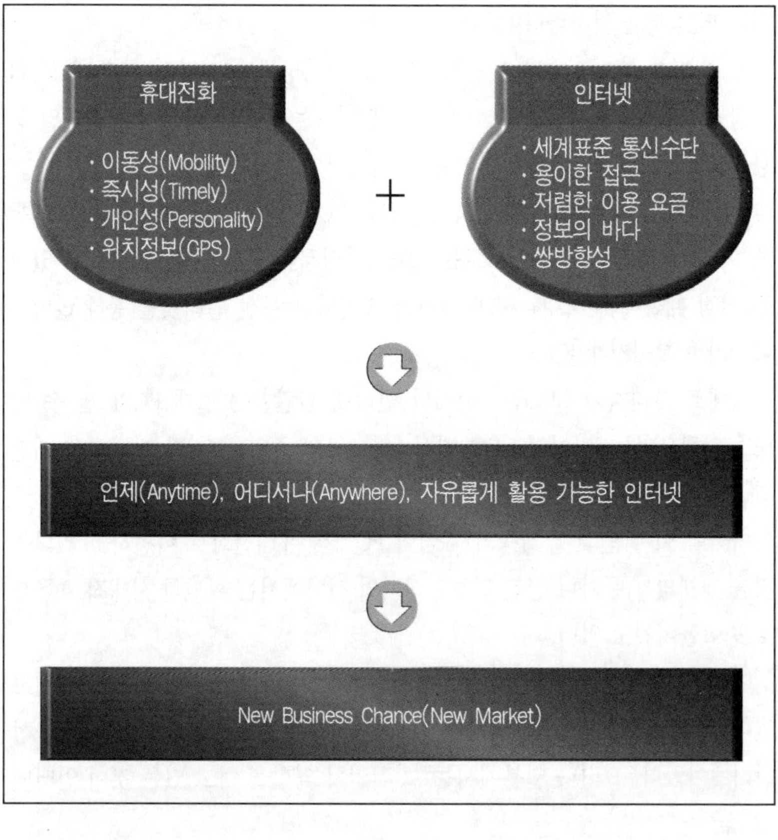

2. 모바일 시장과 특성

시장규모와 특징

1) 시장규모

미국의 시장조사기관인 웹 피트 리서치는 지난 1999년 4억 8,000만 명이었던 세계 이동통신 가입자수가 2005년에는 18억 명으로 증가할 것이라는 보고서를 최근 발표했다. 이는 1999~2005년 사이의 세계 이동통신시장의 연평균 성장률이 24.6%나 될 것이라는 지적이다. 이동통신요금이 유선전화보다 평균 3배나 비싸다는 점을 감안하면 성장 추세가 가히 폭발적이라고 할 만하다.

특히, 2005년에는 1일 유선전화 신규 가입자 수가 하루 평균 12만 명인데 비해 이동통신 가입자는 68만 명에 달할 것이라고 웹 피트 리서치는 내다봤다. 이에 따라 이동통신서비스를 통한 세계 관련 기업의 총매출은 1999년의 1,720억 달러에서 2005년 4,800억 달러까지 증가할 것으로 예측되고 있다. 그러나 이동통신요금은 2005년에도 유선전화 요금(분당 12센트)에 비해 3배 정도 비싼 37센트에 달할 것으로 전망했다.

그리고 통신서비스 전문시장조사기관인 ARC Group에 따르면, 세계 무선 인터넷 가입자 수가 1999년 3,200만 명 수준에서 2001년 1억 3,800만 명, 2004년 7억 5,000만 명 수준으로 급증할 것이며, 2004년 무선 인터넷 가입자가 전체 이동전화가입자의 61%를 차지할 것으로 전망되고 있다.

세계의 유력 휴대전화업체인 노키아(핀란드), 에릭슨(스웨덴) 등에 따르면, 세계의 휴대전화 가입자는 2000년 상반기에 약 1억 명이 증가하여 5억 7,000명에 달하였으며, 2002년 말에는 10억 명을 넘어설 것으로 예상하고 있다. 국제전기통신연합(ITU)은 1999년 말 시점의 가입자를 4억 7,000만 명, 2000년 말의 예측을 6억 5,000만 명이라고 보고 있다.

214 제2부 e-비즈니스와 패러다임 시프트

일본경제신문(日本經濟新聞)의 집계 결과에서도 2000년 6월 말 시점에서 휴대전화 가입자는 5억 7,000만 명으로 거의 6억 명에 달하고 있다. 보급대수가 5억 대인 PC를 대폭적으로 상회하고 있는 것이다. 결국 전 세계에서 약 10명 가운데 1명이 휴대전화를 이용하고 있다는 계산이다.

그리고 'Forrester Research'는 2005년에 전 세계 이동전화 가입자 가운데 70%에 해당하는 13억여 명이 무선 인터넷을 사용할 것으로 예측하고 있다.

<도표 6-2> 전 세계 유·무선 인터넷 가입자

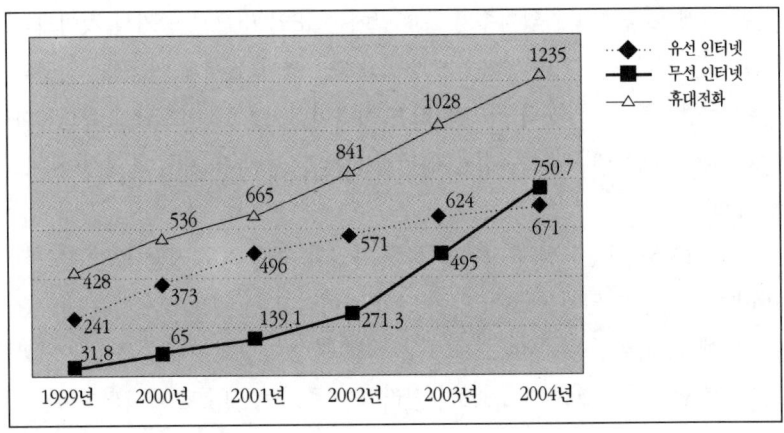

출전) ARC Group.

2) 주요 특징

2001년부터 실용화(일본)가 시작되는 차세대 휴대전화(IMT-2000)에 의해 화상의 수신과 발신은 물론이고 종전보다 효율적으로 전자상거래가 이루어지게 된다. 이러한 휴대전화의 보급과 함께 교육, 오락까지 다양한 분야에 제휴서비스가 보급되는 것은 확실하며 해당 국가의 경제구조에도 큰 변화를 주게 될 것이다.

이러한 휴대전화 보급을 기반으로 하는 무선 인터넷의 성장은 PC 기반의 유선 인터넷과는 비교할 수 없을 정도로 가히 폭발적이라고 할 수 있다. 모바일(Mobile)이 가지는 특성과 인터넷이라고 하는 글로벌·개방성이 결합되기 때문에 사회 구성원의 생활방식과 작업방식에 많은 영향을 미치게 될 것이다.

또 모바일성이 많이 요구되고 소비자의 요구에 신속하게 대응해야 하는 물류, 판매, 유통 및 A/S관련 산업의 생산성이 크게 높아질 것으로 기대된다.

결국 무선 인터넷은 정보통신 및 관련 산업의 변화는 물론 다양한 오프라인 기업들이 온라인 산업으로 진입해 새로운 비즈니스 구조를 형성하는 견인차 역할을 하게 될 것이다.

<도표 6-3> 무선 인터넷의 진화

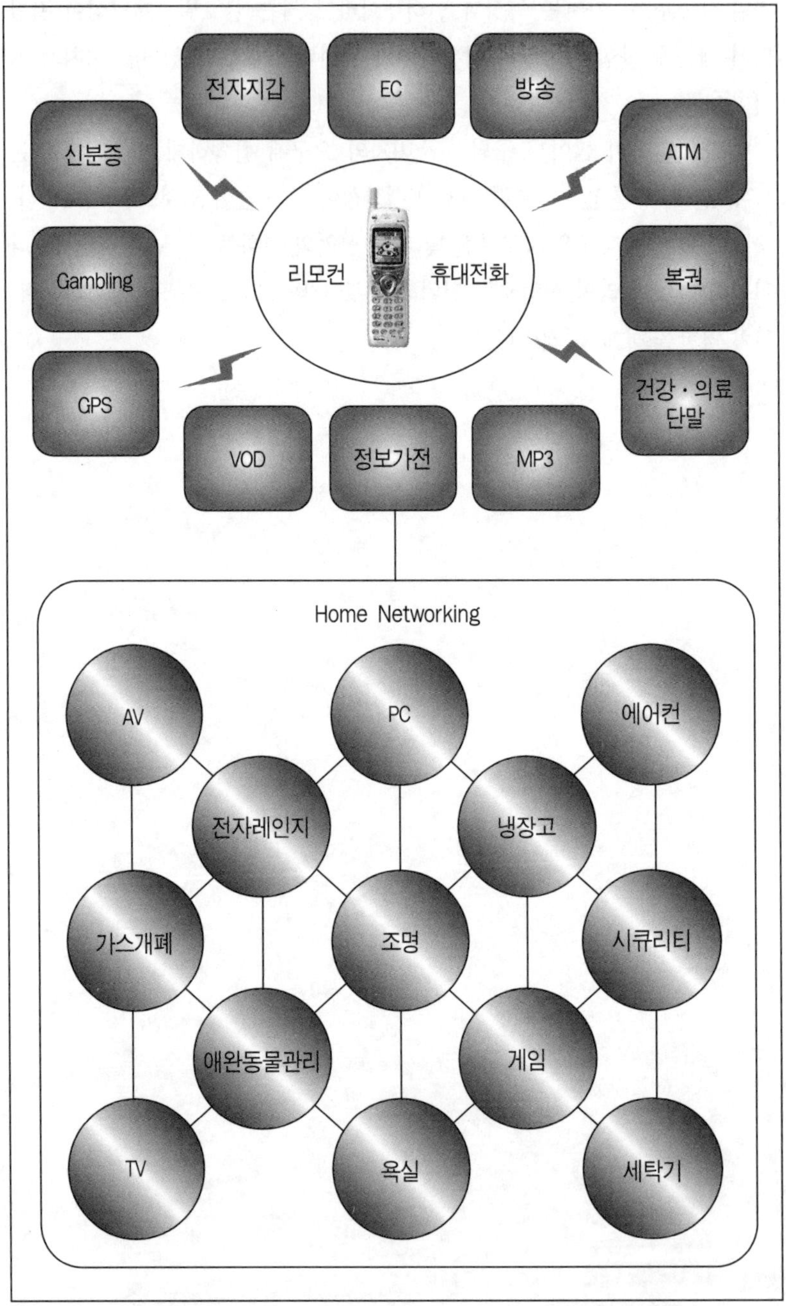

유선 VS 무선 인터넷

유선 PC로 이용하는 인터넷 인프라스트럭처는 누구에게나 열려 있으며 어느 누구의 소유라고 하는 것도 없다. 그러나 무선 인터넷의 경우는 인터넷 접속까지의 게이트웨이(Gateway) 부분은 이동통신서비스 사업자(Common Carrier)가 보유하고 있다.

다시 말해, 무선 인터넷의 경우는 이동통신서비스 사업자의 망(Net)을 경유할 필요가 있는 것이다. PC를 통한 인터넷 접속과 이런 점이 근본적으로 다르다고 하겠다. 또 단말에 탑재되는 브라우저의 규격을 이동통신서비스 사업자가 규정하고 있는 점도 큰 차이라 하겠다.

PC의 경우 브라우저는 유저의 취향에 따라 선택되며 홈페이지의 작성언어는 세계공통규격인 HTML방식이다. 그에 비해 무선 인터넷의 홈페이지 작성언어는 C-HTML, WML, M-HTML 등 이동통신서비스 사업자마다 서로 다르다.

또 무선 인터넷의 경우는 한정된 공간의 화면을 효과적으로 활용하기 위해 공식메뉴라고 하는 메뉴화면이 채용되고 있다(i-mode). 휴대전화로부터 인터넷에 접속할 때에는 먼저 이 메뉴화면이 최초로 표시된다. 이 메뉴화면에는 각 이동통신서비스 사업자가 자신의 컬러를 표현하기 위해 독자적으로 심사, 채용한 컨텐츠가 갖추어져 있다.

<도표 6-4> 무선 및 유선 인터넷

무선 인터넷	항 목	유선 인터넷
인터넷 접속에 따른 규격과 단말은 Common Carrier가 결정	브라우저, 단말	브라우저와 단말은 유저가 결정
컨텐츠를 공식메뉴로서 게재하는 것도 Common Carrier가 결정	컨텐츠 구성	컨텐츠의 구성과 업그레이드는 누구나 자유로움
홈페이지의 기술 언어가 C-HTML과 WAP 등 Common Carrier에 따라 다름	홈페이지 언어	홈페이지의 기술언어는 세계 공통 규격인 HTML 방식
소형화면과 통신속도 제한 때문에 문자정보가 중심	화면과 속도	화면이 크고 통신속도도 빨라 풍부한 컨텐츠를 대량으로 주고 받을 수 있음
BM의 벤치마킹 대상이 한정 (북유럽, 일본)	벤치마킹 대상	BM의 벤치마킹 대상이 풍부 (미국)

<도표 6-5> 미디어로서의 휴대전화

미디어특성	신문	잡지	TV	라디오	DM	PC	휴대전화	디지털TV
정보량	◎	◎	○	△	△	○	△	◎
개인성	△	△	△	△	○	○	◎	△
쌍방향성	×	×	×	×	×	◎	◎	○
실시간성	×	×	△	△	×	○	◎	○
휴대성	○	○	×	○	×	△	◎	×

출전) (株)博報堂インタラクティブカンパニー, 2000.

제6장 무선 인터넷의 미래 219

3. m-커머스 시장

 서비스 방식

무선 인터넷 서비스 방식에는 WAP 방식(유럽), 마이크로소프트의 ME 방식(미국), NTT DoCoMo의 i-mode 방식(일본)이 있다.

실질적으로 현재 세계 무선 인터넷 시장은 WAP과 i-mode로 양분되어 치열한 경쟁을 벌이고 있다. i-mode는 일본 최대의 이동통신서비스 사업자인 NTT DoCoMo의 무선 인터넷 서비스를 말하며, 휴대전화를 이용해 인터넷에 접속해 게임은 물론 영화, 연예정보 등 각종 생활정보를 즐길 수 있다.

i-mode 서비스는 1999년 2월 처음 선보인 이후 이용자가 1,700여만 명을 넘어서는 급속한 성장세를 보이고 있다. NTT DoCoMo는 여기에 만족하지 않고 i-mode 서비스를 유럽 및 아시아 등으로 수출, 세계 무선 인터넷 시장을 장악할 꿈을 꾸고 있다.

반면 유럽과 아시아 시장에서는 WAP이 i-mode에 맞서 시장 확대를 위한 몸부림을 치고 있다. WAP은 Wireless Application Protocol의 약자로 지난 1997년 세계 500여 개 이동통신서비스 사업자들이 모여 만든 무선 인터넷 통신규약이다. 에릭슨과 노키아, 폰닷컴(미국) 등 거대 업체들이 대거 참여하고 있다. 국내에서도 삼성전자, LG전자, SK텔레콤 등이 WAP에 참여하고 있다.

표준전쟁

1) WAP

노키아, 에릭슨, 모토로라 등 세계 휴대폰업계 '빅3'는 1990년대 초 무선 인터넷 분야에서 뜻을 모았다. 유선 인터넷은 MS가 장악했지만 향후 떠오를 무선 인터넷에서는 자신들이 주도권을 잡자는 것이었다.

미국의 무선 인터넷 강자로 부상한 폰닷컴을 주축으로 각국의 통신장비업체들을 대거 끌어들였다. 국내의 삼성전자, LG전자, SK텔레콤 등도 가세했다. 이렇게 해서 지난 1997년 6월 WAP포럼이 탄생한 것이다.

WAP(Wireless Application Protocol)은 WAP포럼에서 제정한 무선 인터넷 규약으로, WAP은 유럽과 아시아지역의 대다수 이동통신서비스 사업자들이 채택하면서 '사실상의 표준(Defacto Standard)'으로 자리잡아가고 있다. 각 나라마다 서로 다른 통신방식에서도 WAP은 자유자재로 작동된다는 뜻이다.

실제 WAP은 아직 이용자 수에서는 i-mode에 뒤지지만 영향력은 상당하다. 세계 500여 개 이상의 거대 통신서비스 사업자들이 표준으로 채택하고 있기 때문에 가입자 수 확보는 시간문제라는 것이다.

WAP포럼의 CEO인 골드만은 "i-mode와의 직접 경쟁에서 우리 모델이 우수하다는 것을 입증할 수 있다."고 자신하고 있다. WML이 HTML과 호환성이 강한 XML어를 기본으로 하고 있기 때문에, 지금의 문제는 2001년 초까지 업그레이드를 통해 극복할 수 있을 것이라는 주장이다. 기존의 문제점들을 WAP포럼에 참여하고 있는 솔루션 업체들과 공조 체계를 갖춰 풀어 나갈 예정이라고 한다.

2) i-mode

WAP이 '사실상의 표준'을 내세우며 여유를 부리고 있는 사이에 일본의 최대 이동통신서비스 사업자인 NTT DoCoMo는 i-mode로 가입자 수에 있어 훨씬 앞서가고 있다.

　i-mode는 비록 아직 일본 내에서만 서비스되고 있지만, 출시 1년 10개월 만에 1,700만 명 이상의 가입자를 끌어 모아 세계 최대의 무선 인터넷 서비스로 자리를 잡았다.

　NTT DoCoMo는 최대 이동통신시장인 유럽 공략에 본격 돌입했다. 최근 네덜란드의 최대 이동통신서비스 사업자인 KPN모바일의 지분 15%를 인수한데 이어 이 회사와 유럽 전역을 대상으로 한 무선 인터넷 서비스 합작회사를 세웠다. NTT DoCoMo에 따르면, 2001년부터는 영국·독일·벨기에·프랑스·네덜란드에서 i-mode 서비스를 시작할 계획이라고 한다.

　스웨덴의 에릭슨은 i-mode의 성장성을 인정해 일본에서 i-mode를 장착한 휴대전화를 판매할 계획이다. NTT DoCoMo는 2000년 9월 말 세계 제1의 인터넷 서비스 사업자로서 2,500만 명의 회원을 확보하고 있는 AOL, 그리고 2000년 11월에는 AT&T와이어리스와 제휴를 맺으면서, 미국 시장 진출의 발판을 마련하였다.

3) ME

　WAP과 i-mode가 빠른 행보를 보이면서 가장 긴장하고 있는 곳은 바로 미국의 마이크로소프트(MS)라고 할 수 있다. 마이크로소프트는 뒤늦게 무선 인터넷 시장에 뛰어들어 퀄컴과 손을 잡고 Wireless Knowledge라는 회사를 만들었다. 그 이유는 윈도즈와 익스플로러로 기존 인터넷 시장을 평정했던 마이크로소프트가 무선 인터넷에서 WAP과 i-mode에 뒤질 경우 미래가 불투명하다는 위기의식 때문이다.

　WAP이 무선 환경에 맞는 새로운 프로토콜 스택을 제시한 것과는 달리 기존의 TCP/IP, HTTP를 무선 환경에 그대로 활용하는 방법을 제시했다.

　마이크로소프트는 HTML의 부분 집합인 M-HTML이라는 새로운 무선 인터넷 규격을 통해 ME방식을 채용했다. 그리고 기존의 PC 웹 브라우저에 해당하는 모바일 익스플로러(Microsoft Mobile Explorer)를 단말기의 웹 브라우저로 채용하기로 했다.

222 제 2부 e-비즈니스와 패러다임 시프트

그러나 아직 시장의 반응은 그다지 없다. 때문에 마이크로소프트는 차세대 무선 인터넷으로 준비한 야심작 스팅거(Stinger)를 2001년부터 내놓을 예정이다.

참고로 말하면, ME방식은 세계에서도 유일하게 한국에서만 상용화된 상태이다. 그 이유는 한국통신프리텔의 경우 1999년 마이크로소프트로부터 2억 달러의 외자를 유치한 대가로 ME방식을 사용하고 있기 때문이다.

<도표 6-6> WAP과 i-mode, ME 비교

	WAP	i-mode	ME
주도 업체	노키아, 에릭슨, 모토로라, 폰닷컴 등	NTT DoCoMo	MS, 퀄컴
사용 언어	WML	C-HTML	M-HTML
주요 서비스 지역	유럽, 아시아 등	일본	북미, 아시아 일부
접속 방식	URL 직접 입력	단축 버튼 접속	URL 직접 입력
데이터 전송속도	열세	우세	우세
요금부과방식	Circuit	Packet	Circuit
세계 가입자수	500만	1,700만	200~300만
국내 사용업체	SK텔레콤, LG텔레콤, 신세기통신	아직 없음	한국통신프리텔, 한국통신엠닷컴

출전) 한국경제(2000. 11. 22.)를 재구성.

WAP과 i-mode의 비교

■ 홈페이지 기술언어

홈페이지 기술언어의 경우 WAP은 WML인 반면 i-mode는 HTML의 축약형인 C-HTML을 사용한다. 따라서 WAP은 기존 인터넷 사이트를 WML 언어로 바꿔줘야 접속할 수 있지만, i-mode는 HTML로 구축된 기존의 웹사이트를 자유자재로 접속할 수 있는 장점이 있다.

다시 말해, 무선 인터넷의 정보망은 한계가 있어 PC의 인터넷 정보를 얻어야 하는데, WAP은 PC 언어를 풀어내는 체계가 약하다. PC는 HTML (Hyper Text Markup Language)을, WAP은 WML을 기본 언어로 사용하고 있다. 그렇기 때문에 WAP은 WML이라는 언어를 따로 배워야만 웹사이트를 만들 수 있다. 비록 WAP 게이트웨이 등 '통역' 장치가 나오고는 있으나, 일부 텍스트 문서 등에만 국한되어 있다. 그러나 HTML과 호환성을 갖는 i-mode 방식은 C-HTML을 사용하여 기존 PC의 정보를 얻는 것이 훨씬 쉽기 때문에 개발자들이나 일반 사용자들이 컨텐츠를 생산하는 것이 쉬워 컨텐츠가 폭발적으로 증가할 수 있었다.

■ 접속방법

i-mode는 패킷(Packet)통신 방식으로 서비스되어 항상 켜 있는 상태이다. 그러므로 따로 접속할 필요가 없는 데다 단축버튼을 누르면 웹사이트에 바로 접속된다. 그러나 WAP은 서킷(Circuit)통신 방식, 즉 Dial-up 방식으로 전화를 걸어 접속한 후 웹사이트 주소를 일일이 입력해야 한다.

■ 사용요금

이용할 수 있는 컨텐츠 수도 i-mode가 많고 또한 요금도 저렴하다. WAP은 접속시간에 따라 요금을 부과하지만, i-mode는 패킷 데이터방식을 적용해 실제 사용하는 데이터량에 따라 요금을 측정하기 때문이다.

■ 가입자 수

가입자 수에 있어서도 i-mode는 WAP을 앞서고 있다. 2001년 1월 기준으로 i-mode 가입자 수는 1,700만 명인데 비해 WAP 가입자 수는 2000년 9월 기준으로 500만여 명에 불과하다.

■ 컨텐츠제공자

i-mode는 NTT DoCoMo가 선정(제휴)한 컨텐츠 제공기업이 발신하는 컨텐츠만이 공식메뉴가 된다. 하지만 WAP은 이러한 절차를 거치지 않고도 누구나 포털사이트를 운영할 수 있어서 수많은 WAP 포털이 생성된다. 지방자치적 성격을 띤 WAP보다 중앙집권적 성격을 띤 i-mode가 사이트 접속이나 수익성 등의 면에 있어서 유리하다.

m-커머스와 과제

휴대전화를 이용한 무선 전자상거래 'm-커머스'는 근래 IT 업계에서 가장 주목받고 있는 차세대 유망시장이다. 하지만 실제로 m-커머스 시장이 더욱 커지려면 앞으로 넘어야 할 과제들이 산적해 있다.

이와 관련해 미국의 시장조사기관인 'Giga Information Group(http://www.gigaweb.com/)'은 최근 m-커머스 시장이 본격적으로 움트기 위해 반드시 극복되어야 할 10가지 장벽을 다음과 같이 소개하고 있다.

비록 미국 시장을 중심으로 분석한 것이지만 한국 시장에도 시사하는 바가 크다.

■ 통신대역의 협소성

광대역(Broadband)은 IT업계의 최대의 화두다. 물론 앞으로 광대역 기술이 빠르기나 규모에 있어서 발전을 거듭할 것은 분명하다. 하지만 지금 당장은 컨텐츠를 내려 받는 데 상당히 많은 시간이 걸리는 것이 사실이다. 하지만 아직까지는 내려 받을 컨텐츠의 양이 엄청난 수준이 아니라서 이런 느린 통신망이 그다지 부담스럽지는 않다.

■ LCD 화면과 키패드 기술

소비자들은 좀더 작고 갖고 다니기에 간편한 휴대전화를 간절히 기다리고 있다. 이를 위해서는 자유롭게 말을 수 있는 LCD 화면과 접을 수 있는 키패드가 필수적이다. 그러나 이러한 LCD와 키패드는 대단히 까다로운 인터페이스를 요구하기 때문에 아직까지는 현실화되지 못하고 있다.

■ 배터리 수명

휴대전화나 흑백 PDA는 배터리 수명이 상당히 긴 편이다. 그러나 컬러화면이나 대형스크린에 키보드를 지원하기 위해서는 고성능 프로세서를 장착해야 하는데, 이 경우 배터리 수명이 많이 단축되는 것이 문제점이다.

■ 송신서비스 문제

휴대전화 서비스가 아예 미치지 못하거나 수신감이 떨어지는 지역들이 아직 많다. 또한 교외나 시골에 송신탑을 구축하는 사업을 반대하는 님비족(Not In My Back Yard)들이 점점 늘고 있어 이 문제를 해결하는 데 상당한 시일이 걸릴 듯 하다.

■ 표준화 문제

유럽과 아시아에서는 GSM으로 거의 단일화된 표준으로 자리잡고 있다. 하지만 미국에서는 차세대 이동통신의 표준으로 3가지 기술이 치열하게 경쟁을 벌이고 있다. 또 은행과 전화업체들은 서로 무선응용프로토콜(WAP)의 게이트웨이를 통한 결제와 통제권을 두고 맹렬히 경쟁하고 있다.

■ 보안 및 프라이버시 보호문제

이동하는 중에 물품을 구매하거나 계약을 맺는 것이 과연 안전한 것인지의 여부가 쟁점으로 떠오르고 있다. 또한 사람들이 과연 24시간 내내 자신의 생활이 타인에게 노출된다는 사실에 불쾌해하지 않을 것인가 하는 점도 미지수다.

■ 인프라 구축비용과 수익성

m-커머스를 위한 대규모 인프라 구축에 따른 비용은 엄청나다. 하지만 이

프라 구축에 따르는 비용 부담에 비해 m-커머스는 과연 수익성을 갖고 있는 지가 의문이다. m-커머스의 사용영역이 주로 채팅이나 게임, E-메일 등에 집중된다면 투자자들은 투자할 가치가 없다고 생각하게 될 것이다.

■ 저부가가치창출

m-커머스로 인한 부가가치 창출 모델을 그려 보라.

아직까지는 주식거래, 게임, 날씨나 게임결과 조회, 여행사나 호텔의 예약 및 취소와 같은 그다지 "돈이 안 되는" 수익모델만 제시되고 있다.

■ 사용상의제한

현재 정책 방향은 차량 운전중에 휴대전화의 사용을 금지하는 쪽으로 나아가고 있다. 다른 종류의 무선 인터넷 접속기기들 역시 비슷한 상황에 처하게 될 게 자명하다.

■ 이상과현실의 괴리

총체적인 문제다. 현실과 이상의 격차가 너무 크다는 비관적인 의식이 확산되면 m-커머스 시장 자체가 침체될 가능성도 배제할 수 없다.

제 6장 무선 인터넷의 미래   227

4. 각국의 동향

 한국

1) 유저 규모

우리 나라의 인터넷 이용자 수나 이동전화 가입자 수를 감안할 때 무선 인터넷 가입자 수는 보다 빠르게 증가하여 2001년 이동전화 가입자의 50% 이상, 2005년경이면 90% 이상이 무선 인터넷을 이용하게 될 것으로 예상된다. 매출 측면에서도 ETRI(한국전자통신연구원)에 따르면, 2000년 2,000억 원 수준에서 2005년 3조 원 규모로 성장하여, 2005년 무선 인터넷매출이 음성통화매출 대비 50% 이상의 비중을 차지할 것으로 전망되고 있다.

'정보통신부(http://www.mic.go.kr/)' 및 이동통신업계에 따르면, 휴대 전화기에서 무선 인터넷 컨텐츠에 자유롭게 접근할 수 있는 WAP(011, 017, 019 채택)이나 ME(016, 018채택) 방식을 채택한 가입자 수는 2000년 10월 말 현재 661만 5,000명을 기록하고 있다.

이 수치는 2000년 6월 말보다 270만 명이 늘어난 규모이며 한 달 전보다는 130만 명이 늘어난 셈이다. 그만큼 국내의 성장속도가 빠르다는 얘기다. 이렇게 무선 인터넷 가입자가 급증하고 있는 것은 이동전화기 기종을 변경하거나 신규로 가입할 때 유저 대부분이 무선 인터넷이 되는 단말기를 선택하고 있기 때문이기도 하다.

무선 인터넷이 가능하게 되면 단순히 전화통화만 하는 것이 아니라 주식투자, 은행 이용, 뉴스 예약서비스 등을 포함해 1,000여 가지 이상의 정보를 이용할 수 있기 때문이다. 또 젊은 N세대의 경우 게임이나 채팅을 위해 무선 인터넷가입을 선호하고 있다.

각 유내진화 업체별로 볼 때 'SK텔레콤(http://www.sktelecom.com/)'의 가입자 수는 2000년 10월 말 현재 205만 3,000명으로 2000년 6월 밀 141만

〈도표 6-7〉 국내 무선 인터넷 서비스 현황

사업자	유·무선 포털 사이트	구 분	2000년 10월 가입 현황 증감(천 명)	증감률(%)	2000년 10월 말 (천 명)	점유율 (%)	프로토콜	언어	브라우저	원천 기술 업체	보안 메커니즘
SK텔레콤	n-top.com	소계	294	8.1	3,920	27.2	WAP	WML	WAP	노키아 에릭슨	WTLS
		SMS방식	19	1.0	1,867						
		WAP방식	275	15.5	2,053						
신세기통신	itouch017.com	소계	114	21.0	656	4.5	WAP	HDML	UP	폰닷컴	WTLS
		SMS방식	—	—	—						
		WAP방식	114	21.0	656						
LG텔레콤	ez-i.co.kr	소계	935	28.9	4,165	28.9	WAP	HDML	UP	폰닷컴	WTLS
		SMS방식	730	41.0	2,510						
		WAP방식	205	14.0	1,655						
한국통신 프리텔	n016.com	소계	436	12.5	3,916	27.2	WIP	M-HTML	ME	MS 퀄컴	SSL
		SMS방식	26	1.1	2,456						
		WAP방식	410	39.0	1,460						
한국통신 엠닷컴	m018.com	소계	451	34.3	1,766	12.2	WIP	M-HTML	ME	MS 퀄컴	WTLS
		SMS방식	151	18.3	975						
		WAP방식	300	61.1	791						
합계	—	소계	2,230	18.3	14,423	100	—	—	—	—	—
		SMS방식	926	13.5	7,808						
		WAP방식	1,304	24.6	6,615						

출처) 정보통신부.

1,000명보다 64만 2,000명이 늘었다.

'LG텔레콤(http://www.lg019.co.kr/)'의 가입자 수는 165만 5,000명으로 2000년 6월 말보다 60만 명이 늘었고 '한국통신프리텔(http://www.n016.co.kr/)' 가입자 수도 146만 명으로 4개월 사이에 66만 7,000명이 늘었다.

'한국통신엠닷컴(http://www.018.co.kr/)' 가입자 수는 이 사이에 29만 2,000명에서 79만 1,000명으로 무려 2.7배가 늘었고, '신세기통신(http://www.shinsegi.co.kr/)' 가입자 수는 2배 증가한 65만 명을 기록했다.

무선 인터넷의 일부 기능을 지원해주는 단문메시지서비스(SMS) 이용자 수도 지난 2000년 10월 말 780만 명으로 한 달 전보다 92만 명이 늘었다.

무선 인터넷가입자와 SMS가입자까지 무선 인터넷 인구로 포함할 경우 국내 무선 인터넷인구는 1,442만 명에 달하게 된다.

2) 국내 동향

무선 인터넷 수입은 E-메일 송·수신, 인터넷 접속, 영상전화, 멀티미디어 동영상 서비스 등의 수요에 따른 수입을 의미한다.

2000년 10월 말 현재 국내 무선 인터넷 가입자 수는 660만 명(SMS 제외)에 달하는 것으로 추정된다.

많은 가입자 확보에도 불구하고 원활한 전송속도를 보장하는 인프라스트럭처의 구축 미비, 독창적인 컨텐츠의 개발 미흡, 비싼 요금과 요금체계의 비효율성 등의 요인으로 휴대전화 서비스 전체 매출에서 차지하는 비중이 아직까지는 미미한 수준이다. 그러나 그 성장 잠재성만큼은 어느 분야보다도 높다고 할 수 있기 때문에 국내 기업들이 사운을 걸고 이 곳을 선점하려는 경쟁이 치열하다.

이동통신서비스 사업자, 컨텐츠 제공기업, 단말기 제조기업 등 거의 모든 IT 기업들이 경쟁에 뛰어들었다. 여기에다 다국적 통신기업들도 적극적인 마케팅을 펼치며 국내 시장을 잠식하고 있다.

현재 국내 무선 인터넷 서비스 시장은 황금어장을 두고 벌이는 흡사 춘추전국시대를 연상시킬 정도다. 가장 빠른 움직임을 보이는 곳은 역시 이동통신서비스 사업자 및 단말기 제조기업이다.

　SK텔레콤(011, 017)은 AU 브라우저를, LG텔레콤(019)은 폰닷컴 브라우저를 각각 적용한 무선 인터넷서비스를 제공하는 한편 수백 개의 국내외 컨텐츠의 제공기업들과 전략적 제휴를 맺고 무선 포털 사이트를 운영하고 있다.

　삼성전자, LG정보통신, 현대전자 등 이동전화단말기 제조기업들은 이동통신서비스 사업자들의 시스템에 맞춰 각종 모바일 브라우저를 채택한 단말기를 공급하고 있다.

　삼성전자는 서비스 사업자들의 부가서비스 요청에 맞춰 PCS폰에는 애니웹을, 셀룰러폰에는 WAP 방식 브라우저를 적용할 계획이다.

　LG정보통신은 폰닷컴 외에도 AU, ME 등 각각의 브라우저에 맞는 유저 인터페이스(User Interface) 애플리케이션을 개발하고 있다. 또 최근에는 WAP 진영의 선두주자인 에릭슨과 포괄적으로 제휴함으로써 무선 인터넷 사업역량을 강화하고 있다.

　현대전자도 폰닷컴, AU, MS 등과 모바일 브라우저 라이선스 계약을 체결하고 향후 최대 2.4Mbps의 속도로 데이터를 전송할 수 있는 3세대(3G) 인터넷 단말기 제품군을 늘려나갈 계획이다.

3) 서비스 현황

　국내 무선 인터넷의 대부분은 WAP 방식을 채택하고 있다. SK텔레콤과 신세기통신, LG텔레콤이 WAP방식의 무선 인터넷 서비스를 제공중이다. 그러나 사용하는 언어는 다르다. SK텔레콤의 엔탑(n.TOP)이 WML을 사용하는 데 비해 LG텔레콤의 이지아이(ez-i)와 신세기의 아이터치017(itouch017)은 폰닷컴의 HDML 언어를 사용한다.

　최근 들어 NTT DoCoMo i-mode 서비스가 국내시장 진출을 가시화하고 있다. 이미 i-mode에서 유행한 캐릭터 다운로드나 휴대폰 노래방 서비스 등의 몇몇 컨텐츠는 국내에 들어와 있다. 모바일 컨텐츠 제공기업들이 일본 컨텐츠 제공기업들과 제휴해 i-mode 컨텐츠를 수입하여 국내에 맞게 서비스중이다.

여기에다 NTT DoCoMo는 협력선인 SK텔레콤과 자본제휴가 성사될 경우 i-mode 서비스를 국내에 직접 들여와 서비스할 방침인 것으로 전해지고 있다. 이에 따라 국내에서도 조만간 WAP과 i-mode간의 싸움이 치열하게 벌어질 가능성이 있다.

4) 장래 과제

국내 무선 컨텐츠 시장의 걸림돌이 되고 있는 요인을 몇 가지 집약해 보면 다음과 같다.

■ **부과금(賦課金) 시스템**

무선 인터넷의 가장 큰 과제는 컨텐츠의 유료화를 통해 컨텐츠 제공기업에게 안정된 수입을 제공하여 서비스 품질을 향상시키는 것이다. 따라서 하루 빨리 체계적인 부과금 시스템이 도입되지 않으면 안 된다. 하지만 부과금 시스템은 민감한 사안으로 이동통신서비스 사업자와 컨텐츠 제공기업 사이의 이해관계가 얽혀 있기 때문에 빠른 시일 내에 해결되기는 어려울 것이다.

또한 이동통신서비스 사업자는 제각각 독점적으로 자사의 유·무선 포털을 구축, 끊임없는 광고 등 물량공세로 중소규모의 컨텐츠 제공기업들이 진입할 틈을 주지 않고 있다.

국내 휴대전화의 무선 인터넷에 정보를 제공하고 있는 컨텐츠 제공기업들 100개 가운데 90개가 한푼도 받지 못하고 있는 것으로 집계되고 있다. 또 일부 이동통신서비스 사업자들은 일부 컨텐츠 제공기업에 컨텐츠 사용료를 지불하고 있기는 하지만, 정확한 정산 규정 없이 자사에 유리한 쪽으로 사용료를 주고 있어 국내 무선 인터넷시장 활성화에 걸림돌이 되고 있다.

실제로 한국통신프리텔은 200여 개 컨텐츠 제공기업 가운데 21개 업체에 대해서만 일정 수준의 정보 이용료를 지불하고 있지만 2001년 6월부터는 무선 인터넷 컨텐츠 전면 유료화를 시행할 것이라고 밝혔다. 또 2000년 12월 1일부터 2001년 5월까지 컨텐츠 품질 경진대회를 열어 월 최대 1,000만원까지의 장려금을 지원하고, 장려금을 지원받지 못한 컨텐츠 제공기업들에는 월 50만원의 지원금을 지급하기로 했다.

한국통신엠닷컴은 캐릭터 등을 제공하는 토이 소프트 등 11개 컨텐츠 제공기업에 한해 다운로드 건당 50원(고객에게 100원씩 이용료 부과)씩만 정산해서 주고 있을 뿐이다.

무선 인터넷 분야에서 가장 활발한 편인 LG텔레콤은 600여 개 컨텐츠 제공기업으로부터 1,100개의 컨텐츠를 확보하고 있지만, 캐릭터나 벨소리 정보 제공기업을 제외한 나머지 기업에게는 일체 요금을 지불하지 않고 있다.

이동통신서비스 사업자들은 컨텐츠 제공기업 활성화의 중요성을 인식하고 일부 유료화가 가능한 컨텐츠부터 유료 서비스에 나서는 한편, 통합 정보이용료 부과방안을 추진하고 있다.

그러나 이동통신서비스 사업자들 사이에 특화된 서비스가 별로 없고 컨텐츠의 종류도 다양하지 않아 유료화가 이용자들로부터 호응을 받을 수 있을지는 미지수이다. 또 양질의 컨텐츠를 확보하지 못할 경우 정보사용료에 대한 이용자들의 반발가능성 또한 우려된다.

■ **파트너십 마인드 부재**

모바일 컨텐츠 시장을 보다 활성화시키고 수익이 창출되는 건실한 시장으로 발전시키기 위해서는 이동통신서비스 사업자와 컨텐츠 제공기업 사이에 Win-Win 마인드가 요구된다. 하지만 안타깝게도 수평적인 비즈니스 관행보다는 아직까지는 국내에서 대기업과 중소기업간의 관계는 수직적인 주종관계(主從關係)가 중심이다.

결국 수익률이 높은 큰 시장은 이동통신서비스 사업자들이 모두 장악하고, 남은 작은 시장을 두고 수백 개의 컨텐츠 제공기업들끼리 출혈경쟁을 해야 한다는 것이다.

■ **저조한 단말기 보급**

단말기 없이 이용자들과 컨텐츠와의 접목이 가능할까? 다시 말해, 좋은 컨텐츠를 제대로 볼 수 있는 휴대전화, PDA 등이 시장에 보급되어 있어 누구라도 쉽게 무선 컨텐츠를 접하고 이용할 수 있어야 한다.

■ 무선 인터넷 기술표준의 부재

유선 인터넷의 경우 어떤 ISP를 통해 접속해도 필요한 컨텐츠 제공기업의 서버에 자유롭게 접속할 수 있지만, 무선 인터넷은 사업자끼리도 폐쇄적으로 운영되고 있는데 언어 표준마저 WML(WAP), HDML(폰닷컴), M-HTML(ME) 등으로 제각기 달라 컨텐츠 제공기업의 컨텐츠 개발과 가입자들의 선택 폭을 제한하는 등의 문제점을 가지고 있다.

현재, 무선망은 SK텔레콤의 n-TOP, 한국통신프리텔의 퍼스넷, LG텔레콤의 ez-i, 신세기통신의 itouch017, 한국통신엠닷컴의 m018 등 자사 무선 포털을 중심으로 배타적으로 운영되고 있다. 심지어 같은 언어 표준을 사용하는 SK텔레콤과 신세기통신, 한국통신프리텔과 한국통신엠닷컴의 경우에도 상호 접속이 어렵다.

특히, 세계 표준은 정해지지 않았으나 국내 이동통신서비스 사업자만이라도 상호 접속이 가능한 표준 언어를 개발하거나 완전한 망 개방을 앞당겨야 한다.

■ 이용요금 과다

2000년 10월 말 기준으로 무선 인터넷 이용자 수는 SMS 이용자를 합해 약 1,400만 명에 이르고 있다. 초창기 PC로 대표되는 유선 인터넷 이용자 수가 5년 만에 1,600만 명에 달한 것과 비교한다면 이러한 수치는 그야말로 경이에 가까운 성장이라 할 수 있다. 그러나 부실한 컨텐츠와 전송속도, 접속속도지연 등의 저급한 서비스 수준에 비해 현재의 무선 인터넷 요금은 지나치게 비싼 편이다.

기본적으로 접속시간에 따라 요금을 책정하는 서킷(Circuit) 방식으로 인해 요금이 비싸다. 무선 인터넷은 PC로 대표되는 유선 인터넷보다 속도가 느리고 버튼을 눌러 자신이 원하는 서비스를 찾기까지 시간이 오래 걸리는 경우가 많다. 그런데 서킷방식에서는 접속된 순간부터 시간이 책정되기 때문에 중간에 끊어지거나 찾고자 하는 서비스를 얻지 못하면 이용자는 부당한 요금을 지불하게 되는 것이다.

■ 우수한 컨텐츠 확보

기존의 컨텐츠 제공기업이 서비스하고 있는 컨텐츠는 너무나 부실하다. 더욱이 기존의 유선 인터넷용으로 개발된 컨텐츠를 m-커머스에서는 직접 이용할 수 없다는 점에서 컨텐츠 부족 현상은 더욱 심각해지고 있다.

■ 패킷요금 체계

패킷(Packet)요금 방식은 컨텐츠 사용량에 맞게 요금을 부과할 수 있다는 장점 때문에 서비스 활성화 차원에서 이동통신서비스 사업자에게 필수 요소로 인식되면서 패킷요금 체계로 전환하기 위한 작업이 한창 진행중이다.

그러나 서킷 방식에서 패킷요금 방식으로 전환했을 경우 또 다른 문제가 생긴다. IMT-2000 서비스가 시작되면 고속·대용량의 데이터를 주고 받게 됨으로써 패킷 방식은 결국 이용자들에게 높은 이용요금을 부과하게 된다. 따라서 앞으로의 부과금 시스템은 데이터 용량이 많은 동화상이나 음악 같은 종류는 서킷 방식으로 이용요금을 부과하고, 기타 텍스트 위주의 가벼운 데이터 용량을 가진 컨텐츠는 패킷 방식으로 부과하는 '이중 부과금 시스템'을 도입해야 할 것이다.

■ 유료화 조건

컨텐츠 유료화는 유선 인터넷이나 무선 인터넷 모두에 해당되는 문제이다. 컨텐츠 유료화에 성공을 거둔 기업들을 보면 해당 컨텐츠가 높은 품질과 뚜렷한 차별화를 가지고 있다.

■ EC 활성화

무선 인터넷이 m-커머스로 발전하기 위해서는 무선 인터넷을 통한 B2C는 물론이고, B2B 등을 통해 본격적인 수익모델이 시장에서 자리를 잡아야 한다.

<도표 6-8> 무선 인터넷 활성화 정책방안

항 목	활성화 방안
기반시설 확충	수요 예측을 통한 시설투자 마련
컨텐츠 개발 및 보급 활성화	이동통신서비스 사업자와 컨텐츠 제공기업 사이에 적정 수입배분, 요금부과 체계수립
기술개발 추진	차세대 영상이동전화 연계기술 개발
기술표준 정립	확장성생성언어(XML) 표준화 연구
주파수 활용대책 수립	한정된 주파수 자원 적정 배분
이용요금 개선	소비자의 부담을 줄이는 요금정책

출전) 정보통신부.

(Coffee Break) 킬러 애플리케이션(Killer Application)

미국의 한 화장품회사에서 화장품을 만들었는데, 이 화장품을 사용한 소비자에게는 모기가 달려들지 않는 예상하지 못한 효과가 부가적으로 발생했다. 이와 같이 당초 목적과 다른 효과가 부수적으로 발생하고, 이것이 산업 전반에 유용하게 이용될 때 이 효과를 가리켜 킬러 애플리케이션이라고 한다. 즉 새로운 카테고리가 탄생되는 것을 의미한다.

<도표 6-9> 국내 무선 인터넷의 방향

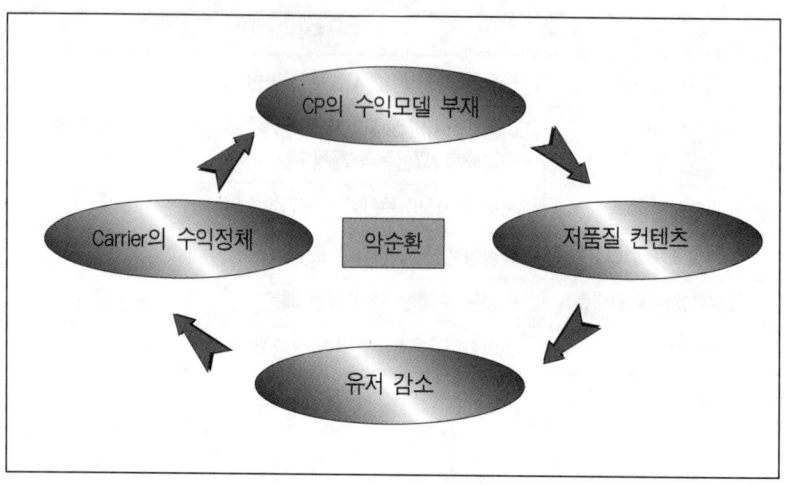

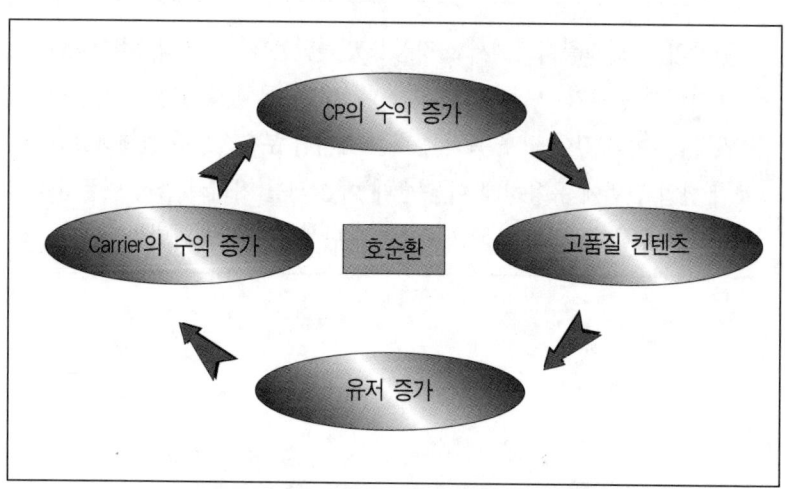

제 6 장 무선 인터넷의 미래 237

 유 럽

1) 무선 인터넷 동향

유럽은 세계 최대의 단말기 생산기업인 노키아와 에릭슨이 포진해 있는 무선 인터넷 분야의 메카라 할 수 있다. 현재 전 세계적으로 i-mode와 함께 가장 많이 사용하고 있는 모바일 프로토콜인 WAP의 발상지이기도 하며, 이동통신 시장규모에 있어서도 1조 5,382억 달러에 달해 전 세계 시장의 31%를 차지하고 있다.

유럽이 이처럼 이동통신분야에서 두각을 나타낸 것은 1990년 초 유선 인터넷 분야에서 미국에게 선점당한 이후로, 일찍부터 무선 인터넷 쪽으로 관심을 돌려 일반기업은 물론 국가 정책도 이 분야에 대한 적극적인 지원을 아끼지 않았다. 또한 서부 및 북부 유럽이 지형적으로도 모바일 통신 인프라 구축비용 면에서 경쟁력이 있었던 것도 하나의 원인이 되었다.

<도표 6-10> 핀란드의 사례

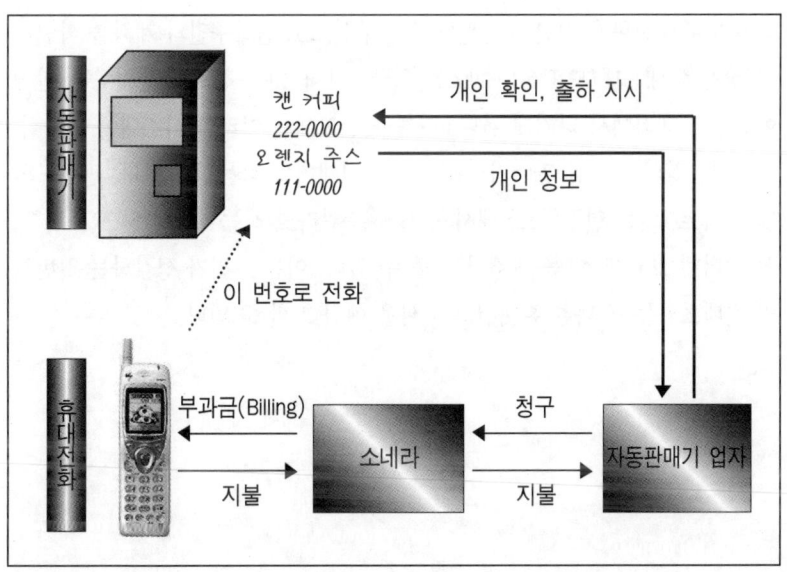

2) 모바일의 특징

유럽의 컨텐츠 시장은 일본에 비해 다양하지도 않으며, 이용자 수도 많지 않다. 하지만 그 사용 면에서는 활용률이 상당히 높다. 일본의 컨텐츠가 게임이나 캐릭터, 착신 멜로디 등 엔터테인먼트 분야에 주력하고 있는 반면, 유럽은 오히려 금융관련 경제 정보나 뉴스, 예약 등 소위 VAI(Value Added Information)라 불리는 일반 정보 면에 훨씬 더 많은 이용률을 보이고 있다.

유행하는 컨텐츠가 서로 다른 것은 해당 국가의 문화적 특성과 관련이 있다고 할 수 있다. 일찍이 애니메이션 및 캐릭터 등이 발달하고 또한 그것을 즐기는 일본인들과 정치, 금융, 경제 등에 관심이 많은 유럽인들과의 일반적인 문화적 차이가 컨텐츠의 차이에 영향을 끼쳤을 것이다. 실제로 유럽은 뉴스의 경우에도 세계뉴스, 경제뉴스, 헤드라인 뉴스, 지역뉴스 등 매우 세분화된 형태로 컨텐츠를 제공하고 있다.

유럽 컨텐츠의 또 다른 특징은 지형적인 면과 많은 연관성을 가지고 있다는 점이다. 실제로 핀란드의 노키아는 휴대전화를 이용하여 자동판매기의 음료수 등을 뽑아 마실 수 있는 시스템을 지난 1999년 가을에 선보였는데, 동전을 넣는 대신 휴대전화로 은행계좌에서 자동 결제하는 시스템이다. 이용자가 휴대전화를 걸면 자동판매기는 무선으로 전화주인의 계좌를 확인하고 상품을 내준다(도표 6-10 참조). 요금은 1회 30원 정도의 통화료와 함께 이용자의 계좌에서 나가게 된다. 현재 핀란드에는 이러한 시스템이 주차장, 골프연습장의 골프볼 판매기, 구두 닦는 기계에도 적용되고 있다. 핀란드의 넓은 국토, 낮은 인구밀도, 매서운 겨울 추위라고 하는 환경적인 요소도 무선 인터넷 보급에 한 몫을 했다고 볼 수 있다. 이는 우리가 생각하는 일반적인 컨텐츠와는 또 다른 휴대전화의 사용 예라고 할 수 있다.

 일 본

1) 시장 환경

일본의 유선전화는 1992년 6,000만 대를 정점으로 서서히 감소하기 시작하여 2000년 3월 시점에 5,553만 대였으나, 같은 시기 휴대전화의 등록대수는 5,685만 대에 이르러 마침내 유선전화를 누르고 휴대전화는 일본 국민 2명에 1명꼴로 보급되기에 이르렀다.

지난 2000년 4월 NTT계열의 싱크탱크인 '정보통신종합연구소'가 발표한 자료에 따르면, 2003년의 인터넷 이용인구비율은 86.9%에 달하여 미국의 59.9%를 크게 상회할 것이라고 한다. 지금까지 일본은 미국에 비해 인터넷 산업이 5년은 뒤지고 있다고 하는 주장이 수긍되는 분위기였는데, 그러한 분위기는 현재 반전되고 있다. 위의 보고서에 따르면, 완만한 보급단계에 들어간 미국에 비하여 일본은 '1999년도부터 등장한 휴대전화를 이용한 무선 인터넷 이용이 급속히 보급되고 있기 때문'이라고 설명하고 있다.

실제로 미국과는 1998년 말 기준으로 보급률에 있어 3배의 격차가 있었으나, 2003년 말에는 그 격차가 거의 해소될 것이라고 예측된다. 이것은 일본에서의 보급률 증가와 함께 미국에서의 주요 인터넷 이용자인 고소득층이 포화상태에 이르러 향후 보급률의 둔화가 예상되기 때문이다.

미국 인터넷 단말의 주역은 역시 PC이지만 TV를 사용한 인터넷 접속도 계속 추진되고 있다. 또 PDA(휴대정보단말)의 인기 역시 높다. 그러나 일본에서는 휴대전화와 가전·게임기가 인터넷 단말로 주목을 받고 있다. 이러한 차이를 가리켜 일본 스스로 '일본형 IT'라고 주장하고 있다.

그에 따라 무선 인터넷을 통한 비즈니스 시장규모 역시 날로 확대일로를 걷고 있다. 일본 우정성이 발간한 2000년판《통신백서》에 따르면, 일본 국내의 1999년도 휴대전화, PHS 등 모바일 단말을 플랫폼으로 하는 모바일 비즈니스의 시장규모는 1,729억 엔이었다. 나아가 2005년에는 4조 5,206억 엔 (m-커머스 및 그 관련 비즈니스)이라는 예측을 내놓고 있다.

또 1999년 현재 일본 m-커머스의 시장규모는 42억 엔이지만 향후 이동통신서비스 사업자가 안전한 결제서비스를 제공함으로써 m-커머스는 한층 확대되어 그 시장규모는 2005년에 1조 1,036억 엔에 달할 것이라고 예상하고 있다. 또한 활용범위도 은행입금, 온라인증권으로 주식구입, 항공권의 예약구입, 콘서트티켓의 예약구입, 착신멜로디의 유료다운로드, 최신게임, CD, DVD, 서적구입 등 매우 다양하다.

그 외에 주목을 받고 있는 것이 광고시장으로 위치정보서비스와 결합하여 특정 지역에 거주하는 유저를 대상으로 이벤트정보와 할인정보 등을 제공하여 점포로 소비자를 유도하는 것과 같은 방식의 새로운 수요창출도 가능하다. 이러한 서비스는 이미 일본 내의 일부 지역에서 제공되고 있다.

〈도표 6-11〉 일본 모바일 비즈니스의 시장규모

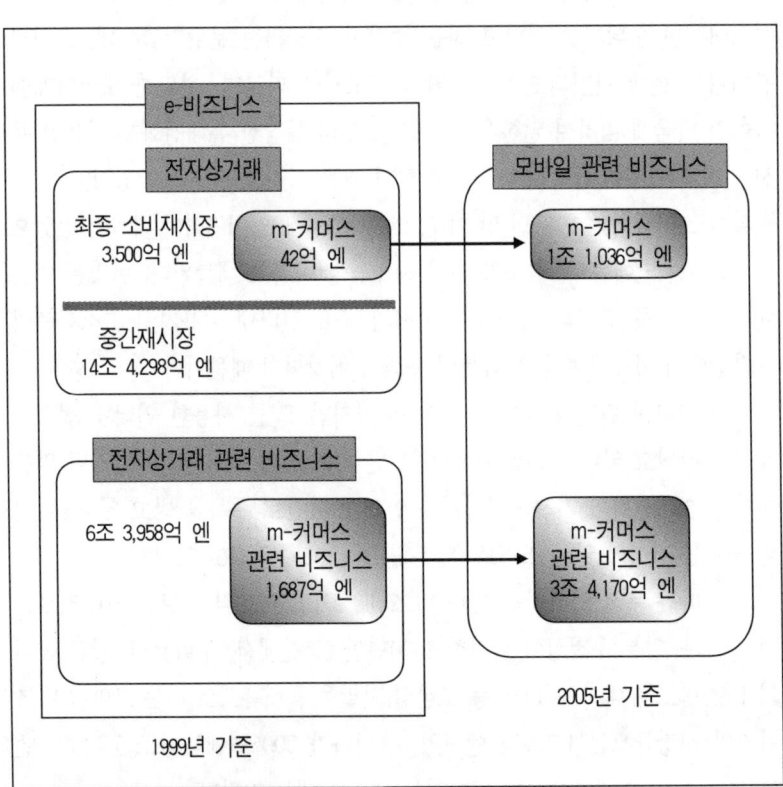

출전) 郵政省, 《2000年版 通信白書》.

제 6 장 무선 인터넷의 미래 241

2) 일본의 역전

모바일로 대표되는 일본형 IT가 어떤 측면에서는 미국형보다 시대의 흐름을 제대로 반영하고 있다고 할 수 있다. 일상적인 예로 인간은 직장에서 일을 하고 있는 시간에도 빈번히 움직이고 있다. 통근, 통학, 쇼핑 등과 같은 인간의 생활은 이동 그 자체라 할 수 있다.

지금까지의 모바일 통신은 유선통신에 비해 보조적인 존재이었으며, 무거운 모바일 단말을 휴대, 복잡한 설정을 하고도 불충분한 정보처리밖에 할 수 없었다. 하지만 모바일이 주역이 되는 IT환경을 정비하여 필요한 정보를 언제, 어디서나 수신 및 발신할 수 있게 됨으로써 그 효용성은 유선통신을 훨씬 능가하게 되었다.

PC를 사용한 유선 인터넷에서는 미국이 인프라스트럭처의 정비 면에서 앞서, 그것을 기반으로 비즈니스 모델에서 주도권을 갖고 있다.

그러나 무선 인터넷에서는 일본이 기술과 서비스, 보급 등의 면에서 앞서고 있을 뿐만 아니라 비즈니스 모델에서도 주도권을 쥐게 될 기회라고 판단, 모바일 부문에 역량을 쏟고 있다.

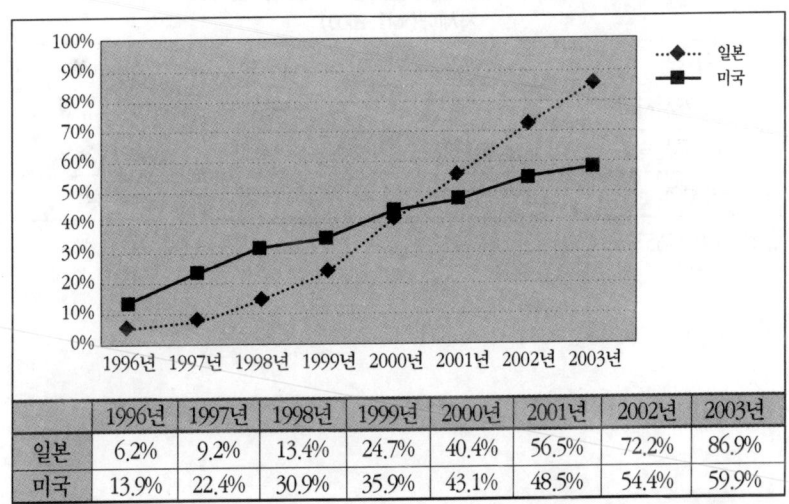

〈도표 6-12〉 미·일 인터넷 이용 인구비율(유선&휴대 이용 인구비율)

	1996년	1997년	1998년	1999년	2000년	2001년	2002년	2003년
일본	6.2%	9.2%	13.4%	24.7%	40.4%	56.5%	72.2%	86.9%
미국	13.9%	22.4%	30.9%	35.9%	43.1%	48.5%	54.4%	59.9%

출전) 情報通信總合研究所, 2000. 4.(http://www.icr.co.jp/info/press/press20000406.html).

또한 유선 인터넷의 리더격인 미국은 무선 인터넷이 성공할 지리적 토양을 갖추고 있지 못하다. 왜냐하면, 무선통신은 인구밀도가 높은 곳에서 성공확률이 훨씬 높다. 그 이유는 기지국을 설치하는 비용도 적게 들 뿐 아니라 고객들의 수요도 많기 때문이다. 미국은 전체인구의 41% 정도가 도시지역에 몰려 산다. 따라서 일본의 78%, 유럽의 76%와는 비교가 안 된다.

그리고 현재 주류가 되고 있는 PC를 기반으로 하는 정보유통은 서서히 막을 내리기 시작했다. 일본의 i-mode로 대표되는 무선 인터넷은 인터넷 접속은 'PC가 주(主), 모바일은 종(從)'이라고 하는 시각에 대전환을 가져오고 있는 것이다.

<도표 6-13> 일본 휴대전화 3사의 비교

	NTT DoCoMo	KDDI	J-phone
현 재			
주도기업	노키아, 에릭슨	퀄컴	노키아, 에릭슨
통신규격	PDC	cdma	PDC
컨텐츠 통신규격	i-mode방식 (C-HTML)	WAP방식	WAP방식
컨텐츠 상품명	i-mode	EZweb	J-sky
차세대(IMT-2000)			
규 격	W-CDMA	cdma2000	W-CDMA
서비스 개시시기	2001년 5월	2002년 9월	2001년 12월
데이터 통신속도	최대 384kb	384kb ~ 2.4mb	64kb ~ 384kb
컨텐츠	당분간 i-mode	편리성에 초점	미 정

출전) 別冊寶島529號, 2000. 9.

5. 사례연구

NTT DoCoMo의 i-mode 전략

1) i-mode의 위상

■ i-mode 등장

 미국의 유력 시사잡지인 Fortune(2000. 9. 18.)은 'DoCoMo CRAZY!' 라는 최근의 특집기사를 통해 NTT DoCoMo의 i-mode를 "1980년대 초반 소니(Sony)의 워크맨(Walkman) 이래 일본으로부터 탄생된 가장 큰 소비현상으로 엄청난 잠재성을 가지고 있다."고 지적하고 있다.
 또 플레이스테이션2를 개발한 소니 컴퓨터 엔테테인먼트의 CEO도 "우리들이 두려워하는 것은 마이크로소프트(MS)도 인텔(Intel)도 아니다. i-mode를 비롯한 인터넷 접속대응의 휴대전화다."라고 단언하고 있다.
 그 외에도 유명 경제전문지 등에서 i-mode의 성공을 대대적으로 보도하고 있다. 예를 들면, "휴대전화의 선진지역인 유럽에서조차 인터넷 접속 서비스는 일본에 18개월은 뒤지고 있다. 게다가 미국은 유럽에 18개월 뒤지고 있다.", "일본에서 붐을 일으키고 있는 휴대전화를 통한 인터넷 접속 서비스는 세계를 석권할 가능성이 있다."와 같은 논조가 눈에 띄고 있다.
 실제로 i-mode는 2000년 8월 6일로 가입자 수 1,000만 명을 돌파하였다. i-mode 서비스는 1999년 2월 22일 서비스를 개시한 이래 6개월도 지나지 않은 같은 해 8월 8일에는 100만 명을 돌파, 그로부터 7개월이 지난 2000년 3월 중순에는 500만 명, 그리고 8월 초에는 마침내 1,000만 명의 계약자 수를 돌파하는 대기록을 세운 것이다. 현재도 매일 4~5만 명이 i-mode 서비스에 가입하고 있으며, 2001년 1월 기준으로 1,700만 명이 가입하고 있다. 원래의 계획에 의하면 3년 후에 1,000만 명 가입을 목표로 하고 있었으나 그 계획은 2000년 중에 달성하였으며 2001년 말에는 가입자 수가 2,700만 명에 달할 것으로 예상하고 있다.

그리고 2000년 7월 말 기준으로 가입대수가 6,023만 대(PHS 585만 대 포함)에 달한 일본의 휴대전화 시장에서 NTT DoCoMo는 3,157만 대로 절반 이상의 시장 점유율을 차지하고 있다. 그리고 점유율뿐만 아니라 시장을 넓혀가는 속도에서도 경쟁업체의 추종을 불허하고 있다. 7월 한 달 동안 일본 전역에서 새로 가입된 76만 7,000대의 휴대전화 가운데 83.6%인 64만 3,000대를 NTT DoCoMo가 차지하여 경쟁기업과의 격차를 더욱 벌여놓고 있다.

영업조직과 인력, 그리고 지명도에서 많은 장점을 가지고 있는 NTT DoCoMo는 이를 발판으로 신규가입자를 늘리고 i-mode는 자연스럽게 계약 건수가 늘어가는 순환이 이어지고 있다.

i-mode로 열람이 가능한 웹사이트의 수는 현재 약 3만 개에 달하고 있으며, 그 가운데 약 1,000개 이상이 NTT DoCoMo의 허가를 받아 계약을 맺고 있는 '공식사이트'로 그 이외는 통상 인터넷 사이트와 같은 '비공식사이트 = 일반사이트'이다. 하루에도 30~40개의 사이트가 늘고 있다. 그에 따라 이를 둘러싼 다양한 서비스를 제공해주는 새로운 형태의 비즈니스도 속속들이 탄생하고 있다.

공식사이트는 뉴스, 모바일 뱅킹, 엔터테인먼트 등 9가지의 카테고리로 분류된다. 이것은 'i-menu'에 게재되어 있어 버튼 하나로 자신이 보고 싶은 사이트를 열람할 수 있다.

NTT DoCoMo의 DoCoMo는 "Do Communications Over the Mobile Network"의 약어로 별도의 장치와 장비 없이 휴대전화 하나만으로 언제, 어디서나 인터넷을 즐기자는 것으로 i-mode가 추구하는 원대한 방향성을 의미하고 있다.

■ 김재성

i-mode 유저가 급속히 증가하게 된 배경에는 2년 전부터 PC 및 인터넷 붐이 조성한 E-메일 이용자 증가가 있다. 또 고가의 PC를 구입하는 것이 곤란한 중·고등학생에게 있어서는 커뮤니케이션 도구이며, 한편으로 비즈니스맨에게 있어서는 정보를 수집하는 비즈니스 도구가 되기도 하기 때문에 세

대와 성별에 관계 없이 i-mode 유저가 확대되기 시작한 것이다.

다시 말해, i-mode 구입의 첫째 이유는 E-메일, 그리고 둘째 이유는 i-mode가 커뮤니케이션 도구이면서 비즈니스 도구라는 양방향으로 사용되고 있다는 점이다. 나아가 i-mode의 서비스에는 은행의 잔액조회·입금, 전철의 환승안내, 여행·호텔·항공권의 예약, 콘서트 티켓의 예약, 주식시장의 확인, 매매주문, 레스토랑 가이드, 서적 등의 온라인 쇼핑 등으로 활용되고 있다. 종래는 이러한 것을 하기 위해 이동하거나 시간을 별도로 내어야 하던 것을 장소에 관계 없이 대기시간이나 이동중의 자투리 시간에 행할 수가 있게 되었다.

그러나 여기서 주목해야 할 것은 이러한 i-mode의 효용과 잠재성은 아직 발전도상에 있다는 점이다. 2000년 12월부터는 Java 기능이 탑재된 i-mode 단말이 판매되고 있는데 이로 인해 컨텐츠의 표현력이 비약적으로 높아졌다.

예를 들면, 휴대전화 단말만으로 화상 회의가 가능해지고 전자카탈로그를 열람하면서 TV 쇼핑과 같은 휴대 쇼핑, 공사현장으로부터의 화상메일 등도 사용할 수 있게 될 것이다. 또 소니 컴퓨터 엔테테인먼트가 i-mode와 플레이스테이션의 네트워크 서비스 개발을 위해 이미 제휴를 맺어 플레이스테이션의 게임을 i-mode로 즐길 수 있게 되었다. 물론 네트워크 게임도 할 수 있게 되었다.

개별 유저에게 있어 i-mode를 통해 비즈니스 기회를 찾을 수 있을지의 여부는 별개로 i-mode 대응의 휴대전화가 전화와 E-메일 등의 커뮤니케이션 도구 역할뿐만 아니라 일, 게임, 지갑, 그리고 가정에 있는 각 가전제품의 리모컨 역할을 하게 될 것은 분명한 사실이다.

경쟁기업에 앞서 다양한 서비스를 제공하여 라이벌을 압도하는 유저수와 확고한 브랜드 구축을 달성한 i-mode는 일본 국내에서 이미 필요 불가결한 도구로서 그 효용성을 인정받아 무시할 수 없는 존재로 부각되고 있다.

■ *수익원천*

NTT DoCoMo의 i-mode 서비스에 의한 수익구조는 ⅰ) i-mode의 기본

료, ⅱ) 패킷 통신료, ⅲ) 공식사이트가 설정한 정보료 가운데 9%의 수수료가 수익원천의 전부이다.

실제로 2000년 3월 결산에 따르면, NTT DoCoMo의 전체 매출 가운데 i-mode로 벌어들이는 수익이 차지하는 비중은 1%도 못 되는 것으로 나타났다. 그리고 같은 해 9월 결산에서는 1,133억 엔으로 전체 매출액의 5%에 달하는 급성장을 보이고 있다. 하지만 아직까지 세계 무선 인터넷의 주도권을 쥐겠다는 국제적인 평가에 어울리지 않게 i-mode에 의한 매출 기여도는 그다지 높지 않다는 것을 알 수 있다.

그러나 i-mode 서비스가 NTT DoCoMo 전체 매출액의 1%에도 미치지 못했다고 NTT DoCoMo 측은 발표하고 있지만, 실제로는 i-mode로 레스토랑을 검색하여 휴대전화로 예약을 하거나 메일로 주고 받게 되면 전화이용도 늘어나기 때문에 통화요금수입도 급증하고 있다고 할 수 있다. 즉 i-mode로 인해 파생되는 새로운 이익이 NTT DoCoMo의 부가이익으로 나타나고 있다고 할 수 있다.

여기에다가 i-mode의 전용광고 요금도 근래 폭등하고 있다. i-mode의 검색사이트 'i-seek'의 첫페이지 광고료를 1개월에 100만 엔으로 설정, 한 번씩 열람할 때마다 페이지 단가는 0.33엔으로 통상 검색사이트의 약 2배에 이르고 있다.

그뿐만 아니라 일본 국내의 주식시장에서는 TV, 메일, 전자게임기 등 첨단 멀티미디어와의 결합이 가능한 i-mode의 성장은 시간의 문제에 지나지 않는다는 시각 때문에 부러움을 한눈에 사고 있다.

■ i-mode에 의한 인트라넷 구축 — 릿쿄대학(立敎大學)

i-mode를 통하여 또 하나의 캠퍼스를 만든 릿쿄대학의 사례를 간단히 소개한다.

본 사례는 i-mode 사례집(http://www.nttdocomo.co.jp/i/jirei.html)에 들어 있는 것을 그대로 인용한 것이다.

제 6 장 무선 인터넷의 미래   247

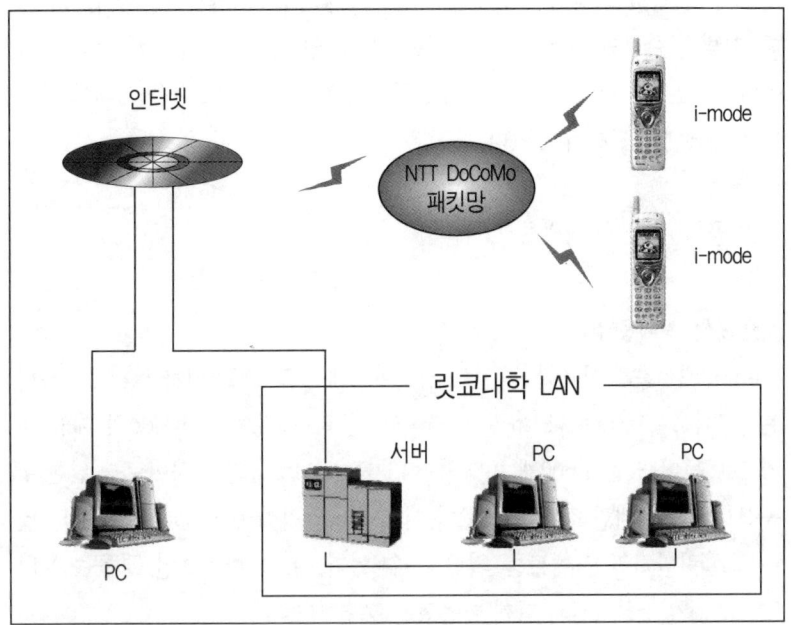

〈도표 6-14〉 i-mode에 의한 인트라넷 구축 사례 : 릿쿄대학

출전) http://www.nttdocomo.co.jp/i/jirei.html

도입(Introduction)

"좀더 직접적으로 학생과 의견교환이 가능하다면…" 등과 같은 교수진의 제안에 따라 릿쿄대학에서는 1999년부터 출발한 인터넷과 인트라넷을 조합시킨 새로운 연구교육용 정보환경 '릿쿄V(버추얼) 캠퍼스'를 더욱 진화시켜, 학생이 어디서나 'i-mode'로 세미나와 강의에 대한 질문과 의견교환 등이 가능한 '모바일V 캠퍼스'를 출범시켰다.

시스템(System)

'모바일V 캠퍼스'에서는 세미나와 강의별 게시판은 물론이고 수업시간표와 휴강정보도 확인할 수 있다. E-메일도 충실하게 갖추어져 있으며 재해 발생시에 대학의 대응방향을 알리는 '긴급 뉴스'도 표시하는 등 학교생활을 다양하게 지원하고 있다.

발전(Growth)

"학생의 생각을 직접적으로 알 수 있어 강의도 조금씩 변화되기 시작했다. 활발한 학구의 장(場)이라고 하는 이상적인 캠퍼스에 접근해 가는 느낌이다."라고 교수진의 반응도 좋다. 대학과 학생의 관계도 다음 세대를 향해 더욱 새롭게 발전해가고 있다.

2) 공식·비공식 사이트

■ 공식 vs 비공식

i-mode를 통해 이용할 수 있는 웹사이트에는 크게 2가지가 있다. 그 하나는 '공식사이트(Official Contents Providers)'라는 것으로 i-mode의 메뉴 리스트에 들어 있는 1,000개 이상의 NTT DoCoMo 공인의 사이트를 말한다. 공식사이트에 대한 접속은 별도의 어드레스 입력이 필요 없으며 화면의 일부를 클릭만하면 사이트를 열람할 수 있다. 유료 컨텐츠인 경우는 NTT DoCoMo가 전화요금과 함께 이용료를 징수한다.

가령 컨텐츠당 월 정보사용료가 100~300엔이라고 하여도 i-mode 유저 1,700만 명 가운데 1%가 이용하여도 매월 수익은 엄청나다고 할 수 있다. 한때 전 세계에 "다마코치" 열풍을 가져왔던 반다이(Bandai)는 i-mode 대응 휴대전화 화면에 매일 한 개씩 캐릭터를 제공하고 있는데, 이러한 대가로 회원으로부터 징수하는 금액은 불과 100엔이다. 하지만 반다이의 서비스를 받는 회원은 300만 명을 넘어 한 달 수입만도 3억 엔을 넘고 있다.

또 정보료 가운데 NTT DoCoMo에 지불하는 수수료는 9%이기 때문에 컨텐츠 제공기업이 갖는 비율은 91%로 이 모두가 수익으로 떨어지게 된다. 그뿐만 아니라 현재 i-mode 붐이어서 이용자가 매일 늘고 있어 수익도 그에 따라 급속히 증가하고 있다.

현재 공식사이트 컨텐츠의 1/4이 유료 컨텐츠이며 1,700만 유저 가운데 유료 컨텐츠의 이용비율은 100%를 넘고 있다. i-mode의 공식사이트에서는 모두 1,700만 명 이상이 유료사이트를 이용하고 있다고 할 수 있다. 실제로 한 사람이 복수의 유료사이트에 가입하고 있으므로 거의 850만 명이 2개 이상의 유료 컨텐츠를 이용하고 있다고 해도 과언이 아니다.

　공식사이트라고 해도 앞에서 언급한 반다이와 같이 1개의 메뉴에 300만 명의 회원이 있는 경우가 있는 반면, 불과 수천 명의 회원만을 보유한 사이트도 있다. 또 회원수가 1만 명도 안 되는 유료사이트의 수는 전체의 40~50%에 달한다.

　또 다른 사이트는 소위 '비공식사이트(Unofficial Contents Providers)로 불리는 것으로 개인과 벤처기업 등이 자유롭게 만든 사이트다. i-mode 컨텐츠는 PC의 홈페이지 제작에 사용되는 HTML과 친화성이 높은 언어로 간단하게 제작할 수 있다. 그 때문에 1999년 2월의 i-mode 서비스 개시 이후 비공식사이트가 급증하고 있다. 현재 약 3만 개에 달하는 비공식사이트가 존재하고 있다.

　비공식사이트 역시 컨텐츠의 유료화가 가능하지만 요금회수 등은 해당 컨텐츠 제공업자가 스스로 하지 않으면 안 된다. 그 때문에 당연히 공식사이트에 등록될 수 있도록 NTT DoCoMo에 영업을 하는 비공식사이트의 IP는 엄청나지만 그 가운데 채택되는 것은 극히 적다.

　한 예로 NTT DoCoMo에는 매월 3,000건 이상의 공식사이트 신청이 있는데, 그 가운데 공식사이트로 채택되는 건수는 10건 정도라고 한다.

　이처럼 공식사이트로 채택되기가 어려운 이유는 i-mode 서비스의 질을 유지하기 위해 그 채용기준을 설정하여 컨텐츠를 엄선하고 있기 때문이다. 공식사이트는 어떤 의미에서는 선택된 사이트라 하겠다. NTT DoCoMo에는 컨텐츠의 내용을 심사하는 부서가 별도로 있으며, 뉴스·정보와 여행 등 분야별로 20~30인의 담당자가 심사를 수행, 매월 회합을 통하여 공식 컨텐츠를 결정한다.

　성인물과 도박 등은 인정하지 않는다는 방침을 제외하고는 상세한 채택기준은 기본적으로 공개하고 있지 않다. 공개하게 되면 제작자의 발상을 축소시킬 우려가 있기 때문이다. 물론 i-mode 유저에게 유익할 것, 유사한 컨텐츠가 존재하지 않을 것 등과 같은 기본적인 것은 공개되어 있다.

　예를 들면 다음과 같은 것이다.

* Freshness : 항상 신선하며 빈번하게 갱신이 이루어져야 한다.
* Deepness : 내용과 시스템으로서 깊이가 필요하다.
* Continuity : 끊임없이 사용할 수 있는 내용이어야 한다.
* Clear Benefit : 편리성과 즐거움을 명확히 알 수 있는 구성이어야 한다.

■ 공식사이트의 장점

공식사이트의 장점은 대표적으로 3가지를 들 수 있다.

첫째, 유저가 해당 사이트에 쉽게 접속할 수 있다. 왜냐하면 'i-menu'에 게재되어 있으므로 URL을 입력하지 않아도 되기 때문이다. 또 접속 수가 많은 사이트는 메뉴의 상위에 게재되므로 유저의 접속이 점점 늘어나는 호순환이 계속된다.

둘째, 결제대행기능을 이용할 수 있다. NTT DoCoMo가 통신료와 함께 정보료도 징수를 대행해주므로 요금을 확실히 회수할 수 있다. 이로 인해 컨텐츠를 유료화할 수 있게 되었다.

셋째, 시큐리티를 확보할 수 있다. NTT DoCoMo라고 하는 폐쇄된 네트워크 가운데에 있어 신뢰성이 높다. 특히, NTT DoCoMo의 모든 기종에 i-mode 로크(Lock)라고 하는 시큐리티 기능이 부가되어 있다.

■ 비공식사이트의 장·단점

비공식사이트에는 나름대로의 장점과 단점이 공존한다.

* 장 점

첫째, 링크기능을 가지고 있다. 링크기능을 가짐으로써 웹사이트와 같이 클라이언트 사이트로 도약할 수 있는 배너광고의 게재가 가능하게 된다.

둘째, 게시판의 설치가 가능하다. 유저가 자유로이 발언을 할 수가 있어 유저의 충성도와 고정화를 촉진시키는 동시에 유저의 니즈 등을 탐색하는 실마리가 된다.

셋째, 자유로운 웹사이트 제작이 가능하다. NTT DoCoMo의 간섭을 받지 않기 때문에 보다 자유도가 높은 사이트 제작이 이루어진다.

* 단 점

첫째, 유저의 접속이 어렵다. 공식사이트가 'i-menu'의 메뉴 리스트로부터 간단하게 해당 사이트에 접근할 수 있는데 비해 비공식사이트는 유저가 사이트의 URL을 조사, i-mode의 버튼을 사용하여 URL을 입력하지 않으면 안 된다. NTT DoCoMo가 배포하는 책자 등에는 소개되어 있지 않기 때문에 처음부터 그 존재를 모르는 유저가 많다.

둘째, 유저에게 요금을 부과할 수 없다. 공식사이트는 NTT DoCoMo가 정보료의 징수대행을 행하지만 비공식사이트에는 그것이 불가능하다.

하지만 이와 같은 비공식사이트의 단점은 점차 해결되고 있다. 비공식사이트의 존재에 대해서는 최근 일본 내의 많은 인터넷 잡지 등이 i-mode 관련 특집을 별도의 책자로 발행하는 등 점차 알려지기 시작하였다. URL입력의 번거로움도 i-mode용 검색사이트의 링크기능을 사용하여 단번에 해당 사이트에 접속하는 방법이 유저 사이에 보급되고 있다.

나아가 유저의 사용료 부과에 대해서는 2000년 가을 이후 수 종류의 전자결제시스템이 비공식사이트의 요금 부과를 위해 서비스되기 시작했다.

3) 성공요인

현재 i-mode의 가입자 수가 정보사이트의 증가를 낳아 그것이 또 가입자 수를 증가시키는 호순환이 끊임없이 이어지고 있다.

i-mode의 기본 컨셉은 휴대전화를 이용해 웹에 접속함으로써 지금까지의 컴퓨터 유저밖에 이용할 수 없었던 인터넷 환경을 단숨에 일반 소비자에게 개방한 데 있다고 할 수 있다. 그렇기 때문에 i-mode 비즈니스의 타깃은 남녀노소에 관계 없이 널리 일반대중에게까지 확대된 것이다. 게다가 휴대전화는 항시 지참하는 것이어서 취침 시간대를 제외하고 거의 모든 시간대가 비즈니스 대상이 된다.

이러한 기본 컨셉을 바탕으로 i-mode가 성공적으로 일본 국내 시장에 자리를 잡게 된 주요 요인들을 살펴보기로 한다.

패킷 통신요금

i-mode를 사용하여 인터넷 접속을 하거나 E-메일을 주고 받는 경우, 그 통신(접속)시간이 아닌 송·수신한 데이터의 정보량에 의해 요금이 계산되는 패킷(Packet) 통신료를 적용시키고 있다. PC에 의한 인터넷 접속의 경우는 수신까지 기다리는 시간도 포함하여 접속료와 전화요금 등이 드는 경우가 있지만 i-mode에서는 그러한 염려가 없다.

컨텐츠의 유료화

'인터넷의 컨텐츠 이용은 무료가 상식이다. 최종 소비자를 상대로 하는 e-비즈니스는 돈벌이가 되지 않는다'고 하여 지금까지는 '인터넷 컨텐츠는 무료'라는 것이 당연하다는 통념이었다.

그리고 현재까지 인터넷 컨텐츠 비즈니스의 주요 수익원천은 사이트상에 게재된 배너광고에 의한 것이었다. 그러나 최근 배너광고의 효과에 대한 의문이 높아지면서 안정적인 수익원천이 되기는 어려워지고 있다. 이러한 수익원천의 불안정이 컨텐츠 비즈니스의 보틀넥(Bottle-neck)이 되고 있다.

이러한 가운데 i-mode의 최대 공적은 지금까지의 상식을 깨뜨렸다는 데 있다. 즉 i-mode는 인터넷으로 컨텐츠 비즈니스를 구축하면서 최대의 장애가 되고 있었던 '대금회수'와 '컨텐츠 유료화'라고 하는 2가지의 문제를 보기 좋게 해결하고 있다. 그러면서도 컨텐츠의 정보이용료를 월 100~300엔으로 잡지 1권 값보다 저렴하게 설정하여 i-mode 성공의 주춧돌이 되었다.

Common Carrier 주도

유럽과 미국에서는 휴대전화 서비스의 개발은 노키아(핀란드), 에릭슨(스웨덴) 등의 기기·단말제조기업 주도로 이루어지는 것이 상식이다. 이러한 제조기업들은 '규모의 경제성'을 의식하여 보다 많은 통신사업자(Common Carrier)가 채용을 결정하기까지 실용화를 미루는 경우가 일반적이다.

여기에 반해 일본의 경우는 휴대전화 각 사가 자사 브랜드로 단말을 판매하도록 통신서비스도 NTT DoCoMo와 같은 통신사업자 주도로 도입이 이루어지고 있다. 통신사업자를 정점으로 하는 피라미드형 개발체제가 일본 국내 무선 인터넷의 조기 실용화에는 긍정적으로 작용하고 있는 것이다. 우리 나라도 이러한 측면에서는 NTT DoCoMo와 같은 형태다.

실시간 정보전달

i-mode의 메일은 유저가 단말(휴대전화)로부터 i-mode 센터에 접속하지 않아도 i-mode 서비스 영역 안에 있는 한 자동적으로 발신된다. 또한 E-메일이 도착한 순간 휴대전화의 착신음 등으로 알려주기 때문에 상대는 곧바로 메시지를 읽을 수 있다. PC에서는 기본적으로 스스로 수신조작을 하지 않으면 E-메일을 읽을 수 없으나 i-mode에서는 언제, 어디서나 실시간으로 정보를 주고 받을 수 있다.

E-메일뿐만 아니라 컨텐츠도 푸시(Push)형 발신이 가능하다. 예를 들면, 매일 바뀌는 캐릭터와 착신 멜로디를 발신하거나 유저가 지정한 주식의 주가가 지정한 금액이 되었을 때 거래촉진 메일을 보내거나 주부들을 대상으로 저녁 무렵에 근처 슈퍼마켓으로부터 오늘의 상품할인정보안내와 할인 쿠폰의 데이터를 보내는 등 고객과의 커뮤니케이션과 프로모션에 이용할 수 있다.

부과금(賦課金) 시스템

공식사이트에는 정보요금 징수대행시스템이 설정되어 있다. 현재 월 고정의 소액징수만 하고 있지만 정보요금의 회수를 NTT DoCoMo가 대행함으로써 디지털 컨텐츠 발신을 유료화하여 i-mode는 벤처기업을 비롯하여 많은 기업이 참여할 수 있는 인프라스트럭처를 제공하고 있는 셈이다.

e-비즈니스의 최대 매력은 대기업이나 중소기업, SOHO도 같은 토양에서 국내는 물론이고 전 세계의 고객을 대상으로 비즈니스를 전개할 수 있다는 것이다. 그러나 요금을 어떻게 회수하는가 하는 점이 최대 걸림돌이다. 지구의 저편에 있는 고객을 직접 찾아가 미지불 대금을 회수할 수는 없는 일이다. 게다가 100원, 200원과 같은 소액의 경우는 지불청구엽서 1장을 받음

하는 것만으로도 140원(우리 나라의 경우)이 들기 때문에 회수비용을 생각하면 채산성이 맞지 않는다. 그러나 i-mode의 공식사이트가 되면 운영자 대신에 NTT DoCoMo가 전화요금과 함께 정보료를 징수해준다.

이러한 부과금 시스템을 가리켜 현재 일본 국내에서 인기를 끌고 있는 "100엔 숍(이 숍에서는 모든 상품가격이 100엔이다)" 또는 "껌장사"로 비유되기도 한다. i-mode의 공식메뉴에 등록되어 유저에게 부과되는 금액이 100~300엔이기 때문에 생겨난 비유다. i-mode 서비스 초기에는 컨텐츠 제공기업들이 월 정액 300엔 미만에 불평을 토로하였으나, 가입자의 폭발적인 증가로 수많은 컨텐츠 제공기업들이 참여하게 되었다.

용이한 접속

'i-menu'에는 카테고리마다 정리된 '메뉴 리스트'와 유저 자신의 취향에 의해 등록할 수 있는 'My Menu'가 있다. 메뉴 리스트에는 공식사이트를 카테고리별, 지역별, 50음별로 효율적으로 검색할 수 있으며, 빈번하게 접속하는 인기사이트는 My Menu로 등록해두면 클릭 한 번으로 접속할 수가 있다. 게다가 비공식사이트를 포함하여 마음에 드는 사이트를 등록하기 위한 '북마크'도 있다.

인터넷과의 연계

i-mode는 인터넷 세계표준 HTML 기준의 Compact-HTML(C-HTML)로 컨텐츠를 작성할 수 있다. 때문에 기존의 웹 작성기술이 있으면 누구라도 간단하게 작성할 수 있다. 기존의 웹 컨텐츠도 최소한의 변경으로 i-mode 대응이 가능한 컨텐츠를 만들 수 있다.

나아가 NTT DoCoMo는 인터넷과의 출입구를 만들어 E-메일뿐만 아니라 웹에서의 접속도 허가하여 비공식사이트의 존재를 인정하고 있다.

완벽한 시큐리티

공식사이트는 시큐리티 기능이 잘 갖추어진 이른바 거대한 인트라넷의 상태이며, 게다가 디지털 휴대전화여서 통신은 당연히 디지털 암호화되어 있다. 때문에 개인의 프라이버시에 관한 정보 등일지라도 안심하고 주고 받을 수 있다. 2001년 1월 이후의 Java 탑재 기종에는 일반 인터넷과 같이 SSL(Secure Socket Layer)과 SET(Secure Electronic Transaction) 등의 암호화 기술이 사용되고 있어 보안수준을 한층 높이고 있다.

경쟁구조 확립

앞에서 설명한 바와 같이 i-mode를 통해 제공되는 컨텐츠는 크게 공식사이트와 비공식사이트로 구분되어 있다. 전자는 i-mode를 통해 제공되는 컨텐츠의 질을 높인다는 측면에서 유효하며, 후자는 컨텐츠 제작에 자율성을 가지게 한다는 측면에서 중요한 의미를 가진다.

이러한 양자의 구도는 결론적으로 NTT DoCoMo의 의도에 관계 없이 공식, 그리고 비공식이라는 대립요소가 시장에 존재함으로서 컨텐츠의 양과 질을 두고 자연스럽게 경쟁이 이루어지는 구조가 정착되어 있다.

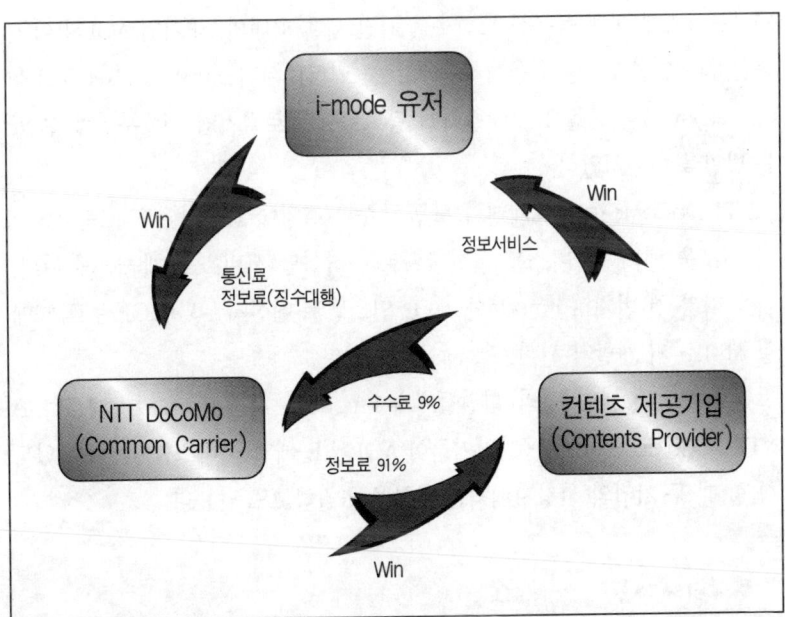

〈도표 6-15〉 Win-Win-Win 관계

출전) 김광희, 2001.

4) 제휴전략

무선 인터넷 분야에서 세계 통신시장의 패권을 쥐겠다는 NTT DoCoMo의 야망은 근래의 제휴 움직임만 보더라도 확연히 드러나고 있다. NTT DoCoMo는 1999년 말 이후 해외 파트너와의 제휴에 적극적으로 나서 홍콩, 대만, 네덜란드, 미국의 기업 등과 잇달아 손을 잡았다. 최근에는 세계 최대의 인터넷 서비스업체인 아메리카온라인(AOL), 그리고 게임산업계의 거목인 소니 컴퓨터 엔터테인먼트(SCEI), AT&T와이어리스를 끌어들이면서 NTT DoCoMo의 입지는 더욱 확고해지고 있다.

■ AOL과 제휴

세계 최대의 인터넷 서비스업체인 미국의 AOL과 일본의 무선 인터넷서비스 회사인 NTT DoCoMo가 세계 각국에서 휴대폰 인터넷서비스와 마케팅을 공동으로 실시하는 내용의 업무제휴협정을 2000년 9월 말 맺었다.

그에 따라 모바일 멀티미디어사업의 프론티어를 노리는 NTT DoCoMo는 e-비즈니스에 대해 풍부한 노하우를 가진 세계 최대의 ISP기업 AOL과 이동통신망과 고정통신망이 융합하는 새로운 인터넷서비스(FMC : Fixed Mobile Convergence)를 공동으로 개발하게 됨으로서 글로벌기업으로 부상할 수 있는 발판을 마련하였다.

NTT DoCoMo는 AOL재팬의 필두 주주로 경영에 참여하여 FMC분야에서의 새로운 인터넷서비스를 실현함으로써 최첨단 서비스를 제공하게 된다. 이에 따라 첫 번째로 i-mode판 'AOL 인스턴트 메신저' 및 'AOL 무료 E-메일 서비스'의 개발과 서비스를 제공하게 된다.

AOL이 2,500여만 명의 회원들에게 i-mode의 각종 컨텐츠를 제공하고, NTT DoCoMo는 i-mode 가입자들이 AOL의 E-메일 서비스를 받을 수 있도록 할 때 두 기업의 시장지배력은 상상을 초월하고도 남는다.

■ SCEI와 제휴

소니 컴퓨터 엔터테인먼트(SCEI)와 NTT DoCoMo는 2000년 8월 초순

NTT DoCoMo의 i-mode와 SCEI의 플레이스테이션(PS)을 연계시킨 새로운 서비스를 공동으로 개발하여 제공한다는 데 합의했다.

이번 제휴를 통해 양 사는 현재의 i-mode와 PS를 연계한 서비스의 공동검토, Java 대응의 i-mode와 플레이스테이션을 연계시킨 서비스의 공동검토, 차세대 휴대전화방식의 W-CDMA과 플레이스테이션을 연계시킨 서비스의 공동검토 등 새로운 형태의 네트워크 엔터테인먼트 및 각종 서비스를 유저에게 제공할 예정이다.

현재 SCEI의 플레이스테이션은 이미 전 세계에 8,000만 대 가까이 판매되어 있어 NTT DoCoMo와의 제휴는 엄청난 시너지 효과를 발휘할 수 있게 될 것이다.

이 제휴는 그래픽과 음향 등의 측면에서 풍부한 컨텐츠를 제공하고 있지만 고정된 장소에서만 이용할 수 있다는 단점을 가진 플레이스테이션과 화면이 작고 컨텐츠 이용에 한계가 있지만 24시간 휴대 가능한 i-mode를 연계함으로써 서로간의 단점을 보완하고 장점을 증폭시키는 계기가 되었다. 양사는 이 시너지효과에 의해 서로간의 시장점유율을 더욱 확대시키게 될 것이다.

■ AT&T와이어리스

미국의 3대 이동통신서비스 사업자 가운데 하나인 AT&T와이어리스에 NTT DoCoMo는 2000년 11월 말 1조 엔 정도를 출자, 15~20%의 주식을 보유하기로 최종 조정이 이루어졌다.

NTT DoCoMo는 이 같은 자본제휴를 통해 AT&T와이어리스 측에 휴대전화를 이용해 인터넷에 접속하는 서비스 i-mode의 노하우와 차세대 휴대전화의 규격인 W-CDMA 기술을 제공할 방침이다.

이번 AT&T와이어리스 출자가 실현됨으로써 NTT DoCoMo는 미국 이동통신서비스시장에서도 중요한 교두보를 확보해 세계 최대의 휴대전화업체인 영국의 보다폰 그룹에 대항할 수 있는 전 세계적인 강력한 네트워크를 구축하게 될 것으로 보여진다.

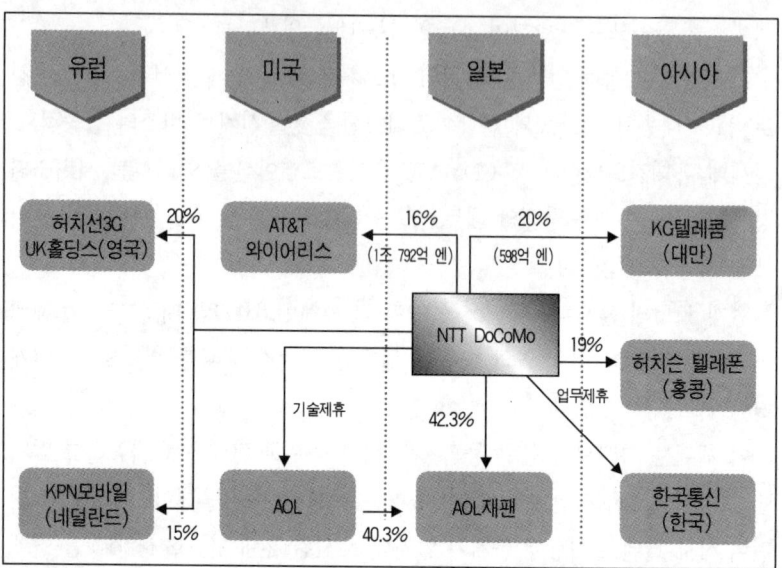

〈도표 6-16〉 NTT DoCoMo의 해외 제휴

■ 네트워크 경제성

위에서 언급한 바와 같이 양자간에 친화성이 높은 서비스를 조합하여 고객을 확보하는 판매수법은 과거에도 존재했었다. 신용카드를 중심으로 호텔과 렌터카 등을 저렴하게 제공하는 서비스 등이 대표적인 사례라 하겠다. 이러한 형태를 취하는 프로모션활동을 미국에서는 'Affinity Marketing'이라고 부르고 있다. 공동으로 판촉활동을 하게 되면 비용은 그만큼 줄어들고, 동시에 상호간의 브랜드 상승효과를 높여 고객에 대한 지명도 또한 높아지기 때문이다.

하지만 네트워크의 세계에서는 한 가지 더 중요한 요소가 있다. "Metcalfe의 법칙"과 "네트워크의 외부경제성"이라고 불리는 요소가 내재되어 있다는 점이다.

"Metcalfe의 법칙"이라는 것은 Ethernet의 발명자이며 3Com의 설립자인 Bob Metcalfe가 1995년에 제창하기 시작한 "네트워크의 가치는 가입자 수에 비례하여 증대하고 어떤 시점에서부터 그 가치는 비약적으로 높아진다."

라고 하는 법칙이다.

또 영국의 경제학자 마샬은 "산업규모가 확대하면 개별기업의 생산효율도 증가한다."고 하는 "경제의 외부경제성"을 주장하였지만 네트워크 경제에서는 그 효과가 보다 증폭되게 된다. 네트워크의 외부경제성에 착목한 판매수법을 미국에서는 최근 'e-Affinity(전자친척) Marketing'이라 부르고 있다.

이와 같은 측면에 비추어 NTT DoCoMo의 i-mode와 AOL, SCEI, 그리고 AT&T와이어리스와의 제휴는 네트워크의 경제성을 최대화하려는 대표적인 사례라 하겠다.

i-mode의 휴대단말에서 AOL의 메일을 읽을 수 있게 되면 그보다 좋은 것은 없다. 전 세계에 2,500만 명의 이용자를 가지고 있는 AOL의 세일즈포인트는 E-메일이다. 사용하기 편리한 전용소프트로 메일을 사용하고자 하는 신규 이용자를 계속적으로 확보하여 왔으나 휴대단말의 보급으로 상황이 바뀌어 버렸다. 일본과 유럽에서는 휴대단말로 메일을 사용하는 이용자가 늘어 PC로밖에 활용하지 않는 AOL은 오히려 불편하기 때문이다. 그에 따라 i-mode와 AOL의 메일을 조합하게 되면 일본 국내의 AOL이용자의 편리성을 높일 뿐만 아니라 해외에도 i-mode를 넓히는 계기가 된다는 것이 양 사의 제휴를 이끌어냈다고 하겠다.

SCEI와의 제휴도 같은 관점에서 이해할 수 있다. SCEI의 게임기 플레이스테이션은 전 세계적으로 널리 보급되어 있다. 미국에서는 인터넷을 매개로 한 온라인 게임과 정보교환이 활발하며 휴대단말과 게임기를 조합하게 되면 언제, 어디서든지 즐길 수 있어 양 사의 이용자 확대로 이어지게 된다는 점이다.

5) 진화와 문제점

■ i-mode의 진화

"NTT DoCoMo는 이동통신회사이므로 움직이는 것, 갖고 다니는 것이 모두 영업 대상이다. 일본 인구가 현재 1억 2,000만 명이라고 해도 비행기, 자동차, 배, 개와 고양이까지 계산에 넣는다면 잠재고객은 3억 6,000만 명에 달하지 않는가." 다시 말해 살아 있는 생명체라면 동물도 고객이 될 수 있다는 NTT DoCoMo CEO의 주장은 세계의 패권을 쥐겠다는 NTT DoCoMo의 내심을 가장 적절히 표현하고 있다.

차세대 휴대전화규격 'IMT-2000'은 데이터 통신속도가 현행방식의 6~40배로 고속화되는 것이 최대의 특징이다. 데이터 통신속도의 고속화는 통신의 음성품질을 크게 향상시키게 되지만 그 이상으로 E-메일과 i-mode 등에 의한 데이터 통신 서비스의 양적·질적 향상을 가져오게 된다. 결국 고정전화의 ISDN회선 이상의 고속스피드를 가진 차세대 휴대전화에서는 대용량의 데이터를 순식간에 송·수신할 수 있게 되는 것이다.

IMT-2000은 2001년 5월, 세계에 한 발 앞서 일본에서 서비스가 개시된다. NTT DoCoMo가 도쿄 23구를 중심으로 한 수도권지역에서 서비스 제공을 시작하게 된다. NTT DoCoMo는 같은 해 겨울에는 간사이·도카이 지역에서도 서비스를 개시, 2004년까지 홋카이도에서 오키나와까지 전 인구의 80%를 커버할 예정이라고 한다. 그에 앞서 2001년 1월에는 i-mode에 Java의 기능을 부가시킨 새로운 모델 '503i'를 발매하였다. i-mode에 Java가 탑재됨으로서 무선 인터넷의 유용성과 편리성은 더욱 높아지게 되었다.

게다가 휴대전화를 통한 자동판매기, 게임기, 코인식 주차장 등의 이용요금 지불이 2000년 가을부터 실용화되고 있다. 이 시스템은 NTT DoCoMo의 i-mode 등 휴대전화로부터 인터넷으로 결제시스템센터에 접속, 휴대전화의 전화번호와 자판기의 등록번호, 이용금액을 입력한 후 휴대전화를 자판기에 부착되어 있는 커넥트에 접속하여 본인임을 확인하고 상품을 구입할 수 있게 된다.

먼저 100엔에서부터 1,000엔 정도의 소액결제를 대상으로 휴대전화를 지갑 대신에 사용할 수 있게 되었다. 신청에서 상품 구입까지의 통화시간은 평균 약 5초로 통화료는 1회에 1~2엔 정도이며 이용대금은 휴대전화회사가 통화요금과 함께 청구하든지, 은행계좌에서 자동이체된다.

i-mode로 대표되는 일본의 무선 인터넷 환경은 편리성과 기능성을 동시에 만족시키는 대표적인 정보단말로 이미 자리를 잡은 것이다. 또한 현재도

계속 변신을 거듭하고 있는 상태여서 예상을 할 수 없을 만큼 그 진화의 잠재성은 가히 폭발적이라 할 수 있다.

■ 문제점

2000년 7월 말 시점에서 일본의 휴대전화 이용자는 5,400만 명에 달하였다. 그 가운데 NTT DoCoMo 유저는 약 60%로 상당히 높은 시장 점유율을 차지하고 있다. 하지만 높은 점유율이 유저에게 오히려 불이익을 가져올 위험성이 보이고 있다. 현재의 NTT DoCoMo가 가까운 장래에 컴퓨터 OS 'Windows'의 압도적인 시장 점유율을 배경으로 컴퓨터메이커 등에 압력을 가하고 있는 미국의 마이크로소프트(MS)화하지 않을까 하는 우려 때문이다.

다시 말해, 현재의 성장 속도라면 i-mode가 일본 국내 시장에서 사실상의 표준(Defacto Standard)이 될 가능성 높고, 그로 인해 파생되는 부정적인 측면을 두려워하고 있는 것이다.

실제로 i-mode를 대상으로 컨텐츠 제공 비즈니스를 하고 있는 기업에 대해 다른 계열(J-phone, KDDI)에는 컨텐츠를 제공하지 못하도록 하는 압력 등이 문제화되고 있기 때문이다.

2001년 1월 서비스가 시작된 휴대전화의 Java 컨텐츠도 같은 폐해가 발생할 위험성이 있다고 한다. Java라고 하면 컴퓨터의 하드웨어와 OS의 차이에도 불구하고 공통의 Java애플릿/애플리케이션이 동작하는 것이 최대의 특징이다. 그러나 무선 인터넷에 있어서는 Java의 이러한 특징은 살릴 수 없게 될지도 모른다. NTT DoCoMo를 대상으로 하고 있는 Java애플릿/애플리케이션은 일본 국내 경쟁기업인 KDDI계열과 J-phone계열의 단말에는 동작하지 않을 가능성이 높기 때문이다. 이러한 i-mode의 컨셉은 인터넷이 가지는 개방성이라는 측면과는 정면으로 위배되는 것이어서 주목을 받고 있다.

마이크로소프트는 그 압도적인 시장 점유율을 무기로 세계적인 대성공을 거두어 왔다. 그러나 근래 붐을 일으키고 있는 Linux를 제외한다면 마이크로소프트 제품과 경쟁을 벌이는 제품이 탄생하지 못하였고 그로 인해 기능과 가격 면에서 유저는 피해를 입어왔다.

NTT DoCoMo의 이러한 제휴전략도 이동통신서비스 사업자(Common Carrier)의 편익에 선 새로운 인터넷 계열, 즉 'e-Affinity' 만들기가 목적이라고 볼 수 있다. 그러나 주지하는 바와 같이 경제학 교과서에 따르면, "외부 경제성은 머지않아 이익의 집중(독점)을 낳아 '시장의 실패'를 초래한다."라는 경종에 귀기울일 필요가 있다.

세계 최대의 기업간의 제휴는 유저에게 편리성과 이익을 가져다주겠지만 그것이 경쟁배제와 높은 서비스가격, 시장독점으로 이어지지 않도록 시장주체의 감시가 따라야 하겠다. 이처럼 i-mode를 둘러싼 이슈는 본 궤도에 오르고 있는 국내 무선 인터넷 정책에 많은 시사점을 던져주고 있다.

■ 무선 인터넷의 방향성

이상의 분석을 통하여 무선 인터넷이 성공적으로 자리를 잡기 위해서는 다음과 같은 요소들을 이해할 필요가 있다.

새로운 비즈니스 영역

무선 인터넷은 기존 PC 중심의 고정 인터넷의 연장선상이 아닌 새로운 비즈니스영역으로 파악해야 한다. 바꾸어 말하면, 다양한 정보검색과 컨텐츠 제공, 그리고 1 대 1 대응이 가능한 인터넷의 특성을 언제(Anytime), 어디서나(Anywhere), 개인화(Personalization)된 패턴으로 휴대전화에 적합하게 어우러진 것이 무선 인터넷이며 i-mode는 이를 가장 잘 응용하고 있다.

인터넷 편의점

무선 인터넷의 핵심요건은 '인터넷 편의점', '킬링타임으로서의 5분 컨텐츠'라고 할 수 있다. 향후 차세대 휴대전화 단말의 통신용량이라면 동화상이나 음악의 다운로드 발신 등도 기술적으로는 충분히 가능하게 되지만, 이 2가지 키워드를 벗어난 사이트는 아무리 기술적으로 뛰어나다고 해도 인기를 끌지는 못할 것이다.

컨텐츠 유료화

i-mode의 최대 공적은 역시 인터넷을 통해 제공되는 컨텐츠를 유료화하였다는 점에 있다고 하겠다. 즉 '인터넷의 컨텐츠 이용은 무료가 상식이며, 최종 유저(End User)를 상대로 하는 e-비즈니스는 돈벌이가 되지 않는다'고 하는 지금까지의 상식을 뒤엎는 계기가 되었다.

Non-Voice

NTT DoCoMo가 제시한 무선 인터넷의 미래상을 보면, 2000년 현재 휴대전화의 활용은 음성(Voice)이 중심이지만, 2005년경에는 음성과 비음성(Non-Voice)의 비율이 50 : 50이 되고, 2010년경에는 이미지나 데이터와 같은 비음성이 중심이 될 것이라고 예상하고 있다.

제3부 IT혁명에 따른 문제점과 과제

제7장 IT와 인력부족

최근 IT 산업의 급속한 성장과 함께 모든 산업에 걸쳐 전문인력의 부족이 국가적인 문제로 부각되고 있다. 제7장에서는 IT 인력부족과 문제점, 각국의 정부와 민간기업 등의 대응책에 대해 살펴보기로 한다.

1. IT 업계와 인력부족

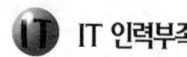 IT 인력부족

최근 IT 산업의 급속한 성장과 함께 모든 산업에 걸쳐 정보통신 기술의 구현을 통해 새로운 부가가치 창출이 이루어지면서 전 세계적으로 IT 전문인력의 부족현상이 심화되고 있다.

이러한 가운데 유능한 인재를 얻기 위한 경쟁이 날로 심화되고 있다. e-비즈니스의 성장과 글로벌시장의 불안정 등의 다양한 과제를 제쳐두고 많은 기업에서 "고도의 기술을 가진 인재채용 및 유지"가 최우선 과제로 부상하고 있다. 바로 War for Talent(유능한 인재의 획득경쟁)에 승리하는 것이 CEO의 최대 관심사로 부각될 것이다.

〈도표 7-1〉 주요 국가의 IT분야 인력부족

구 분	추정 부족인원	추정기관
전 세계	600,000	유럽 정보기술 조사국(EITO, 1998)
미국	346,000	미국 정보기술협회(ITAA, 1998)
	450,000	마이크로소프트
캐나다	20,000 ~ 30,000	미국 기술정책국(OTP)
EU	320,000	IDC
독일	60,000	유럽 정보기술 조사국
영국	20,000	유럽 정보기술 조사국

출전) OECD(1999), IDC(1998).

물론, 경영층은 인사부문을 포함한 많은 비용을 지불해서 채용, 육성한 우수한 인재를 어떻게 자사에 공헌할 수 있도록 유도할까 하는 점도 신중히 검토하지 않으면 안 된다.

OECD(1999년)와 IDC(1998년)에 따르면, 1997년 말 기준으로 조사된 IT 전문인력의 부족 정도는 최소 60만 명에서 최대 70만 명 이상에 이르는 것으로 추정되고 있으며, 갈수록 인력부족문제는 더욱 심화되고 있다. 그에 따라 이러한 인력부족 현상에 대응하여 각국의 정부는 다양한 정책적 수단을 동원하여 문제 해결을 위한 노력을 기울이고 있다.

공급자 우위

최근 국내 IT 벤처기업들이 극심한 자금난으로 어려움을 겪고 있음에도 불구하고 IT분야의 전문인력을 구하기는 여전히 어렵다는 것이 IT업계의 공통적인 지적이다. 비단 국내에 한정된 문제만은 아닌 것 같다. 미국, 유럽, 일본 등 세계 주요 국가에서도 IT 전문인력시장은 인력부족 현상에 직면하면서 공급자 우위의 시장으로 급속히 바뀌고 있다.

그러나 문제는 이러한 전문인력부족 현상은 단순히 수급불균형으로 인한 경제적 손실이나 타격에 그치는 것이 아니라, 해당 국가의 고용시스템 자체를 변화시키는 중요한 요인으로 작용하고 있다는 점이다. 다시 말해, IT 전문인력시장은 기존의 이른바 내부노동시장 시스템까지 변모시키고 있는 것이다.

자본주의 사회의 주요 노동력은 주로 대기업에 종사하면서 안정적인 직업과 시장평균보다 높은 급여, 지속적인 승진 가능성을 보장받아 왔으며, 이외에도 각종 부가급여 및 사회보험 혜택을 받는 사람들이었다. 때문에 이러한 주요 노동력은 고용안정과 임금, 복지 등에 대한 대가로 해당 기업에 대해 충성을 맹세해왔다.

그러나 오늘날의 IT 전문인력은 이들과는 전혀 다른 직업관을 가지고 있다. 예를 들면, 잘 알려진 바와 같이 미국의 실리콘 밸리나 심지어 한국의 테헤란 밸리에서도 젊은 전문인력들은 자리를 옮겨다니듯이 쉽게 전직을 하고 있는 실정이다. 게다가 사람에 따라서는 여러 개의 직장을 가지고 있기도 하다. 이들은 복지정책과 같은 각종 제도를 믿지 않고 있으며(최근에는 스톡옵션에 대해서도 부정적이다), 금전적으로는 물론이고 사회적으로도 성공하기 위해서는 자기만의 전문적인 노하우를 가져야 한다고 생각하는 부류이다.

IT 분야의 최대 라이벌은 시간(Time)이다. 하루가 다르게 새로운 기술과 제품, 서비스가 만들어지고 있다. 미국의 경우, 현재 매년 5만 개의 새로운 상품과 서비스가 등장하고 있다고 한다. 이는 지난 1970년대에는 불과 수천 개에 지나지 않았다는 점과 비교한다면 혁명적인 변화라고 해도 과언이 아니다.

이 때문에 시장을 선점할 수 있는 능력이 기업에 요구되고 있고, 그것은 결국 시간과의 경쟁이다. 시간이 중요하다는 지적은 고도의 전문인력과 다양한 경험을 이미 갖춘 인력에 대한 수요가 증가한다는 것을 내포하고 있다. IT 기업들은 이제 기업 내부의 현행 프로젝트에 가장 걸맞는 고도의 전문인력을 외부 노동시장을 통해 조달할 수밖에 없는 시대가 도래하였음을 인식해야 한다.

 전문인력의 가치

위와 같은 현상은 결국 IT 전문인력 조달을 기업 내부보다는 외부 시장에 의존하도록 만들고 있다. 다시 말해, 자사의 인력양성보다는 외부의 공개시장을 통한 인력조달이 선호된다는 것이다. 기업측에서도 기술변화가 불확실하고 그 속도가 빨라 가까운 장래에 필요로 하는 전문기술이나 인력을 예측하기가 매우 어렵기 때문에, 기업 내부에서의 전문인력 양성에 인색할 수밖에 없게 된 것이다.

나아가 기업들은 경기의 호황이나 불황에 관계 없이 자사의 필요에 따라 기존의 인력을 손쉽게 해고하고 새로운 인력을 고용하게 될 것이다. 향후 기업들이 행하게 되는 이러한 형태는 새로운 OS(Operating System)의 업그레이드 정도로 여겨지게 될 것이다.

이 때문에 노동시장에서 자신의 경력을 제대로 관리할 수 있는 능력과 시장성 있는 전문인력들은 더욱 자신의 가치를 높일 수 있게 되는 반면, 자신의 노하우나 기술의 성격상 전직에 제약을 가지는 이른바 경력관리능력이 떨어지는 인력들은 더욱 궁핍한 생활로 이어지게 될 것이다. 한마디로 'IT 빈민'의 탄생인 것이다.

물론 이러한 노동시장의 형성이 미국과 일본 등 IT 선진국의 노동시장을 대표하는 것은 아니다. 그러나 최근에는 IT 산업이 아닌 부문에서도 기술혁신이 빠르게 진행되고 있으며, 당분간은 노하우와 전문기술의 공급부족현상이 계속될 것으로 예상되어, 이러한 고용시스템이 시장에 자연스럽게 확대되고 나아가 정착할 가능성이 있다.

<도표 7-2> IT혁명과 고용의 부조화

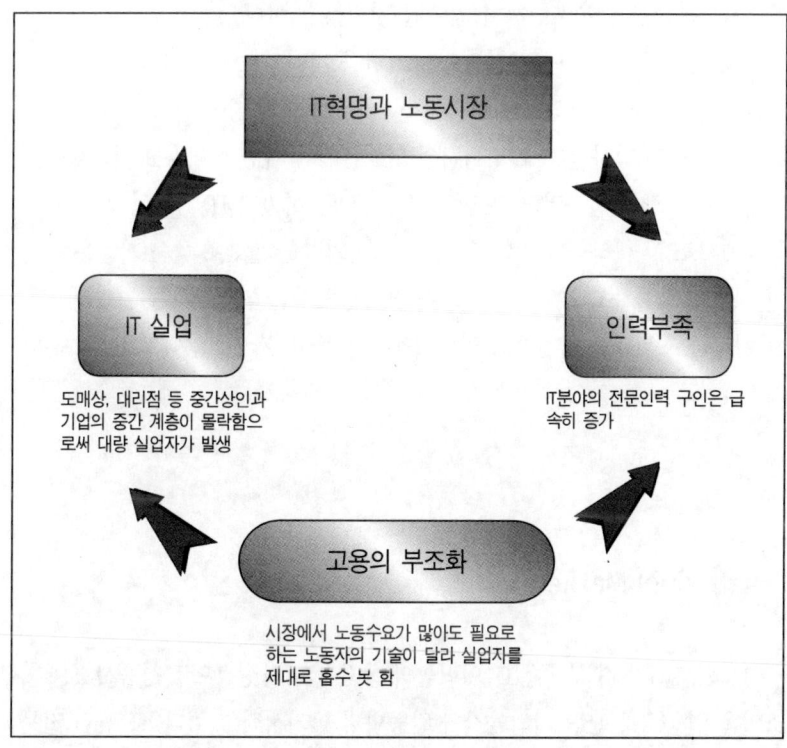

2. 한 국

 고급인력 부족

　근래 "지원자는 많은데 정작 필요로 하는 사람은 없다."고 하는 것이 IT업계 관련자들의 한결 같은 지적이다. 1999년부터 닷컴기업의 부상이 시장에 알려지면서 IT 관련 부문에 입문한 비교적 저숙련 인력은 풍부한데 고도의 전문기술을 가진 인력들은 턱없이 부족하다는 것이다. 더군다나 IT 인력을 적절히 공급하는 고급인력양성 기관 또한 부족해 당분간 IT 인력난은 풍요 속의 빈곤이 계속될 전망이다.

　'정보통신정책연구원(http://www.kisdi.re.kr/)'의 예측에 따르면, IT 인력의 수급 불균형은 2004년까지 지속될 것이라고 한다. 이는 주로 학사학위 소지 이상의 중·고급인력의 부족에 기인한 것이라고 밝혔다. 또 기능별로 볼 때, 특히 S/W 분야의 인력부족이 심각해 약 15만 명에 달할 것으로 예상된다며 오히려 학사학위 소지 이하의 인력은 공급과잉 상태라고 지적했다.

　이러한 고도의 전문인력 부족현상은 2000년 하반기 IT 기업의 인력 채용 동향에서도 잘 나타나고 있다. IT 관련 기술인력을 필요로 하는 기업은 전체의 74%를 차지하고 있었으며, 그 가운데 경력사원을 요구하는 기업이 67%를 차지하고 있다는 IT업계의 인력채용공고 분석 결과를 통해서도 알 수 있다.

 Spot Market

　고도의 전문인력 부족은 IT 인력들의 몸값을 비정상적으로 상승시켰으며, 스카웃 열풍으로 관련 기업들간의 갈등마저 야기시키고 있다. IT 관련 전문인력이 노동시장에 원활하게 공급되지 못하자 기업들이 인재 스카웃으로 그 공백을 메우고 있기 때문이다. 특히, 최근의 IT 인력시장은 필요한 인력을 시장에서 곧바로 조달하는 Spot Market 경향을 보여주고 있다.

이미 앞에서 살펴본 바와 같이 IT 분야의 전문기술을 가진 사람을 해당 기업들이 직접 양성하기보다는 노동시장을 통해 조달하는 것이 전직이나 필요 기술, 시간상의 리스크를 헤징(Hedging)할 수 있기 때문이다.

〈도표 7-3〉 고용관계의 스펙트럼

항 목	평생고용	취업능력	자유계약	숙련 Spot Market
사 례	전통적인 고용계약	오늘날의 관행	건설, 영화산업	guru.com 파견업체
기 간	10년 이상	몇 년	몇 달, 며칠	몇 시간, 분
지배형태	내부기업절차	제도적 규칙에 의해 조정되는 시장		Spot Market

출전) 한국노동연구원.

IT 산업에서 가장 중요한 경쟁 요소는 시장을 선점하기 위한 시간이다. 단적으로 제품의 라이프 사이클(Life Cycle)과 프로젝트 데드라인(Deadline)을 맞추기 위해 IT 기업들은 기업 내 전문인력을 직접 양성하기보다는 해당 기업이 필요로 하는 전문인력을 외부의 노동시장을 통해 조달하는 Spot Market에 의존하고 있다.

종래와 같은 전통적인 노동시장에서는 인력 채용에 기업이 주도권을 쥐고 있었지만, IT 산업처럼 고도의 전문인력을 필요로 하는 Spot Market에서는 해당 개인에게 주도권이 있기 때문이다.

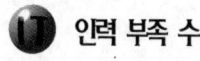 인력 부족 수

그럼 IT업계에 필요한 인력은 얼마나 될까? 정부는 오는 2004년까지 총 21만 명의 IT 인력이 부족할 것으로 전망하고 있다.

전문인력 공급은 평균적으로 매년 8만 명 정도 되고 있으나, 실업계 고등학교 수준의 인력이 50%를 차지해 학사급 이상 인력이 절대 부족하며 특히 석·박사급 고급 기술인력은 S/W, 웹서비스, 컨텐츠 분야를 중심으로 2004년까지 25,000명이 부족하다는 것이 정보통신부의 지적이다.

〈도표 7-4〉 2000~2004년 학력별 부족인력 전망

	2000년	2001년	2002년	2003년	2004년	2004~5년
실업계고	-31,039	-14,118	-6,607	-884	-2,245	-54,893
전문대	0	0	0	0	0	0
학 사	-34,383	-23,651	-23,651	-19,277	-25,411	-131,373
석 사	-5,046	-4,543	-4,089	-3,463	-4,379	-21,520
박 사	-882	-748	-612	-472	-647	-3,361
합 계	-71,350	-48,060	-34,959	-24,096	-32,687	-211,147

출전) 정보통신부.

〈도표 7-5〉 2000~2004년 직군별 부족인력 전망

	실업계고	학사	석사	박사
S/W		65,000	12,000	77,000
웹서비스 및 컨텐츠		57,000	11,000	68,000
H/W 및 부품	42,000	7,000	1,000	50,000
통 신	13,000	2,000	1,000	16,000
합 계	55,000	131,000	25,000	211,000

출전) 정보통신부.

<도표 7-6> 핵심 IT인력의 산업분야별 부족 규모(2000. 9.)

	정보통신	제조	건설	도소매	금융	서비스	기타
정보전략기획 및 컨설팅	391	1,163	54	—	321	703	405
시스템분석 및 통합	1,661	1,018	108	157	416	1,150	432
웹 개발 및 관리	3,420	1,983	789	415	599	2,108	1,297
네트워크 설계 및 관리	586	945	287	229	356	1,022	432
DB 개발 및 관리	1,319	1,745	951	157	191	2,044	554
프로그래밍 및 S/W	2,736	3,054	789	188	2,455	894	473
기술지원	391	509	602	114	113	703	81
디지털미디어 제작	244	218	—	—	26	—	41

출전) KISDL.

 정부 대응

　IT 산업발전을 주도할 수 있는 석·박사급의 고급 기술인력 양성이 시급하다. 그러나 전문인력 양성에 장시간이 소요된다는 점이 가장 큰 딜레마이기도 하다. 이에 따라 정부는 IT 인력난을 해결하기 위한 종합적인 대책마련에 들어갔다.
　우선 정보통신 산업현장에서 요구하는 인력수준에 따라 고급전문인력, 기초기술인력, 산업인력, 잠재인력 등으로 나눠 양성할 예정이다. 2000년 배정예산 690억 원을 포함, 오는 2004년까지 매년 약 1,000억 원을 투입해 IT 산업 특성에 맞는 핵심 전문인력 20만 명을 양성할 계획이라고 한다.
　이를 위해 중장기 및 단기적으로는 석·박사급 인력양성, 산업기반인력양성, 정보화 저변인력양성을 위한 다각적인 대책을 마련하고 있다. 또 기존의 공급 측 중심의 정책 일변도에서 벗어나 수요 측 중심의 정책도 개발할 예정이다.

<도표 7-7> IT 인력양성을 위한 정부 예산

	2000년 예산(억 원)	2001년 예산 조정안(억 원)	증액률(%)
기초기술인력양성	340	418	22.9
고급전문인력양성	138	284.5	106.2
산업인력재교육	114	210.9	85.0
잠재인력양성	98	705.8	620.2
합 계	690	1,619.2	134.7

출전) 정보통신부.

또 해외의 우수 IT 인력을 유치하기 위해 입국, 체류, 취업과정에서 특혜를 주는 이른바 '골드카드제'가 지난 2000년 11월 중순부터 도입, 실시되고 있다. 이에 따라 일정한 자격을 갖춘 외국의 전문 IT인력은 국가간 비자협약 유무에 관계 없이 3년간 취업 복수비자(E-7)를 발급받아 자유롭게 입·출국을 할 수 있으며, 희망할 경우 비자연장도 가능하다.

그와 함께 해외의 IT 전문인력은 처음 취업하는 기업과 별도의 고용계약을 맺지 않는 한 직장변경 및 최다 3개 기업까지 동시취업이 가능하고, 출강 및 기술지도 등 체류자격 이외의 활동도 할 수 있다.

한편, '교육부(http://www.moe.go.kr/)'는 정보통신부가 요청하는 정보통신인력의 양성을 위해 대학 및 대학원의 학생 정원 조정시 정보통신 관련 학과의 증과, 증원을 우선적으로 지원하겠다고 밝혔다.

그리고 '노동부(http://www.molab.go.kr)' 역시 급변하는 산업구조 변화에 대응하여 체계적인 인력수급 대책을 수립하기 위해 인력수요 예측프로그램을 개발하는 방안을 마련해 관계부처와 공동으로 추진해나가고 평생 직업 능력 개발을 위한 정책과제를 수립하겠다고 밝혔다.

'정보통신부(http://www.mic.go.kr/)'는 정보통신 분야 박사학위를 위해 해외로 유학을 가는 학생들에 대한 장학금 지원을 대폭 확대하기로 했다. 따라서 2000년도에 60명에게 지급되었던 15억 원을 향후 4년간 480명 105억 원 규모로 점차 확대해 나가기로 했다. 이를 위해 우선 2001년 140명을 선발하고 이후 매년 신규로 120명씩 선발할 계획이다.

<도표 7-8> 정부의 IT 인력양성계획

	내 용	예 산
IT 전문인력 20만 명 양성계획	■ IT 분야 석·박사급 고급 산업인력을 자체적으로 양성할 수 있는 교육기반을 확충 — IT 분야 전문대학(원) 설립 및 학과과정 확대 (2001~2002년 400억 원 규모로 대폭 확대) — 전자상거래 등 e-Biz 분야 석사과정(70명 규모)으로 한 국정보통신대학원대학교의 테헤란로 학습장 설치 — 핵심기술 분야의 정보통신연구센터 육성 및 스탠포드·카네기멜론대 등 선진대학으로의 유학지원 — ASIC, JAVA 등 정보통신 분야의 전문교육프로그램 운영	
	■ 정보통신 우수인력을 조기에 발굴하고 산업인력으로 양성하여 장기적 측면에서 IT 산업발전의 저변인력 확충 — S/W 특성화 중학교 설립 추진, IT 특성화 고교에 대한 교육장비 기자재 등 지원확대, 청소년 IT 교육프로그램 등 개발 — IT 특성화 중·고등학교, 전문대학 지원에 2001년부터 2002년까지 매년 300억 원 지원 — 정보통신 전환교육 및 정보통신 사이버대학 운영 등 산업인력의 재교육 지원 — IT 분야 민간자격제도의 효율적 운영을 위해 민간자격에 대한 국가공인제도 도입	2004년까지 매년 약 1,000억 원 투입
	■ 인력양성 정책의 성과가 효과적으로 나타나기 위해 공급측면의 지원과 더불어 수요측면에 대한 지원 검토 — IT Young Professional 프로그램(구상중) IT 분야의 교육훈련을 통해 전문지식을 연마하고자 하는 지원자 중 일정자격을 갖춘 자를 선발하여 교육비 지원	

출전) http://techpress.joins.com/view/spec/speclist_1002.asp

이와 같은 정부 및 관련 기관의 대책도 유효하지만, 현재로서는 단기간에 IT 전문인력의 수급조절이 제대로 이루어지고 있지 않다는 것이 문제점이다. 그 이유는 수요 증가 속도를 인력 양성 속도가 따라가지 못하고 있기 때문이다.

 또 하나는 보통 3~6개월 단위로 수행되는 프로젝트의 초기단계에서만 고급 인력이 필요하기 때문이다.

 결국 IT 전문인력의 양성을 통한 수급 조절보다는 이들 인력을 일개 기업이나 단체가 아닌 사회적 공유 재산으로 데이터베이스화하여 활용하는 것도 현실적인 대안이 될 수 있을 것이다.

3. 유 럽

IT 인력 부족

1998년 유럽위원회가 제출한 〈정보화 사회에서의 고용기회〉(*Job Opportunities in the Information Society*) 보고서에 따르면, 1995~1997년까지 유럽의 정보사회(IS : Information Society) 관련 산업에 고용된 인원은 400만 명을 웃돌고 있다.

여기서 정보사회 관련 산업이란 S/W, 컴퓨터 관련 서비스, 통신기기 및 서비스, 사무용 기기 등 일반적 의미의 정보통신산업(Information & Communication Technology Industry)에 방송 및 음반, 출판, 광고 등 컨텐츠 산업을 포함한 개념이다.

정보사회 관련 산업은 또한 1995~1997년의 기간 동안 30만 개의 일자리를 창출했는데, 이는 신규일자리 4개 가운데 1개 비율에 해당된다. 고용증가율의 경우도 정보통신산업은 8.8%, 정보사회 관련 산업은 3.0%로 전체 경제 0.6%에 비해 현격히 높은 것으로 나타났다.

반면에 세계적인 컨설팅회사인 IDC의 보고서는 산업별 접근보다는 IT 관련 직업종사자 측면에서 접근하고 있는데, 이 경우 부분적으로 IT 업무에 종사하는 인력까지 포함한 서유럽의 IT 인력은 1997년 기준으로 910만 명에 달하며, 기술인력의 부족 수는 32만 명에 달하는 것으로 추정하고 있다. 이러한 부족현상은 해마다 더욱 심각해져서 오는 2002년에는 160만 명, 또는 총기술인력 수요의 12%에 달하는 인원이 부족할 것으로 전망되었다. 1998년 기준 EU 국가의 실업자 수가 무려 1,800만 명에 달하는 것을 감안했을 때, 이러한 규모는 정보통신기술력을 갖춘 인력이 부족함을 명백히 보여주고 있다.

이와 같은 인력부족 현상으로 인한 피해는 비단 정보통신 산업의 발전 저하에만 한정되는 것이 아니라, 유럽의 산업 전체의 경쟁력 상실로 이어질 수 있다고 지적되고 있다. IDC 보고서는 구체적으로 기업 인건비용의 증가, 프로젝트 실행의 지연, 직원 생산성의 저하, 유럽 이외의 지역으로부터의 인력 유치 경향 증가 등의 현상이 일어나고 있다고 지적하고 있다.

정책방향

EU 내부에서 IT 인력부족 현상이 문제점으로 제기되기 시작한 것은 비교적 최근의 일이며, 따라서 인력양성 정책도 아직은 구체적인 사업보다는 문제점의 제기와 이를 타개하기 위한 정책방향 제안의 수준에 머물러 있는 경우가 많다. 따라서 여기에서는 인력부족을 타개하기 위한 유럽위원회 및 업계의 제안과 관련 움직임을 소개한다.

먼저, 앞서 언급한 유럽위원회의 보고서(1998년)에서는 정보화사회에서의 고용창출을 선도하기 위한 정책으로서 여러 가지 측면에서 정보통신기술 인력 육성정책을 권고한 바 있다.

내용을 살펴보면, 우선 IT 전문가 부족을 타개하기 위한 단기적인 방안으로서 비정보통신인력을 정보통신인력으로 육성하는 전환훈련 마련, 평생교육 실시, 기술 발전 및 기술 수요를 충족시킬 수 있도록 공공 및 민간분야의 협력 강화 등을 권고하였다.

반면, 장기적인 방안으로서 교육현장에서 IT 활용도를 높일 수 있도록 할 것과 컴퓨터 보급 및 인터넷 연결을 통한 정보 인프라의 구축, 멀티미디어 교재사용의 활성화를 위한 S/W 보급의 확산 등을 추진할 것을 권고하고, 교사를 대상으로 한 IT 훈련의 필요성을 강조하고 있다. 아울러, 이러한 권고의 실현을 위해서는 대학, 훈련센터, 민간 및 공공분야, 업계의 전폭적인 지원이 필요하다는 점을 촉구하고 있다.

주요 기업의 대응

지멘스, 필립스, 톰슨, IBM, 마이크로소프트, 노키아, BT 등 유럽의 주요 IT 기업들로 구성된 소위 'ICT 컨소시엄'은 유럽위원회의 보고서에 대응하여 〈유럽지역의 정보통신 기술인력 부족에 대한 대응〉(*Addressing the Skills Shortage in the Information and Communications Technology Industry Europe*) 이라는 보고서를 발표하였는데, 여기에는 정보통신 인력부족을 타개하기 위한 다음과 같은 좀더 구체적인 정책제안이 담겨져 있다. 몇 가지 항목을 살펴보면 다음과 같다.

* 업계·교육기관·유럽위원회 및 각국이 참여하는 태스크 포스(Task Force)를 구성해 업계의 정보통신기술인력 수요를 면밀히 검토하고, 이에 따른 조치를 강구한다.
* 정보통신 분야 인력육성과 관련된 실행 계획을 총괄하는 전담팀을 유럽위원회 내에 설치한다.
* 정보통신 분야의 기술융합에 부응해 전자공학과 컴퓨터과학 등의 전통적인 구분을 제거해 공조를 모색한다.
* 학교에서 정보통신기술을 습득할 수 있도록 IT 관련 커리큘럼을 필수로 지정하고 지속적으로 시행한다.
* 직업상담을 담당하는 교사는 정보통신 분야로 학생들이 진출할 수 있도록 지도한다.
* 교사들은 정보통신기술을 능숙하게 다룰 수 있어야 하며, 교과과정에 IT를 적극적으로 활용한다.
* 정보통신 교육 및 투자에 대해서는 세금혜택을 적용한다.
* 정보통신 고등교육과정의 문호를 넓게 개방해, 비정보통신인력이 참여할 수 있도록 한다.
* 정부는 민간분야와 협력하여 정보통신 훈련프로그램을 제공한다.
* 민간분야에도 공학분야의 개방형 고등교육과정을 개설한다.
* 기존 정보통신인력이 업계에서 요구하는 기술을 항상 연마할 수 있도록

맞춤훈련을 제공한다.

　＊ 정보통신 관련 교육비용을 절감할 수 있는 연구를 촉진하도록 재정을 지원한다.

교육부문의 정보화

　유럽에서는 IT 전문인력의 육성정책은 아니지만 장기적인 관점에서 기초인력 육성에 도움을 줄 수 있는 정책으로 교육부문의 정보화 움직임이 활발하게 벌어지고 있다. 지난 1996년 유럽 위원회는 '정보화사회에서의 학습(Learning in the Information Society 1996~1998년)'으로 명명된 계획을 발표한 바 있는데, 그 내용은 학교의 상호접속, 교육용 멀티미디어 보급, 교사와 훈련자 교육, 인터넷 보급 등을 골자로 하고 있다.

　이와 같은 교육부문의 정보 인프라스트럭처 구축 계획은 유럽 각국에서 이미 1990년대 중반부터 추진되어 왔는데, 대표적으로 영국의 경우 지난 1995년에 대학을 비롯한 모든 학교들을 정보 네트워크에 접속하기 위한 계획인 '교육분야에서의 정보 고속도로 구축(Superhighway in Education - The Way Forward)' 이니셔티브에 착수한 바 있다.

　영국 정부의 이 계획은 1999년도의 '모든 이들을 위한 컴퓨터교육(Computers for All)'이라는 구호로 이어졌는데, 이에 따르면 2002년까지 3만 2,000여 개의 학교가 인터넷에 접속될 예정이다. 독일도 이미 5만 2,000여 개 학교 가운데 1만여 개 학교를 온라인 정보서비스에 연결시키는 'Chulen Ans Nets' 이니셔티브를 시작한 바 있다. 이 외에도 이탈리아, 스웨덴, 핀란드, 덴마크, 프랑스가 이와 유사한 이니셔티브를 진행중이다.

　인용) http://www.techpress.joins.com/view/spec/

4. 아시아

 각국의 동향

'미국정보기술협회(ITAA)'는 2002년까지 전 세계 IT 인력 부족 수는 유럽과 미국에서만 200만 명에 이르며, 아시아 등 기타 지역까지 포함하면 300만 명이 넘을 것으로 보고 있다.

이 때문에 미국과 유럽이 아시아의 고급 IT 인력 유치에 열을 올리고 있는 가운데 아시아 각국은 IT 인력을 빼앗기지 않기 위해 제도적 정비를 서두르는 등 대책 마련에 적극 나서고 있다.

아시아 각국은 우수 인력을 빼앗길 경우 21세기 정보화 사회에서도 계속 후진국으로 머물 수밖에 없다는 위기감을 느끼고 있다. 이 때문에 자국 인력의 유출을 막는 것은 물론 인접한 다른 나라의 전문인력을 유치하기 위해 안간힘을 쓰고 있다.

■ 싱가포르

미국과 함께 국가경쟁력 1, 2위를 다투는 싱가포르는 최근 IT 인력 확보를 전담할 정보개발청(IDA)을 설치했다. 싱가포르의 일부 기업들은 고급인력 확보 및 고용 비용으로 예산의 60~70%를 지출하고 있다.

IDA는 전문인력에 대한 처우개선 방안을 마련하는 한편 매년 약 1만 명에 이르는 IT 인력 부족분 가운데 절반을 외국에서 유치한다는 계획을 세웠다. 그 첫작업으로 매년 인도의 IT 인력 1,000명을 공급받는 내용의 장기계약을 인도의 인력청(NITT)과 체결했다.

■ 인도

아시아 최고의 전문인력을 확보하고 있는 인도는 IT 선진국으로 발돋움하기 위해 2008년까지 220만 명의 고급인력이 더 필요하다고 보고 있다. 이에 따라 현재 매년 20만 명씩 배출하는 전문인력을 2005년까지 50만 명 선으로 늘릴 계획이다.

그리고 인도정부는 S/W를 외국으로 수출하는 소프트웨어개발법인에 대해서는 법인세를 면제하고 개발 장비를 무관세화하는 한편 소프트웨어기술 단지(STP)를 통해 원 스톱 행정서비스를 제공해 외국기업에게 큰 유인책이 되고 있다.

■ 말레이시아

2000년도에만 1만 5,000명의 인력이 더 필요하다고 판단하고 있는 말레이시아도 외국 인력에 대한 적극적인 이민, 귀화 정책을 펴고 있다. 이와 함께 외국에 진출해 있는 자국 IT 인력의 귀국을 유도하는 정책도 병행하고 있다. 현재 싱가포르의 전체 IT 인력 가운데 절반이 말레이시아인이다.

■ 중 국

중국은 전국 100개 대학에서 고급 IT 인력을 집중 육성하는 내용의 '프로젝트21' 계획을 마련해 시행중이며, 홍콩 역시 IT 인력 육성 5개년 계획을 발족시켰다. 그리고 주룽지 총리가 지난 2000년 3월 전국인민대표대회에서 이례적으로 정부공작보고를 통해 정책의 최우선 순위에 IT 산업육성을 두겠다고 발표한 것은 중국의 의지를 읽을 수 있는 대목이다.

■ 태 국

태국은 세계은행 컨설턴트의 권유에 따라 동유럽의 IT 인력을 확보하기 위해 이들에 대한 무비자 취업을 추진중이다.

선진국과 개발도상국간의 갈등

최근 미국과 일본 등 선진국들이 자국 내 IT 인력부족을 해소하기 위해 개발도상국, 특히 아시아로 눈을 돌리며 인력 확보에 혈안이 되어 있다.

최근 신경제로 대표되는 IT 산업이 급성장하면서 인력수요는 급격히 늘어나고 있는 반면 공급은 이를 따라가고 있지 못하고 있다. 이에 따라 대부분의 선진국들은 심각한 인력난에 시달리고 있다.

현재 미국과 서유럽의 IT 인력부족은 각각 85만 명과 60만 명으로 추산되고 있으며, 일본도 20만 명에 달하는 것으로 분석되고 있다. 선진국들이 가장 선호하고 있는 나라는 영어 사용권이면서도 저임금의 고급인력이 풍부한 인도이다.

때문에 미국, 영국, 독일, 일본, 싱가포르 등 주요 선진국들 대부분이 인도와 정부 차원의 IT 제휴를 맺고 취업비자 확대 등을 추진중이다.

일본의 경우 외국인 비자발급에 엄격한 원칙을 적용하면서도 인도의 S/W 엔지니어에 대해서만은 3년짜리 비자를 내주는 방안을 추진중에 있는 것으로 알려지고 있다

게다가 기업차원에서도 인력 확보에 총력을 기울이고 있다. 마이크로소프트(MS), IBM, 모토로라, 베리폰, 오라클 등 200여 개 외국기업들은 인도에 자체 S/W본부를 두고 인도에서의 S/W개발 비중을 늘리고 있다.

특히, IBM 등 외국기업들의 경우 인도공과대학(IIT) 등 인도의 유수 대학에 연구센터를 지어주고 장학금을 지원하는 방식을 통해 우수 인력을 졸업 전에 미리 확보하고 있다.

한편, 전 세계적으로 IT 인력의 부족은 개발도상국에 심각한 문제를 내재시키고 있다. 아시아의 엘리트 IT 인력들이 높은 임금과 생활을 위해 선진국, 그 가운데서도 미국으로 가는 두뇌 유출현상이 심각해 아메리칸 두뇌화 현상이 일어나고 있다. 해당 개발도상국의 입장에서는 자국 두뇌의 선진국 유출로 인해 정보 리터러시(Literacy)의 차이가 빈부의 격차를 심화시킨다고 하는 디지털 디바이드(Digital Divide)를 자국에 몰고 올 위험성에 대해 긴장하고 있다.

5. 사례연구

 미국과 IT 인력

1) IT 고용증가

미국 상무부에서 발간한 《Digital Economy, 2000》에 의하면, 미국 노동통계국(Bureau of Labor Statistics)의 자료를 바탕으로 분석한 결과 미국 정보통신 산업의 고용은 1998년 현재 520만 명이며 이는 전체 취업자 수의 약 5.26%에 해당하는 것으로 나타났다.

IT 산업 고용의 성장을 전체적으로 볼 때, 일부 분야에서는 크게 증가하고 기타 다른 분야에서는 크게 감소함으로써 IT 산업 일자리가 크게 움직이고 있음을 보여주고 있다. 전체 IT 산업 가운데서 소프트웨어와 컴퓨터서비스 부문은 급격한 고용증가를 기록하고 있다. 이 부문의 고용은 1992년 85만 명에서 1998년 160만 명으로 늘어남으로써 거의 2배나 되었다. 반면 같은 기간에 하드웨어와 통신서비스 산업의 일자리는 전체 고용성장률과 비슷하였다.

역동적인 경제는 항상 많은 일자리를 창출하기도 하고 없애기도 한다. 하지만 최근에 일부 일자리가 늘었다 줄었다 하는 급격한 변화는 IT혁명과 관련된 요소들과 많은 관계가 있는 것으로 보여진다.

한 예로 IT 가운데 많은 상품이나 기술의 라이프 사이클이 짧아 기업의 경영자들이 새로운 상품이나 서비스를 시장에 더 빨리 내놓기 위하여 기존의 인력을 재훈련시켜 활용하기보다는 새로운 기술을 가진 인력을 노동시장을 통해 신규 채용하는 것을 선호하는 현상을 들 수 있다.

2) 인력정책

미국 정부 및 의회는 IT 인력부족이라는 문제점을 타개하고 미국의 경쟁력을 유지하기 위해서 법적, 정책적인 지원수단을 마련하여 실시해야 한다는 데 의견의 일치를 보고 있다. 그에 따라 현재 미국에서는 정부 및 다양한 공공·민간 기업들이 IT 인력 육성에 주력하고 있다.

■ 연방정부

노동부

노동부는 현재 일부 이민자들로 충당하고 있는 정보기술직 및 건강직에 필요한 미국인 근로자들을 훈련시키기 위해 예산연도(FY) 2000년에 1,240만 달러를 책정할 계획이다. 또한 미국 내 시장에서의 근로자 훈련을 위한 프로젝트에 추가로 4,000만 달러의 기금을 조성할 계획이다. 이러한 프로그램들을 통해 IT 인력을 원하는 민간기업들은 지방정부 및 훈련을 담당하는 교육기관들과 협의하여 해결책을 찾을 수 있게 된다.

상무부

상무부 기술국은 1998년부터 정보통신 전문인력 육성을 지원하기 위해 GO4IT라는 웹사이트(http://www.ta.doc.gov/go4it)를 만들어 운용하고 있는데, 이것은 미국 전역에 있는 다양한 종류의 IT 인력들에 대한 명세를 포함하고 있는 탐색 데이터베이스이다.

그리고 노동부는 미국경력인포넷(http://www.acinet.org/), 미국직업은행(http://www.ajb.dni.us/) 및 미국학습교환센터(http://www.alx.org/)를 총괄하는 미국경력키트(American's Carrier Kit)를 운용하고 있다.

교육부

교육부는 학교의 IT 교육을 더욱 효과적으로 수행하기 위해 교사 40만 명을 훈련시키는 데 필요한 자금 1억 3,500만 달러를 지원하고 있다.

국립과학재단

국립과학재단(National Science Foundation)에서는 지난 1999년 3월 컴퓨터 및 공학 분야의 학부 및 대학원 교육을 받고자 하는 저소득층 학생을 위해 2,100만 달러 규모의 장학기금 CSEMS(Computer Science, Engineering and Mathematics Scholarship)를 조성하여 1인당 2,500달러 내에서 8,000명의 학생을 지원하는 프로그램을 만들었다.

H-1B 비자

IT 인력 확충을 위해 외국인 기술자들을 미국으로 끌어들이는 연방정부의 조치가 H-1B 비자 프로그램이다. 미국 의회는 1998년에 H-1B 비자 한도를 6만 5,000명에서 11만 5,000명으로 늘렸다.

■ 공공·민간기업

시스코 시스템즈(Cisco Systems)

시스코 시스템즈는 미국통신근로자협회(Communications Workers of America), 애리조나 주립대학 및 노동부·교육부는 군 제대자 등이 자신들의 IT를 평가하고 증진시키는 데 도움을 주기 위해 온라인 시스템을 개발하고 있다.

전국제조업자협회

전국제조업자협회(National Association of Manufacturers)는 산하 회원사들로 하여금 최소한 급료의 3%를 직업훈련비용으로 사용하도록 종용하고 있다.

미국훈련개발협회

미국훈련개발협회(American Society for Training and Development)와 함께 노동부는 교육, 훈련, 재정보조 및 기술분석 정보센터(Clearinghouse for Information)인 미국학습교환센터를 확장하고 있다.

기 타

포드자동차, 인텔, 델타 항공 및 아메리칸 항공은 최근 회사의 근로자들에게 기술적인 지식을 일깨우는 방법의 하나로 모든 종업원들에게 컴퓨터를 공급할 계획이라고 밝혔다.

그 외 민간 프로그램을 살펴보면, TECH CORPS(http://www.ustc.org/)는 지난 1995년 설립된 비영리 자원봉사 기관으로 초·중등학교에서의 정보통신 기술 이용을 촉진하기 위해 설립되었다. 자원봉사자들은 교사, 학생, 지원요원 등을 교육하고 컴퓨터의 설치 및 유지, 교과과정의 개선 등을 지원하는 활동을 벌이고 있다.

Talent Alliance(http://www.talentalliance.org)는 1997년 기업들에 의해 설립된 비영리 프로그램이다. 근로자들의 IT 직업훈련과 기업의 인력확보를 위한 기업들의 협력 프로그램으로 여기에는 AT&T, DuPont, GTE, Johnson & Johnson, Lucent, TRW 등 미국 유수의 기업들이 대거 참여하고 있다.

제8장 IT혁명의 그림자

IT혁명은 현재 기업 경영의 효율성과 인류 생활에 편의성을 가져다주고 있지만, 동전의 양면과 같이 빛과 그림자를 동시에 파생시키고 있다. 제8장에서는 IT혁명이 가져온 그림자, 즉 부정적 환경을 던져주고 있는 부분을 중심으로 살펴본다.

1. 디지털 디바이드

IT혁명은 기업 경영의 효율성과 인류 생활에 편의성을 가져다주고 있지만, 동전의 양면과 같이 빛과 그림자를 동시에 파생시키고 있다. 특히, 인터넷으로 대변되는 IT혁명은 새로운 부가가치 창출의 원천이 되고 있어, IT혁명의 흐름에 적절히 합류하는 국가(또는 국민)와 그렇지 못한 국가(또는 국민) 사이에는 장래의 성장패턴에 많은 격차를 가져오게 될 것이다.

 정보격차의 심화

컴퓨터나 인터넷의 조작·사용능력 등 정보 리터러시(Literacy)의 유무(有無)도 노동자의 지위에 영향을 미치기 시작했다. 정보는 자본, 노동, 토지와 같이 제4의 생산요소이다. 정보 리터러시에 의해 획득된 지식이 생산성을 높이기 때문이다.

미래학자 앨빈 토플러(Alvin Toffler)는 저서 《제3의 물결》에서 '노동자의 고용에 있어 읽고, 쓰고 하는 능력의 비중은 점차 떨어지리라'고 예측했다. 읽고, 쓰고 하는 능력이 없어도 컴퓨터가 발신하는 음성의 지시에 따라 노동자의 작업이 가능하기 때문이다.

그러나 앨빈 토플러의 이러한 예측은 현재 보기 좋게 빗나가고 있다. 컴퓨터의 고유기능이 컴퓨터라고 하는 그 단체(單體)에서의 작업이 아니라, 현재 인터넷으로 대표되는 것과 같이 네트워크(Network)로 확대되고 있기 때문이다. 정보를 쌍방향(Interactive)으로 교환하는 데에는 높은 수준의 읽고, 쓰고 하는 능력과 S/W를 사용할 수 있는 능력, 나아가 컨텐츠의 관리 및 작성능력까지 요구되고 있는 것이다. 그로 인해 오늘날과 같이 IT혁명이 주도하는 디지털 경제 아래에서는 정보의 리터러시에서 상대적으로 떨어지는 노동자는 현저히 불리하게 되었다.

디지털 경제가 확산되면서 정보활용이 부(富)로 직결되다 보니 정보를 가진 자와 갖지 못한 자 사이의 소득격차가 갈수록 벌어지고 있다. 미국에서는 이를 가리켜 디지털 디바이드(Digital Divide)라고 부르고 있는데, 사회문제로 급부상하고 있다. 다시 말해, 인터넷의 혜택을 누릴 수 있는 사람들(정보의 강자)과 누릴 수 없는 사람들(정보의 약자)의 격차가 커져 그것이 새로운 사회격차로 이어지기 쉽다는 것이다.

그리고 같은 현상으로 자원배분 내지는 산업조직의 전환이라고 하는 각도에서도 바라볼 수가 있다. IT혁명으로 인해 기업간, 기업과 소비자간 거래가 크게 바뀌는 결과를 가져오기 때문이다. 종래의 유통 및 거래경로가 사라지는 경우도 생길 것이다. 이른바 구분야·구거래 경로의 뚜렷한 축소와 신분야·신거래 경로의 갑작스런 비중 확대가 동시에 발생하게 된다.

실제 인류역사상 어느 시대에서나 그 시대에 해당하는 디바이드(Divide)가 존재하였다. 예를 들어, 막스 베버(Max Weber)가 공업화 사회의 디바이드를 '근면(Industrious)'에서 추구하였던 것은 잘 알려진 사실이다.

 **IT빈민**

디지털 디바이드는 정보 리터러시의 격차가 새로운 경제적 격차를 낳는다고 하는 현상이지만 실제로는 그와 같은 격차는 개인뿐만 아니라 지역, 인종, 그리고 기업과 국가간에도 발생할 수 있다.

지난 2000년 2월 스위스의 다보스에서 개최되었던 세계경제포럼(WEF)에서 지적된 바와 같이 "디지털 경제로 인한 빈부격차심화는 이미 시민권리차원의 심각한 문제"로 지적되고 있어 디지털 빈부격차의 해소문제가 정보시대의 심각한 화두로 등장하고 있다. 이 때문에 최근에는 "IT빈민(IT貧民)", "정보빈민(情報貧民)"이라는 새로운 개념까지 등장하고 있다.

■미국

1999년 6월 미국 '상무부(http://www.ecommerce.gov/)'가 발표한 〈넷의 실패〉(Falling Through the Net : Defining the Digital Divide)라는 보고서에 따르면, 인종과 연간수입 등 많은 속성으로부터 인터넷의 이용에 격차가 있음을 전하고 있다. 예를 들면, 1998년 기준으로 연간수입 7만 5,000달러 이상인 세대의 컴퓨터 보급률은 79.9%인 반면에 5,000달러 미만의 저소득 세대의 컴퓨터 보급률은 15.9%에 그치고 있다고 발표했다.

지역간의 격차도 분명하여, 연간수입에 관계 없이 도시지역 거주자가 지방 거주자보다도 인터넷에 접속하는 비율이 높다. 최고 빈곤층이라도 도시지역 세대는 그 가운데 9%가 인터넷에 접속하고 있음에 비해, 지방에서는 4%에 지나지 않았다. 백인, 흑인, 히스패닉계 등 인종간에도 많은 격차가 있어 미국에서 심각한 사회문제로 부각되고 있다.

장애인이 인터넷으로부터 얻을 수 있는 정보도 건강한 사람보다 적었다. 그 이유는 인터넷이 화상(그림·사진), 음성 등 다양한 데이터를 많이 사용할 수 있게 되었기 때문이다. 네트워크의 정보가 문자중심이었던 시절에는 시각장애인도 문장을 읽을 수 있는 S/W를 사용하면 네트워크를 효과적으로 활용할 수 있었다. 그러나 화상 데이터가 증가하면서 시각장애인은 네트워크 정보에서 소외되어 버렸다.

〈도표 8-1〉 미국 가정의 소득계층별 PC 보급률(%)

연간소득(천 달러)	1994년	1997년	1998년
5 미만	8.4	16.5	15.9
5 ~ 10	6.1	9.9	12.3
10 ~ 15	8.2	12.9	15.9
15 ~ 20	11.7	17.4	21.2
20 ~ 25	15.2	23.0	25.7
25 ~ 35	19.8	31.7	35.8
35 ~ 50	33.0	45.6	50.2
50 ~ 75	46.0	60.6	66.3
75 이상	60.9	75.9	79.9

출전) 미국 상무부, 1999. 6.

집에 있으면서 전 세계의 사람들과 정보를 교환할 수 있는 인터넷은 원래 장애인에게도 편리한 도구로 자리를 잡을 것으로 기대됐었다. 전자상거래도 같은 맥락이었다. 하지만 표현이 복잡화하고, 조작에 어려움도 따라 정보강자와 정보약자의 격차는 날로 벌어지고 있다.

미국 내 IT산업 종사자와 비IT산업 종사자간의 소득격차도 갈수록 벌어지고 있다. 1998년 IT산업 종사자의 평균 연간소득은 전년(3만 4,000달러)보다 52% 늘어난 5만 2,000달러였으나 비IT산업 종사자의 연간소득은 2만 9,000달러에 불과하였다.

■ 일 본

일본의 사정도 그다지 다르지 않은 것 같다. 일본의 경제기획청이 최근 발표한 소비동향조사에 따르면, 지난 1999년 10~12월 PC를 구입한 세대(전체의 3.8%)의 대부분이 고소득층이었다. PC를 구입한 세대의 비율이 연간소득 400만 엔 미만에서는 1%에 불과했으나, 1,200만 엔 이상의 세대에서는 8%이었다.

PC를 많이 활용하는 직종의 근로자일수록 임금수준도 높았다. 일본 노동성의 임금구조기본통계에 따르면, PC를 자주 활용하는 서비스업종의 30대 후반 이상 근로자의 중도채용 임금이 모든 산업 평균치에 비해 10만~30만 엔이나 많은 것으로 나타났다.

■ 한 국

우리 나라의 경우는 삼성경제연구소의 '2000년 1/4분기 소비자 실태조사(2000. 3. 9.)'에 따르면, 대졸 이상인 사람들의 인터넷 이용률은 48.2%에 이른 반면 중졸 이하인 사람은 컴퓨터를 보유하고도 인터넷 이용률이 2%에도 미치지 않는 것으로 조사되었다.

또 소득계층별 인터넷 활용도에서도 저소득층과 고소득층간에 대조를 보여 연간소득 3,000만 원 이상의 고소득층에서는 인터넷 이용률이 36.7%인데 비해 연간소득 1,000만 원 이하의 계층에서는 5.6%만이 인터넷을 이용하는 것으로 나타났다.

컴퓨터 보유율의 격차도 커 조사가구 전체의 컴퓨터 보유율은 68.1%이었으나, 소득별로는 고소득층의 경우 90.8%로 10가구 중 9가구 정도가 보유하고 있는 반면 저소득층은 31.7%로 대조를 보였다.

그리고 한국정보문화센터가 1999년 실시한 실태조사 결과 역시 충격적이다. 초등학교 졸업 이하 시민의 컴퓨터보유율(4.7%)은 대졸 이상 시민의 보유율(60.4%)에 13배나 뒤지고 있었다. 또 대졸 이상 자는 14.3%가 인터넷을 사용하지만 중졸 이하 자는 조사대상자 가운데에 인터넷 이용경험이 있는 사람이 한 사람도 없었다.

〈도표 8-2〉 한국 가정의 소득계층별 인터넷 보급률(%)

월 소득 수준(만 원)	1997년	1998년	1999년
100 ~ 200	6.2	9.2	10.5
200 ~ 300	7.9	25.0	18.3
300 ~ 400	12.3	32.0	35.6
400 ~	16.1	27.3	41.5

출전) 한국정보문화센터, 1999.

이 같은 조사통계는 산업혁명과 근대화를 거치면서 도시빈민으로 내몰렸던 계층들이 21세기의 디지털 경제시대에도 'IT빈민'으로 남게 될 것임을 예고하고 있다.

 디바이드의 심화

유엔개발계획(UNDP)은 최근 경제협력개발기구(OECD) 29개 회원국의 인구는 전 세계 인구의 19%에 불과하지만 인터넷 사용자의 91%를 차지하고 있다고 발표한 바 있다.

실제로 세계적 컨설팅 회사인 IDC의 분석에 따르면, 지구촌 60억 인구가 하루에 주고 받는 E-메일의 양은 100억 통이라고 한다. 그 가운데 약 30%가 무작위 광고성 메일인 스팸 메일(Spam Mail)이라는 점을 감안하더라도 지구촌에 사는 사람이면 누구나 적어도 하루에 1통 이상의 E-메일을 발신하거나 수신하고 있다는 계산이다.

나아가 현재와 같은 증가세라면 2005년에는 전 세계의 하루 E-메일 유통량이 350억 통에 달할 것이라고 IDC는 지적하고 있다.

하지만 지구촌 인구의 80%가 여태껏 전화 발신음 한번 들어 보지 못한 사람들이다. 인구가 7억 4,000만 명인 아프리카 대륙에 가설되어 있는 전화 회선 수는 1,400만 회선으로 뉴욕의 맨해튼이나 도쿄의 전화 회선 수와 같다고 한다.

아프리카 대륙의 인터넷 사용인구를 다 합해도 우리 나라의 1/16밖에 안 된다. 전 세계 인구의 15%를 차지하는 선진국 지역에 인터넷 사용인구의 88%가 몰려 있다. 세계 인구의 20%가 남아시아에 있지만 그 가운데 인터넷의 혜택을 누리는 인구는 1%에 불과하다. 반면 미국 인구의 50% 이상이 인터넷을 사용한다. 인터넷 웹사이트의 4/5가 영어로 되어 있지만 영어를 할 줄 아는 사람은 전 세계 인구의 1/10에 지나지 않는다.

그래서 UNDP는 E-메일에 경미한 금액의 세금을 부과하여 그 돈으로 개발도상국의 정보화를 지원하자는 제안을 내놓은 바 있다.

가령 E-메일 1통을 발신할 때마다 1원의 세금을 부과한다면 하루 100억 원이고, 1년이면 3조 6,000억 원(33억 달러)에 달한다.

정보화 시대의 새로운 불평등 요인으로 떠오른 디지털 디바이드 문제를 해결하지 못하면 국내 및 국제적인 빈익빈 부익부 현상이 더욱 심화할 것이라는 우려의 목소리가 날로 높아가고 있다.

지난 2000년 2월 스위스의 다보스에서 열린 세계경제포럼(WEF)에서 찰스 슈왑 회장은 "국가간 디지털 빈부격차의 해소 문제가 정보화 시대의 심각한 화두로 등장했다."며 하루빨리 적절한 다자간 국제조직을 만들어 이 문제에 대처해야 한다고 지적하고 있다.

그리고 2000년 7월 일본의 오키나와(沖繩)에서 열린 주요 8개국(G7+러시아) 정상회담에서 각국 정상들은 선진국과 개발도상국간의 디지털 격차 해소에 노력한다는 내용의 'IT헌장'을 채택하기도 하였다.

지금까지 지구상에는 다양한 정보기기가 출현하였으나 인터넷과 같이 쌍방향성, 정보처리성, 멀티미디어성이라고 하는 요건을 충족하는 미디어는 존재하지 않았기 때문에 이에 대한 대응방안이나 예측 또한 어려움을 더하고 있다.

현재 한국이나 일본과 같이 인터넷 보급이 미국에 비해 상대적으로 뒤진 나라에서는 심각한 사회문제로 대두되고 있지는 않지만, 미국과 같이 정보격차가 일반화되면 어떤 형태로든 사회문제로 대두될 가능성이 있다고 보여진다.

하지만 낙관적인 측면도 없는 것은 아니다. 일반 국민들의 높은 교육열(e-마인드)과 협소한 국토면적, 단일민족 등의 특성은 정보강자와 약자의 격차를 미국과 같이 확대시키지는 않을 것이다.

그러나 속단하기는 아직 이르다. 왜냐하면, 예측이 어려운 만큼 대책수립 또한 어렵기 때문이다.

제8장 IT혁명의 그림자 299

2. 온·오프라인의 갈등

 유통채널의 갈등

인터넷을 통한 전자상거래가 활성화되면서 온라인과 오프라인간의 채널 갈등(Channel Conflict)이 심화되고 있다.

채널갈등이란, 간단하게 말하면 동일한 고객에게 동일 또는 유사한 상품을 복수의 유통수단을 통하여 제시함으로써 발생하는 일련의 문제를 가리킨다.

기존의 기업들이 e-비즈니스를 처음 시작할 때 겪는 가장 큰 어려움 가운데 하나가 오프라인으로 대표되는 대리점업자, 소매업자들의 반발을 무마하면서 온라인과의 조화를 꾀하는 것이다. 기존의 온라인 업자들은 인터넷 쇼핑몰이 기존 유통단계를 축소시키고 결국 일자리마저 빼앗아갈 것이라고 불안해하기 때문이다.

특히, 제조업자와 유통망 사이에 통합이 많이 되어 있는 기업이나 대리점과의 결속력이 보다 긴밀한 업종일수록 문제가 한층 심각하다고 하겠다. 때문에 전통적인 오프라인 기업이 온라인 기업으로 변신하는 과도기에는 기존의 유통채널과 인터넷 판매망의 조화가 성공의 열쇠를 쥐고 있다고 할 수 있다.

그러나 의사결정이 빠르고 대담한 구조개혁이 가능하다고 하는 미국의 대기업조차 온라인과 오프라인의 조율에 골머리를 앓고 있다.

지난 2000년 2월 정부는 전자상거래 분야의 공정경쟁질서 확립을 위해 저가격 판매를 방해하는 행위를 엄격히 규제한다는 전자상거래 활성화 방안을 마련하였다. 인터넷 쇼핑몰을 통해 상품을 싸게 판다는 이유로 제조업체가 대리점이나 인터넷 쇼핑몰에 제품 공급을 중단하는 것을 강력하게 단속하겠다는 것이다.

하지만 제조업체가 소유권을 가지고 상품판매를 위탁한 위탁대리점이나 회사가 고용한 영업사원에게 사이버 쇼핑몰과의 거래를 중단하도록 하는 행위는 처벌대상에서 제외시킴으로써 채널갈등의 요소는 여전히 남게 되었다.

갈등 파급

　온라인과 오프라인간의 채널갈등은 서적, 음반, 화장품, 패션뿐만 아니라 최근에는 자동차, 전자, 중공업은 물론이고 보험 등 서비스산업 전반으로 확산, 특정 업종에 국한되지 않고 모든 산업에 걸쳐 발생하고 있다. 또한 이것은 우리 나라뿐만 아니라 e-비즈니스를 행하고 있는 전 세계의 모든 국가들이 당면하고 있는 공통적인 현상이기도 하다.
　자동차의 경우 전문 자동차 판매사이트와 인터넷 판매사이트가 급증하고 있으며, 중고차와 부품뿐만 아니라 신형 자동차마저 저렴한 가격에 판매하며 오프라인 영업망을 잠식, 기존 대리점과 갈등을 빚고 있다.
　실제로 지난 2000년 5월 GM, 포드 등 미국의 주요 자동차메이커들이 자사 딜러들에게 서한을 보내 인터넷 자동차 판매기업들에 자동차를 팔지 말도록 지시했다. GM은 딜러들이 소비자가 아닌 인터넷 자동차 판매기업들에 GM차를 판매할 경우 딜러들에게 주는 각종 인센티브를 주지 않겠다고 밝힌 바 있다.
　국내의 경우 지난 2000년 10월 말 '롯데닷컴(http://www.lotte.com/)'은 공동구매를 통해 최고 40만 원이 할인된 가격에 자동차를 판매한다고 밝혔다.
　이에 대해 현대자동차 측은 "현대자동차는 공식적으로 어떤 인터넷 업체에도 자동차를 공급하고 있지 않다"고 밝혀, 인터넷 쇼핑몰 롯데닷컴과 현대자동차와의 마찰이 예상되고 있다.
　또한 도서정가제를 둘러싸고 "무분별한 할인판매를 용인할 경우 지나친 경쟁으로 온라인이나 오프라인 서점 모두 자멸하게 된다(한국서점조합연합회)"와 "도서정가제 의무화는 소비자 주권을 침해하고 전자상거래를 위축시키는 독소조항이다(인터넷서점업계)"의 첨예한 대립도 채널갈등의 대표적인 사례라 하겠다.

일부 대기업이 지금까지 구축한 유통망과 기득권 이익 등을 파괴하면서까지 e-비즈니스에 참여하지 않으려는 까닭이 여기에 있다. 게다가 오프라인으로 대표되는 기존의 대리점, 직판점 등 기존 유통업체들의 반박 또한 만만치 않다. 온라인 판매점들이 가격인하 공세를 펼치면서 유통업체들의 영역을 급격히 잠식하고 있기 때문이다.

그러나 이미 아마존이라는 세계적인 인터넷 서점이 존재하고 있고, 미국에서는 전체 신형 자동차 판매대수의 11%가 인터넷으로 판매되고 있으며, 유럽시장에서는 보험의 30% 이상이 인터넷으로 판매되고 있다는 사실을 통해서 우리 나라의 미래도 짐작할 수 있다.

근래 인터넷을 통한 자동차나 서적의 할인판매가 논란이 되고 있지만 이미 할인판매로 이익을 보고 있는 소비자들이 과거로 다시 회귀할지는 의문이 남는다.

갈등해소의 성과와 실례

1) 성공사례

온라인 서점인 아마존(Amazon)과 오프라인 서점인 반스&노블(Barnes & Noble)의 사례는 온라인 업체와 오프라인 업체간의 갈등과 문제해결에 많은 도움을 주고 있다.

인터넷 서점인 아마존은 반스&노블에 비해 약 20~30% 정도 할인된 가격으로 서적을 판매, 미국 전역의 1,000여 개 반스&노블 대리점을 위협하였다. 그러한 위협은 현실로 나타나 인터넷 유저, 특히 젊은 고객층들이 급속히 아마존의 단골고객으로 바뀌면서 반스&노블의 매출액이 급감하였다.

반스&노블은 이러한 사태를 타개하고자 아마존에 서적을 공급하던 서적도매업체 임그램사의 주식을 대거 매입하는 등 다양한 대응방안을 세웠다.

그러나 이러한 반스&노블의 방해전략에도 불구하고 아마존은 세계 최고의 인터넷 서점으로 명성을 굳혀나갔다. 전자상거래가 시대적 대세임을 깨달은 반스&노블은 결국 자체 인터넷 서점을 개설하여 오프라인과 온라인 판매를 병행하게 되었다.

그러나 문제는 여기서 끝나지 않았다. 반스&노블의 인터넷 서점이 서적의 판매가격을 낮추자 기존의 오프라인 대리점들이 온라인 서점에 비해 경쟁력이 떨어진다며 강력히 항의를 해왔던 것이다. 이와 같은 내부적 갈등에 직면한 반스&노블은 철저한 차별화 전략으로 문제해결에 다가섰다.

다시 말해, 온라인의 인터넷 서점에서는 희귀서적, 신간 등을 중점적으로 판매하는 반면에 오프라인의 대리점에서는 다양한 서적을 공급하면서 고객들을 위한 쇼핑환경 개선에 힘을 쏟는 차별화 전략을 선택하게 된 것이다.

다음으로 월마트(Wal Mart)의 초기 e-비즈니스를 예로 들어 살펴보자.

월마트는 기존 오프라인 점포와의 경쟁을 회피하기 위해 제품라인을 단순화시켰다. 그 결과 제품의 종류가 다양하지 못해 고객이 외면을 하게 된다. 그리고 기존 점포가 각 지역별 경쟁특성 및 수요특성에 따라 가격책정을 한 데 비해 온라인에서는 동일한 가격을 책정하였고, 나아가 제조업체-물류센터-점포간의 효율적인 물류시스템에 핵심역량(Core Competence)이 있었음에도 경쟁사인 'Federated Department Store'의 'Fingerhut(http://www.fingerhut.com/)'에게 아웃소싱(Outsourcing)을 주어 택배물류의 비효율화를 가져와 초기 인터넷 사업에서 실패를 경험하게 된다.

월마트는 이러한 실패경험을 바탕으로 AOL과의 제휴를 통해 홍보효과를 극대화하고 자회사를 설립, 기존 물류시스템의 택배물류에 맞추어 오프라인의 점포와 운영을 통합함으로써 새로운 도약을 하고 있다.

마지막으로 성공적으로 채널갈등을 극복한 나이키(Nike)의 사례를 소개한다. 세계적인 스포츠용품 업체인 나이키는 e-비즈니스에 관심을 가지고 있지 않다가, 인터넷 경쟁업체들의 매출이 급격히 증가하고 2004년 전체 온라인 시장매출이 40억 달러에 이를 것이라는 전망이 나옴에 따라 1998년 서둘러 온라인 기업으로의 전환을 단행했다.

그러나 문제는 기존 대리점들의 반발이었다. 나이키는 대리점주들과 협의

제8장 IT혁명의 그림자 303

를 거쳐 인터넷으로는 매장에서 구매하기 어려운 고가격, 고품질의 상품만 팔기로 합의했다. 또 대리점에 대한 판촉활동을 더욱 강화하면서 지원금액도 늘렸다(나이키의 전략은 아마존에 맞서기 위해 반스&노블이 추진한 전략과 많은 유사점이 있음을 알 수 있다).

다시 말해, 인터넷 판매 상품과 대리점 취급 상품을 분리하는 전략으로 신(新)채널과 구(舊)채널간의 경쟁을 피하는 데 중점을 두었던 것이다. 나이키의 이와 같은 마케팅 차별화 전략은 인터넷 구매고객과 대리점 구매고객의 소비패턴이 다르다는 자체 조사에서 나온 결과였다.

이러한 나이키의 전략은 대성공을 거두어, 1999년 인터넷을 통한 매출액이 900% 증가했을 뿐만 아니라 대리점 판매도 10%나 증가했다. 결국 신채널과 구채널의 조화가 시너지효과의 발휘로 이어진 것이다.

구체적인 해소방안

1) 상품 차별화

 버전별 상품 차별화(Versioning)

업그레이드 또는 다운그레이드시킨 제품을 비롯해 구제품, 재생산품(Refurbished) 등을 인터넷을 통해 판매하며, 주력제품은 기존 채널을 통해 유통시키는 방법이다.

미국의 경우 기존 유통망을 가진 S/W 회사들이 이를 적극적으로 이용한다. S/W라는 상품의 특성상 버전에 따른 차별화가 용이하기 때문이다.

반대로 대학교 교재를 판매하던 회사가 인터넷 판매사업자의 등장에 대한 대응으로 중고서적의 판매에 적극적으로 노력하여 위협에 대처하고 있는 것도 하나의 사례가 될 수 있을 것이다.

■ 머천다이징의 차별화

동일한 상품라인에서 일부 상품은 온라인 전용으로 구성하고 일부는 오프라인으로 구성한다. 가전기업과 같이 많은 상품군을 가졌을 경우 일부 상품라인 자체를 온라인으로 판매하고 나머지를 오프라인으로 판매한다. 출판사의 경우 전집류를 편성해 이를 온라인으로만 판매하는 경우가 많다.

■ 상품의 패키지화(Bundling)

서비스 제공을 포함한 패키지 제품을 개발해 기존 상품과의 차별화를 추구하는 방안이다.

■ 버전별로 브랜드 차별화

각기 다른 브랜드로 온라인과 오프라인을 차별화하는 것이다. 특히, 각 유통망간의 타깃 고객이 다른 경우에 효과적이다. 예를 들면, 인터넷의 핵심 사용자 그룹인 20대를 대상으로 그들에게 적합한 브랜드를 새롭게 기획해 온라인으로 판매한다.

■ 판매방식의 차별화

온라인 판매의 경우 다양한 경매방식을 도입해 기존 판매망과의 충돌을 피해갈 수 있다.

미국의 경우 구매빈도가 낮은 스포츠 용품, 중고차 등이 경매에 좋은 대상이 된다.

이러한 상품 차별화는 단기적으로 실행 가능하고 상대적으로 손쉬운 방법이지만 그 상품에 대한 수요의 증가에 한계가 있다는 가정을 할 때 결국 기존 채널과 시장을 배분하게 될 것이므로 중장기적으로 유통망간 충돌을 해결하는 데는 한계가 있다.

<도표 8-3> 채널갈등 해소법

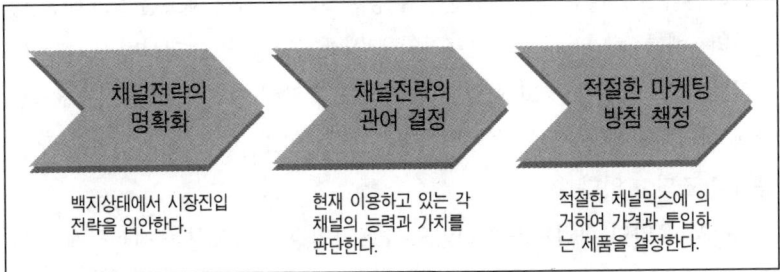

출전) http://it.nikkei.co.jp/eschool/

2) 기존 채널과의 공존방안 모색

■ 간접진입

제조업자가 기존 유통사업자의 웹사이트를 이용해 전자상거래에 간접적으로 진입하는 방법이나. 이 방법은 유통사업자의 영향력이 제조업자의 영향력보다 상대적으로 큰 경우에 흔히 볼 수 있으며, 미국의 대부분의 가전업체들이 현재 이 방법을 채택하고 있다.

제조업자의 웹사이트에서는 제품 소개 및 특징을 광고하고 실제 판매는 유통업자의 웹사이트로 연결(Hyperlink)시켜주는 것이다. 이렇게 연결된 판매에 대해 제조업자는 약간의 역마진을 요구할 수도 있다. 이 방법은 제조업자 입장에서 보면 소극적인 방법이지만 유통망과의 충돌을 가장 쉽게 해결하는 방안이다.

또 소매업자가 영세한 경우 도매상의 웹사이트를 이용하는 방법도 있다. 이 경우 도매상은 소매업에 진출할 수 있으므로 이 방식에 적극적으로 찬성하게 된다.

한편, 제조업자도 도매상이 소매상과 잘 조율할 수 있게 되므로 충돌문제를 피할 수 있다. 따라서 도매상과 제조업자가 공동으로 전자상거래 사업체를 결성하는 경우가 많다. 이는 상대적으로 도매상의 역할이 큰 B2B 사업에 적합한 방안이 될 것이다.

■ 역할분담

　온라인과 오프라인간의 역할분담을 통한 소비자 가치 제고를 도모하는 방안이다. 예를 들면, 기존의 오프라인에 상품전달창구, 고객서비스, 애프터서비스 등의 역할을 강화해 일정한 마진을 보장해준다. 특히, 최근 전자상거래 사업자간에 경쟁이 치열해지면서 고객서비스, 비용절감, 편리한 구매 등이 강조되고 있다.

　따라서 온라인 사업자라 하더라도 오프라인망의 필요성을 절실하게 느끼고 있으며 많은 온라인 사업자들이 오프라인 사업자와의 제휴를 적극적으로 모색하고 있다.

3. e-비즈니스와 과세

 전자상거래세

　기존의 오프라인 비즈니스와 e-비즈니스를 비교할 경우 가장 큰 특징 가운데 하나는 인터넷을 이용하여 간단하게 국경을 넘나들면서 비즈니스가 확대된다는 점이다.
　예를 들어, 고객이 네트워크상에서 데이터를 다운로드하고 그 대가를 전자적인 지불 수단을 통해 결제함으로써 거래가 완결되는 것과 같은 컨텐츠 발신 서비스 등의 비즈니스는 국경을 넘어 급속히 진행되고 있다.
　종래는 정보를 매매하는 데 있어 CD와 레코드, 신문과 잡지 등 눈에 보이는 형태의 상품을 매체로 하여 거래하였으나, 음악 데이터 발신에서 보이는 것과 같이 인터넷을 이용하면 실제 상품을 매체로 하지 않고도 거래가 가능해진다.
　IT혁명이 촉진하는 제도개혁 가운데 하나가 국제적인 인터넷 상거래에 대한 과세문제이다. 음악, 게임, 영화, 어학교재 등은 종래 CD 등의 형태로 유통되고 있던 컨텐츠이다. 그것이 현재는 기억매체에서 분리되어 형태가 없는 디지털 데이터로서 인터넷을 통해 지역과 국경을 넘어 직접 가정과 기업에 전달되고 있다.
　전자상거래세(EC Tax)란 인터넷을 사용한 상거래를 통하여 상품과 서비스를 구입할 때에 부과되는 세금의 총칭이다. 세금은 통상적으로 매출액에 대하여 일정비율을 부과하는 소비세를 가리킨다.
　구체적으로는 소비자가 인터넷 경유로 음악과 서적 등을 구입하는 경우 소비자로부터 받은 부가가치세에 상당하는 부분을 판매업자가 소비자를 대신하여 소비자가 살고 있는 나라의 정부에 세금으로서 납세하는 체계이다. 상품을 유형의 형태로 구입·수입하는 경우는 세관에서 관세를 과세할 수 있지만, 음악과 서적의 인터넷 송신의 경우는 그것을 체크하기 어려워 지금까지 비과세취급이 되고 있다.

　가령 CD를 인터넷을 통해 해외로부터 내려받게 될 경우, 오프라인을 통해 직접 CD를 수입하는 것과 큰 차이는 없다. 그러나 오프라인에서 CD를 일정액 이상을 수입하게 되면 통관시에 관세가 부과되지만 인터넷을 통한 발신은 비과세취급을 받게 된다는 점이 크게 다르다.

　그러나 국내 거래나 상품수입과 같이 인터넷을 통한 발신도 논리상으로는 수입품으로서 과세대상이 되어야 하나 해외사업자로부터 세금을 부과할 수단이 없어 과세를 하지 않는 것이 현재의 상황이다. 전자상거래 초기에는 매출액이 한정되어 있었지만, 최근 1, 2년 사이에 상황은 완전히 바뀌고 있다. 그 결과 전자상거래에 대해 과세를 하지 못하게 되면 막대한 금액의 세수가 누출되게 된다는 위기감이 존재한다.

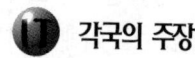 **각국의 주장**

　하지만 세금을 받아야 하는지 여부에 관해서는 현재도 의견이 2가지로 나누어져 있다. 전자상거래에 세금을 징수할 방침을 표명한 일본, 유럽 등에 대해 미국에서는 비과세해야 한다는 의견이 유력하다. 세부담을 요구하지 말고 전자상거래를 확대하는 것이 최종적으로 미국의 이익이 된다는 생각 때문이다.

　한편, 서버라는 것은 컨텐츠의 발신거점이 되는 중핵 컴퓨터를 말한다. 고속, 대용량의 통신망을 사용하면 서버를 한 곳에 집약할 수 있어 업무의 효율화와 설비투자의 억제도 가능해진다.

　과세의 기준이 되는 것은 서버의 소재지이다. 영업 등의 본거지를 한국에 두어도 서버가 해외에 있으면 인터넷 발신에는 과세 대상이 되지 않는다.

　물론 인터넷 기업의 비즈니스전략은 세금만으로 결정되는 것이 아니다. 그러나 e-비즈니스가 수익을 발생시키게 되면 서버를 세금이 낮은 과세국으로 이동시키면 된다. 오프라인의 공장이전에 비해 훨씬 간단하다.

게다가 수출면세에 장애가 발생한다. 다시 말해, 해외를 대상으로 하는 판매라면 수출면세가 적용된다. 그러나 인터넷을 통한 수출은 통상적으로 서면기록이 남지 않으므로 어떤 기록을 보존하면 좋은지 향후 검토해야 할 사항이다.

이처럼 전자상거래의 확대가 가져다주는 징세상의 문제가 계속적으로 생기고 있다. 각국의 세무당국이 인터넷 과세에 중대한 관심을 가지고 있는 것은 전자상거래의 확대가 세수감소의 원인이 되기 때문만은 아니다. 상품이 같음에도 불구하고 인터넷을 사용할 때와 사용하지 않을 때의 세부담에 상이점이 발생하여 세금의 공평성이 흔들릴 위험성 때문이다.

세금수익 감소

세계적인 규모로 전자상거래가 급속히 확대되고 있다. 특히, 인터넷 기술을 이용한 B2B 전자상거래가 크게 늘어나게 될 것으로 예상되고 있다. 이러한 전자상거래의 현저한 발전은 우리들의 경제사회와 생활에 편리를 가져다주고 있지만, 다른 한편으로는 세금 부문에 혼란을 가져오고 있다. 그 이유는 전통적인 세금 징수 방법이 유지될 수 없게 되고 있기 때문이다.

A국의 기업 X가 B국에서 활동하는 경우 전통적인 과세는 이 기업 X의 소득에 대한 과세를 중심으로 하여 물리적인 영업소 등(항구적 시설이라고 한다)이 B국에 존재한다는 것을 조건으로 하여 B국(소득의 원천국)에서 징수한다. 통상은 A국은 이 기업 X의 전 세계로부터의 소득에 과세하지만 다른 나라에 지불된 세금은 공제한다고 하는 시스템을 채용하기 때문에 기업 X는 B국에 납부한 세금분은 A국에 납부하는 세금에서 빼는 것이 인정된다.

하지만 전자상거래가 발전하면 기업 X는 B국에서 활동하는 경우에도 B국에 물리적인 시설을 설치할 필요가 전혀 없다. 다시 말해, 인터넷을 이용하게 되면 B국에 아무런 물리적 시설을 설치하지 않아도 B국에서 자유로이 활동할 수 있다. 그 결과 B국은 세수를 상실하게 된다.

물론, B국이 상실한 세금을 A국이 징수할 수 있다면 전체적으로 보면 징수의 감소로 이어지지는 않지만, A국—B국 사이의 세금 배분 면에서는 종래의 틀이 크게 바뀌게 될 것이다. 그리고 A국은 기업 X의 모든 소득을 파악하여 그에 해당하는 세금을 징수하지 않으면 안 되지만, 이것이 실제로는 그리 간단하지 않다. 그 때문에 전체적인 세금수익감소로 나타날 가능성이 있다.

나아가 전자상거래는 장소(거점)를 가리지 않기 때문에 세금이 낮은 나라를 거점으로 해 전 세계를 대상으로 비즈니스를 하게 되면 해당 인터넷 기업은 세금을 절약할 수가 있어 결국 전체로서의 세금감소로 이어지게 된다.

다시 말하면, 두 나라 사이에 걸쳐 사업을 전개하는 기업에 대해서는 한 나라의 세무당국이 법인세를 징수하여 상대국에 넘겨주는 방식이 고려될 수 있다. 그러나 인터넷 발신거점이 많고 징수액이 부풀려지는 나라의 반발이 예상되며, 이익의 극대화를 노리는 인터넷 기업이 조약에 없는 나라로 거점을 옮길 가능성마저도 있다.

1) 주요 동향

각국의 과세당국은 물론이고 경제협력개발기구(OECD)에서도 전자상거래 과세문제에 대한 토론이 빈번하게 이루어지고 있다.

먼저, OECD 재정위원회(OECD CFA : The Committee on Fiscal Affairs of the Organization of Economic Cooperation and Development)는 전자상거래 조세시스템을 평가하기 위하여 다음과 같은 7가지의 기준을 제시하고 있다.

> - 어떤 방식을 따르든지 납세자는 세금을 동일하게 납부해야 한다. — 전자상거래든 전통적 거래든 관계 없이 납세자는 동일한 세금을 납부하는 것을 의미한다.
> - 과세체계는 단순해야 한다. — 과세체계를 운영할 때 거래처리 비용과 세무조사 비용을 최소화하는 것을 의미한다.
> - 과세체계는 납세자가 납득할 수 있도록 신뢰성을 제공해야 한다.
> - 과세체계는 조세회피를 최소화할 수 있도록 설계되어야 한다. — 세무조사 비용의 최소화를 의미하고 있다.
> - 전자상거래로 인한 경제적 왜곡을 방지해야 한다. 왜냐하면, 전자상거래 환경에서 납세자는 조세 피난처(Tax Haven)를 찾기 때문이다.
> - 전자상거래 관련 조세는 국가간에 공정하게 배분되어야 한다. — 국가간의 세금 정산비용을 최소화하는 것을 의미한다.
> - 새로운 형태의 과세제도를 도입하는 것보다 현행 조세체계를 유지하는 것이 바람직하다.

OECD를 제외하면 지금까지 명확한 대안은 나오지 않고 있으며, 세계적으로도 특정한 방향으로 수렴되고 있는 상황은 아니다. 지금까지 나온 대안을 소개하면 대체로 다음과 같다.

* 특별한 대책을 강구하지 않은 채 당분간 현상유지를 계속한다
* 항구적 시설의 개념은 완화하여 가상시설에서도 원천세를 징수할 수 있다.
* 항구적 시설의 개념을 버리고 대상기업이 활동하고 있는 나라(활동국)는 별도의 기준으로 징수한다.
* 활동국의 징수는 포기하고 거주국에서의 과세를 강화한다.
* 현행 과세의 구조를 근본적으로 개혁하여 전자상거래에 의해 발생된 다국적기업의 소득은 일정의 계산식에서 계산하여 각국에 분배한다.

* 소득과세를 과감히 버리고 거래세(정보 흐름을 대상으로 하여 과세하는 'Bit Tax'와 같은 아이디어)를 과세한다.

2) OECD의 검토

현재 OECD가 전자상거래 과세 및 징수에 대해 논의를 진행하고 있는데, 대표적인 것은 다음과 같다.

■ 업자등록방식

전자상거래를 하는 업자를 세계적인 규모로 등록시킨다. 업자 서버의 거래기록을 근거로 해당 국가가 과세 및 징수를 한다. 다만, 비등록업자의 움직임을 어떻게 봉쇄할 것인가가 과제다.

■ 공급국 징수·송금방식

국내 거래는 해당 국가에서 대처한다. 국경을 넘는 거래는 상품을 공급하는 나라가 업자로부터 징세하여 수입 측 국가에 관세에 상당하는 부분을 일괄적으로 송금한다.

■ 금융기관 징수방식

거래에 따른 지불결제를 담당하는 금융기관이 거래금액에 따라 대리징수하여 납세한다. 단지, 돈의 움직임에 대해서는 그 거래내용 확인이 불편하고 특수한 결제방법이 필요하다는 문제점이 있다.

■ 자기신고방식

상품을 공급한 측(판매자)과 상품을 구입한 측이 인터넷을 통하여 서로 자진신고한 후 나중에 징세하도록 한다. 이렇게 하면 어느 한쪽이 신고를 다르게 하는 것과 같은 비리를 쉽게 발각할 수 있다.

이와 같은 다양한 방식이 거론되고 있으나 OECD 회원국들의 서로 다른 재정상황과 전자상거래 발전단계도 고려해야 하며 비회원국 의견도 수렴해야 하므로 쉽사리 결정이 내려지기 어려울 것이다. 그러나 분명한 것은 어떤 결과가 OECD로부터 나온다면, 그것은 어떤 형태로든 각국의 전자상거래 과세체계에 엄청난 영향을 미칠게 될 것이다.

 과세와 과세유예

미국 하원은 지난 2000년 5월 전자상거래 과세유예기간을 2006년까지 추가연장하기로 의결했다.

미국은 이미 1998년 10월 통과된 '인터넷 면세법(ITFA)'에 따라 2001년 10월 21일까지 3년간 전자상거래 과세유예를 결정한 바 있다.

이 법안은 지난 몇 년 동안 급부상하고 있는 전자상거래 시장을 활성화하기 위해 추진됐다. 미국은 지금까지 전자상거래 시장은 초기 성장 단계에 있기 때문에 지금 과세 등으로 제재를 가하는 것은 앞으로의 높은 잠재력을 가로막는 행위일 뿐만 아니라 일반 상거래와 달리 실태를 파악하기 힘든 데다 세금을 물릴 경우 정보기술(IT) 발전을 저해할 수 있다면서 국제 전자상거래의 비과세를 거듭 주장해왔다.

그러나 미국이 전자상거래에 대해 비과세를 주장하는 더 큰 이유는 미국의 인터넷 산업이 국제적으로 비교우위에 있기 때문이라는 것이 일반적인 견해이다. 미국 정부 입장에서도 인터넷 관련 기업들이 직접 내는 법인세 규모가 크기 때문에 굳이 추가적인 과세를 도입, 전자상거래 시장을 위축시킬 이유가 없는 것이다.

이에 따라 그 동안 미국의 움직임을 엿보며 '사이버 과세' 방안을 고민해오던 OECD 가맹국 등 여타 국가들 사이에 혼란이 불가피하게 되었다.

그러나 한편으로 2006년까지 과세를 유예하는 것은 상대적으로 기존 '굴뚝' 산업체들의 희생을 초래하며 신생 인터넷 기업에 너무 많은 혜택을 주어 형평성에 어긋나기 때문에 그 기간을 2003년으로 단축해야 한다는 미국

내의 목소리 역시 높다.

특히, 한국과 일본·중국·유럽연합(EU) 등은 과세 문제에 비교적 적극적인 자세를 보이고 있다. EU는 2000년 6월 디지털 컨텐츠 거래에 대해서도 과세한다는 방침을 내렸다. 외국 판매업자가 EU 지역 내 소비자로부터 징수한 부가가치세를 그 소비지국에 납세하는 방식으로 EU 지역의 기업에도 납세 의무가 발생하게 된다. 일본의 경우 우선 기업간 거래규모가 큰 것부터 과세를 한다는 원칙을 세우는 등 나름대로의 과세방안을 만들고 있다.

한 예로 2000년 7월 오키나와에서 열린 G7 정상회담에서 인터넷을 통한 국제적인 음악·영상 소프트웨어 거래에 대해 소비세를 물리는 제도를 검토하도록 제안하고 있다.

우리 나라 역시 관련 부처들이 전자상거래 과세체제 정립 방안을 마련하고 있다.

중국의 경우 "모든 거래는 그것이 인터넷을 통하든 다른 어떤 방법으로 이루어지는가에 관계 없이 세금이 부과되어야 한다."고 밝히고 있다.

전자상거래에 대한 세금감면은 막 성장하기 시작한 전자상거래를 발전시킬 수도 있지만, 동시에 국가 성장에 필요한 세금의 원천을 고갈시키는 부정적인 측면도 있음을 알아야 한다는 것이다.

현재 미국에서는 전자상거래의 과세는 2006년까지 유예기간을 두기로 했으나 그 이후에는 결국 비과세 또는 전면 과세를 결정해야 할 것이다. 비록 미국에서 논의되고 있는 문제이기는 하나 인터넷이 가지는 특성을 고려한다면 미국이라는 한 나라에 한정된 문제만은 결코 아니다.

현재 분위기는 전자상거래 선진국인 미국의 과세유예기간의 추가연장 결정에 따라 당분간은 기타 다른 국가들도 추종하게 될 것으로 보여진다. 그러나 장기적으로는 "시나리오 Ⅱ", 즉 전자상거래에 맞게 세법의 해당 규정을 수정·보완하여 전면과세로 이어지게 될 것이다.

IT의 진전 등을 배경으로 향후 전자상거래가 증가하면 할수록 상거래의 중간생략이 진행되리라 보아도 틀림이 없다. 그렇게 되면 법인세와 소득세는 구조적으로 감소하는 것이 거의 확실하다. 단기적으로는 그렇다고 하더라도 세수를 확보한다는 의미에서도 글로벌화에 따른 전자상거래에 대한 세금도입은 중장기적으로 피할 수 없는 대세라고 보여진다.

> **시나리오 I : 영구 비과세**
>
> 미국 상무부 등에 따르면, 인터넷에서 소비자에게 상품을 판매하는 거래규모(B2C)는 2002년 100억 달러에 가까우리라는 전망이다. 하지만 같은 해 1조 달러를 넘을 것으로 보이는 B2B 전자상거래에는 매출세가 부과되고 있어 굳이 소비자를 대상으로 하는 상거래에 과세하여 인터넷 보급의 발목을 잡을 이유가 없다는 것이 비과세파의 주장이다.
>
> 캘리포니아 주 과세균등위원회에 따르면, 캘리포니아 주의 매출세 세수는 전자상거래가 증가한 1999년에 과거 최대인 약 9%의 신장을 보였다. 전자상거래로 인해 세수가 감소하기는커녕 오히려 지역경제를 끌어올려 기존 소매점의 활성화로 이어졌다.
>
> **시나리오 II : 전면과세**
>
> 인터넷을 이용한다고 하여 세금을 우대한다면 공정한 세제라고는 할 수 없다는 것이 과세 찬성파의 공통적인 주장이다. 그 이유는 동일한 상품을 점포에서 구입하면 세금이 부과되는데 인터넷에서는 부과되지 않으면 불공평이 생기기 때문이다.
>
> 다만, 미국 전역에서 과세 주체가 7,500이나 있으며 세율과 과세대상이 제각각이므로 실제로 과세는 대단히 어렵다. 사업자가 세금을 모아 주정부에 납부하는 비용이 너무 들기 때문에 가능한 범위에서 세율의 통일 등이 필요하다는 소리가 높다.
>
> 세금징수 전문기업에게 업무위탁을 하는 것도 좋은 방법일 것이다. 세율과 과세대상의 정보가 들어 있는 전용소프트를 이용, 사업자와 주 정부의 징세를 위탁해두자는 것이다. 이것을 계기로 세무의 민영화 역시 진행되게 될 것이다.

<도표 8-4> 주요 국가의 동향

미국		유럽 (일본, 한국, 중국)
<과세에 소극적> ■ 인터넷 거래를 통한 경제 활성화를 우선 ■ 인터넷 자유 무역권 구상을 제창	VS	<과세에 적극적> ■ 세원 감소를 우려 ■ 과세기준을 추진중

논의 방향

현재 경제 전체로 보면 인터넷상에서 거래되고 있는 디지털화된 정보, 예를 들면, 음악작품 또는 그 외의 컨텐츠의 경제적 가치는 아직 작다. 그러나 출판, 금융, 교육, 영화, 그 외의 오락 등의 많은 서비스업은 주요 내용만을 디지털화하여 인터넷상에서 주고 받는 것이 가능하다.

세금을 도입하는 것 자체는 간단하지만 만약 한국기업이 판매하는 경우만 세금이 필요하고 미국기업이 판매하는 경우에는 일절 세금이 필요치 않다면 한국기업은 경쟁에서 일방적으로 불리하게 된다.

그리고 국내에 거점이 없는 해외기업으로부터도 정확히 세금을 부과할 수 있는지 등 가상상점을 구입하는 경우의 징수의 국제적인 짜임새와 기준은 아직 결정되어 있지 않다. 비과세를 주장하는 나라도 있지만 국제적인 합의를 형성하는 데에는 많은 시간이 걸리게 될 것이다.

전자상거래의 세금문제를 둘러싸고 논의할 때 다음과 같은 문제를 전제로 하여 이루어져야 할 것이다.

제 8 장 IT혁명의 그림자 317

■ 과세의 중립성이 중요하다

과세는 전자상거래의 각 형태 사이에서 중립적(특정 상품만을 별도로 취급하지 않음)일 뿐만 아니라, 전자상거래와 전통적인 비전자상거래의 사이에서도 중립(상품이 동일하다면 동일한 취급)이어야 한다. 또 세금의 집행면도 포함하여 과세는 공평성을 확보하지 않으면 국가에 대한 신뢰는 확립되지 않는다.

■ 현행 과세체계와 연속성이 있어야 한다.

갑자기 과세체계가 변경되는 일이 발생한다면 전자상거래뿐만 아니라 국가 경제에도 치명적인 악영향을 미치게 된다. 그러한 의미에서 세금의 변혁은 점진주의(漸進主義)로 행하는 것이 타당하다. 즉 물리적인 영업소 등이 없어도 활동국에서 일정 수준의 고객을 상대로 거래를 하고 있는 경우와 활동국에서 계속적으로 거래하고 있는 경우 등은 활동국이 그로부터 발생하는 이익에 과세하는 것과 같은 사고이다.

■ 세금분야에 존재하는 불확실성을 제거해야 한다.

기업에 있어 세금은 비용이기도 하다. 세금을 둘러싼 제도가 빈번하게 바뀌게 되면 기업은 중장기적인 사업계획과 프로젝트를 입안, 추진할 수 없게 된다. 나아가 그러한 나라의 국제경쟁력은 당연히 저하될 것이다. 그에 따라 과세원칙을 빈번하게 변경하는 것과 같은 것은 반드시 피해야 한다. 전자상거래에 대응한 과세체계에 대해서도 충분한 토론을 거쳐 중장기적인 전망과 시야를 가지고 개선하는 자세가 필요하다.

지금까지 살펴본 다양한 방법을 구사하더라도 인터넷의 발달과 해당 기업의 움직임에 즉각적으로 대응한다는 것은 어렵다. 마우스(Mouse)의 저편에는 글로벌시장이 펼쳐져 있으며, IT는 다양한 형태로 진화를 거듭하고 있다. 주소(Address)로서 표시되는 참가자의 국적은 이제 유명무실화하고 있다.

결국, 전자상거래의 세금수입은 국가의 가장 기본적인 권리인 과세권의 행방, 나아가 글로벌경제 가운데의 국가의 역할 그 자체를 좌우하는 중대한 테마인 만큼 다양한 토론과 연구가 필요하다.

그러나 분명한 것은 세금이 부과되지 않는 전자상거래가 늘어날수록 해당 정부의 세금구조는 취약해지는 만큼, 비과세 특혜가 이대로 계속될 수는 없을 것이다.

그리고 과세라는 것은 국제적인 표준(Global Standard)이 되지 않으면 그 유효성을 상실하게 된다. 사실상 표준(Defacto Standard)이 된다면, 다른 한편(다른 국가)은 거기에 맞추어야 하고 그로 인해 제도마찰이라는 사회적 비용을 부담하게 된다.

4. 보안과 전자인증

 보안문제

일반 소비자를 대상으로 하는 전자상거래(B2C) 보급을 가로막는 가장 큰 요인은 개인 정보의 유출과 같은 시큐리티(Security = 보안, 안전) 측면에 우려가 있다는 것이다.

아무리 좋은 e-비즈니스 시스템일지라도 정보보안(e-Security)이 선행되지 않으면 상거래 행위에 따른 신뢰성을 확보할 수 없기 때문이다.

인터넷의 특성상 전체를 관리하는 조직이나 법률이 없으며 원칙적으로 자신이 발신한 정보가 상대에게 도착하기까지 어떤 경로를 밟아나갈 것인지를 사전에 보증할 수도 없다. 즉 정보가 온라인상에서 전달되는 과정에 유출되거나 제3자가 이것을 의도적으로 훔칠 가능성도 있다는 점이다.

현재 우리 나라는 물론이고 선진국의 많은 인터넷 유저가 느끼는 인터넷 쇼핑몰의 가장 큰 문제점으로 보안문제를 꼽고 있다.

다시 말해, 인터넷에서의 쇼핑경험 유무에 관계 없이 온라인 쇼핑을 현재 이상으로 활성화하기 위해서는 보안확보를 위한 기술 축적을 중요한 개선점으로 지적하고 있는 것이다.

그에 따라 e-비즈니스가 본격화하기 위해서는 본인확인과 위조방지 등 고도의 보안이 요구되고 암호통신과 전자인증(전자서명)의 실용화가 전제되어야 한다. 향후 전자상거래 보급을 가속화하기 위해서는 암호통신과 전자인증의 체계가 필요불가결하며 PKI(공개열쇠) 실용화의 움직임도 본격화하고 있다.

디지털 경제는 국경이 없는 글로벌 경제이며 지금까지와 같이 국가마다 고유제도를 전제로 하는 인터내셔널(International)한 경제가 아니다. 그 때문에 인터넷을 전제로 하는 한 네트워크 시큐리티의 확립은 한 나라의 제도나 수준으로는 대응이 불가능하다.

네트워크 시큐리티와 같이 경제활동에 따른 개인 정보 보호와 지적재산권, 전자결제 및 전자화폐 발행 등 디지털 경제의 근간을 지탱하는 제도적 문제에 대해서는 국제적인 조정과 협조가 필요 불가결하다.

현재 이러한 문제는 G7, OECD, WTO(세계무역기구), WIPO(세계지적소유권기관) 등 국제기구에서 다양하게 검토되고 있다.

<그림 8-5> 국내 인증 시장 규모

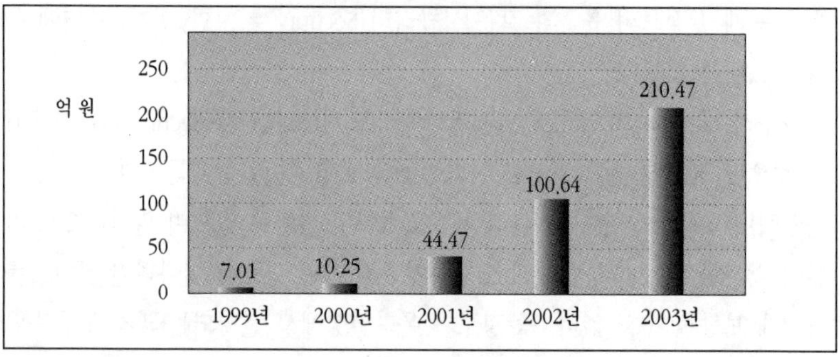

참조) 서버인증, 개인인증, 내용증명 서비스 및 인증 외주 서비스를 합친 것.
출전) 정보통신정책연구원.

전자인증

신용카드 보유자에게 있어 안전성의 문제만 해결된다면 카드를 이용하여 결제하는 것이 가장 편리하다. 그에 따라 전자인증 서비스 및 암호화와 같은 안전성 확보의 제도와 기술 확립이 중요하다.

인터넷을 사용하는 e-비즈니스는 거래 상대를 확인하기가 번거로워 상대가 계약자 본인인지 아닌지 여부를 곧바로 알 수 없다. 아니 고객의 편의를 위해 해당 e-비즈니스 기업이 그러한 시스템을 구축하고 있지 않다는 표현이 적절할 것이다.

이 문제를 해결하기 위해 상대가 본인이라는 것과 통신내용을 악용하고

제8장 IT혁명의 그림자 321

있지 않음을 증명할 시스템이 전자인증 서비스이다. 본인임을 확인하게 되면 카드번호 등의 정보를 본인만 알 수 있는 암호로 교환하여 전달함으로써 인터넷상에서도 정보의 기밀성은 보존된다.

'인증'이란 일정의 행위 또는 문서가 정당한 수속·방식으로 이루어졌음을 공식적인 기관이 증명하는 것을 말한다. 간단하게 말하면, 이것을 전자적으로 행하는 것이 전자인증인 것이다.

〈그림 8-6〉 전자서명의 과정

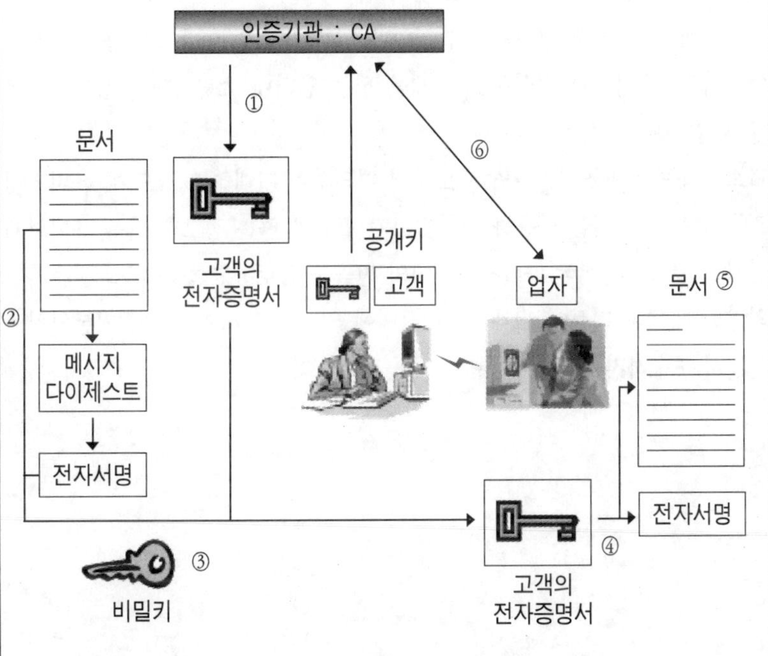

① 고객은 자신의 공개키를 근거로 전자증명서를 취득
② 발신할 문서를 기준으로 전자서명을 작성
③ 이것을 자신의 비밀키로 암호화하여 업자에게 발신
④ 업자는 고객의 전자증명서 내의 공개키로 문서와 전자서명을 복호화
⑤ 문서와 전자서명의 조회를 통하여 본인과 문서를 확인
⑥ 인증기관에 대한 문의도 가능

출전) 小泉修, 2000.

그러나 네트워크상에서는 종이로 된 인감증명을 주고 받을 수 없으므로 제3자가 "이 전자서명은 틀림없이 본인임을 확인한다"라고 하는 것을 인터넷상에서 증명할 필요가 있다. 즉 전자적으로 인감증명을 발행한다고 생각하면 되는 것이다. 이 전자적인 증명서를 발행하는 것이 '인증국'이다.

현실세계와 비교하면, '인감(도장) = 전자서명', '인감증명 = 전자인증', '인감증명을 발행하는 기관 = 인증국'이라고 할 수 있다.

인터넷에서는 해외 쇼핑몰을 통해서도 간단하게 상품을 구입할 수 있다. 따라서 전자인증제도의 확립에 있어서는 국제적인 기준도 중요한 과제이므로 정부차원에서 검토를 해야 할 것이다.

정부에 의한 제도 정비와 민간기업에 의한 새로운 서비스 제공이 동시에 이루어져, 소비자가 안심하고 결제를 하는 인터넷 쇼핑시대가 정착되도록 해야 할 것이다.

소비자는 e-비즈니스 기업으로부터 편의성을 기대하고 있으며, e-비즈니스 기업은 인터넷을 사용하여 소비자가 필요로 하는 정보를 더욱 용이하게 전달할 수 있다. 결국 e-비즈니스에의 진출을 검토하고 하는 기업은 온라인의 보안대책과 더불어 고객 정보 관리에 있어서도 비즈니스의 기본원칙을 철저히 준수하지 않으면 안 된다.

제 8 장 IT혁명의 그림자 323

5. e-Market Place와 시장왜곡

 코비신트 출범

GM · 포드 · 다이머 크라이슬러 · 르노 · 닛산이라고 하는 세계의 대형 자동차메이커와 커머스원 · 오라클이라고 하는 정보기술회사가 2000년 6월, 인터넷을 매개로 한 e-Market Place를 구축하기 위하여 조인트 벤처 '코비신트(Covisint)'의 설립을 계획하고, 연방거래준비위원회(FTC)에 승인을 요청했다.

FTC는 이 조인트 벤처가 전 세계 자동차 생산의 거의 50%를 차지하는 대형 자동차메이커가 참가하기 때문에 미국의 반트러스트법(독점금지법) 가운데 관련시장에 있어 경쟁을 실질적으로 배제하면서 독점을 형성하게 되는 M&A를 위법으로 하는 클레이톤법 제5조에 위반하는지 여부를 심사하였으나 2000년 9월 11일, 그 심사를 중지하고 사실상의 허가를 내렸다.

그러나 FTC가 심사를 중지한 것은 코비신트가 아직 초기단계에 있으며, 정관 및 운영규칙 또는 참가에 대한 엑세스 조건을 채택하지 않고 실제로 운영도 하고 있지 않기 때문이다. FTC는 코비신트의 실제 운영을 통해 경쟁상의 위험은 발생하지는 않을 것이라는 언급 대신에, 오히려 장래 경쟁상의 위험이 발생하게 되면 개입할 권한을 유보하고 있다고 명언하고 있다.

FTC 위원장은 본 건과의 관련에 대해 e-Market Place는 **첫째**, 대폭적인 비용 절약과 비즈니스 수행에 있어 효율적인 조직화를 통해 경쟁 촉진을 가능하게 하는 수단으로서 크게 기대할 수 있다.

둘째, 생산성 향상과 저가격을 통하여 기업과 소비자 모두에게 이익을 줄 가능성을 가지고 있다.

셋째, 그 외 다양한 조인트 벤처의 경우처럼 그것이 Traditional Economy에 속하는가, 아니면 New Economy에 속하는가에 관계 없이 경쟁을 유지할 수 있도록 조직되어 운영되지 않으면 안 된다.

넷째, 개개의 e-Market Place에 관한 반트러스트법상의 분석은 그 목적, 구조, 특정 시장상황, 조직 및 운영 수속과 규제, 그리고 현실의 운영 및 시장에 미치는 효과에 따라 개별적·구체적으로 이루어진다는 논평을 발표하였다.

경쟁상의 위험

코비신트에 존재할 수 있는 경쟁상의 우려는 2가지이다. 첫째는 '구매력 남용 위험'이며, 둘째는 '경쟁자 배제 위험'이다.

먼저, '구매력 남용 위험'은 유력 자동차메이커 5사가 부품, 소재 등을 공동으로 조달하게 되면 e-Market Place에서의 시장 지배력(구입 카르텔)이 형성되어 경쟁수준 이하의 가격으로 공급업자들에게 타격을 입힐 위험이 있다.

다음으로 '경쟁자 배제 위험'이라는 것은, 자동차메이커 5사가 운영하는 e-Market Place에만 부품 및 소재 거래를 하도록 제한함으로써 경쟁관계에 있는 다른 자동차메이커와 공급업자의 거래기회를 배제하여 열린 경쟁을 할 수 없게 될 위험이 있다.

향후 코비신트의 운영으로 위와 같은 우려가 현실성을 가지게 되면, FTC가 유보한 개입 권한이 발동될 것으로 보여진다. 이처럼 IT혁명으로 완결 가능하게 된 e-비즈니스이지만, 경쟁배제와 독점이라는 또 다른 시장 왜곡의 잠재적인 그림자도 존재하고 있음을 되새겨볼 필요가 있다.

6. 사례연구

 디지털 디바이드의 심층 분석

1) 선진국 VS 개발도상국

■ IT 강자와 약자

인터넷으로 대표되는 IT 산업의 발달은 다양한 경로를 통해 경제 성장을 촉진시키고 있다. 먼저, 인터넷의 발달 그 자체가 컴퓨터, S/W, 통신기기 및 관련 부품 등에 대한 수요를 크게 증가시켜 IT 산업이 지속적으로 성장할 수 있게 한다. 또한 인터넷을 통한 e-비즈니스는 기업의 생산비용, 유통비용, 마케팅비용을 크게 감소시켜 효율적인 경영활동이 가능하게 되었다. 그 결과 기업은 새로운 부가가치를 창출하면서 거시적 측면에서 국가 경제성장을 견인하는 중추적인 역할을 하게 되었다.

인터넷의 근본적인 특성은 정보에 대한 자국민(구성원)들의 접근비용을 낮춰줌으로써 사회 각 부문의 생산성을 향상시켜 경제의 장기지속성장의 원천을 창출하게 된다. 현재 미국에서 나타나고 있는 신경제가 그 대표적인 현상이라 하겠다.

인터넷이 가지는 이와 같은 특성은 전 세계적으로 볼 때는 개발도상국, 국가 차원에서 본다면 약자(낮은 교육수준, 빈곤층, 장애인), 집단이나 조직 차원에서 본다면 정보도구의 활용능력이 떨어지는 사람들에게 많은 의미를 가진다.

이러한 인터넷의 특성을 최대한 살리기 위해서는 기본적으로 국민들이나 구성원들의 인터넷 접근을 현재 이상으로 편리하게 해야 하며, 이것은 대규모의 IT 인프라스트럭처 구축을 통해 가능해진다.

그러나 소득수준이 높은 국가나 조직, 세대일수록 정보 인프라스트럭처 구축에 필요한 투자재원 조달이 쉬울 것이다. 때문에 인터넷이 가져오는 경제성장과 생활향상은 개발도상국이나 약자보다는 오히려 선진국과 IT 강자가 대부분 향유하게 되는 상황이 초래될 수 있으며, 이러한 생활수준의 격차는 시간이 갈수록 확대되어 인류에게 엄청난 재앙으로 다가올 소지도 있다.

■ IT 인프라스트럭처

디지털 디바이드 현상을 극복하기 위한 최선의 방책은 역시 IT 인프라스트럭처에 대한 계속적인 투자라고 할 수 있다. 이런 의미에서 OECD 선진국과 아시아 국가간의 정보인프라에 대한 투자규모의 비교를 통하여 향후 디지털 디바이드의 전개양상을 예측해보자.

IT 인프라스트럭처에 대한 1인당 투자액을 비교해 보면 다음과 같다. 1999년 말 현재 아시아의 평균 투자액은 1인당 20.6달러로서 OECD의 평균 투자액인 115.5달러의 17.8%에 불과하다. 우리 나라의 투자규모도 1인당 40.4달러로서 OECD 평균 투자액의 35.0%에 지나지 않는다.

이 비율은 2010년경에는 크게 상승할 것으로 예상되는데, 우리 나라는 OECD와 거의 대등한 수준까지 증가할 것으로 전망된다. 그러나 아시아 전체적으로 볼 때는 여전히 OECD 투자액의 절반에도 못 미치는 47%에 그칠 것으로 보여, 선진국과 후진국 사이의 디지털 디바이드 현상은 쉽게 극복될 것으로 예상되지 않는다.

■ IT 서비스

선진국과 후진국간의 정보 격차는 IT 서비스 부문의 시장규모를 통해서도 확인되고 있다. IT 서비스 부문의 시장규모는 IT 서비스를 제공하는 기업들의 매출액을 통해 확인할 수 있다.

인터넷 호스트나 임대회선의 규모와 같은 물리적 기반도 중요하지만, 이를 이용하여 높은 수익을 내는 IT 서비스기업이 많아야만 디지털 경제의 성장촉진 효과가 제대로 실현될 수 있을 것이다.

여기서 IT 서비스라 함은 인터넷 서비스뿐만 아니라 임대회선 서비스와 기존의 유·무선 통신서비스를 모두 포함하는 개념이다.

OECD 국가들과 아시아 개발도상국들의 인구 1인당 IT 서비스 부문의 매출액 규모를 보면, 1999년 말 현재 아시아 개발도상국의 평균이 33.2달러로서 OECD 평균인 799.6달러의 4.2%에 불과한 것으로 나타났다. 이러한 격차는 1990년대에 계속해서 벌어졌으며, 앞으로도 지속될 것으로 예상된다. 그러나 아시아 IT 산업의 폭발적인 성장을 감안할 때 격차는 서서히 감소할 것으로 보인다.

반면, 우리 나라의 IT 서비스 부문의 1인당 규모는 1999년 말 현재 아시아 평균을 크게 웃도는 433.9달러로서 OECD 평균의 59% 수준이다. IT 서비스 분야의 급속한 성장이 계속되고 있는 우리 나라의 경우 2010년경에는 1,105달러 수준까지 상승하여 OECD 평균수준에 근접할 것으로 예상된다.

2) 2차 분화

IMF 금융위기 이후 상위 20% 우량고객이 회사 매출액의 80%를 차지한다는 '파레토 법칙'이 우리 나라에서도 뚜렷해지면서 상류층들만을 대상으로 하는 온라인 쇼핑몰이 계속 등장하고 있다.

이른바 엄격한 회원제로 상류층을 주요 타깃으로 설정한 최고급 포털 사이트 '오뜨멤버스닷컴(http://www.hautemembers.com/)'을 그 예로 들 수 있겠다. 회원 자격 요건을 보면, 신라 · 리츠 칼튼 · 하얏트 등의 특급 호텔 휘

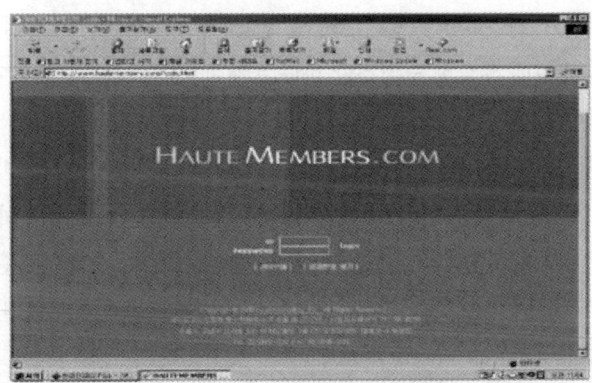

오뜨멤버스닷컴(http://www.hautemembers.com/)

트니스 회원이어야 한다. 이것도 아니면 서울의 주요 백화점 본점(신세계백화점 본점/인천점, 현대백화점 본점/무역센터점, 갤러리아백화점 명품관)의 VIP 고객이거나, 주요 스포츠클럽(코오롱 스포렉스 서초/분당, 시티클럽, 서울클럽, 창아 스포츠) 등의 정회원이어야 한다. 또 이광희·지춘희 등 톱 디자이너의 고객이어야 하며 의사·변호사·회계사·파이낸셔·컨설턴트·디자이너·벤처 CEO 등 골드칼라여야 한다는 것은 물론이다.

한 가지 흥미로운 자격 요건으로 추가된 것은 서초 가든 스위트, 아크로빌 등 서울 강남의 사이버 럭셔리 아파트 거주자여야 한다는 사실이다. 이제는 살고 있는 아파트도 최근 새로 등장하기 시작한 '사이버 럭셔리 아파트'가 아니면 상류층에 끼지 못하는 것이다.

다음으로 한국 최고의 호텔로 손꼽히는 신라호텔이 2000년 6월부터 운영하고 있는 '노블리안닷컴(http://www.noblian.com/)' 역시 가진 자만을 상대로 하다보니 내용도 이채롭다.

사이트 회원들의 사교공간인 '노블리안 커뮤니티', 미혼 회원들의 사교공간인 '영노블리안 클럽'이 대표적이다. 골프와 패션, 자동차, 증권, 와인, 쇼핑, 다이어트 등 상류층 문화를 대표하는 '귀족 포털'이 목표다.

그리고 상류층 쇼핑을 선도해온 갤러리아백화점이 2000년 5월부터 선보인 온라인 쇼핑몰은 이름부터 부유층 냄새를 풍긴다. 프랑스 귀족문화를 대표하는 루이 14세의 이름을 딴 '루이스지닷컴(http://www.louisg.com/)'은 공짜인 기타 다른 사이트와는 달리 가입비만 무려 10만 원이다. 특히, 기존 회원의 추천을 받아야만 가입이 가능할 만큼 자격 조건이 까다롭다. 엄격한 회원 관리를 통해 확실한 서비스만 한다는 것이 원칙이다. 회원 수도 1만 명으로 제한하고 있으며, 가입 자격은 대략 연봉 1억 원 정도이다.

일반 인터넷 쇼핑몰에서는 구경도 하기 힘든 비행기와 요트를 비롯해 수상스키나 보석, 리무진 대여 등 고가상품을 취급한다. 옷을 주문하면 직원이 옷을 들고 직접 방문, 고객 몸에 맞춘 후 수선해 다시 배달해주는 피팅(Fitting) 서비스를 제공하며, 최고 고객에게는 폴크스바겐 클래식 비틀에 상품을 싣고 배달하는 서비스도 선보인다.

위에서 거론한 온라인 쇼핑몰들이 추구하는 핵심 포인트는 차별화되고 깊이 있는 컨텐츠, 인적 네트워크 구축, 고객맞춤, One to One 서비스, 유·무형의 상품 판매 등이다.

사실 이 사이트들의 차별화된 포인트 가운데 가장 핵심은 역시 인적 네트워크 구축이라 하겠다.

이들은 오프라인에서도 자신들만의 세상을 형성하지만, 이제는 당연히 온라인에서도 자신들만의 네트워크를 만들어간다. 아울러 각종 다양한 정보 역시 '자신들만에 의한, 자신들만을 위한, 자신들만의 정보'로 머물게 된다. 이른바 디지털 디바이드의 2차 분화(分化)가 진행되고 있다고 하겠다.

3) 최근 미국 상무부 보고서

미국 '상무부(http://www.ecommerce.gov/)'가 최근 IT혁명에 따른 사회적·경제적 충격을 심층적으로 분석해 발간한 《정보 격차 해소를 위하여》 (Falling Through the Net : Toward Digital Inclusion, 2000. 10. 16.)에 따르면, 정보화 수준이 가장 앞선 미국에서 인종, 학력, 소득 수준에 따른 정보격차가 최근 줄어들고 있는 것으로 나타났다.

이 보고서는 미국 정부가 얼마나 디지털 디바이드 문제를 심각하게 인식하고 있는지를 여실히 보여주고 있다.

■ PC · 인터넷 사용자 급증

2000년 8월 현재 사무실을 제외한 가구의 PC보급률은 51%로 1998년 12월의 42.1%에 비해 10% 가까이 증가했다. 두 집에 1대꼴로 PC를 소유한 셈이다.

가구 내 인터넷 이용자 비율은 더욱 큰 폭으로 늘었다. 1998년 12월 26.2%에서 2000년 8월에는 41.5%로 1년 8개월 만에 58.4%로 증가했다.

미국 내 인터넷 이용자는 1억 1,650만 명으로 추산됐다. 상무부는 내년 중반에는 미국인 가운데 절반에 해당하는 1억 3,000만 명이 인터넷을 사용할 것으로 예상했다. 또 PC와 인터넷 사용자 증가는 소득, 교육, 인종 등에 관계 없이 모든 미국인 사이에서 일어나고 있다고 한다.

■ 정보격차의 해소

이번 상무부의 보고서에 따르면 소득, 학력, 인종 등에 따라 PC, 인터넷 활용 정도가 다른, 이른바 디지털 디바이드 현상은 아직 존재하지만 서서히 해소될 조짐을 보이고 있다.

아시아계 가구의 인터넷 사용 비율은 56.8%로 인종별로 따질 때 최고였다. 흑인(23.5%), 히스패닉계(23.6%)가 가장 낮았으며 백인 가구의 사용 비율은 46.1%이었다.

소득규모와 학력에 따른 차이를 보면, 연간소득 1만 5,000달러 미만의 가구 가운데 12.7%가 인터넷을 이용한 반면 7만 5,000달러 이상의 가구에서는 77.7%가 인터넷을 이용했다.

다만, 그 동안 인터넷 사용자 비율이 낮았던 집단에서 사용증가 현상이 두드러져 디지털 디바이드가 상당부분 해소된 것으로 볼 수 있다. 흑인과 히스패닉계 가구의 인터넷 사용비율은 1998년 12월에 비해 각각 109.8%, 87.3%나 급증하고 있다. 그리고 백인과 아시아계 가구의 인터넷 사용 증가율은 각각 54.7%와 57.8%이었다.

소득수준이 낮을수록 인터넷 사용 증가율이 높았다. 1만 5,000달러 미만 가구의 인터넷 사용자는 78.9%나 증가하였으나, 7만 5,000달러 이상의 가구에서는 28.9% 증가하는데 그쳐 그 격차가 좁혀지고 있음을 알 수 있다.

결국, 인터넷은 더 이상 특정 부류의 사람만을 위한 품목이 아니라 구성원 모두가 정보활용의 원천(The Internet is no longer a luxury item, but a resource used by many)으로 사용하기 시작했음을 상무부 보고서로부터 알 수 있다.

하지만 이러한 정보격차의 해소가 IT 선진국인 미국에 한정된 것인지 아니면 전 세계로 파급될 가능성을 가지고 있는지 여부는 좀더 지켜볼 필요가 있다.

<도표 8-7> 인종별 인터넷 사용 정도

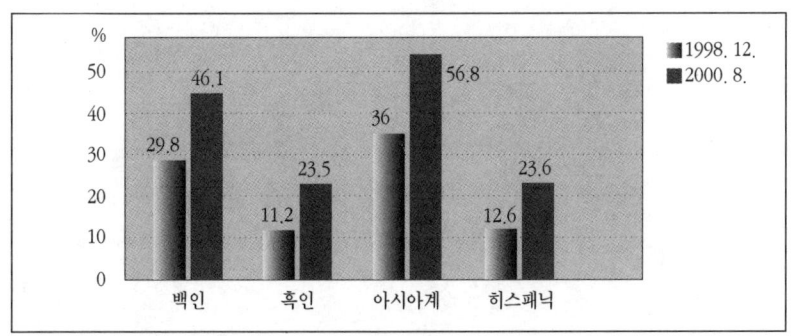

출전) 미국 상무부.

<도표 8-8> 학력별 인터넷 사용 정도

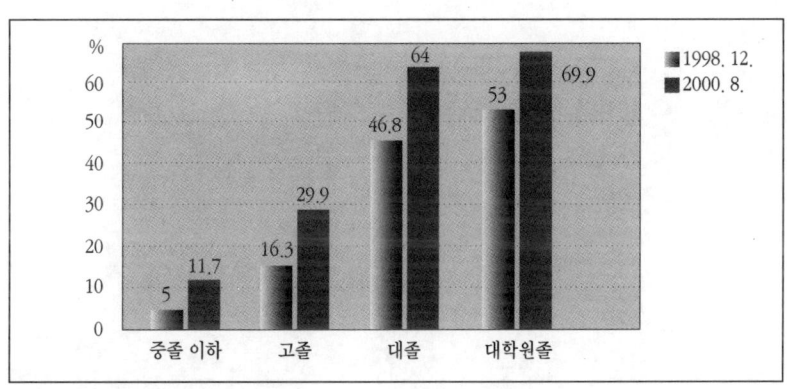

출전) 미국 상무부.

<도표 8-9> 지역별 인터넷 사용 정도

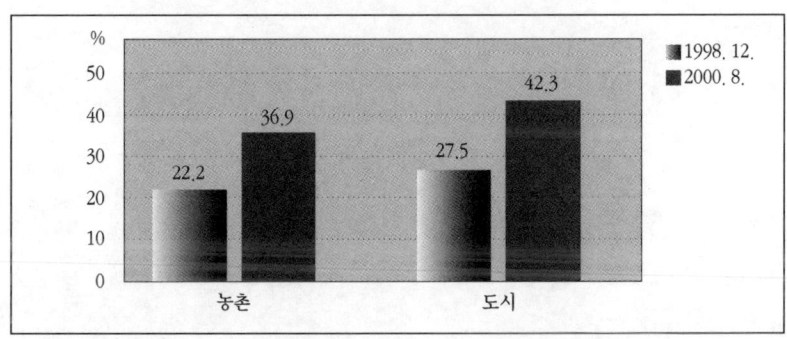

출전) 미국 상무부.

제9장 지적재산권과 BM특허

최근 인터넷 분야의 'BM특허'가 우리나라 IT산업의 장래를 위협하는 잠재요인으로 급부상하고 있다. 그에 따라 제9장에서는 BM특허에 초점을 맞추어 향후 우리 나라가 추진해야 할 전략과 방향성에 대해 상세히 검토해본다.

1. BM특허 충격

 BM특허 등장

이른바 닷컴(.com)이라고 불리는 기업들이 시장에 급속히 등장하면서 많은 주목을 받고 있다. 이들 기업의 핵심역량(Core Competence)은 벤처분야에서 축적한 비즈니스 노하우와 브랜드파워(Brand Power)만이 아니다. 또 하나의 거대한 기업자산, 즉 IT(Information Technology)를 응용하는 형태로 만든 비즈니스모델(Business Model, Business Method, Business Process = 사업수법·방법·기법)에 대해 인정된 특허(Patents)를 전면에 내세우고 있다.

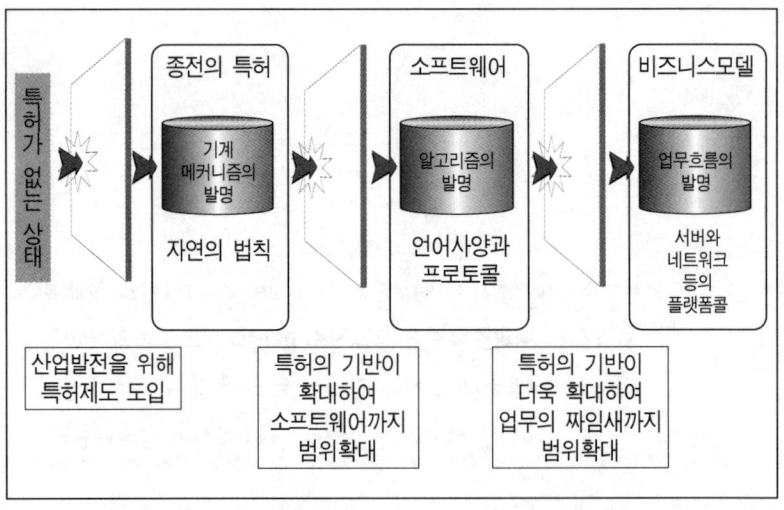

〈도표 9-1〉 특허제도의 변천

'BM특허'라는 것은 그 이름대로 'IT를 응용하여 실현한 비즈니스 아이디어와 그 수법(방법)에 대하여 해당 국가의 정부(특허청)가 인정한 특허'를 가리키는 것이다. 순수한 특허와 같이 기술적인 신규성(新規性)이나 진보성(進步性)을 가지고 있지 않다든지, 일반경제사회에서는 당연하다고 생각하는 서비스나 사업방법이라 할지라도 그 곳에 IT를 응용하는 형태의 사업화가 이루어지게 되면 BM특허로서 성립될 가능성을 가지게 된다. BM특허는 종래의 제품과 기술을 대상으로 하는 특허와는 달리 인터넷상의 전자상거래와 전자결제, 금융파생상품 등 비즈니스의 수법 그 자체를 대상으로 하여 보호하려 한다는 점이 가장 큰 특징이다.

〈도표 9-1〉의 특허제도의 변천에서 알 수 있는 것처럼 과거에 의약품 발명은 윤리적인 이유에서, 농업 관련 발명은 인류의 식생활 관련이기 때문에라는 논리로 특허로 인정하는 데에 많은 논란이 있었지만 이들 새로운 분야에 대해 특허를 인정함으로써 기술 혁신을 촉진하고 인류 생활을 좀더 윤택하게 만들었다는 데 대해서 이제는 이견이 없다. 이제 전 세계의 유력 기업들은 BM특허 전담팀을 설치하고 자사의 기업 이익을 보호하기 위해 전력을 다하고 있는 것이 최근의 현실이다.

개념과 문제점

■ 개 념

특허청에 따르면, BM특허는 핵심이 되는 아이디어와 프로세스모델, 데이터모델 등의 3가지 요소가 모두 포함되어야 발명으로 인정할 수 있다고 한다. 다시 말해, 특허로 등록되기 위해서는 추상적인 아이디어에 데이터 처리흐름을 보여주는 프로세스모델(작업공정)과 데이터의 집합 및 속성을 나타내는 데이터모델(데이터베이스) 등 기술적인 내용이 구체적으로 제시되어야 한다는 것이다.

BM특허는 그 적용범위가 기존의 기술특허에 비해 한층 광범위할 뿐만 아니라 '특허(Patents)'의 권한인 법적 구속력을 가지고 있는 만큼 이에 관한 취급은 기업의 존망(存亡)과 직결된다. 또 BM특허는 산업 분야나 업종에 관계 없이 대단히 여러 분야에 걸쳐 있어 대응방법 또한 쉽지 않다.

이전부터 비즈니스방법과 관련된 특허가 취득되었음에도 불구하고 근래 BM특허가 주목을 받게 된 이유는 ⅰ) 미국의 특허정책에 따라 소프트웨어 관련 발명에 대한 보호강화(특허), ⅱ) e-비즈니스의 발달에 따라 인터넷상에서 비즈니스 아이디어의 사업화 가능성이 높아졌다고 하는 2가지 요인 때문이다. 즉 아이디어가 사업화로 직결됨과 동시에 그 아이디어가 특허에 의해 강력하게 보호(미국의 정책이 유럽, 일본, 한국에도 파급)받는 상황이 현재의 BM특허 붐을 가져왔다고 생각된다.

이와 함께 최근에도 BM특허 출원 붐이 계속되고 있는 이유에는 자사 사업의 '방어'와 '공격'의 2가지 측면이 강조되고 있기 때문이다. 다시 말하면, 특허를 방패로 라이벌기업을 견제하고, 업무제휴 교섭 등을 유리하게 추진하려는 것이 목적인 것이다. 기존의 특허도 위와 같은 효과가 있지만 인터넷을 매개로 하는 BM특허의 위력은 더욱 크다는 점이다.

그러나 BM특허 자체가 구체적인 정의와 내용이 확립되어 있지 않아, 애매한 부분을 많이 안고 있다. 게다가 특허권에 대해서는 나라마다 생각이 다르다. 선발명주의(先發明主義, First-to-invent System)를 채택하고 있는 미국에 대해 한국과 일본 등 대부분의 국가들은 선출원주의(先出願主義, First-to-file System)를 채택하고 있다. 그리고 특허법의 문구에 있어서도 엄밀한 정의를 내리려고 하는 것이 한국의 입장이다. 이런 차이점 때문에 세계적으로 구체적인 합의를 도출하기는 매우 어렵다. 그에 따라 한국이 독자적이고 분명한 특허정책을 갖지 못하게 되면 미국, 일본 등 선진국의 사법제도에 휘둘릴 가능성이 있다.

■ BM특허의 중요성

인터넷상에서의 비즈니스수법을 특허화하게 되면, 그 사업기반 위에 관련되는 '전방(Forward)', '후방(Backward)'의 기업을 연결시킬 수가 있다. 예를 들어 음악과 같은 디지털 컨텐츠(Digital Contents)의 배포에 대해 비용을 부과할 수 있도록 하는 수법으로 기본특허를 취득하게 되면, 컨텐츠 제작회사가 결제를 담당하는 금융기관 등과 제휴하여 다양한 디지털 데이터를 인

제 9 장 지적재산권과 BM특허 337

터넷으로 판매하는 가상의 쇼핑몰을 운영할 수가 있다.

또 미국은 이미 IBM·제록스 등이 독점권을 행사하기 위한 도구(Tool)만으로 특허를 취득하는 것이 아니라, 기업의 캐시 플로(Cash Flow)를 획득하기 위한 유용한 도구로서 활용하고 있다. IBM은 10년 전 불과 3,000만 달러 정도였던 라이선스 수입이 현재는 10억 달러까지 늘어났다.

특허는 효력이 해당 국가 안에서만 미친다고 하는 속지주의(屬地主義)가 원칙이다. 하지만 국경이 없는 e-비즈니스에서는 미국의 BM특허가 한국기업의 e-비즈니스를 하고 있는 사이트에 적용될 가능성이 얼마든지 있다. 따라서 한국기업이 직접 법원에 제소된 사례는 아직 없지만, BM특허로 국제분쟁이 일어나는 것은 시간문제라 하겠다.

<도표 9-2> BM특허의 등장

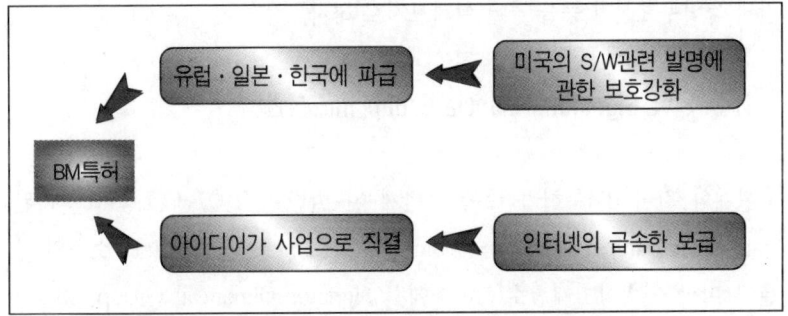

출전) 김광희, 2000.

BM특허 분쟁

21세기 무한경쟁의 공간인 인터넷을 선점하기 위한 국가차원의 경쟁이 심화되면서 BM특허 문제가 새로운 국면으로 접어들고 있다. 국내에서는 이제 겨우 BM특허의 출원 붐을 맞이하고 있으나, 이미 미국에서는 BM특허를 둘러싼 분쟁이 계속되고 있다. BM특허가 e-비즈니스 분야에 적용되는 비즈니스모델과는 반드시 일치하지 않으나, e-비즈니스 분야에서 특히 분쟁이 많이 일어나고 있다.

1998년 7월, 스테이트 스트리트 뱅크(State Street Bank : SSB) 사건을 계기로 비즈니스모델 관련 발명의 특허 가능성 여부에 관한 논란은 현실적으로 의미가 없어졌으며, 세계적인 흐름도 비즈니스모델 관련 발명의 특허 효용성을 인정하고 있는 추세이다. 게다가 최근 인터넷 선진국의 흐름은 특허 보호론자의 손을 들어주는 쪽으로 진행되고 있어 BM특허는 큰 전환기를 맞고 있다.

BM특허를 둘러싸고 벌어지고 있는 대표적인 분쟁사례로서 인터넷 특허 소송의 선구자라 할 수 있는 'E-Data 사건', 'State Street Bank와 Signature Financial Group, Inc.', 그리고 최근의 '프라이스라인과 마이크로소프트' 및 '아마존과 반스&노블'의 특허권 법정싸움, '삼성전자와 진보네트워크' 간의 특허무효신청 등을 들어 살펴보기로 하자.

1) SSB VS Signature Financial Group, Inc. 사건

현재와 같이 BM특허가 주목을 받게 된 발단은, 1997년 소송이 제기된 State Street Bank & Trust Co. 대 Signature Financial Group, Inc. 소송의 판결이 미국 연방항고재판소(CAFC)에서 Signature Financial Group, Inc.의 승소로 끝나면서(1998년 7월), 투자신탁의 운용(Hub & Spoke 특허)에 관한 비즈니스모델(Business Method, Business Process)이 특허로서 성립될 수 있다고 하는 것을 세계에서 사실상 처음으로 인정한 판례로부터이다.

이 판결에서 Signature Financial Group, Inc.가 보유하고 있던 금융 서비스에 대한 BM특허(미국 특허 제5,193,056호 'Data Processing System for Hub and Spoke Financial Services Configuration)'의 유효성이 인정됨에 따라 사업 방법이라고 해도 무조건 특허대상에서 제외되어서는 안 된다는 결론이 나왔다.

이 특허는 뮤추얼펀드를 관리하기 위한 시스템으로서 뮤추얼펀드 자산을 공동계산방식으로 결성된 하나의 투자 포트폴리오에 집어넣어 관리할 수 있도록 함으로써 투자관리가 쉽도록 한 것으로 복수의 고객이 보유한 펀드를 마치 하나의 대형 금융상품처럼 운용함으로서 고객의 수수료나 세금을 경감시킬 수 있도록 한 것이었다. 다시 말해, 복수의 기금(Spoke)으로부터 자금을 단일 포트폴리오(Hub)에 출자하여 자금 등의 금융상품으로 운용함으로서 자금의 유효 활용, 관리비용 절약, 세제상의 이점을 얻을 수 있는 시스템이다.

세계 최대의 자산관리 은행인 State Street Bank는 원래 실시권 허락을 요청했으나 Signature Financial Group, Inc.로부터 이를 거절당하자 특허무효소송을 제기했던 것이다.

결국 이 판결은 사업방법이라도 그것이 유용하고, 구체적이며, 가시적인 결과를 얻어낼 수 있는 것이라면 특허를 받을 수 있다는 것으로, 판결 이후 금융회사 · 보험회사 · 증권회사 등 특허로부터 소외되었던 집단의 특허출원이 쇄도하고 있다.

〈도표 9-3〉 Signature Financial Group, Inc.의 BM특허

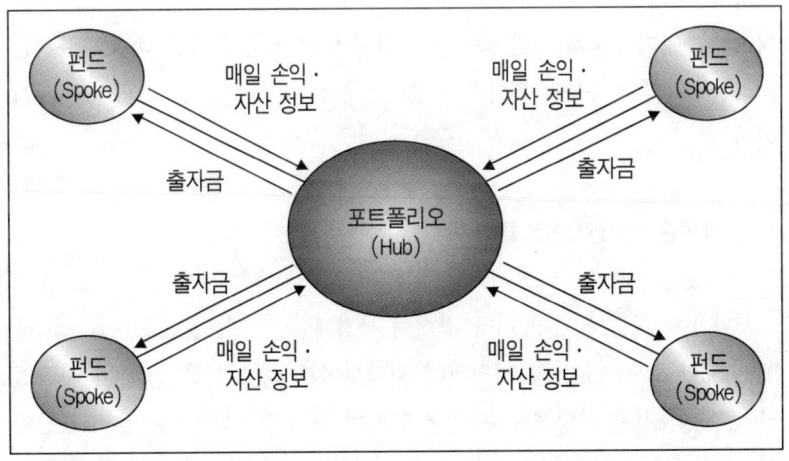

2) 프라이스라인 VS 마이크로소프트 사건

마이크로소프트(MS)는 1999년 10월 13일, 온라인상에서 호텔 예약 관련 서비스를 시작했다가 프라이스라인(Priceline)으로부터 자사의 역경매(Reverse Auction) BM특허를 침해하였다고 하여 제소당했다. 프라이스라인 측에 따르면, MS의 웹사이트인 '익스피디어(http://www.expedia.com/)'가 조건에 맞는 호텔이 있을 경우 자동적으로 사용자의 신용카드에서 결제를 하는 방식(Hotel Price Matcher)이 자사의 특허기술을 흉내낸 것이라고 주장하고, 서비스의 중지와 손해배상을 요구했다.

프라이스라인은 구매자가 원하는 항공권 가격을 부르면(Name Your Own Price), 그 가격에 응할 항공사를 찾아 구매자와 판매자를 연결시켜주는 구매자 중심의 역경매 시스템을 기반으로 1998년 4월부터 영업을 시작해 왔으며, 그해 8월에는 관련 기술에 대한 특허를 취득하였다.

현재 e-비즈니스모델(수법)과 같은 소위 BM특허의 적법성(適法性)을 지지하고 있는 추세이기는 하지만 특허를 가지고 있는 기업 스스로 특허를 보호하려는 노력을 하지 않으면 안 된다는 것을 프라이스라인의 사례를 통하여 알 수 있다. "공격이 최상의 방어"라는 말이 있듯이 이번 MS소송사건은 프라이스라인이 자사의 특허를 보호하기 위해 미리 손을 쓰고 있다는 지적이다.

3) 아마존 VS 반스&노블 사건

지난 1999년 12월 1일 미국 최대의 서점체인인 '반스&노블(http://www.barnesandnoble.com/)'의 서적판매 사이트에서 '간이신청' 버튼이 사라졌다. 반스&노블을 이렇게 만든 것은 인터넷 서적 판매의 아마존(Amazon)이다. 아마존은 온라인쇼핑의 '1-Click'이라는 테크놀러지에 관한 특허를 반스&노블이 침해하였다고 주장하여 반스&노블을 1999년 10월 20일 시애틀 연방지방법원에 고소, 1-Click 기술을 사용하지 못하도록 하는 예비적 금지명령(Preliminary Injunction)을 받아냈다. 게다가 특허의 취득에서 제소까지는 23일, 제소에서 가처분명령까지는 41일이라고 하는 초스피드 심리는 비즈니스모델을 둘러싼 특허분쟁시대가 이미 도래하였음을 알리는 신호탄이었다.

문제가 된 아마존의 '1-Click' 기술이란 온라인상에서 고객의 주소나 이름, 신용카드번호 등에 관한 정보를 저장해 고객이 물건을 살 때마다 이 정보를 새로 입력할 필요가 없게 해주는 기술이다. 다시 말해, 일단 한 번 등록해 두면 다음 번에는 다시 엔터 키를 치거나, 재확인(Reconfirm)할 필요 없이 한 번의 마우스 클릭(1-Click)만으로 선택한 상품을 구매할 수 있도록 도와주는 기술인 것이다.

현재 1-Click 기술은 너무나 흔한 아이디어라고 아마존이 비난을 받을지 모르겠으나, 1-Click의 특허신청을 한 무렵은 e-비즈니스가 미국에서 이제 막 시작되는 단계였으며, 지금과 같은 상용 비즈니스의 기반이 되리라고 예상한 사람은 소수파에 지나지 않았다.

특허의 신규성과 진보성은 신청 당시의 상황으로부터 판단되는 것이므로 인프라스트럭처의 미래와 보급을 예측하여 소비자의 편의성을 고려한 결제방법을 고안한 아마존에게는 특허를 취득, 그 권리를 행사하는 것이 어쩌면 당연한 것인지도 모르겠다.

아마존과 반스&노블의 법정싸움은 e-비즈니스를 운영하고 있는 기업이 기존의 제품기술이나 품질, 서비스, 비즈니스 플랜 등이 아닌, BM특허를 무기로 하는 온라인상의 주도권 쟁탈전이라는 점에서 세계의 이목을 집중시키기에 충분하였다.

4) 삼성전자 VS 진보네트워크 사건

삼성전자의 경우, 지난해 '인터넷상에서의 원격교육 방법 및 그 장치(특허 제191329호)', '전자메일을 이용한 속보뉴스 서비스 제공방법(특허 제217378호)'을 비롯하여 주문형 비디오, 인터넷 텔레포니(인터넷을 이용한 전화 서비스) 등 약 10건의 비즈니스모델에 대해 특허를 이미 취득하고 있다. 이 중에 인터넷 원격교육이나 속보뉴스제공사업의 경우에는 현재 상당수 인터넷기업들이 유사한 방식으로 서비스를 제공하고 있어 특허 유효성과 특허 침해에 관한 논란이 일고 있다.

이러한 가운데 '진보네트워크'는 2000년 3월 초 삼성전자가 지난 1996년 10월 23일 특허를 신청하여 1999년 1월 25일 특허를 받은 "인터넷상에서의 원격교육 방법 및 그 장치"의 특허에 대해 특허심판원에 특허무효심판을 청구하였다. 진보네트워크는 무효심판청구서에서 삼성전자가 취득한 특허는 "컴퓨터의 기본적인 기능과 사람들 사이의 인위적인 약속을 이용한 것에 불과하며 자연법칙을 이용한 요소가 전혀 없어 특허 요건을 갖추지 못했다."고 지적하면서 BM특허 무효심판을 청구한 것이다.

한편으로 삼성전자 측은 인터넷을 이용해 원격교육사업을 벌이고 있는 기업들이 자사의 특허권을 침해할 소지는 매우 크다고 지적하면서도 한편으로는 특허 침해 여부를 따지거나 돈을 요구하지 않겠다고 발표했다.

그러나 기존 인터넷 사이트에서 보편적으로 사용하고 있는 인터넷 이용방식에 대해 특허가 적용되면 새로운 교육방법으로 부상하고 있는 인터넷교육을 현저히 위축시킬 수 있으며 거시적으로는 인터넷과 사회발전을 저해할 수도 있다는 지적 때문에 판결에 많은 관심이 집중되고 있다.

2. 한·미·일의 BM특허 전략

비즈니스모델 그 자체가 특허의 대상으로 명확히 인정되고 있는 미국에서는 많은 기업들이 생존을 걸고 특허권 쟁탈에 나서고 있는 실정이다. 뿐만 아니라 미국은 이미 자국의 앞선 정보통신기술을 배경으로 새로운 비즈니스 모델 자체를 특허화함으로써 글로벌 경쟁시장에서 새로운 파워(New Power)를 구축하기 시작했다. 실제로 1999년 미국과 일본의 인터넷 기업들은 이미 한국 특허청에 36건의 BM특허를 신청한 상태다.

특허권 효력의 강화로 침해에 대해 신속한 구제를 행하는 지적재산권의 보호시대에서는 경쟁기업에게 BM특허를 선점당하게 되면, 시장에서 예기치 않은 퇴출을 강요당하게 되는 생존과 직결된 문제다.

더욱이 BM특허의 인정은 더이상 한국만의 문제가 아니다. 미국, 일본 등 선진국가들이 세계무역기구(WTO) 등의 국제기구를 통하여 관련 특허를 국제적으로 규범화하려는 움직임까지 보이고 있다.

본 장에서는 IT분야에서 한국보다 한 발 앞서고 있는 미국과 일본의 BM특허 동향(전략)과 한국의 BM특허를 둘러싼 현 주소를 살펴보기로 한다.

미 국

미국은 1997년 말 개정된 특허법 '705 분류조항'을 적용해 BM특허를 인정하고 있다. 705 분류조항은 '금융', '포트폴리오의 선택, 플래닝', '거래, 상대의 매칭', '크레디트처리 또는 론(Loan)처리' 등으로 구성되어 있다.

그리고 미국 특허상표청에 따르면, 1999년 한 해 동안 BM특허 성립건수는 2,600건이었다.

BM특허 인정 초기에는 기술적 내용을 중시했지만 최근에는 독창적인 사업 아이디어에 대해서는 기술적인 요소(요건)가 없더라도 그 권리를 인정하는 추세에 있다. 이와 같이 근래 비즈니스모델을 둘러싼 미국의 움직임을 보면, 비즈니스모델에 대한 독점적 권리를 인정하는 경향이 뚜렷이 확산되고 있다.

이것은 1-Click 기술에 대한 특허침해를 이유로 제소, 경쟁업체인 반스&노블에 대해 연방법원으로부터 가처분명령을 받아냄으로써 거대한 로열티 수입과 경쟁우위까지 확보하게 된 아마존의 사례에서도 알 수 있었다.

게다가 최근 아마존이 e-비즈니스 업계에서 이미 일반적으로 사용되고 있는 "수익배분프로그램(Internet-based Customer Referral System, 미국특허번호(USP) 제6,029,141호, 취득일 2000. 2. 22.)"과 관련한 특허를 취득하여 인터넷업계에 파문을 일으키고 있다. 아마존이 특허를 취득한 것은 '제휴 프로그램(Associate Program)'이라고 불리는 고객소개수법으로 인터넷 유저나 기업에게 널리 알려져 있다. 인터넷상에서 사이트를 운영하는 회사와 개인이 자신의 사이트에서 아마존의 사이트로 고객을 유도, 고객이 아마존에서 상품을 구입하게 되면 아마존으로부터 일정의 수수료를 받는 시스템이다. 이 수법은 사이트간에 고객을 서로 소개하는 시스템으로 이미 일반화되어 있다. 아마존이 특허수입을 회수하는 전략을 취하게 되면 인터넷상의 소매업자에게 미치는 영향은 엄청나게 된다.

미국 특허법은 "Whoever invents or discovers any new and useful process, machine, manufacture, or composition of matter, or any new and useful improvement there of, may obtain a patent there for, subject to the conditions and requirements of this title(Section 101)."로 규정하고 있다. 즉 "신규성을 가지며 동시에 유용한 프로세스, 기계, 생산물, 조성물, 또는 그러한 신규성을 가지며 동시에 유용한 개량을 발명, 발견한 사람은 본 장에 정하는 조건과 요건에 따라 그러한 것에 관해 특허가 부여된다."고 규정하고 있다.

미국의 경우는 특허법에 '발명'에 관한 정의를 하지 않고 있으며, '자연법칙의 이용'의 요건도 없다. 결국, 유용하고(Useful), 구체적이며(Concrete), 실제적인(Tangible) 결과를 가져온다면 BM특허로서 성립된다는 것을 의미하고 있다.

한편, 미국에서는 비즈니스모델만을 연구·개발하고 특허를 취득, 사업화를 목적으로 하는 '워커 디지털(Walker Digital, http://www.walkerdigital.com/)'과 같은 벤처기업까지 등장하고 있다. 이 회사는 역경매로 특허를 취득한 프라이스라인의 CEO인 'Jay Walker'가 설립한 회사로 약 100여 명의 기술 전문가, 특허 변리사, 비즈니스 전문가가 팀을 구성하여 특허 발안해서 2, 3개월 안에 출원한다고 한다. 이 회사는 이미 300건 이상에 달하는 e-비즈니스와 관련된 특허를 개발·출원하고 있는 상태다. Jay Walker 역시 자신의 시간 가운데 1/3을 특허개발에 투자하고 있다고 한다.

이들의 특허개발 정책은 '처음부터 특허화를 노려 시장과 고객을 상정하고, 그 곳에 투입할 제품과 서비스를 설계하여 특허화한다'는 것이다. 결코 기술주도의 특허출원이 아니라 분명한 사업성과 가치가 있는 분야를 꿰뚫고 그 곳에 초점을 맞추어 문제점을 해결하는 실질적인 특허출원을 하는 것이다. 이러한 프로세스는 통상적인 제품개발 패턴과 대단히 유사하다고 할 수 있다.

1999년에만 180억 달러의 매출액과 15억 달러의 순익을 실현한 미국의 델 컴퓨터의 위력은 어디서 나온 것일까? 그것은 델 컴퓨터의 주문형 PC의 생산 및 판매 방법에 있다. 하지만 그러한 비즈니스모델이 미국에서 4개의 BM특허로 보호되고 있다는 사실을 아는 사람은 드물다. 더욱 놀라운 사실은 BM특허망의 완벽한 구축을 위하여 주변 특허를 38건이나 출원하고 있다는 것이다.

델 컴퓨터는 기술 혁신 속도가 매우 빠른 개인용 컴퓨터 분야에서는 거의 예외적으로 경쟁기업의 부상을 막는 매우 공세적인 무기로 BM특허를 활용하고 있다. IBM과는 크로스 라이센싱을 통해 IBM 소유의 특허를 확보하여 부품 분야의 취약점을 보강할 수 있었던 반면에, 최대의 라이벌인 컴팩(Compaq)에는 델 컴퓨터 식의 경쟁력 있는 영업 방법 특허를 허용하지 않았다.

이처럼 미국에서는 아예 자사의 비즈니스를 강화하기 위한 고유의 목적으로서의 특허가 아니라, BM특허 그 자체를 사업화로 연결시키려는 비즈니스까지 탄생하고 있다. 그러나 최근에는 BM특허에 관한 반발도 커지고 있다.

일 본

　일본에서도 최근에 논란을 거듭한 끝에 아이디어 중심의 BM특허를 내주기로 방침을 바꾸었다. 지금까지 BM특허 허용에 신중한 입장을 보여온 일본도 미국의 정보통신 기업들과의 전면전을 앞두고 제도정비에 착수한 것이다.
　근래 스미토모은행(住友銀行)이 출원한 고객서비스기법(振り込み處理システム, 特許 第3029421號, 취득일 2000. 2. 4.)이 최초로 특허를 획득한 이후 일본의 기업들은 비즈니스모델 특별팀까지 구성하여 특허출원을 준비하는 등 e-비즈니스 초기 주도권 확보를 위한 기업간의 경쟁이 날로 치열해지고 있다.
　일본특허제도에서는 아직 BM특허에 상당하는 명확한 분류는 없다. 단지 특허청은 1999년 6월에 발표한 〈특허로 본 금융비즈니스〉라고 하는 보고서에서 BM특허를 거론하여 미국에 비해 일본의 대응이 뒤떨어지고 있다고 지적하고 있다. 이에 맞추어 정부는 특허청을 중심으로 자료수집과 심사관교육에 힘을 쏟고 있다.
　일본 특허법은 발명이란 "自然法則を利用した技術的思想の創作のうち高度のもの(特許法2條1項)"라고 정의하고 있다. 즉 "자연법칙을 이용한 기술적 창작 가운데 고도한 것"으로 자연법칙의 이용이 본질적인 요건이 되고 있다.
　일본 특허청은 특허법 2조가 규정하고 있는 '물건의 발명(物の發明)'에 네트상의 소프트 등을 포함시킬지 여부를 최종적으로 결론을 내릴 예정이다. 인터넷상의 '무체물(無體物)'도 특허법의 '물건(物)'에 해당된다는 확대해석이 가능하다고 판단되어 심사지침의 개정 등 운용면에서 법개정을 피할 수 없다면 특허법의 개정작업을 서두를 예정이라고 한다.
　'도시바'는 1999년 12월 중순에 특허전문가와 각 사업부로부터 10명을 모집, BM특허의 출원공세를 위해 특별팀 'EC특허추진프로젝트'를 구성하였다. 이 팀은 각 사업부에서 나온 아이디어를 BM특허로 출원하는 일을 하게 된다. 그리고 특허가 될 가능성이 있는 아이디어의 제공자에게는 현상금을 주는 제도까지 마련했다. 그러면서 도시바는 현재 인터넷상의 결제방법과 이동통신단말기를 이용한 거래 등 10건 이상의 BM특허를 준비하고 있다.

'소니' 역시 BM특허 분야를 담당하는 4개의 '지적재산부'를 신설하여 30여 명을 BM특허 전문가로 육성하고 있다. 그리고 각 부서에 대한 연수도 자주 하여 사원교육에 힘쓰고 있다. 이처럼 연구자와 엔지니어뿐만 아니라 기획담당자, 마케팅담당자 등 특허와는 관련이 없었던 사원까지도 BM특허 개발에 힘쓰고 있다.

'NTT데이터'의 경우는 이미 전자투표나 전자상거래, 중개시스템 등에서 100건 이상의 BM특허를 출원한 상태라고 한다.

또 생산효율화의 대명사로서 세계적으로 유명한 도요타자동차의 '필요한 물건을 필요한 시간에 필요한 양만큼 생산, 공급한다'고 하는 간판방식(看板方式—JIT)을 IT와 연결, 재구성하여 '간판방식특허(特許 第2956088號)' 등 이미 4건의 BM특허를 취득하였다. 현재 간판방식과 관련하여 합계 200개의 특허를 출원중이다.

이미 위의 사례를 통해 살펴본 바와 같이 편의점 업체인 패밀리마트는 인터넷상의 가상 점포에서 주문을 받아 상품을 택배로 직접 고객에게 배달해 주는 시스템에 대해 최근 특허를 출원했다.

역시 편의점 업체인 세븐일레븐재팬과 로손은 다른 회사의 인터넷 통신판매 대금수납대행업무에 대해 특허를 신청했다.

노무라종합연구소는 기업의 리스크자동진단 시스템에 대해 특허를 냈고, 카시오계산기도 사고 차량의 촬영 화상으로 손해보험의 사정금액을 자동 산출하는 시스템을 특허 출원했다.

그 외에 미쯔이물산, 닛쇼이와이, 미쯔비시상사 등의 기업들이 이미 BM특허의 중요성을 인식하고 출원전문조직을 설치하였다.

이처럼 미국기업에서 성행하고 있는 BM특허의 활용전략에 대해 일본의 유력 기업들이 드디어 반격에 나서고 있는 것이다.

일본 국립대학에 대한 '대학'과 '교수평가'의 기준으로서 논문보다도 특허를 중시할 방침이라는 것과 국립대학이 자체기술에 대한 특허로 얻은 이익의 절반을 대학에 돌려주는 방안을 도입키로 했다고 한다. 이처럼 관련 기업만이 아니라 대학이라고 하는 아카데미즘의 세계에서도 BM특허를 둘러싸고 변화의 바람이 불고 있다.

한 국

우리나라 특허법에서 규정하는 발명이란 "자연법칙을 이용한 기술적 사상의 창작으로서 고도한 것"을 말한다. 일본의 영향을 받아서인지 기본 개념은 동일하다.

인터넷 특허출원의 동향을 살펴보면 초창기라 할 수 있는 1995, 1996년에는 출원건수도 많지 않았으며, 주로 인터넷 TV, 주변기기, 네트워크 인증 등과 같은 하드웨어에 집중되었다. 최근에는 비즈니스모델, 전자화폐 및 정보검색 등 부가가치가 높은 전자상거래 분야와 관련된 출원이 급격하게 증가되고 있으며, 그 건수도 1998년 664건이던 것이 1999년에는 1,133건으로 급증하고 있다.

한편, 전자상거래 분야 가운데서도 비즈니스모델과 관련한 출원이 1999년도에 513건으로 1998년도 117건보다 4배 이상 증가하여 관계자들의 예상을 크게 뛰어넘고 있다. 아울러 2000년 2월까지 출원된 비즈니스모델 관련 출원건수를 잠정 집계한 결과 이미 300여 건에 달하고 있어 이런 추세라면 2000년도에는 2,000~3,000여 건에 달할 것으로 예상되고 있다.

특히, 미국의 특허등록 및 침해분쟁으로 BM특허가 국내에 알려지기 시작한 1999년도부터는 출원이 급증하고 있다. 인터넷 관련 출원 가운데에 약 25%가 영업상 노하우(비즈니스모델, 인터넷 광고방법, 인터넷을 이용한 교육장치 및 방법 등)를 특허의 핵심내용으로 하고 있어, 앞으로 인터넷기업 사이에 많은 분쟁이 예상되고 있다.

미국과 일본의 경우 BM특허의 권리범위를 인터넷 사업 아이디어(비즈니스내용)와 오프라인의 마케팅 영업 분야까지 포괄적으로 인정하고 있다. 이에 반해 우리나라는 프로세스모델(비즈니스흐름도)과 데이터모델(데이터베이스) 등 인터넷상의 기술적인 내용으로 한정하고 있다. 이처럼 우리 나라

제 9 장 지적재산권과 BM특허   349

특허청이 BM특허에 대해 엄격한 잣대를 적용하는 것은 국내 기업들이 선진 기술을 피해갈 수 있는 여지를 남겨두기 위한 것이라 생각되지만, 거시적 관점에서 보면 우수한 국내 기술을 보호받을 수 없게 된다는 점을 명심해야 한다.

그리고 그 결과 당분간 특허청이 BM특허의 권리범위를 선진국보다 협소하게 적용하는 방침을 적용하게 될지라도 국제적인 추세와 국내 인터넷업체의 세계 진출을 감안할 경우 장기적으로는 심사기준을 선진국 수준으로 끌어올릴 수밖에 없을 것이다.

<도표 9-4> 인터넷 관련 발명출원현황

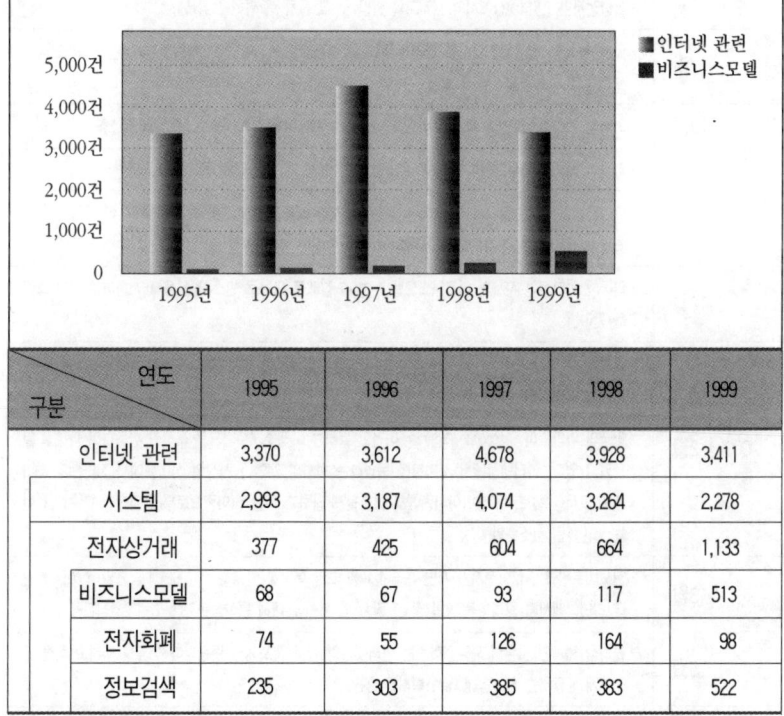

구분 \ 연도	1995	1996	1997	1998	1999
인터넷 관련	3,370	3,612	4,678	3,928	3,411
시스템	2,993	3,187	4,074	3,264	2,278
전자상거래	377	425	604	664	1,133
비즈니스모델	68	67	93	117	513
전자화폐	74	55	126	164	98
정보검색	235	303	385	383	522

출전) 특허청.

<도표 9-5> BM특허를 둘러싼 주요 동향

일 시	내 용
1995년 11월	· 미국 시티은행이 전자머니시스템에 관하여 일본에서 출원하고 있었던 특허가 특허청으로부터 공고됨. 여기에 대해 미쯔비시은행(당시), 사쿠라은행, 후지은행 등이 이의를 신청, 현재 심판 계류 중.
1997년 4월	· 일본 특허청이 새로운 심사기준을 도입, CD-ROM 등 기억매체에 내장한 소프트에도 특허를 인정.
1998년 3월	· 톳팡인쇄(凸版印刷)가 일본에서 신청하였던 '인터넷상에서 지도 위에 광고를 게재하는 수법'의 특허가 성립.
4월	· 미국의 프라이스라인이 네트워크상에서 호텔과 항공권의 예약서비스를 개시, 모 회사가 특허를 취득한 '네트상에 있어 역경매 모델'을 활용.
7월	· 미국의 Signatuer Financial Group, Inc. State Street Bank 상대 소송서 승리, 투자신탁 운용에 관한 모델의 특허성을 미국 특허상표청이 인정.
1999년 1월	· 삼성전자가 '인터넷상에서의 원격교육 방법 및 그 장치'로 특허를 취득함.
6월	· 일본 특허청, 금융비즈니스를 둘러싼 특허를 특집으로 한 보고서 〈특허로부터 본 금융비즈니스 — 일·미 금융기술격차〉를 발표.
10월	· 미국의 프라이스라인이 자사의 비즈니스모델 침해를 이유로 마이크로소프트를 제소함.
11월	· 미국의 Yahoo가 네트상의 '원스톱 온라인 쇼핑'에서 개인발명가로부터 제소 당함. · 하나은행이 '목돈 불리기 통장'의 예금정보관리방법과 장치에 대한 특허를 출원. 이 통장은 최대 45개 예금계좌를 1개 통장으로 거래할 수 있도록 만든 것임.
12월	· 미국의 아마존이 자사의 비즈니스모델(1-Click) 침해를 이유로 반스&노블을 제소하여 가처분 명령을 받아냄.
2000년 2월	· 일본의 스미토모은행이 2년 전 '기업이 거래고객 입금을 자동 조회할 수 있는 결제시스템'을 특허출원. 이에 대해 일본 특허청이 2년간 고민 끝에 특허를 인정. · 미국의 아마존이 'Associate Program'이라고 불리는 고객소개수법으로 특허를 취득하여 파문을 일으키고 있다. 인터넷상에서 사이트를 운영하는 회사와 개인이 자신의 사이트에서 아마존의 사이트로 고객을 유도, 고객이 아마존에서 상품을 구입하게 되면 아마존으로부터 일정의 수수료를 받는 일반화된 시스템임.
3월	· 진보네트워크는 삼성전자가 지난 1996년 10월 23일 특허를 신청하여 1996년 1월 25일 특허를 받은 '인터넷상에서의 원격교육 방법 및 그 장치'의 특허에 대해 특허심판원에 특허무효심판을 청구.
5월	· 편의점 업체인 일본의 패밀리마트는 인터넷상의 가상 점포에서 주문받아 상품을 택배로 직접 고객에게 배달하는 시스템에 대해 특허를 출원.
7월	· 2000년 7월부터 전자상거래 관련 BM특허가 특허청의 우선 심사 대상에 포함되고 8월부터 구체적인 심사기준이 공표되면서 BM특허의 권리화가 본격적으로 이루어지고 있다.

3. 특허법에서 본 BM특허와 쟁점

 특허로서의 BM특허

■ 발명의 정의

특허권은 지금까지 기계나 물질을 창조하는 근본이 되는 기술과 관련된 요소를 중심으로 인정되는 경향이었다. 하지만 지난 몇 년 사이 인터넷 관련 기술이나 비즈니스모델에 대해서도 미국을 비롯하여 일본 등 선진국을 중심으로 특허권이 인정되는 쪽으로 그 흐름이 바뀌고 있다.

이미 위에서 살펴본 바와 같이 한국과 일본의 특허법상에서 인정받는 발명이란, '자연법칙을 이용한 기술적 사상의 창작으로서 고도한 것'을 말한다. 그러나 미국의 경우 '새롭고 유용하며 자명하지 않은 방법, 기계, 제품이나 조성물 또는 이에 대한 새롭고 유용하고 자명하지 않은 개량'과 같이 포괄적으로 규정하고 있어 '자연법칙의 이용'과 같은 조항은 없다. '자연법칙' 이란 일반적으로 감정이나 사상과 같은 정신적인 것에 대립하는 것이며, 자연계에 있어 경험적으로 도출되는 법칙을 가리킨다. 한국과 일본의 심사기준에 따른다면, 비즈니스모델에 관한 발명이 특허법상 발명에 해당하는지 여부에 관한 구체적인 판단에는 현실적으로 많은 어려움이 따르게 된다.

그러나 최근에는 컴퓨터를 자연법칙의 일종으로 취급하여 컴퓨터 등의 정보시스템을 활용한 것이라면 자연법칙을 이용한 것으로 보아 그 방식과 구조를 보호해야 된다는 생각이 BM특허를 인정하는 근거가 되고 있다.

이 때문에 현행 심사기준을 보완하거나 특허법상의 '발명의 정의' 조항을 개정하여 비즈니스모델 관련 발명을 인정, 완화해야 한다고 지적하는 소리가 높다. 다른 한편에서는 비즈니스모델에 관한 발명은 해당 기업에 과도한 독점 및 이에 따른 폐해를 유발할 수 있기 때문에 인정하지 않는 것이 바람직하다고 지적한다.

하지만 특허제도는 발명자에게 특허권이라는 독점 배타적인 재산권을 부여하여 보호한다는 고유의 규정이 있는 만큼 그다지 문제가 될 사안은 아닌 듯 싶다. 문제는 비즈니스모델에 관한 특허를 인정한다 해도 발명이 특허를 받기 위해서는 다음의 요건을 갖추어야 한다는 점이다.

◆ 산업상 이용가능성(Applicable to Industrial Use)이 있을 것
◆ 신규성(Novelty)이 있을 것
◆ 진보성(Inventive Step)이 있을 것

특히, 진보성(Inventive Step)이 없는 발명에 대해 특허를 인정하게 되면 특허권의 난립으로 인하여 오히려 산업발전의 저해요인이 될 수 있다. 하지만 BM특허의 경우, 진보성의 문제 여부를 충족하거나 적용하기에는 어려움이 있다고 보여진다.

즉 기술이라고 하는 것은 인간의 욕망이 지속되는 한 끊임없이 진보(개선·개량의 부가)되고, 그 결과 현재는 새롭고 참신한 기술일지라도 언젠가는 진부(陳腐)하기 마련이다. 그 때문에 특허법은 새로운 기술적 창작에 독점권을 설정할 수 있는 것이다. 반대로 얘기하면, 발명은 항상 진부해지는 성질을 가지고 있기 때문에 안심하고 독점권을 부여할 수 있는 것이다. 그러나 BM특허에는 진부화라고 하는 현상이 일어나지 않는다는 것이다.

따라서 기존 진보성 여부의 판단기준과는 다른 새로운 기준의 정립이 필요하다. 빠른 시일 안에 우리 나라도 선진국의 변화 추세를 반영하여 인터넷 관련 기술이나 비즈니스모델에 대해서도 특허를 부여하는 방향으로 특허법 및 심사기준의 개정이 이루어져야 할 것이다.

■ BM특허와 속지주의

현재 특허권은 나라별로 부여되고 있으며, 특허권의 효력은 부여된 나라의 영역 안에서만 미친다고 하는 속지주의(屬地主義)가 적용되고 있다. 그러나 e-비즈니스는 국경에 관계 없이 전 세계에 널려 있는 컴퓨터 사이에서

이루어지고 있다. 그 때문에 향후 e-비즈니스에 관한 특허권 침해와 분쟁은 많은 나라에 걸쳐 발생하게 될 것이다. 따라서 속지주의에 근거를 둔 종래 특허규정의 수정은 e-비즈니스의 발달로 불가피해지고 있다.

예를 들어, 가까운 장래 한국의 사업자가 아마존의 비즈니스모델을 사용하여 미국으로부터 접속한 소비자에게 책을 우송하는 경우 미국특허권을 침해하였다고 하여 미국 내에서 특허권을 가진 아마존으로부터 제소당할 수 있다.

다시 말해, 미국의 특허상표청은 서버의 소재지가 국외일지라도 미국에 거주하는 사람이 피해를 입는다든지, 미국을 상대로 발신된 경우는 단호하게 조치를 취한다는 견해를 피력하고 있다. 이처럼 종래의 특허는 나라별로 효력이 미치는 속지주의 원칙이지만 인터넷을 둘러싼 각종 문제에는 국경이 없는 것이다.

하지만 이와 같은 인터넷의 특성이 인정된다면, 사실상 미국특허권의 보유자에게 세계적인 특허권을 부여하는 것과 동일한 결과를 초래하므로, 사이트 운영자는 미국뿐만 아니라 세계 어느 국가에서도 비즈니스를 할 수 없게 될 것이다. 그에 따라 이와 같은 문제는 세계지식재산권기구인 WIPO 등에서 논의되고 있는 사항이며, 현재 구체적으로 결정된 것은 아무것도 없는 상황이다.

 BM특허를 둘러싼 쟁점

BM특허를 둘러싼 쟁점 사안은 인터넷과 관련된 특허가 과연 유용성과 신규성을 가진 실체적 기술이냐는 것인데, 이에 대해 특허 전문가들 사이에서도 인터넷 관련 특허를 폭넓게 인정해야 한다는 찬성론과 인정할 수 없다는 반대론이 팽팽하게 맞서고 있다. 그러나 세계적인 추세는 역시 BM특허를 인정하는 쪽으로 기울고 있어 그 특허성에 대한 논의는 더 이상 의미가 없게 되었다. 이런 가운데 최근에는 BM특허를 인정하되 그 유효기간을 줄이

자는 주장이 새롭게 제기되고 있다.
 현재 BM특허를 둘러싸고 벌어지고 있는 주장을 정리해보면 다음과 같다.

> **주장 ① - 찬성**
>
> 정보시스템(인터넷)과 관련된 노하우 역시 엄연한 신기술이다. 그와 함께 인터넷을 통한 새로운 비즈니스는 아이디어 그 자체가 포함하고 있는 가치는 매우 높고 중요하기 때문에 특허와 같은 보호수단이 없다면 경쟁기업이 손쉽게 모방(도용)할 수 있어 무임승차(Free Ride)하게 된다. 이로 인해 아이디어를 먼저 고안한 선발기업보다 아이디어를 도용한 후발기업이 경쟁우위를 갖게 된다.
> 따라서 21세기의 산업혁명을 주도할 정보통신기술(IT)을 기반으로 가시화된 BM특허는 당연히 인정되어야 하며 동시에 이러한 흐름은 시대적 대세다. 더욱이 BM특허에 대한 특허인정을 놓고 WTO 등 국제기구에서 e-비즈니스와 관련한 지적재산권 보호문제를 국제규범화하려는 움직임을 보이고 있어 국제적 흐름에 따른 당연한 조치이다.

> **주장 ② - 유효기간단축**
>
> 현행 BM특허 제도는 적용범위가 광범위하며 유효기간이 지나치게 길어 e-비즈니스의 발전을 저해할 수 있다. 따라서 특허 유효기간을 현재 20년에서 3~5년 또는 1~3년으로 대폭 단축해야 한다. 특허의 보호범위가 넓고, 소유자의 독점이용이 지나치게 되면 온라인기업의 발전을 저해하게 된다. 그리고 현행 특허법은 지금까지 오프라인을 기준으로 설정된 만큼 그 원칙을 온라인에 그대로 적용시킨다는 것은 많은 부작용을 가져올 수 있다. 실질적으로 소프트웨어기술은 급속히 진부화(陳腐化)하는 것이기 때문에 특허법의 개정을 통하여 유효기간을 단축하더라도 특허보유기업에 큰 영향은 없다.

> **주장 ③ — 반대**
>
> 종래 특허라고 하면 일반적으로 새로운 기술이나 상품에 대해 적용되는 독점적 권리를 의미하였다. BM특허는 여기서 한 걸음 더 나아간 영업방식의 발명을 말하는 것으로 영업발명은 정보시스템을 사용해 고안해낸 새로운 비즈니스모델(사업기법)이나 아이디어 자체를 특허로 등록한 것을 가리킨다.
> '자연법칙을 이용한 기술적 사상의 창작으로서 고도한 것'과는 동떨어진 것이 대부분이므로 인터넷과 관련된 특허는 실체적 기술이 아니다.
> 따라서 비즈니스모델(수법)에 권리를 인정하게 되면 성장단계에 있는 국가나 기업에 부작용을 미칠 우려가 있다. 즉 BM특허 선점자의 기득권을 지나치게 광범위하게 인정하면 시장경제라고 하는 자율경쟁의 싹을 자를 수 있으며, e-비즈니스의 자유에 직접적인 영향을 주기 때문에 비즈니스모델과 같은 것은 사회의 공공재산으로 하여야 한다. 아울러 BM특허에는 순수한 기술적 내용뿐 아니라 영업방법(편의성)까지 포함되어 있다. 기존의 특허와 달리 바로 시장점유권을 부여해주는 성격이 강하기 때문에 시장에 있어서의 독점력은 가히 파괴적이라고 할 수 있다. 따라서 시장에 미치는 파급효과를 고려, BM특허의 접근에 보다 신중해야 한다.

세계적으로도 BM특허 출원은 급속히 증가하고 있는 추세지만 이에 대한 입장은 나라별로 엇갈린다. 주지하는 바와 같이 미국은 BM특허의 범위를 넓게 잡자는 주장을 펼치고 있다. 이 주장에 대해서는 자국의 e-비즈니스가 가장 앞서고 있는 만큼 이 분야의 특허를 이용, 기득권을 유지하려는 의도와 함께 제조기술 면에서 뒤떨어지고 있는 미국이 다른 외국기업으로부터 수익을 얻기 위한 새로운 정책이라는 비판도 있다. 일본의 경우도 BM특허를 2000년도에 들어 인정하는 쪽으로 기울고 있어서 시간상의 문제만 남아 있다.

반면, 개발도상국을 중심으로 인터넷산업에서 상대적으로 열세인 나라들의 입장은 인터넷에서 파생된 비즈니스모델을 특허로 인정하게 될 경우, 전 세계적으로 '빈익빈 부익부(貧益貧 富益富)'를 초래할 가능성이 있다는 주장이다.

20세기 산업화 과정에서 유발되었던 '남북문제(선진국과 후진국의 갈등과 대립)'가 e-비즈니스를 둘러싸고 다시 부상하고 있다.

위에서 제시한 3가지 주장 가운데 향후 가장 유력시되는 것은 역시 '주장 ①'이라 하겠다. 이제 특허는 지금까지의 속지주의를 근거로 하는 기술중심이 아니라, e-비즈니스라고 하는 전 세계를 무대로 하는 만큼 아이디어 또한 기술 못지 않게 중요한 부분으로 다루어져야 한다. 온라인기업이 향후 수익을 발생시킬 시점에는 해당 비즈니스모델의 중지를 요구하는 대형소송이 세계 각지에서 일어날 가능성이 높다.

이러한 BM특허에 대하여 아직도 찬반 양론이 있지만, 세계적인 대세의 흐름은 이미 판가름이 났다. 그리고 선점한 BM특허는 해당 기업의 경쟁력을 높이는 아주 중요한 수단인 동시에 특허료 수입은 귀중한 자금줄(Cash Flow)의 역할을 하게 된다.

제 9 장 지적재산권과 BM특허   357

<도표 9-6> BM특허 출원 및 등록절차

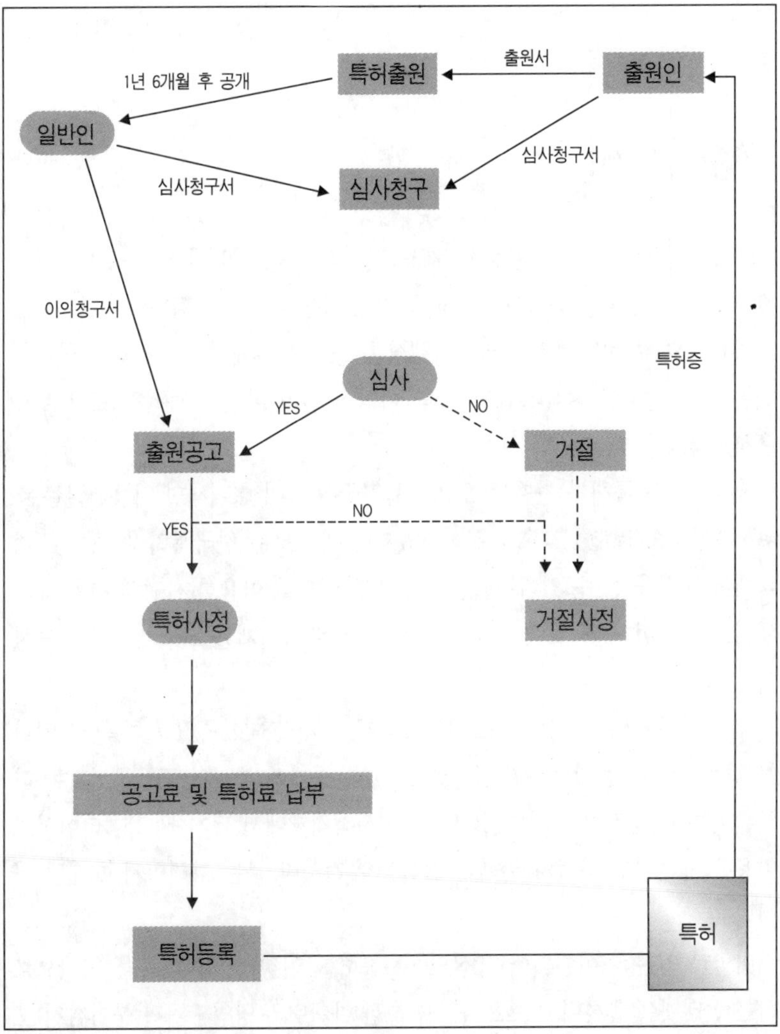

4. 대응 방향

IT 분석 결과

IT혁명이 가져온 시장환경 및 제도 전환의 대표적인 사례, 즉 BM특허에 관한 본론의 분석을 통하여 명확히 규명된 내용은 다음과 같다.

BM특허는 e-비즈니스와 금융파생상품 등의 분야에서 한 발 앞선 미국·일본 등 선진국이 외국기업을 공략, 이익을 얻기 위한 효과적인 도구로 활용하려 하고 있다.

지금까지의 특허가 가지는 효력은 특정국의 범위 내에서만 적용된다는 소위 '속지주의(屬地主義)'가 원칙이었으나 앞으로는 한국특허가 없어도 미국에서 재판을 할 수 있다. 예를 들면, 웹사이트를 이용한 사업의 경우 해외에서도 접속할 수가 있어 특허 침해를 이유로 국외재판소에 제소될 가능성이 있다.

해외 일각에서는 비즈니스모델만을 연구·개발하고 특허를 취득, 사업화를 목적으로 하는 기업까지 등장하고 있어, 종래에 특허의 근본목적과는 다른 방향으로 움직이고 있다. BM특허의 선점경쟁에서 뒤지게 되면 라이선스 비용은 물론이고 사업의 존폐나 전환을 우려해야 하는 사태마저 초래될 것이다.

미국과 일본은 아이디어 중심의 BM특허를 인정, 기술 내용을 기반으로 하는 인터넷은 물론이고 오프라인을 통한 마케팅과 영업·기획 분야까지 포괄적인 권리를 인정해주고 있다. 반면, 우리 나라는 아직 BM특허와 관련하여 명확한 결론이 내려지지 않은 상태지만, 장기적으로는 선진국수준으로 심사기준을 맞출 수밖에 없을 것이다.

해당 아이디어가 기술력으로 구체화된 것만이 권리를 인정받는다는 것이 우리 나라 특허청의 공식 입장이다. 다시 말해, 아이디어 자체보다는 프로세스모델과 데이터모델 등 기술적인 내용을 중심으로 특허청의 심사가 이루어지고 있음을 가리킨다. 이것은 BM특허에서 상대적으로 뒤떨어진 국내 기업들을 간접적으로 보호해주려는 단편적인 의도로밖에 보여지지 않는다. 이렇게 되면 국내의 우수한 기술도 보호를 받지 못하게 된다.

향후 경영컨설턴트나 기존의 연구자들이 가지고 있는 지식(이론과 경험)만으로는 비즈니스모델에 대한 개선이나 제안이 어렵게 될 것이다. 왜냐하면, 개선이나 제안내용의 제시 이전단계에서부터 BM특허에 관한 기술내용 등 충분한 검토작업을 위해서 막대한 시간과 비용, 노력이 요구되기 때문이다.

프라이스라인의 '역경매(Reverse Auction)'나 아마존의 '제휴프로그램(Associate Program)'처럼 해당 비즈니스의 수법이 기술이나 신규성을 띠고 있다고는 보기 어려우나 인터넷에 응용함으로써 특허로 인정되는 점이 BM특허의 최대 특징이다.

시사점

이상과 같은 분석결과에 근거하여 향후 우리 나라가 추구해야 할 BM특허 전략의 방향성(정책) 및 대안을 몇 가지 생각해보자.

■ 다양한 부문을 망라한 연구개발이 이루어져야 한다.

BM특허 문제는 법률문제로서 부상하여 현재는 IT문제, 경영문제, 금융공학문제 등 그 문제영역이 확대되면서 복잡 다양화하고 있다. 그 가운데서도 특히, BM특허의 많은 부분이 경영 영역을 문제로 하기 때문에 앞으로는 경영과 마케팅, 회계, 영업·기획, 금융공학, 통계 등의 전문가와 기술계통의 엔지니어가 함께 참여하여 개발(BM특허)과 이론연구가 동시에 병행되어야 한다. 나아가 거시적으로는 정부와 e-비즈니스기업, 법률전문가들이 함께 BM특허에 대한 공동연구를 실시하고 데이터베이스를 구축하여 효과를 극대화해야 한다.

■ **A&D 전략을 추구할 필요가 있다.**

IT산업의 급속한 진보로 종래와 같은 R&D(Research & Development)를 추진하고 있다가는 상품이 완성될 무렵에는 이미 시장이 현저히 변화되어 대응이 불가능하게 된다. 그 때문에 미국의 시스코 시스템즈(Cisco Systems), 워커 디지털(Walker Digital)과 같은 기업의 경영전략은 필요한 R&D를 M&A(Merger & Acquisition)에 의해 완성시키는 방식을 취하고 있다. 일정수준의 R&D를 끝마쳐 관련 특허를 보유하고 있는 젊은 기업의 기술과 인재를 통째로 인수하여 한층 경쟁력을 강화하는 A&D(Acquisition & Development) 전략을 추진하고 있는 것이다.

특히 워커 디지털의 유동화전략(특허를 베이스로 현금화)을 살펴보면, BM특허를 이용하여 새로운 기업을 설립·운용하며, A&D를 위해 관련 특허를 보유하는 회사를 적극 인수, 그리고 사실상의 표준(Defacto Standard)을 취득하는 전략을 구사하고 있다.

■ **BM특허를 전문적으로 하는 기업이 등장해야 한다.**

미국과 일본 등지에서 BM특허 붐이 일어나면서 국내 기업들이 앞다투어 BM특허를 출원하고 있는 상황이다. 미국에서는 '워커 디지털'과 같이 비즈니스모델만을 연구·개발하고 특허를 취득, 사업화를 목적으로 하는 기업까지 등장하고 있다. 우리 나라 기업이 특허 선점경쟁에서 뒤지게 되면, 영원한 기술후진국(기업), 수입국을 면할 수 없다는 점을 명심해야 한다.

경쟁적인 BM특허 출원에 대해 새로운 서비스 보급보다는 단지 특허 취득에만 열중한다는 우려를 표명할 것이 아니라 현 시점에서는 오히려 부추겨야 할 사안이라 생각된다. 즉 e-비즈니스는 그 특성상 시간과 거리, 국경이라는 개념을 초월하여 진행되고 있는 만큼 BM특허의 사업화를 막아서는 안된다. 그리고 비즈니스모델의 개발에는 반드시 많은 자본이 필요한 것은 아니므로 개인이나 벤처중소기업도 용이하게 대규모 비즈니스에 진출할 수 있는 기회를 제공하게 된다.

■ 변화하지 않는 리스크(RISK)는 더욱 크다.

IT혁명이 가져다준 급속한 사회변화로 기업은 물론 개인도 시대의 요청에 따라 변화하지 않으면 안 되게 되었다. 변화하지 않는 리스크가 더욱 커지고 있는 시대가 도래한 것이다. 게다가 더욱 중요한 것은 그러한 환경에 적응하기 위해 하루 빨리 서두르지 않으면 안 된다는 점이다.

BM특허에 있어서도 마찬가지이다. 문제는 BM특허와 같은 것이 선진국에서 인정되는 변화를 어떻게 인식하는가에 달려 있다. 그러한 인식정도에 따라 대응전략과 방향성도 크게 달라지기 때문이다. 즉 법에 따르는 것만이 능사가 아니라 시대의 흐름을 재빨리 파악하여 법을 움직이고 바꾸어 가는 것도 인터넷 시대를 살아가는 기업과 사회, 그리고 개개인의 책임이라고 할 수 있다.

■ 유연한 사고와 역동성으로 한 단계 위를 추구하자.

BM특허와 같은 아이디어를 한국에서 수 년 전에 생각한 사람은 얼마나 될까? 프라이스라인의 역경매 특허는 이미 1996년 9월에 출원하고 있다. 현재의 관점에서 역경매 특허를 보게 되면 이런 것도 특허가 되느냐는 의구심을 가지게 되지만, 출원당시 역경매와 같은 아이디어는 굉장히 신선한 비즈니스모델이었음은 두말할 나위 없다.

중요한 것은 특허라는 것은 항상 다음 주자에게 극복됨으로써 존재가치를 인정받으며 한편으로 언젠가는 극복되는 운명을 가지고 있다. 상대가 먼저 특허를 취득하였다면 더욱 새로운 특허를 고안하여 그것을 극복해나가면 되는 것이다. IT산업이 주도하는 현재 상황 아래에서는 그것이 언제까지나 경쟁우위의 수단이 될 수는 없다. 기존의 비즈니스모델을 금과옥조(金科玉條)로 여기지 말고 새로운 비즈니스모델의 개발에 힘써야 한다. 끊임없이 이익을 창출하는 시스템을 유연하게 개발, 변경해 가는 것이 21세기 기업의 성장엔진인 것이다.

■ 특허판단기준에있어 '진보성'의 새로운 기준설정이 필요하다.

특정 발명이 특허를 받기 위해서는 진보성이라는 요건이 갖추어져야 하지만, BM특허의 경우 진보성의 문제 여부를 충족하거나 적용하기에는 어려움이 있다고 보여진다. 즉 기술이라고 하는 것은 인간의 욕망이 지속되는 한 끊임없이 진보(개선·개량이 부가됨)되고, 그 결과 현재는 새롭고 참신한 기술일지라도 언젠가는 진부해지기 마련이다. 그 때문에 특허법은 새로운 기술적 창작에 독점권을 설정할 수 있는 것이다. 반대로 얘기하면, 발명은 항상 진부해지는 성질을 가지고 있기 때문에 안심하고 독점권을 부여할 수 있는 것이다. 그러나 BM특허에는 진부화라고 하는 현상이 일어나지 않는다는 것이다. 따라서 기존 진보성 여부의 판단기준과는 다른 새로운 기준의 정립이 필요하다.

■ 특허는 시간과의 싸움이다.

국내 특허 심사기간이 미국과 일본 등 선진국에 비해 오래 걸리는 점을 하루 빨리 개선하여 특허심사에 대한 신속한 대응과 처리가 이루어져야 한다. 일반적으로 온라인의 1년은 오프라인의 7년에 해당된다고 한다. 그만큼 온라인에서는 모든 것이 빠르게 변화한다는 것이다.

특허청에서도 근래 심사관을 늘리고 e-비즈니스 관련 출원을 우선적으로 심사하는 방안을 검토하고 있으나, BM특허와 관련된 인터넷 특허행정은 적어도 인터넷혁명이 진행되고 있는 속도 이상으로 바꾸어야 할 것이다. 이러한 측면에서 정부가 최근 '전자상거래 관련 발명의 심사 가이드라인(2000. 8. 1.부터 시행)'을 마련하고 심사기간을 단축하는 등의 조치를 취한 것은 시기 적절한 방안이라고 본다.

마지막으로, 이미 BM특허 그 자체가 가지는 성격이나 미치는 범위는 한국이라고 하는 한 나라의 국경(Territory) 안에 머물러 있지 않다는 점이다. 그 이유는 종래의 특허는 속지주의가 원칙이었지만, 국경의 개념이 모호한 인터넷을 축(Hub)으로 하는 사이버 공간의 경우, 국외특허가 국내기업에 그대로 적용될 수 있다는 것이다.

BM특허와 같은 지적재산권의 보호는 IT산업이 주도하는 e-비즈니스의 성장에 엄청난 기여를 할 뿐만 아니라 우리나라 기업의 경쟁력 확보에 없어서는 안 될 핵심요소이다.

5. 사례연구

 BM특허 사례

1) 사례 I : 프라이스라인의 역경매

인터넷기업의 소위 메가 브랜드(Mega Brand) 가운데 야후, AOL, 프라이스라인은 인터넷을 이용하지 않는 사람들 가운데에서도 20%를 넘는 사람들이 인지(認知)하고 있다고 한다. 특히 프라이스라인은 불과 150일 동안에 6,250만 명에 달하는 인지획득에 성공했는데, 그 비결은 유명인을 대변인으로 기용한 캠페인도 주효하였지만 그보다는 프라이스라인이 개발한 BM특허 수법에 있다는 지적이다.

이처럼 프라이스라인을 성공으로 이끈 대표적인 BM특허, 역경매 모델에 대하여 살펴보기로 하자.

'프라이스라인(http://www.priceline.com/)'은 e-비즈니스의 기본 골격이나 다름없는 비즈니스모델에 관한 특허를 1996년 9월에 출원하여 1998년 8월에 미국 특허상표청(Patent and Trademark Office)으로부터 BM특허를 취득하였다.

프라이스라인이 취득한 BM특허(역경매)의 내용을 살펴보면, 인터넷상에서 판매자가 구매자를 불러들이는 통상적인 경매와는 반대로, 구매자가 판매자를 찾는 역경매방식으로, 구매자의 요구를 프라이스라인은 계약을 맺고 있는 회사에 전송하고, 그 조건에 응할 수 있는 회사를 구매자에게 소개한다(복수의 회사가 응하게 되면 이를 조정하여 1사로 줄임). 그리고 그 대가로 프라이스라인은 상품과 서비스를 공급하는 회사 등으로부터 수수료를 받는다. 역경매 모델은 구매자로부터 희망하는 상품 및 서비스와 예산을 지정받아 하는 단순한 시스템이다(〈도표 9-6〉참조).

한마디로 프라이스라인의 비즈니스모델은 '판매자(항공회사)', '구매자

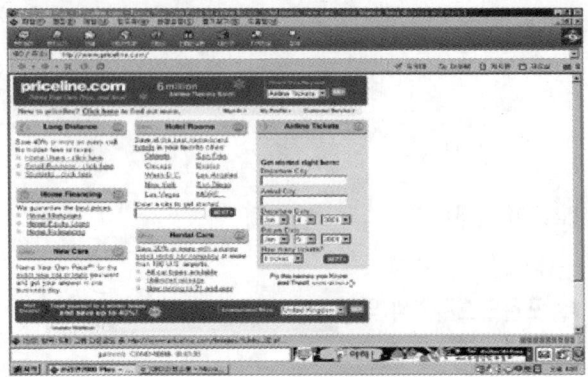
프라이스라인(http://www.priceline.com/)

(소비자)', '중개업자(priceline.com)'의 세 그룹이 모두 'Win-Win-Win'이 되는 시스템이라 하겠다. 판매자는 상품판매기회를 늘리고, 특히 불량재고가 존재하는 경우 그것을 처분할 수 있는 'Win', 구매자는 자신의 예산에 맞추어 상품구입을 할 수 있는 'Win', 중개업자는 그 수수료를 취할 수 있는 'Win' 인 것이다.

프라이스라인은 이러한 BM특허를 기반으로 최근에는 항공권을 비롯하여 신차 판매, 중고트럭 판매, 호텔 예약, 주택융자, 식품·잡화 등 7개 분야의 중개판매를 실시하고 있다.

현재 미국에서 참여하고 있는 항공회사는 18개, 호텔은 4,300여 개이다.

한편, BM특허 문제와는 별개로 역경매의 도입은 '기존 비즈니스 관행을 혁명적으로 바꾸는 시스템' 이라는 주장도 있었으나, 같은 상품과 서비스에 대해 소비자마다 다른 가격이 붙여진다는 가격차별이야말로 '역경매'라는 비즈니스모델의 생명선이라 하겠다.

결국, 역경매는 소비자가 손해를 보는 거래라는 주장도 있다. 왜냐하면, 소비자는 시장에서 결정되는 이상의 가격으로 상품을 구입할 위험이 있는 한편, 시장가격 이하로 구입할 가능성은 거의 없기 때문이다.

항공권을 예로 들면, 가장 저렴한 가격으로 항공권을 구입할 수도 있는데 그 가격을 사전에 알 수 없기 때문에 〈도표 9-7〉과 같이 소비자는 100만 원이라는 금액을 제시하게 된다.

또한 역경매는 가격차별을 통해 본래 수익을 내야 할 공급자(여행사)가 이익을 보는 거래도 아니다. 공급자는 경매를 통한 가격경쟁에 휘말림으로써 소비자의 초과 지불을 스스로의 이윤으로 취할 수 없기 때문이다. 항공권을 예로 들면, 소비자의 요구가 100만 원이든 150만 원이든 경매 결과 공급자 간의 경쟁을 의식하여 원가를 조금 상회하는 가격으로 공급가격을 제시하기 때문이다.

이처럼 역경매는 소비자에게는 스스로가 납득할 수 있는 가격을 지불하도

<도표 9-7> 역경매 개념도

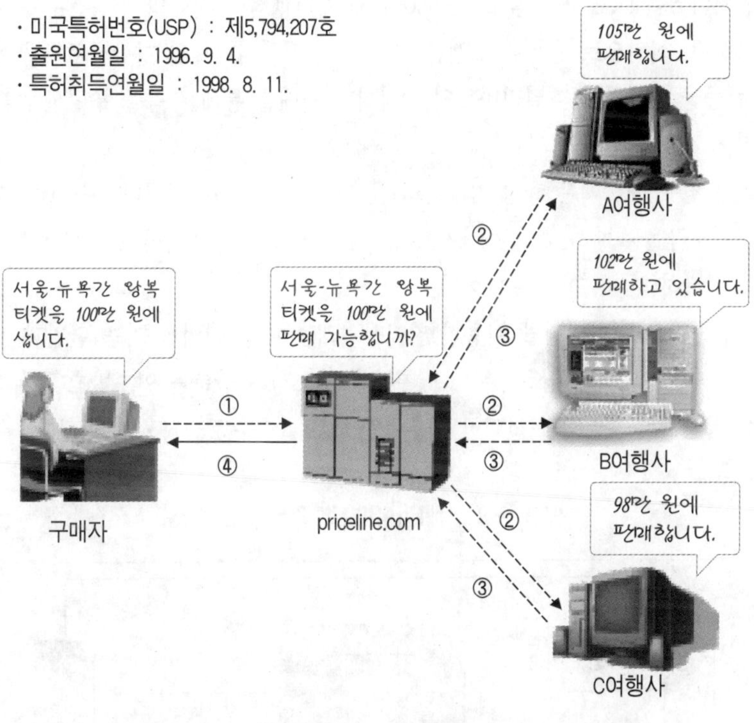

· 미국특허번호(USP) : 제5,794,207호
· 출원연월일 : 1996. 9. 4.
· 특허취득연월일 : 1998. 8. 11.

① 구매자는 희망하는 상품의 구입조건을 중개업자(priceline.com)에게 송신한다.
② 중개업자는 상기 구입조건을 각 여행사에 전달한다.
③ 각 여행사는 상기 조건에 따른 견적을 중개업자에게 제시한다.
④ 중개업자는 각 여행사의 견적을 비교하여 구매자의 희망조건에 맞는 상품을 선택, 구매자에게 연락한다.

출전) 김광희, 2000.

록 하는 한편, 여행사에는 채산을 겨우 맞추는 가격을 제시하도록 한다. 결과적으로 중개자인 프라이스라인만 이익의 최대화를 유도하게 되는 것이다. 표면상으로는 누구도 손해를 보았다고는 느끼지 않으면서도 중개자가 이익을 낸다고 하는 실로 교묘한 시스템이라 하겠다.

2) 사례 II: 패밀리마트

2000년 9월부터 e-비즈니스를 시작한 일본의 패밀리마트(Family Mart)는 인터넷상에서 편의점을 운영하는 'EC 프랜차이즈 시스템'을 지난 5월 특허출원하였다(도표 9-8 참조). 5,500여 개의 가맹점이 각각의 가상점포를 구축하고, 회원으로 등록한 고객은 자주 가는 패밀리마트의 가상점포에서 상품 등을 주문하고 패밀리마트의 매장이나 택배를 통해 상품을 수령하게 된다.

이 경우 매출액은 해당 가맹점의 몫으로 잡히는 시스템이다. 인터넷으로 상품대금을 결제하고 점포를 거치지 않고 배달되는 상품이라도 가맹점의 몫을 명확히 한 비즈니스모델이다.

일반적으로 편의점을 이용한 전자상거래는 매장 내의 다기능 단말과 각 가정의 PC를 통해 상품주문이 이루어지면 고객이 상품을 인도받고 결제하는 거점으로 편의점을 선택한 경우에만 점포에 수수료가 배당되게 된다.

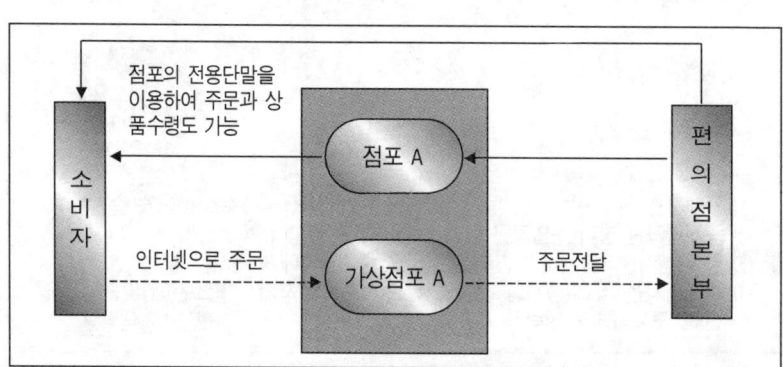

〈도표 9-8〉 패밀리마트가 출원한 BM특허

출전) 日本經濟新聞, 2000. 5. 10.

제10장 과제와 제언

368 제3부 IT혁명에 따른 문제점과 과제

과제 I. 한국적 IT 모델

한국 내 많은 부분의 정책 입안 과정을 살펴보면, 다음과 같은 순서에 따라 이루어진다.

'선진국 특히, 미국 모델을 연구 → 한국의 경제·사회환경과 비교 → 실현 가능한 방향의 모색 → 필요한 제도의 신설과 개혁' 과 같은 순서를 거치게 된다.

게다가 특정 과제에 대한 해결책의 일환으로 세계적으로 지명도가 높은 미국(대부분이 미국인)의 석학을 찾아가 조언을 요청한다. 그러나 결과적으로 극동의 조그마한 나라 한국 연구자는 드물고, 경우에 따라서는 지도상에 한국이 어디에 붙어 있는지 모르는 사람에게 그 지명도에만 의지한 채 답안을 요구하게 됨으로써 가장 일반적인 해답 또는 자신의 전문 부문을 토대로 선진국에서나 통용될 것 같은 대안을 받아오곤 한다.

이러한 형태는 방법론상에 있어서는 유효한 것처럼 보이지만, 근본적으로 모방 이상의 결과는 나오지 않을 것이다. 어쩌면 지금까지 한국의 전략이란 원래 이런 것인지도 모른다.

그러나 지금 IT혁명을 둘러싸고 미국, 일본 등 선진국에서 벌어지고 있는 것에 대한 모방은 결코 간단하지 않을 것이다. 그것은 다음과 같은 이유 때문이다.

 무형의 산업자산

IT가 중심이 된 미국의 비즈니스 형태는 무형의 산업자산이라는 것이다. 예를 들면, 인터넷의 실체라는 것은 통신회선 또는 통신장치라고 하는 하드웨어가 아니라 미국이 정한 규율과 노하우이다. 미국의 강점은 그것을 국제적인 표준(Global Standards) 스타일로 구축하고 있다는 것이다.

한편으로 지금까지 한국의 강점은 미국이나 일본의 오리지널 상품을 표본으로 모방품을 만들어 오리지널 상품에 근접하거나 때로는 상회하는 것이었다. 현재까지 이러한 것이 가능하였던 것은 '저렴한 노동력과 높은 교육수준의 노동자 → 효율적인 조립기술 연마 → 수출을 통한 외국시장 확보' 라

제10장 과제와 제언   369

고 하는 구도가 제대로 맞아 떨어졌기 때문이다.
 그러나 비즈니스 형태와 같은 무형의 산업자원에도 지금까지와 같은 구도가 적용 가능할까? 결코 그렇지 않다. 이제 기존 한국적 모델의 재검토와 더불어 새로운 모델의 정립이 필요한 시기라 하겠다.

■ 미국의 변화

 IT 선진국인 미국의 현재 모습을 상징하는 유행어가 된 신경제(New Economy)는 30년 동안 미국 경제와 사회구조, 개인의 행동원리, 가치관의 변화를 기반으로 성립된 현상이라고 하겠다.
 신경제를 자세히 들여다보면, 기업가 정신, 상호 경쟁, 자기 책임과 같은 현재의 미국 비즈니스를 가리키는 키워드는 이전부터 미국이 가지고 있었던 체질이라 할 수 있다. 1960년대 후반부터 미국의 체질은 변화하기 시작하여 실업, 사회불안, 교육황폐 등의 고통스러운 과정을 거치면서 현재 모습으로 바뀌어 왔던 것이다.
 이처럼 수십 년에 걸쳐 축적되면서 새롭게 다듬어진 미국의 형태를 이제 한국이 간단히 모방할 수 없는 것이다. 아니 그럴 필요도 없다.

과제 2. IT혁명과 방법론

 IT혁명이 진행됨으로써 시장의 모든 사람이 동시에 이익을 획득하는 것은 아니다. 그 가운데에는 시장에서 도태하는 기업이나 사람이 있기 마련이다. 이 때문에 그러한 기업에 종사하는 사람들 가운데는 IT혁명을 늦추고 싶어 하는 사람도 있을지 모른다. 또한 IT혁명의 영향을 장기적으로 보면, 고용은 증가하겠지만, 역시 단기적으로는 실업 증가라는 고통을 인내해야 한다.
 실제로 미국은 IT 도입을 통해 250만 명이 직장을 잃었다. 그러나 그 한편으로 IT가 가져다준 신규산업의 창출 결과 발생된 고용이 590만 명이나 되어, 결국 340(590-250)만 명이라는 새로운 일자리를 만들어 냈다.

〈도표 10-1〉에서도 알 수 있듯이 일본 역시 IT 도입으로 86만 명이라는 새로운 고용창출을 기대하고 있다.

IT혁명은 세계적인 대세이기 때문에 가령 우리 나라에서 그 열기가 다소 식었다고 해서 해외에서도 IT 활용이나 그 성장이 멈추거나 하는 일은 결코 없다. 시장의 글로벌화가 진행되는 가운데 우리만이 관계를 끊고 비켜갈 수는 없는 것이다.

IT가 가진 잠재력을 진정으로 이해하고 활용할 수 있는 기업만이 경쟁 우위를 달성할 수 있을 것이다. 이러한 원칙론은 널리 알려져 있지만 의외로 실현을 하고 있는 기업은 많지 않다.

〈도표 10-1〉 정보화에 따른 고용창출 효과(일본)

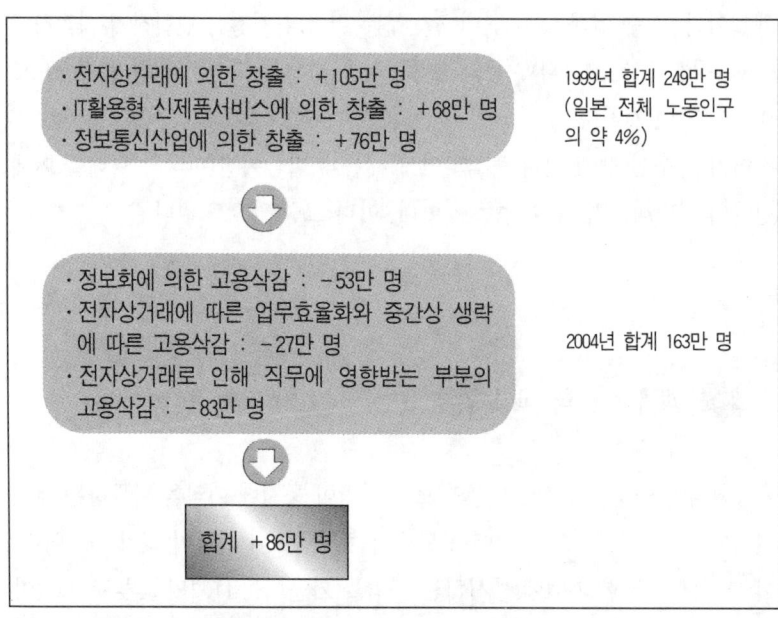

출전) 通商産業省·アンダーセン コンサルティング, 1999.

효과적인 IT 활용을 위해서는 단지 IT를 기업 내부에 도입하는 것만이 최선은 아니다. IT 도입과 동시에 구성원의 의식개혁과 조직개혁, 그리고 CEO의 경영 방식 쇄신도 함께 이루어져야 한다.

결국, 'IT혁명'이라는 것은 기업에 있어서는 '경영수법 혁명'이며, 동시에 그 구성원들에게는 지금까지 당연시되어 왔던 기존의 다양한 사고와 수법을 쇄신하는 '의식혁명'이기도 하다.

과제 3. IT혁명의 방향

18세기에 일어난 산업혁명은 그 이름대로 산업의 큰 흐름을 바꾸었다. 새로운 산업이 생겨나 그 곳에서 노동자들이 일을 하게 되고 동시에 물질적 풍요가 확대되어 갔다. 그러나 구체적으로 살펴보면 당시의 산업혁명에서 직접적인 변화가 있었던 것은 산업뿐이었다고 해도 무리가 아니다.

이에 비해 현재 일어나고 있는 IT혁명으로 인해 변화되는 것은 정보를 둘러싼 환경 모두라 할 수 있다. 정보의 발신자, 수신자가 바뀌고 정보의 흐름, 사용방법이 바뀌는 것이다. 산업에 많은 변화를 가져오는 것은 물론이며 그 이외의 사회, 문화, 사람들의 라이프 스타일에도 엄청난 영향을 미치게 된다.

나아가 과거의 산업혁명과 또 다른 점은 IT혁명의 결과로서 가장 큰 혜택을 누리게 되는 것은 소비자(Consumer)라는 점이다. 또 산업혁명과 비교하여 그 영향은 대단히 광범위하며, 개개인의 생활과 직결되어 있다고 할 수 있다.

IT혁명의 위력을 감지할 수 있는 것은 이제 막 시작되고 있는 단계이어서 오히려 그 창조적 파괴력을 가늠하기 어렵다는 데 있다. 다시 말해, IT혁명의 영향력은 급속히, 그리고 극적으로 변화하고 있는 것처럼 보여지지만, 진정으로 그 위력이 발휘되는 것은 오히려 지금부터이기 때문이다.

지구상에 인터넷이 탄생한 지는 불과 10년 정도밖에 지나지 않았다. 하지만 향후 10년 동안에 얼마나 많은 변화가 시장과 우리 주변에서 또 일어나게 될까? 어쩌면 현재 우리들이 IT혁명이라고 생각하고 있는 것은 빙산의 일각에 지나지 않는다고 해도 과언이 아닐 것이다.

흔히 인간의 예상에 비해 실제적인 기술 진보는 많은 부분에서 느리게 진행된다고 한다. 분명 인터넷으로 대표되는 IT혁명 이전에는 그랬었다고 할 수 있다. 하지만 앞으로는 인간의 예상보다 기술 진보가 빠를지 여부는 아무런 의미가 없다. 왜냐하면, 앞으로 펼쳐질 기술적 진보에 대해 우리 인간이 예상할 수 있는 부문은 급격히 줄어들 가능성이 있기 때문이다. 결국 기술 진보에는 킬러 애플리케이션(Killer Application)과 같은 부분이 시장을 주도하게 될 것이다.

마지막으로 이제 우리 나라만이 할 수 있는 일을 창조, 개발하지 않으면 안 된다. 뛰어난 전략이란 항상 자국(자신)만의 고유성을 가진다는 것이다. IT혁명을 둘러싼 우리의 방향성 설정에 있어서도 마찬가지이다.

필자 제언

정부 및 정보통신부에 고함

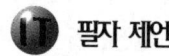 단군이래 인터넷 산업만큼은 선진국을 앞섰다?

정부 관련 기관 및 정보통신부 수장의 인터넷 산업에 대한 주장을 들어보면, "단군이래 한국이 선진국을 앞서가고 있는 유일한 분야가 인터넷 산업이다."고 자랑스럽게 얘기한다.

그뿐만 아니다. 적어도 인터넷 산업만큼은 한국이 일본을 2~3년 앞서고 있다는 것이 국내 인터넷 업계의 중론으로 받아들여지고 있다. 그러한 주장의 근거로 도메인 등록숫자와 인구 대비 유저 비율 등을 기준으로 판단할 때 한국이 일본보다도 앞서고 있다는 점을 들고 있다.

과연 한국의 인터넷 산업이 선진국과 대등한 수준이거나 이미 앞서고 있는 것일까?

국내 인터넷 산업은 한국인의 높은 정보마인드와 PC 중심의 인터넷 보급률에서는 세계 수준급이지만, 그 이유를 따지고 보면 그다지 내세울 만한 것이 못 된다. 정보마인드가 앞섰다고 하는 것은 IMF 금융위기로 인한 위기적 상황에서 나온 창업 아이템(PC방)과 조급한 국민성을 배경으로 국내의 각종 미디어가 정보통신산업의 필요성을 역설하면서 형성된 것이다.

그리고 인터넷 이용자가 이미 2,000만 명에 이른다고 하는 높은 보급률 역시 그 대부분이 PC를 중심으로 한 유선 인터넷에 편중되고 있는 실정이다. 또한 빠른 시간 안에 고속 네트워크 구축이 가능하게 된 것은 대단위 아파트를 중심으로 다세대가 몰려 있기에 가능했다는 한국의 구조적 요인 때문이라는 것을 부인할 수 없다.

결국, 문제는 앞으로다. 인터넷 전용선만 깔리면 정보통신사회가 도래하는 것은 아니다. PC단말을 떠나 언제, 어디서나 인터넷을 활용할 수 있는 환경조성(고객기반, 기술표준정비, 네트워크시스템, 물류 등)이 시급하다고 하겠다.

나아가 지금까지 한국의 인터넷 유저들이 오락(게임)이나 커뮤니티, 정보검색 등에 치우친 반면, 외국 특히 일본의 유저들은 인터넷이 가지는 기술과 기능적인 측면을 활용하려는 특성이 강하다. 이러한 특성은 일본의 웹사이트들을 분석해 보면 더욱 뚜렷해진다.

실제로 일본의 i-mode로 대표되는 무선 인터넷은 일본인들의 생활 속에 급속히 파급, 이용되고 있다. 일본 최대의 이동통신서비스 사업자인 NTT DoCoMo가 1999년 2월 i-mode 서비스를 시작한 이래 1년 10개월 만에 휴대전화로 언제, 어디서든 인터넷에 접속 가능한 유저가 1,700만 명을 넘어서고 있는 상황이다. 일본 시장에 국한된 상황이긴 하지만 무선 인터넷시장에서 전 세계적으로 유례를 찾아볼 수 없는 폭발적인 성장이다. 이는 PC로 대표되는 유선 인터넷 독점시대의 붕괴를 의미하고 있다.

이러한 가운데 아직도 PC 중심의 유선 인터넷 대국을 자랑삼아 이야기할 것인지 궁금하다. 인터넷의 강점을 가장 잘 살릴 수 있는 부분은 모바일(Mobile)성에 있다는 점을 잊어서는 안 된다.

PC방을 정보통신의 플랫폼으로 육성하겠다?

한마디로 난센스다. 정보통신부나 그 관련 기관의 담당자들은 PC방에 가본 적이 있는가? PC방 어디를 보아도 정보통신의 플랫폼이 될 만한 요소는 기본적으로 없다. PC가 있고 전용선만 연결되면 플랫폼으로서의 역할을 수행할 수 있다는 근거는 무엇인지 묻고 싶다.

우리들이 알고 있는 PC방은 초등학생부터 대학생에 이르기까지 게임과 화상채팅을 하는 곳이지, 어른들이 얘기하는 정보의 수신과 발신 기지는 아니다. 오락과 커뮤니티의 발신기지라면 이해가 간다.

급한 일로 부근의 PC방을 찾아 워드(Word) 작업을 하고 싶어도, PC방에 설치된 30대의 PC 가운데 워드작업이 가능한 PC는 아예 없거나 만일 1대 있다면 운이 좋은 편이다. 워드가 깔려 있지 않다는 것은 PC방을 이용하는 유저가 PC를 워드 목적으로 전혀 활용하고 있지 않기 때문에 깔려 있지 않은 것이다. 물론 액셀이나 파워포인트를 찾는다는 것은 더욱 어리석은 일이다.

더 이상 국민들을 현혹하거나 불감증으로 몰아가서는 안 된다. 달리 이용방법이 없는지 연구해보라! PC방이야말로 외화내빈(外華內貧)의 극치이다.

게임산업은 유망산업이다?

근래 마이크로소프트(MS)는 '제국의 시대(Age of Empire)'라는 게임 소프트를 발매하였다. 지금까지(2탄) 발매된 소프트는 한국이 일본의 속국으로 등장하는 등 한국의 게이머들을 무시하는 내용으로 일관함으로써 소프트 판매가 부진하였으나, 제3탄에서는 거북선이 등장하여 왜구를 물리치는 등 사실적인 요소가 가미됨으로써 한국 게이머들의 입맛을 맞추고 있다.

그러나 문제는 다른 데 있다. 인터넷 분야의 거인 마이크로소프트가 한국의 게이머들을 의식하여 새로운 게임 소프트를 제작할 정도라면, PC로 구현되는 게임산업의 종말이 멀지 않았다는 것을 말한다. 다시 말해, 한국 유저들의 입맛에 맞지 않으면 게임 소프트가 팔리지 않는다는 것이고, 한국 이외에서 PC로 구현되는 게임산업은 이미 퇴물이 되고 있다는 얘기다.

정작 게임산업을 육성할 의지가 있다면, 게임 소프트나 게임을 할 수 있는 단말, 예를 들면 소니의 플레이스테이션과 같은 게임기를 개발하는 데 집중해야 하지 않는가? 왜 유저(Gammer)의 육성에만 열을 올리는지 알다가도 모를 일이다.

IT기업의 대표는 얼굴마담?

최고 경영자라면 해당 기업의 선두에 서서 전략을 세우고, 실천에 옮길 수 있을 정도의 능력을 갖추어야 한다. 그럼에도 불구하고 전혀 경험이 없는 사람들이 낙하산을 타고 내려온다. 따라서 전혀 전문성이 없다보니 정권과의 연락 창구나 외부의 얼굴마담이나 하고 있다.

이제 낙하산 인사는 그만두자. 특히, 하루가 다르게 바뀌는 IT분야에까지 전문성이 결여된 경영자가 자리를 차지하게 되면, 한국의 미래는 어떻게 될 것인가? IT는 IT분야의 전문가에게 맡기자.

벤처기업을 적극적으로 육성지원하자?

벤처기업이란 정부나 관련 기관의 지원을 통해 육성되는 것이 아니라 벤처(Venture)라고 하는 말의 의미처럼 위험을 무릅쓰고 기업 스스로가 척박한 땅을 개척, 일구어내는 기업을 말한다.

이러한 벤처기업에 왜 지원을 해주어야 하며, 그렇게 되면 관치기업(官治企業)과 무엇이 다른가? 그리고 벤처기업 ○○○사 육성이라는 구호를 내세우고 있는데 그 수가 무엇 때문에 그리 중요한가? 벤처기업은 그 수가 중요한 것이 아니라 리스크를 무릅쓰고 개발한 첨단기술이 시장을 통해 평가받음으로써 존재의의를 가진다.

또한 벤처기업은 그 구성원들의 벤처정신을 먹고 산다. 그러한 벤처기업에 정부의 간섭과 지원이 이어진다면, 이른바 무늬만 벤처기업인 기업이 시장에 탄생해 현재와 같은 위기상황을 몰고 오는 것이다.

이동통신서비스 사업자(Common Carrier)에게 고함

◉ Contents Provider는 Common Carrier의 현대판 머슴인가!

　Carrier와 CP(컨텐츠 제공기업)의 관계는 '주종관계(主從關係)가 아니라 공생관계(共生關係)여야 한다' 라는 허울 좋은 변명은 이제 그만 접고 제발 CP에게 조금이라도 이익배분을 해야 질 좋은 컨텐츠가 탄생할 것이 아닌가.
　왜 Carrier는 유·무선 포털 사이트를 구축해서 알맹이만 중간에서 곶감 빼먹듯 다 빼먹고 영양가 없는 부스러기만 CP에게 던져주는가! CP가 어디 머슴인가. 이래 가지고 한국의 무선 인터넷 산업이 세계적 수준으로 성장할 수 있겠는가?
　앞으로 무선 인터넷은 현재의 2세대를 거쳐 IMT-2000 서비스인 3세대 그리고 곧 4세대, 5세대로 이어진다. 컨텐츠는 무선 인터넷 산업을 좌우하는 경쟁력의 원천이자 거대한 수출산업이다. 그 때문에 컨텐츠산업을 이대로 둘 수는 없다.

기업에게 고함

◉ 인터넷은 도구에 지나지 않는다!

　인터넷은 우리가 매일 사용하고 있는 전화나 TV와 같은 것으로 어디까지나 이용자 니즈(Needs)를 만족시키기 위한 도구(Tool)의 하나에 지나지 않는다. 그런 것이 인터넷 그 자체가 가치를 산출하는 것과 같은 착각에 빠지고 있다. 인터넷만으로는 가치는 결코 산출되지 않는다.
　따라서 기업은 소비자의 니즈를 정확히 파악하고 이것을 만족시키기 위해 인터넷을 하나의 수단으로서 복합적으로 활용하는 것이 중요하다.

독자에게 고함

변화하지 않는 리스크는 너무나 크다!

앞으로 독자들은 니즈나 기술 등의 변화 시점을 파악하는 데 있어 종래와 같이 지식을 바탕으로 이해, 판단해서는 안 된다. 그렇게 되면 너무나 많은 시간과 노력이 필요하기 때문이다. 이제는 자신의 감각으로 변화의 시대를 감지하고 여기에 맞추어 자신도 변화해가지 않으면 안 된다.

그리고 우리들은 환경에 맞추어 끊임없이 자신을 바꾸어가며 동시에 새로운 환경을 스스로 개척할 수 있어야 한다. 앞으로 다가올 IT사회는 변화하지 않는 개체에게 엄청난 불평등으로 다가올 가능성이 있다. 시장에서 살아남기 위해서는 남녀노소를 불문하고 끊임없이 변화를 추구해야 한다. 실로 냉정한 시대가 IT혁명이라고 하는 선로를 따라 다가오고 있다.

【참고문헌】

저서)
- 김광희 : 『IT혁명과 e비즈니스(1)』. 한국표준협회, 2000.
- 김광희 : 『IT혁명과 e비즈니스(2)』. 한국표준협회, 2000.
- 김광희 : 『IT혁명과 e비즈니스(3)』. 한국표준협회, 2000.
- 김광희 : 『IT혁명과 e-biz.com전략』. 미래와경영, 2000.
- 김광희 : 『창업 마케팅』. 미래와경영, 1999.
- 김광희 : 『韓・日 自動車部品産業』. UUP, 1998.
- 안일태・정부연 : 『전자상거래 국가전략 수립을 위한 분야별 정책연구』. 정보통신정책연구원, 2000.
- 이영민・김광희 : 『인터넷 비즈니스의 이론과 실제』. 학문사, 2000.
- Commerce Department : 『The Emerging Digital Economy II』, 1999.
- Commerce Department : 『Digital Economy 2000』, 2000.
- The Economist Intelligence Unit Limited and Booz Allen & Hamilton : 『Competing in the Digital Age : How the Internet is Transforming Corporate Strategy』, 1999.
- Patricia Seybold : 『CUSTOMERS.COM』. Times Book, 2000.
- Daniel Amor : 『The E-business (R)evolution』. Prentice Hall PTR, 1999.
- アーサーアンダーセン : 『eビジネス』. 東洋經濟新報社, 2000.
- 富士總合硏究所 : 『IT革命が面目いほどわかる本』. 中經出版, 2000.
- 松原 聰 : 『IT革命が見る見るわかる』. サンマーク出版, 2000.
- 寶島社 : 『別冊 ITビジネス&チャンス』. 2000. 9.

논문)
- 김광희 : 「모바일 e-비즈니스의 성공전략에 관한 연구」. 한국지능정보시스템학회, 2000. 11.
- 김광희 : 「e-비즈니스 革命이 가져온 市場環境 및 制度 轉換에 관한 硏究」. 울산대학교 경영학연구논문집, 2000. 6.
- 김광희 : 「IT革命이 가져온 비즈니스모델 特許에 관한 硏究」. 교보증권 현상 논문 입상, 2000. 4.
- Commerce Department : 「Falling Through the Net : Toward Digital Inclusion」, 2000. 10.
- Commerce Department : 「Falling Through the Net : Defining the Digital

독자에게 고함

 변화하지 않는 리스크는 너무나 크다!

앞으로 독자들은 니즈나 기술 등의 변화 시점을 파악하는 데 있어 종래와 같이 지식을 바탕으로 이해, 판단해서는 안 된다. 그렇게 되면 너무나 많은 시간과 노력이 필요하기 때문이다. 이제는 자신의 감각으로 변화의 시대를 감지하고 여기에 맞추어 자신도 변화해가지 않으면 안 된다.

그리고 우리들은 환경에 맞추어 끊임없이 자신을 바꾸어가며 동시에 새로운 환경을 스스로 개척할 수 있어야 한다. 앞으로 다가올 IT사회는 변화하지 않는 개체에게 엄청난 불평등으로 다가올 가능성이 있다. 시장에서 살아남기 위해서는 남녀노소를 불문하고 끊임없이 변화를 추구해야 한다. 실로 냉정한 시대가 IT혁명이라고 하는 선로를 따라 다가오고 있다.

【참고문헌】

저서)
- 김광희 : 『IT혁명과 e비즈니스(1)』. 한국표준협회, 2000.
- 김광희 : 『IT혁명과 e비즈니스(2)』. 한국표준협회, 2000.
- 김광희 : 『IT혁명과 e비즈니스(3)』. 한국표준협회, 2000.
- 김광희 : 『IT혁명과 e-biz.com전략』. 미래와경영, 2000.
- 김광희 : 『창업 마케팅』. 미래와경영, 1999.
- 김광희 : 『韓·日 自動車部品産業』. UUP, 1998.
- 안일태·정부연 : 『전자상거래 국가전략 수립을 위한 분야별 정책연구』. 정보통신정책연구원, 2000.
- 이영민·김광희 : 『인터넷 비즈니스의 이론과 실제』. 학문사, 2000.
- Commerce Department : 『The Emerging Digital Economy II』, 1999.
- Commerce Department : 『Digital Economy 2000』, 2000.
- The Economist Intelligence Unit Limited and Booz Allen & Hamilton : 『Competing in the Digital Age : How the Internet is Transforming Corporate Strategy』, 1999.
- Patricia Seybold : 『CUSTOMERS.COM』. Times Book, 2000.
- Daniel Amor : 『The E-business (R)evolution』. Prentice Hall PTR, 1999.
- アーサーアンダーセン : 『eビジネス』. 東洋經濟新報社, 2000.
- 富士總合研究所 : 『IT革命が面目いほどわかる本』. 中經出版, 2000.
- 松原 聰 : 『IT革命が見る見るわかる』. サンマーク出版, 2000.
- 寶島社 : 『別冊 ITビジネス&チャンス』. 2000. 9.

논문)
- 김광희 : 「모바일 e-비즈니스의 성공전략에 관한 연구」. 한국지능정보시스템학회, 2000. 11.
- 김광희 : 「e-비즈니스 革命이 가져온 市場環境 및 制度 轉換에 관한 硏究」. 울산대학교 경영학연구논문집, 2000. 6.
- 김광희 : 「IT革命이 가져온 비즈니스모델 特許에 관한 硏究」. 교보증권 현상 논문 입상, 2000. 4.
- Commerce Department : 『Falling Through the Net : Toward Digital Inclusion』, 2000. 10.
- Commerce Department : 『Falling Through the Net : Defining the Digital

Divide』, 1999. 6.

신문)
『한국경제』
『매일경제』
『조선일보』
『동아일보』
『중앙일보』
『日本經濟新聞』
『日經産業新聞』

잡지)
『on the Net』
『eWeek』
『週刊東洋經濟』
『エコノミスト』
『日經 Web Company』
『Nikkei Business』
『Fuji Times』
『Business Week』
『Economist』
『Forbes』

URL)
http://kipo.go.kr/
http://www.joins.com/
http://www.uspto.gov/
http://www.ntia.doc.gov/
http://www.patents.ibm.com/
http://www.amazon.com/
http://www.barnesandnoble.com/
http://www.microsoft.com/
http://www.priceline.com/
http://www.ebay.com/

http://www.dell.com/
http://www.cisco.com/
http://www.expedia.com/
http://www.walkerdigital.com/
http://www.mpt.go.jp/
http://bmp.ice.co.jp/
http://www.furutani.co.jp/
http://www.jpo-miti.go.jp/
http://www.zdnet.co.jp/